MICHAEL GRANT

# DIE KLASSISCHEN GRIECHEN

MICHAEL GRANT

# DIE KLASSISCHEN GRIECHEN

*Die Blüte der hellenischen Kultur von Miltiades bis Aristoteles*

BECHTERMÜNZ VERLAG

Lizenzausgabe mit Genehmigung
der Gustav Lübbe Verlag GmbH, Bergisch Gladbach für
Bechtermünz Verlag im
Weltbild Verlag GmbH, Augsburg 1997
Titel der Originalausgabe: The Classical Greeks

Übersetzer: Viktor von Ow
Umschlaggestaltung: Atelier Höpfner-Thoma, München
Umschlagmotiv: Wagenlenker von Delphi, AKG Berlin
Gesamtherstellung: Clausen & Bosse, Leck
Printed in Germany
ISBN 3-86047-902-4

# INHALT

# KARTENVERZEICHNIS

# VORWORT

Dieses Buch behandelt die griechische Geschichte und Zivilisation in der Zeit zwischen den Kriegen des frühen fünften Jahrhunderts gegen Persien und Karthago und der Thronbesteigung Alexanders d. Gr. im Jahre 336 v. Chr.

Niemals hat die Weltgeschichte eine solche Vielzahl verschiedenartiger Talente und bedeutender Leistungen innerhalb eines so kurzen Zeitabschnitts gesehen. Vieles von dem, was geschah, ist allerdings nicht einfach zu rekonstruieren. Die erhaltenen literarischen Quellen aus jener Zeit sind, obwohl recht zahlreich, oft unvollständig oder gar nur bruchstückhaft, und sie können einen Grad von Subjektivität erreichen, der sich durch andere Zeugnisse, etwa durch Inschriften und Münzen, archäologische Funde und Kunstwerke, nicht vollständig ausgleichen läßt.

Mittlerweile liegen zahlreiche moderne Darstellungen der Zeit vor, die ausgezeichnet sind; so mag es anmaßend erscheinen, ihnen eine weitere hinzufügen zu wollen. Aber in der kritischen Phase der gegenwärtigen Weltlage, in der die zahlreichen Bedrohungen es notwendig erscheinen lassen, daß wir uns auf unsere Ursprünge besinnen – wobei die heutigen Erziehungssysteme diese Aufgabe nicht gerade erleichtern –, ist ein weiteres Unternehmen dieser Art sicher sinnvoll.

Der alte Fehler, daß man sich zu stark auf die Politik oder auf die kriegerischen Auseinandersetzungen konzentriert, soll dabei vermieden werden (obwohl es ebenso falsch wäre, diese Bereiche zu vernachlässigen). So bleibt nur noch die Frage, wie ein Buch dieser Art gegliedert und angeordnet werden sollte. Es wäre denkbar, einen geradlinigen, chronologischen Überblick zu geben oder aber einzelne Themen oder Sachgebiete der Reihe nach abzuhandeln. Keine dieser Vorgehensweisen entspräche jedoch dem besonderen Charakter der hier dargestellten Epoche. Eine weitere mögliche Anordnung wäre die geographische Gliederung, bei der jedes der wesentlichen Gebiete und jeder der Stadtstaaten der griechischen Welt einzeln betrachtet würde, wie ich es in meinem Buch *The Rise of the Greeks* versucht habe. Diese Behandlungsweise schien einer Epoche angemessen, in der die griechische Welt ihre regionalen Konturen nach und nach ausbildete. Aber nun, da wir die nächste Periode erreicht haben, in der die äußere Gestaltung abgeschlossen ist, erscheint es am sinnvollsten, diese neue Ära unter der Prämisse darzustellen, daß ihre herausragenden Taten und denkerischen Leistungen nicht von Volksgemeinschaften, sondern von Individuen erbracht wurden.

Natürlich haben diese Einzelpersönlichkeiten im Rahmen ihrer Volksgemeinschaften gewirkt, und sicher haben erst Existenz, Lebensweise und Tradition dieser Gemeinschaften ihr Wirken ermöglicht. Aber die Taten und Schriften waren ihre ganz persönliche Leistung. Ich habe etwa vierzig dieser großen Persönlichkeiten ausgewählt und meine Darstellung um ihre Biographie herum angeordnet.

Die Liste dieser Männer hätte beinahe beliebig erweitert werden können, aber ich habe diejenigen auszuwählen versucht, deren Leistungen mir am bedeutendsten erscheinen. Vielleicht ist dieses Vorgehen etwas ungewöhnlich in einer Zeit, in der man der Überzeugung ist, daß die antiken Schriftsteller nicht nur zu viel Wert auf Politik und kriegerische Ereignisse, sondern auch auf die Persönlichkeit des einzelnen legten, wobei sie die zugrundeliegenden, allgemeinen und unpersönlichen Strukturen weitgehend vernachlässigt hätten. Und in der Tat ist es gut möglich, daß die griechischen und römischen Autoren, getrieben von dem Wunsch, eine Moral zu exemplifizieren oder eine farbenfrohe Geschichte zu erzählen, in dieser Richtung zu weit gegangen sind. Im Prinzip hatten sie jedoch recht, was allein durch die Tatsache erhellt wird, daß nach Abzug der Leistungen der von mir gewählten Persönlichkeiten von der gesamten klassischen Welt nicht mehr viel übrig bliebe. Näheres zu diesem Thema habe ich im Nachwort ausgeführt.

Ebenfalls werde ich an manchen Stellen einige Eindrücke zu

korrigieren versuchen, die ich für irreführend halte. Ich erwähnte bereits die offenkundigen Einseitigkeiten, die in den literarischen Quellen der Antike anzutreffen sind. Vor allen Dingen sind diese Quellen vorwiegend athenischen Ursprungs und handeln daher vorzugsweise von Athen, so daß Angehörige anderer Stadtstaaten kaum erwähnt werden, es sei denn, ihr Leben und ihre Taten hätten Einfluß auf die Angelegenheiten Athens gehabt. Das mag in gewisser Weise berechtigt sein, insofern eine beachtliche Zahl der bedeutendsten Persönlichkeiten der Zeit Athener waren oder in Athen wirkten. Aber es ist gleichzeitig irreführend, da die Männer aus anderen Teilen der griechischen Welt mehr Aufmerksamkeit verdienen, als ihnen gewöhnlich zuteil wird. Das betrifft vor allem die Bürger der Stadtstaaten außerhalb des griechischen Festlandes. Zwar war das Festland der Ursprung und die Wiege des klassischen Griechenlands, aber es umfaßte nur einen kleinen Teil der griechischen Welt, trotz aller anderslautenden antiken und modernen Propaganda. Auch verdunkelten die antiken Autoren aus patriotischen Gründen bewußt oder unbewußt den häufig beherrschenden Einfluß Persiens auf die griechische Politik.

Unsere Wurzeln liegen, wie man oft zu Recht festgestellt hat, zum großen Teil im Griechenland der klassischen Zeit – eine Tatsache, an der auch die Entdeckung früherer, nahöstlicher Elemente in unserem kulturellen Erbe während des vorigen Jahrhunderts nichts Wesentliches geändert hat. Was wir tun und denken, ist in einem beachtlichen Ausmaß von diesen Griechen vorweggenommen worden. Darüber hinaus hat die Geschichte Griechenlands im fünften und vierten vorchristlichen Jahrhundert aber auch ihren Eigenwert als ein einzigartiges Zeitalter, das es verdient, um seiner selbst willen betrachtet zu werden.

1 Mittel- und Nordgriechenland mit Attika im Nebenbild

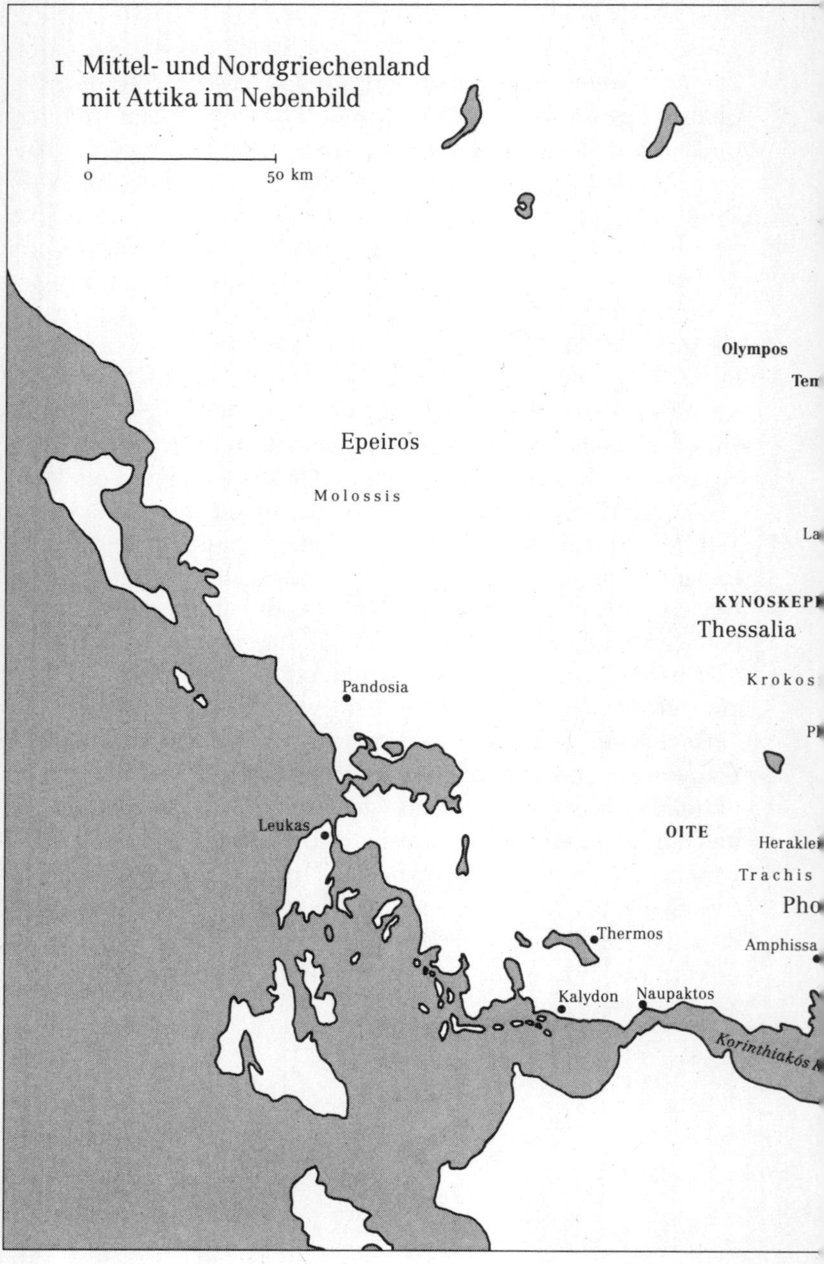

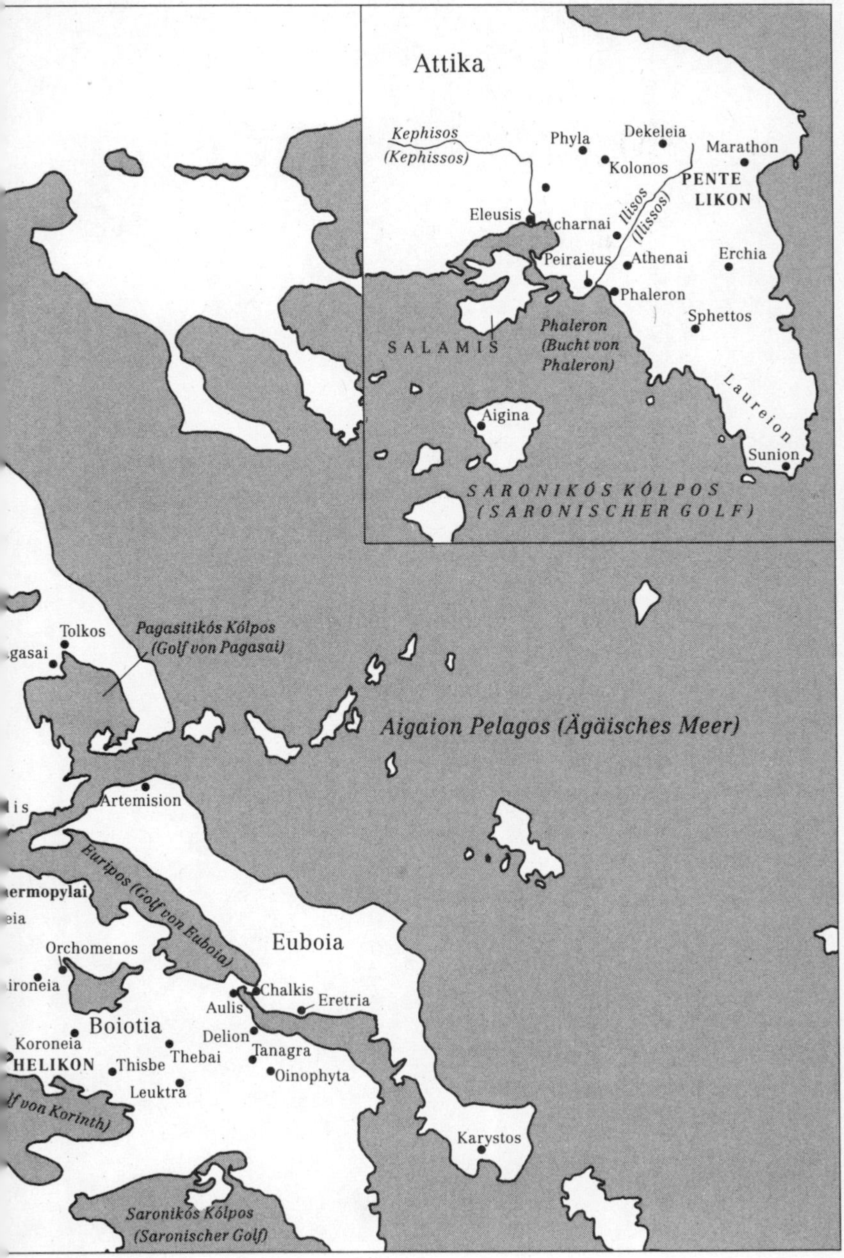
Attika
Kephisos
(Kephissos)
Phyla
Dekeleia
Marathon
Kolonos
PENTE
LIKON
Ilisos
(Ilissos)
Eleusis
Acharnai
Peiraieus
Athenai
Erchia
Phaleron
Sphettos
SALAMIS
Phaleron
(Bucht von
Phaleron)
Laureion
Aigina
Sunion
SARONIKÓS KÓLPOS
(SARONISCHER GOLF)
Tolkos
Pagasitikós Kólpos
(Golf von Pagasai)
Aigaion Pelagos (Ägäisches Meer)
Artemision
Euripos (Golf von Euboia)
Euboia
Orchomenos
Chalkis
Aulis
Eretria
Boiotia
Koroneia
Delion
Thebai
Tanagra
HELIKON
Thisbe
Oinophyta
Leuktra
Karystos
Saronikós Kólpos
(Saronischer Golf)

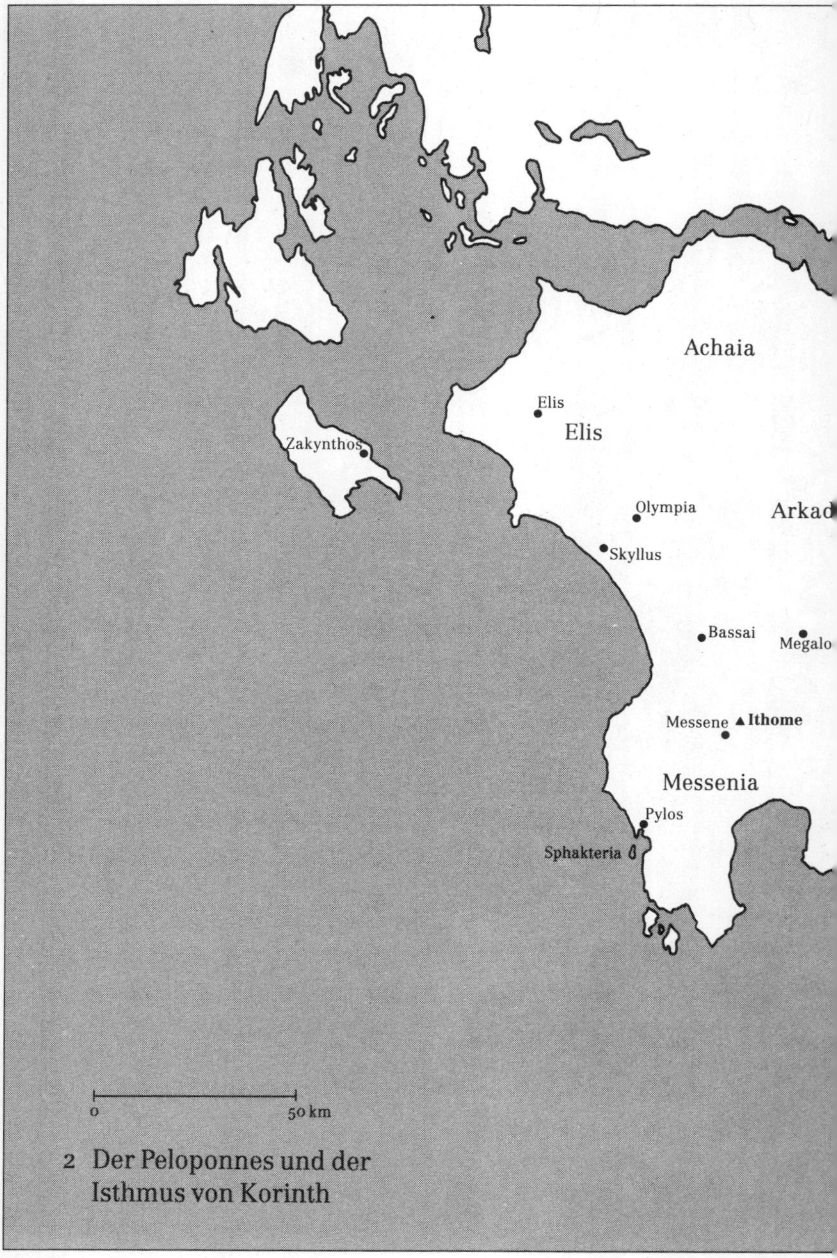


2 Der Peloponnes und der Isthmus von Korinth

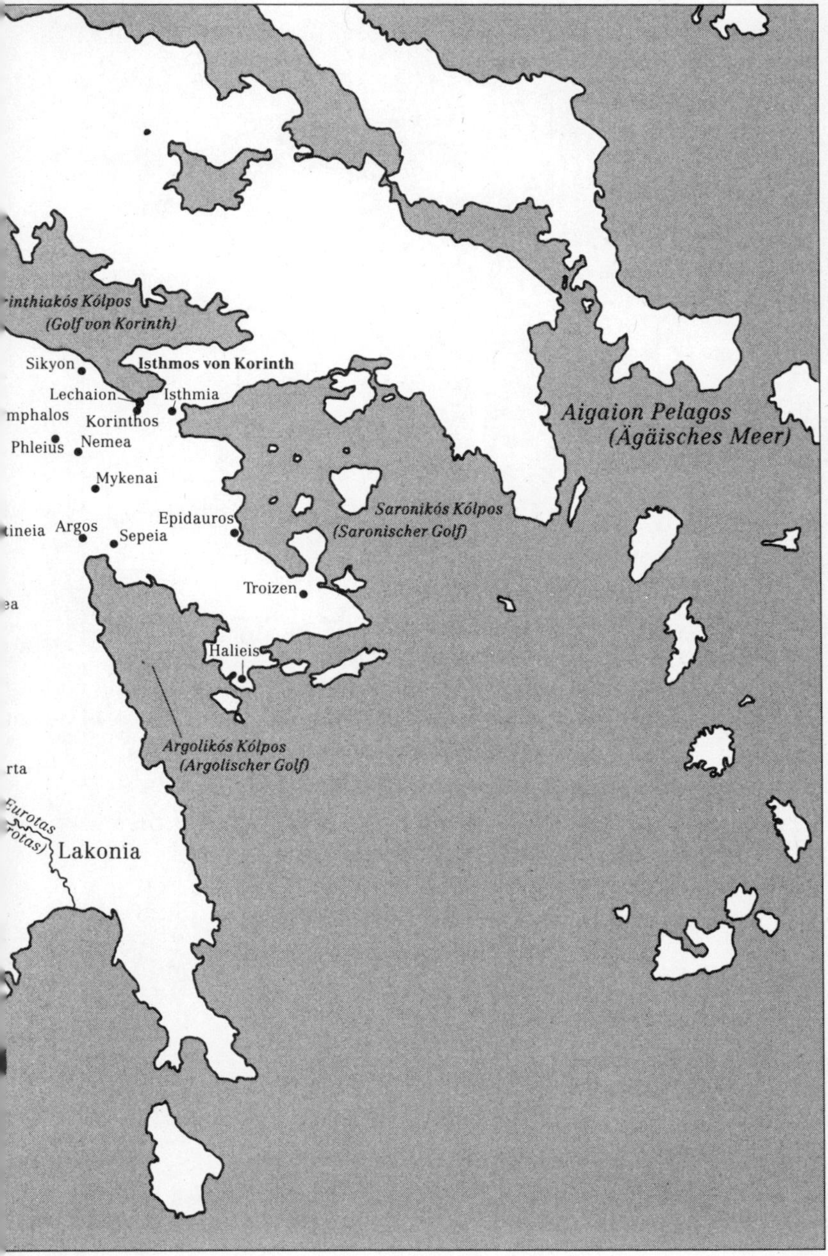
inthiakós Kólpos
(Golf von Korinth)
Sikyon
Isthmos von Korinth
Lechaion
Isthmia
mphalos
Korinthos
Phleius
Nemea
Mykenai
Epidauros
tineia
Argos
Sepeia
Troizen
ea
Halieis
Argolikós Kólpos
(Argolischer Golf)
rta
Eurotas
rotas)
Lakonia
Aigaion Pelagos
(Ägäisches Meer)
Saronikós Kólpos
(Saronischer Golf)

THASOS
Aigospotamos
IMBROS
Lampsakos
Abydos
Kyzikos
Daskyleion
LEMNOS
Troia
Phrygia
Troas
Mysia
Assos
Methymna
Atarneus
Pergamon
Kaïkos
(Bakir)
SKYROS
LESBOS
Mytilene
Elaia
Magnesia
(am Sipylos)
Hermos
(Gediz)
Smyrna
Sardeis
Phrygia
CHIOS
Klazomenai
Ionia
Teos
Kolophon
Lydia
Notion
Maiandros
(Mäander)
Aigaion Pelagos
(Ägäisches Meer)
Ephesos
Priene
Julis
SAMOS
Magnesia (am Maiandros)
KEOS
Mylasa
DELOS
SPORADES
KYKLADES
Miletos
Karia
Karyanda
NAXOS
Halikarnassos
PAROS
MELOS
KOS
Knidos
KYNOS
SEMA
Kameiros
RHODOS
Kydonia
KRETA
0
100 km
3 Die Ägäis

4 Süditalien und Sizilien

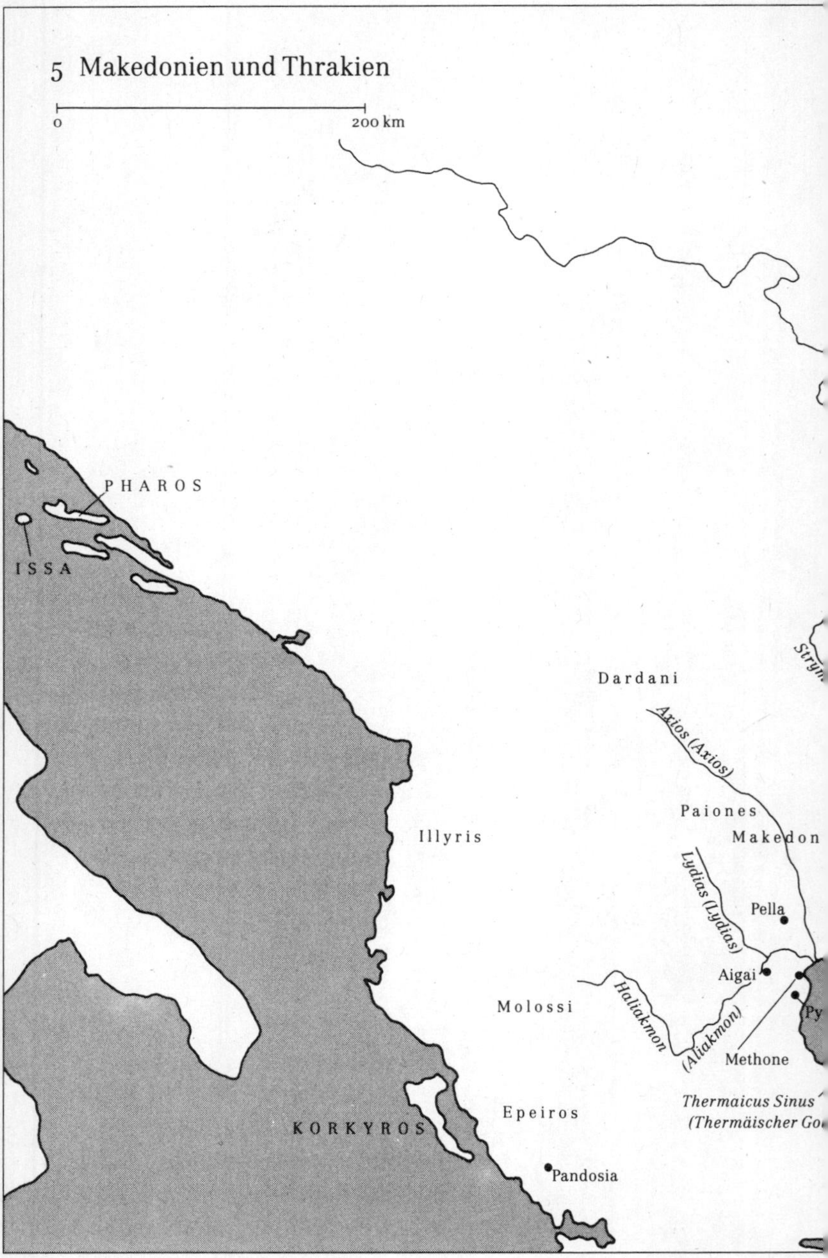
5 Makedonien und Thrakien
0
200 km
PHAROS
ISSA
Dardani
Axios (Axios)
Paiones
Makedon
Illyris
Lydias (Lydias)
Pella
Aigai
Haliakmon
(Aliakmon)
Molossi
Methone
Thermaicus Sinus
Epeiros
KORKYROS
Pandosia

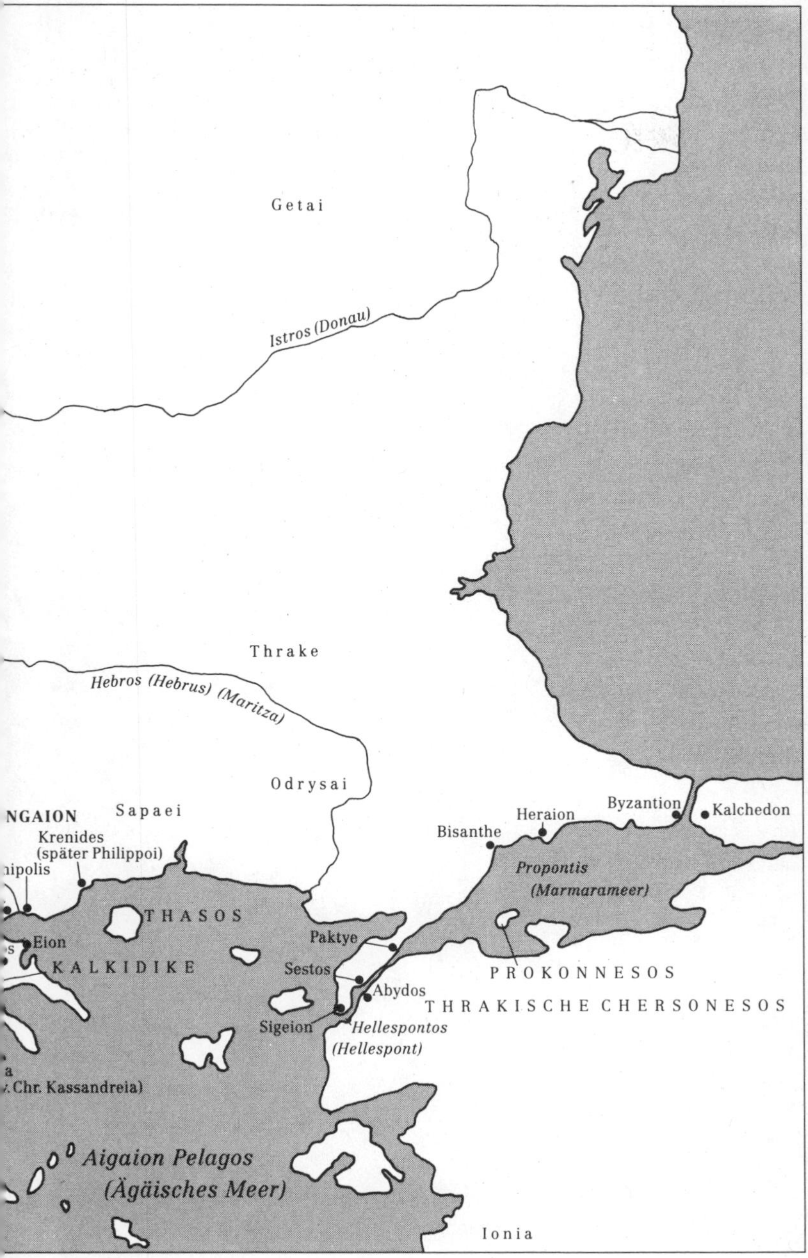
Getai
Istros (Donau)
Thrake
Hebros (Hebrus) (Maritza)
Odrysai
NGAION
Sapaei
Krenides
(später Philippoi)
Byzantion
Kalchedon
Heraion
Bisanthe
Propontis
(Marmarameer)
THASOS
Eion
KALKIDIKE
Paktye
Sestos
Abydos
Sigeion
Hellespontos
(Hellespont)
PROKONNESOS
THRAKISCHE CHERSONESOS
Chr. Kassandreia)
Aigaion Pelagos
(Ägäisches Meer)
Ionia

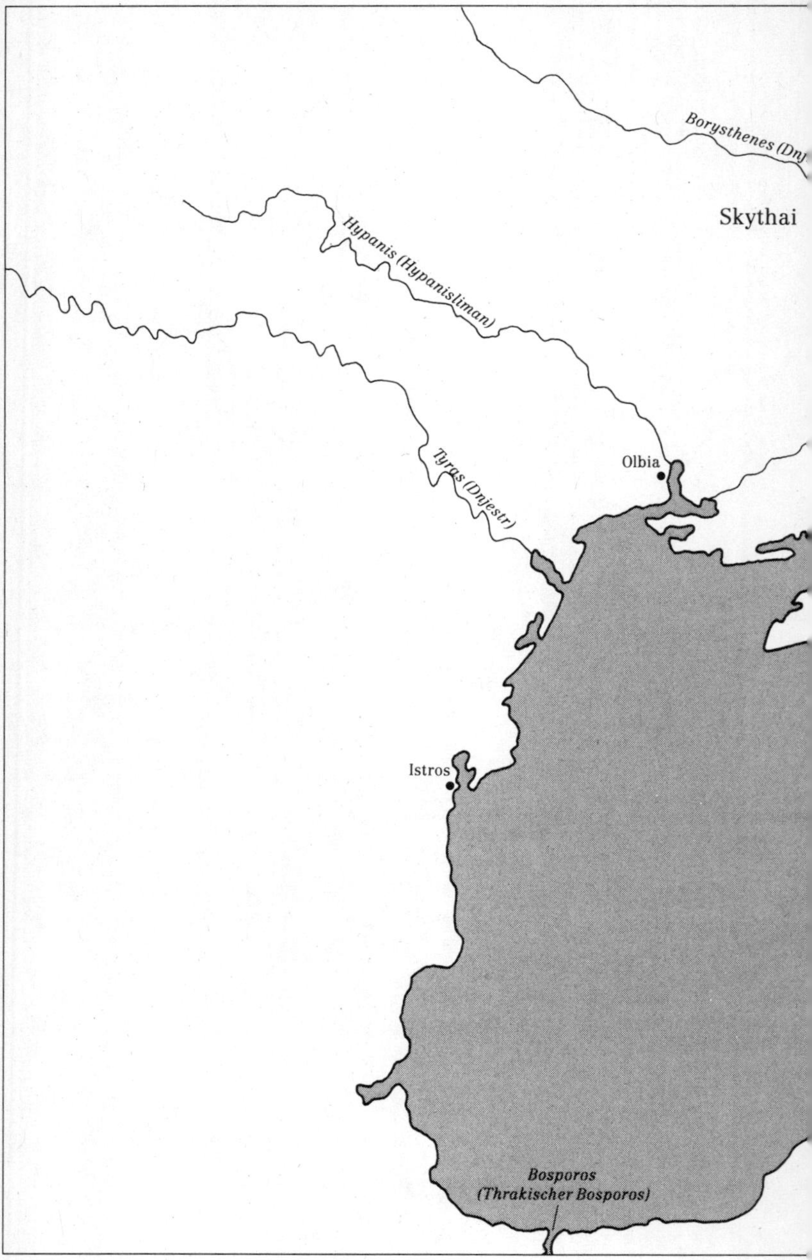
Borysthenes (Dnj
Skythai
Hypanis (Hypanisliman)
Tyras (Dnjestr)
Olbia
Istros
Bosporos
(Thrakischer Bosporos)

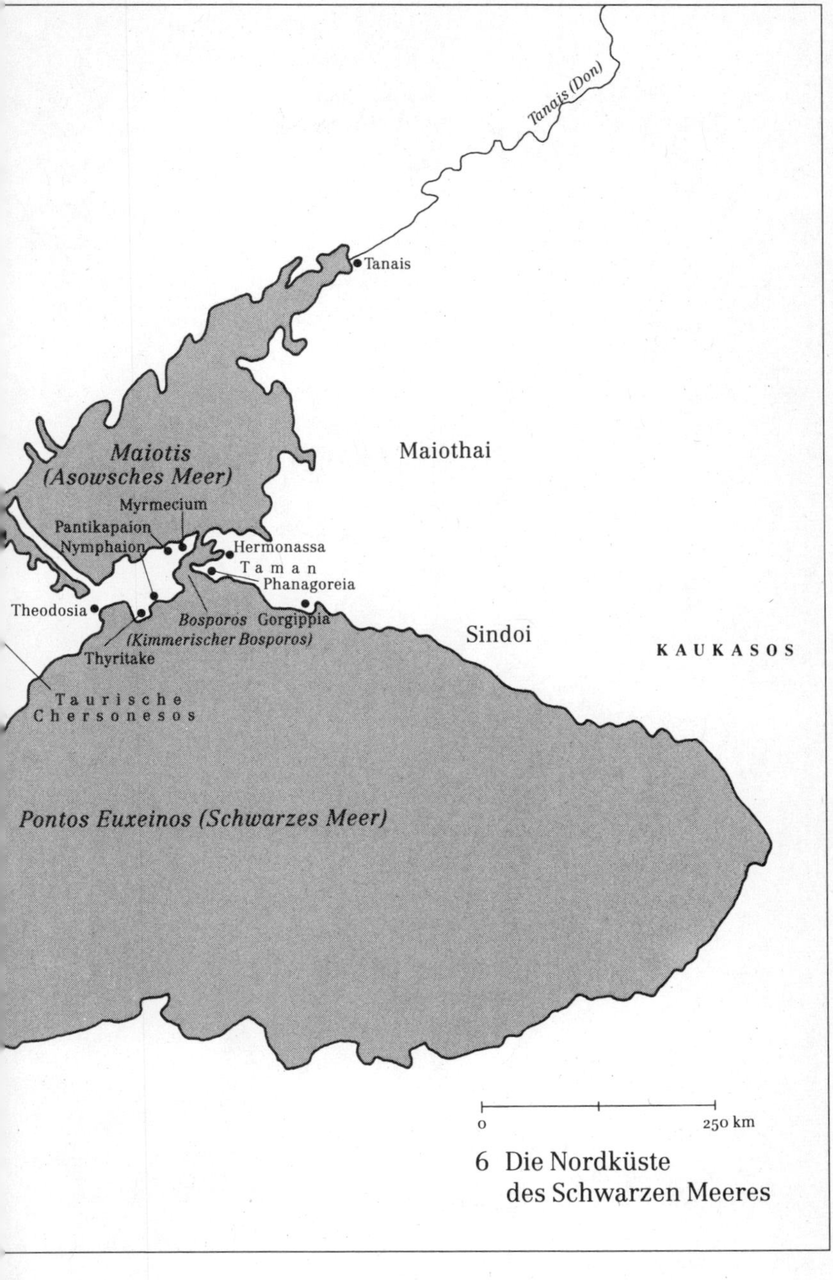


6 Die Nordküste
des Schwarzen Meeres

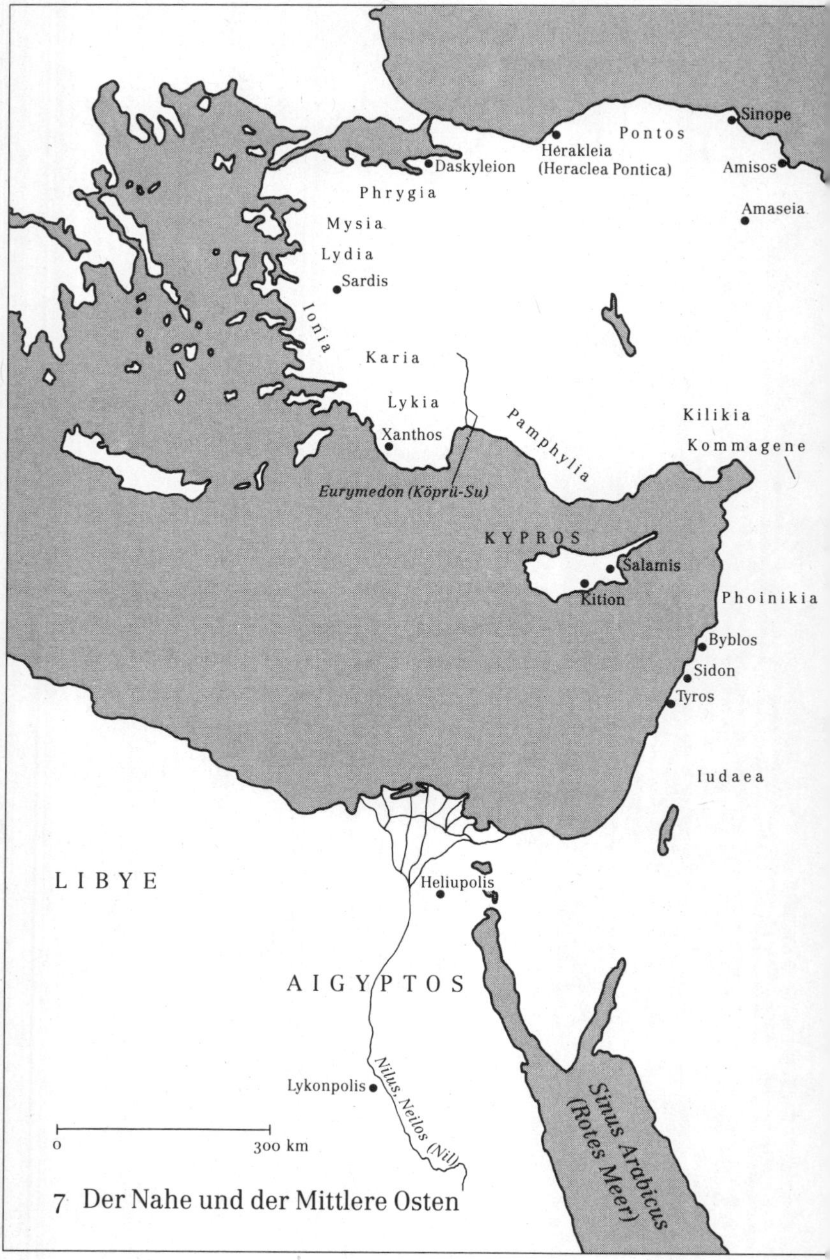

7 Der Nahe und der Mittlere Osten

Trapezus
ata
ASSYRIA
PERSIS
Tigris (Tigris)
Mesopotamia
Euphrates
(Euphrat)
RIA
Kunaxa
Babylon
Susa
Babylonia
Persepolis
Sinus Persicus
(Persischer Golf)

# ERSTER TEIL

# KRIEGE GEGEN ÄUSSERE FEINDE

# CHRONOLOGIE

| | |
|---|---|
| 499–494 | Ionischer Aufstand gegen die Perser; 495 Schlacht von Lade |
| ca. 494 | Die Spartaner besiegen die Argiver bei Sepeia |
| 493 | Miltiades kehrt von der thrakischen Chersonesos nach Athen zurück |
| 493/492 | Themistokles wird Archon in Athen |
| 490 | Sieg des Miltiades in der Schlacht von Marathon |
| 500–480 | Bau des Tempels der Aphaia in Aigina |
| 490/488 | Selbstmord des Königs Kleomenes I. von Sparta |
| 489 | Kriegszug des Miltiades nach Paros und sein Tod |
| 488 | Theron wird Tyrann von Akragas (gest. 472) |
| 487 | Eine Reform in Athen verleiht den Generalen *(strategoi)* größere Befugnisse |
| 486 | Xerxes I. wird König von Persien (gest. 465/64) |
| 485 | Gelon wird Tyrann von Syrakus |
| ca. 483/482 | Themistokles verwendet das Silber von Laurion zum Ausbau der athenischen Flotte |
| 481 | »Panhellenische« Kongresse in Korinth |
| vor 480 | Archaianaktidische Herrscher am Kimmerischen Bosporos (Pantikapaion; s. Kap. 27) |
| 480 | Persische Invasion in Griechenland unter Xerxes I. Schlachten an den Thermophylen (Leonidas I.), bei Artemision und Salamis (Themistokles) |
| 480 | Karthagische Invasion in Sizilien. Schlacht bei Himera (Gelon und Theron) |
| 479 | Schlacht bei Plataiai (Pausanias) und Mykale |
| 479–478 | Die Perser verlieren Sestos, Byzantion und den thrakischen Bosporos |

| | |
|---|---|
| ca. 477 (od. 472/470) | Pausanias wird von Kimon aus Byzantion vertrieben |
| ca. 474 | Hieron I. von Syrakus besiegt die Etrusker bei Kyme |
| ca. 472 (?) | Themistokles wird in die Verbannung geschickt |
| ca. 469/466 | Pausanias wird dem Hungertod überantwortet |
| ca. 469/ 468 (?) | Schlacht am Eurymedon gegen die Perser (s. Kap. 5) |
| ca. 462 | Tod des Themistokles |

# 1 MILTIADES: DER SIEGER VON MARATHON

Das Persische Reich – das größte Reich, das die Welt bis dahin gekannt hatte – wurde von König Kyros II., dem Großen, (559–529 v. Chr.) gegründet.* Es erstreckte sich bis nach Pakistan im Osten und bis an die äußersten Grenzgebiete Asiens im Westen. Dieses Reich rückte Griechenland nahe, als sein Gründer den König von Lydien, Kroisos, besiegte und dessen Staat annektierte. Dadurch gewann Kyros die Oberherrschaft über die griechischen Städte an der Westküste des Festlandes und auf den benachbarten Inseln, in Gebieten also, die bisher lydischen Herrschern unterstanden hatten.

Eine der beiden persischen Satrapien, die künftig die Geschicke der Griechen beeinflussen sollten, hatte ihre Residenz in Sardeis, der ehemaligen lydischen Hauptstadt. Die andere wurde von Daskyleion im Unteren Phrygien, nicht weit von der Propontis** aus regiert. Es war Dareios I. (521–486), der nach der Niederschlagung von Aufständen in den östlichen Gebieten das Reich in eine Reihe solcher Satrapien unterteilte, deren jede unter einem Fürsten oder einem hohen Adligen eine erhebliche innere Autonomie erhielt, während sie gleichzeitig mehr oder weniger der Zentralgewalt unterworfen blieb. Dareios förderte den Handel, sicherte die Reichsgrenzen und versuchte, sie zu erweitern, indem er nach Europa übersetzte (ca. 513–512). Seine Expedition gegen die Skythen des osteuropäischen Hinterlandes nördlich der Donau verlief zwar nicht sehr glücklich, aber die Annexion Thrakiens stellte einen großen Erfolg dar.

Sein Feldzug brachte die Perser darüber hinaus in enge Berüh-

* Für jedes Kapitel findet der Leser im Anhang in den »Erläuterungen« Hinweise zu wichtigen Begriffen.

** Wegen der modernen Schreibweisen antiker Ortsnamen siehe Anhang.

rung mit den Athenern. Diese waren schon seit geraumer Zeit daran interessiert, die strategischen Wasserstraßen zu beherrschen, die ins Schwarze Meer führten, denn sie waren auf das Getreide angewiesen, das aus dieser Region kam. Das bedeutete, daß sie die Durchfahrten des Hellesponts, der Propontis und des thrakischen Bosporos unter Kontrolle bekommen mußten. Mit dieser Zielsetzung hatte der Ältere Miltiades, ein Angehöriger des athenischen Geschlechts der Philaiden, eine athenische Kolonie auf der thrakischen Chersonesos gegründet, die an das nördliche (europäische) Ufer des Hellesponts grenzte (ca. 547). Obwohl sein Vater ein politischer Gegner des athenischen Tyrannen Peisistratos war, hat Miltiades wahrscheinlich mit Unterstützung durch Peisistratos seine Kolonie auf der Chersonesos gegründet, die er durch den Bau einer Mauer quer über den Isthmos erheblich befestigte.

Nachfolger des Älteren Miltiades wurde sein Neffe Ithagoras, nach dessen Tod sein Bruder, Miltiades d. Jüngere, der von Athen beauftragt wurde, die Herrschaft über die Kolonie zu übernehmen (ca. 524 od. 518/516). Das geschah auf Veranlassung von Peisistratos' Sohn und Nachfolger Hippias, der die Hoffnung hegte, daß Miltiades durch seine Anwesenheit die Position von Hippias' Halbbruder Hegesistratos stärken würde, der über das benachbarte Sigeion herrschte. Der Jüngere Miltiades veranlaßte weitere Athener, ihm zu folgen und sich in der Gegend niederzulassen, schlug thrakische Aufstände in der Chersonesos nieder, indem er die örtlichen Anführer einkerkern ließ, und heiratete dann Hegesipyle, eine Tochter des thrakischen (sapaiischen) Königs Oloros.

Als Dareios auf seiner ersten Expedition in Europa eintraf (ca. 513–512), kommandierte Miltiades eine Einheit des persischen Heeres. Als sich der König jedoch anschickte, von Skythien über die Donau zurückzukehren, riet Miltiades (wie er später behauptete) seinen griechischen Landsleuten, die Brücke über den Fluß zu zerstören, um den Persern den Rückzug abzuschneiden.[1*] Da Dareios jedoch keine Maßnahmen gegen ihn ergriff, könnte es

* Anmerkungen siehe jeweiliges Kapitelende.

sich bei Miltiades' Angaben auch um eine spätere Erfindung handeln, die er in einer Zeit, in der die Perser zu Feinden Athens geworden waren, für nützlich hielt und die ihm dazu diente, seine frühere Dienstbeflissenheit für die Perser zu verschleiern.

Ferner könnte zu Miltiades' Gunsten angeführt werden, daß er nach Dareios' Abreise die Inseln Lemnos und Imbros aus der persischen Herrschaft löste und sie mit Athen verband (ca. 500, oder etwas später). Und dann unterstützte er die griechischen Städte der Ioner im westlichen Kleinasien, als diese sich im Jahre 499 gegen die persische Herrschaft erhoben. Um diese Zeit mußte er auch für kurze Zeit ins Exil, da die Skythen in die Chersonesos eingefallen waren; es gelang ihm jedoch mit thrakischer Hilfe, die Macht wieder zurückzuerobern. Nicht lange nach dem Zusammenbruch des Ionischen Aufstandes (494) floh er dann nach Athen, wo er wegen »Tyrannei« angeklagt wurde – eine Anklage, die von seinen politischen Gegnern erhoben wurde, nachdem in Athen die Tyrannei des Peisistratiden durch eine mehr demokratische Regierung (unter Kleisthenes) ersetzt worden war. Trotz starker Anfeindungen wurde Miltiades in Athen ein einflußreicher Politiker, der die antipersischen Kräfte anführte.

Persien stellte mittlerweile eine unmittelbare Bedrohung für Griechenland dar. Als Dareios zum ersten Mal in Europa einfiel (ca. 513–512), war nicht klar, ob und in welchem Ausmaß er seine Herrschaft über die griechischen Stadtstaaten ausdehnen wollte. Diejenigen auf der asiatischen Seite der Aegaeis waren schon unter seiner Kontrolle, ebenso wie der größte Teil der Städte an der thrakischen und makedonischen Küste, und er wird mit seinen Beratern wohl Überlegungen angestellt haben, ob es nicht sinnvoll sei, auch das griechische Festland zu besetzen.

Auf jeden Fall stellte sich die Frage in verschärfter Form, als sich die ionischen Städte Kleinasiens gegen ihn erhoben, da Athen und Eretria (auf Euboia) ihnen zu Hilfe kamen und sich an der Plünderung von Sardeis (498), der Hauptstadt der persischen Satrapie im westlichen Kleinasien, beteiligten. Ihre Truppenkontingente traten bald danach den Rückzug an, aber von dieser Zeit an war Dareios entschlossen, an Athen und Eretria Rache zu nehmen. Auch hier können wir nicht sagen, ob seine Ziele damals auf diese beiden Städte beschränkt waren, oder einen weiterreichenden Umfang besaßen. Aber wenn diese Städte unterlagen, war es unvermeidlich, daß er weitere Teile Griechenlands zu erobern versuchen würde.

Etwa im Jahre 492 beruhigte Mardonios, der tüchtige, junge Neffe und Schwiegersohn des Dareios, die Lage in den besiegten ionischen Städten auf dem kleinasiatischen Festland, indem er einige ihrer Marionettentyrannen – die die Perser zuvor selbst ernannt hatten – absetzte und ihnen gewisse demokratische Selbstverwaltungsformen zugestand. Sodann vollendete er trotz eines Schiffbruchs und einer Verwundung die Unterwerfung Thrakiens und machte das Königreich Makedonien zum persischen Vasallenstaat. Unmittelbar danach leiteten die persischen Generale Patis (ein Meder) und Artaphernes (der Sohn des Satrapen von Sardeis) die maritime Strafexpedition gegen Athen und Eretria ein, wobei sie von dem landesflüchtigen athenischen Ex-Tyrannen Hippias begleitet wurden, der hoffte, durch einen Sieg der Perser wieder an die Macht zu gelangen.

Nach der Kapitulation der Kykladen-Inseln fiel Eretria nach sechstägiger Belagerung den Persern durch Verrat in die Hände. Wenige Tage später segelten die Perser weiter und landeten mit ihrer Streitmacht von 15000–20000 Mann, bestehend aus schwer bewaffneter Infantrie, Kavallerie und Bogenschützen, einundvierzig Meilen nördlich von Athen in der Bucht von Marathon. Die Bucht besaß einen geschützten Strand und war einer der wenigen Orte in der Gegend, die über ausreichend Trinkwasser und Weideplätze für Pferde verfügten; außerdem hoffte Hippias, in diesem Teil Attikas Bundesgenossen zu finden.

Genaugenommen war der athenische Oberbefehlshaber ein Zivilbeamter, der Polemarch Kallimachos – der Archon für das Kriegswesen, einer von neun gewählten Archonten, welche die höchsten Beamten des athenischen Staates waren. Aber in der Praxis lag das Oberkommando bei den zehn Generalen *(strategoi),* die jeweils aus einer der zehn Phylen gewählt wurden. Einer von ihnen war der junge Miltiades, der seit Dareios' thrakisch-skythischem Feldzug mit der persischen Armee vertraut war und der darüber hinaus im Ruf eines Perserfeindes stand (wofür er eifrig Sorge getragen hatte); die Geschichtsschreibung hat ihm zu Recht die führende Rolle bei den nachfolgenden Ereignissen zuerkannt.

Er und seine Kollegen beschlossen, den persischen Angriff auf Athen nicht abzuwarten, sondern in nördlicher Richtung auf Marathon zu marschieren. Das war eine grundlegende und riskante Entscheidung, denn die Perser hätten versuchen können, die athenischen Streitkräfte bei Marathon zu binden und gleichzeitig die Halbinsel zu umsegeln und Athen selbst anzugreifen, das durch den Abmarsch seiner Armee gefährlich ungeschützt war. Aber was für die Athener den Ausschlag gab, war die Sorge, daß der Feind im Osten Attikas eine Basis gewinnen könnte, die zum Sammelpunkt für Verräter hätte werden können.

Deshalb entsandten sie eine Streitmacht von ungefähr 10 000 Hopliten (schwer bewaffneten Fußsoldaten). Ein Kontingent von etwa 600 Männern aus Plataiai, an der Grenze von Attika und Boiotien, schloß sich ihnen an, aber keine Unterstützung kam von der bedeutendsten Landmacht, von Sparta, das – wie der athenische Bote Pheidippides berichtete – für den Zeitraum von einigen Tagen keine Truppen absenden konnte, da gerade ein religiöses Fest abgehalten wurde. Die Entschuldigung war vielleicht zutreffend, aber die Verzögerung kann ebensogut auf starken spartanischen Meinungsverschiedenheiten hinsichtlich der Haltung gegenüber den Persern beruht haben.

Die griechische Streitmacht besetzte die Hügel, die der persischen Stellung gegenüberlagen und den Weg nach Athen versperrten. Die Planungen ihrer Generale sind uns durch Berichte nur unzulänglich bekannt. Auf jeden Fall beschlossen die Athener schließlich, trotz der Stärke ihrer Stellung und trotz der Argumente, die dafür sprachen, auf die spartanischen Streitkräfte zu warten, selbst zum Angriff überzugehen; entweder weil die persische Kavallerie abwesend war (warum, wissen wir nicht) oder da sie fürchteten, daß die Perser sich wieder einschiffen und nach Athen segeln könnten, oder aber aus Angst vor Verrat aus den eigenen Reihen, wenn sie noch länger warteten. Miltiades, der den Angriff vorschlug, war der Überzeugung, daß die Überlegenheit seiner Streitkräfte und die größere Vertrautheit mit den örtlichen Verhältnissen den zahlenmäßigen Nachteil ausgleichen würden.

Bei der Aufstellung der Schlachtreihe dünnte er das Zentrum so weit aus, daß seine Frontlinie ebenso lang wurde wie die des Feindes, und er verstärkte beide Flügel. Dann griffen seine Männer im Morgengrauen des 9. September (?) in der Ebene an, wobei sie laut Herodotos »im Laufschritt«[2] vorstürmten, wahrscheinlich jedoch in dem Augenblick zu laufen anfingen, als sie in die Reichweite der gegnerischen Bogenschützen kamen. Die Perser durchbrachen das Zentrum der griechischen Schlachtreihe, aber die Flügel der Griechen warfen ihre Gegner zurück, schwenkten auf das persische Zentrum ein und schlugen es in die Flucht. Die geschlagenen Perser stürmten zur Küste, wo sie von ihrer Flotte aufgenommen wurden. Sie hatten 6400 Tote zu beklagen, gegenüber 192 gefallenen Athenern, darunter auch der Polemarch Kallimachos, der den rechten Flügel geführt hatte. Die Spartaner trafen erst nach Beendigung des Kampfes ein und konnten nur noch das Schlachtfeld inspizieren.

Nachdem sie sich eingeschifft hatten, umsegelten die Perser Sunion und strebten der Phaleron-Bucht zu in der Hoffnung, Athen angreifen zu können, bevor die Streitkräfte zurück wären. Herodotos berichtet uns, daß, kurz nachdem sie abgesegelt waren, eine Verrätergruppe in der Stadt ihnen mit einem Schild ein Lichtsignal gesendet hätte, um sie zum Einmarsch aufzufordern. Möglicherweise ist das zutreffend, obwohl immer noch ungewiß bleibt, wer die verräterischen Signalgeber waren. (Man verdächtigte die mächtige, aber häufig ihren eigenen Interessen folgende Familie der Alkmeoniden, vielleicht zu Unrecht.) Auf jeden Fall kamen die siegreichen athenischen Streitkräfte, die im Eilmarsch heimwärts marschierten – sie müssen etwa acht Stunden gebraucht haben – als erste dort an. So blieb den Persern nichts anderes übrig, als nach Asien zurückzusegeln, und die Gefahr war vorerst gebannt.

Miltiades und seine athenische Streitmacht hatten einen der berühmtesten Siege aller Zeiten errungen. Sie hatten der Welt gezeigt, daß der schwerbewaffnete griechische Fußsoldat jedem Streiter des Persischen Reiches überlegen war – und daß Athen, dessen mittelständisches Bürgertum diese Hopliten stellte, der heldenhafte Sieger und damit eine Macht war, mit der man in Zukunft würde rechnen müssen. Gewiß, die Perser waren nicht für alle Zeiten zurückgeschlagen worden, aber sie hatten einsehen müssen, daß Griechenland nicht von See her eingenommen werden konnte, wenn man keine gesicherten Landbasen hatte; und andere griechische Stadtstaaten waren ermutigt worden, ihnen Widerstand zu leisten. Ein Wandgemälde der Schlacht, wahrscheinlich von Mikon, wurde in der Gemäldehalle von Athen (Stoa Poikile) angebracht.

Miltiades war ein Mann voll Mut und Entschlossenheit, aber ihm widerfuhr das tragische Schicksal vieler erfolgreicher griechischer Persönlichkeiten. Von seiner Heimatstadt beauftragt, die Kontrolle über die Aegaeis zurückzugewinnen, stach er zu Beginn des Frühjahrs 489 (oder möglicherweise im Herbst davor) in See, um die Insel Paros zu erobern. Das Unternehmen scheiterte, und er verletzte sich schwer, als er versuchte, über einen Zaun zu springen. Bei seiner Rückkehr veranlaßten die Alkmeoniden seine Anklage »wegen Täuschung des Volkes«, und nachdem man ihn auf einer Trage in die Verhandlung geschleppt hatte, wurde er zu einer hohen Geldstrafe verurteilt. Bevor er dem Urteil Folge leisten konnte, starb er jedoch an seiner Verletzung. Die Strafe wurde dann von seinem Sohn Kimon entrichtet (s. Kap. 5) – der seinen Vater später rehabilitierte; dieser wurde daraufhin in die Gruppe der Heroen aufgenommen, die Pheidias für das athenische Schatzamt in Delphi schuf (ca. 465).

1 Herodotos, VI, 137f.
2 Ibid., VI, 112.

# 2 THEMISTOKLES: DER SIEGER VON SALAMIS

Themistokles (ca. 528– ca. 459 [?]) war von der Seite seines Vaters Neokles her Mitglied eines alten, angesehenen und ziemlich wohlhabenden, aber unpolitischen athenischen Geschlechts, der Lykomidai, die damals noch außerhalb Athens nahe Sunion lebten. Seine Mutter jedoch soll von niedriger, nichtgriechischer Herkunft gewesen sein, wahrscheinlich eine Karerin (s. Kap. 28). Zu einer Zeit, in welcher Familienstand und Familienallianzen politische Machtfaktoren darstellten, entzog ihm diese fehlerhafte Herkunft jegliche Unterstützung durch die herrschende Klasse. Ohne die verfassungsrechtlichen und sozialen Reformen des Kleisthenes am Ende des sechsten Jahrhunderts wäre er noch nicht einmal athenischer Vollbürger gewesen.

In einer entschiedenen Abkehr von den veralteten, oligarchischen Institutionen hatte Kleisthenes das alte Phylensystem, das auf Sippen und Geschlechter gegründet war, durch zehn lokale Phylen ersetzt, die nicht länger auf Familie und Besitz gründeten. Er hatte auch einen Rat der Fünfhundert *(Bule)* geschaffen, der weitgehend die politische Autorität des konservativen, aristokratischen Areopag übernahm und gemeinsam mit der Volksversammlung *(ekklesie)* das Kernstück der sich langsam entwickelnden Demokratie bildete. Kleisthenes führte daneben eine Reform des Bürgerrechts durch, die es den ansässigen Fremden oder Metoiken (einer wichtigen, handeltreibenden Schicht, s. Anhang III) ermöglichte, das Bürgerrecht zu erwerben, und er machte ferner eine frühere Streichung all derjenigen von der Bürgerliste rückgängig, die »unreiner Abstammung« waren. Diese letztgenannte Maßnahme machte es Themistokles überhaupt erst möglich, am politischen Leben teilzunehmen.

Er stieg schnell zu Amt und Würden auf. Der wichtigste der

neun jährlich gewählten Archonten, die den athenischen Staat verwalteten, war der *archon eponymos*; in dieses Amt wurde Themistokles schon im Jahre 493/492 im Alter von fünfunddreißig Jahren, oder sogar noch vor Erreichen dieses Alters gewählt (woran allerdings in der neueren Forschung Zweifel laut geworden sind). Während seines Archontats hat er vermutlich schon mit dem Ausbau des Piräus – des sichersten und größten Hafens auf dem griechischen Festland – anstelle der unzulänglichen Reede von Phaleron begonnen. Dabei beabsichtigte er wohl unter anderem, Athen gegen den feindlich gesonnenen benachbarten Inselstaat Aigina zu schützen. Aber er plante auch voller Weitsicht, eine Festung gegen die Perser zu schaffen, denen Aigina ja hätte Unterstützung gewähren können. (Die Informanten Herodotos', die Themistokles nicht freundlich gesonnen waren, stellten dieses patriotische, anti-persische Motiv allerdings in Abrede.)[3] Wie dem auch sei, Themistokles erfaßte frühzeitig die potentielle Bedeutung der attischen Schiffahrt und Seemacht, wobei er entschieden mit der alten Tradition brach, die eine Verteidigung nur des eigenen Territoriums vorsah. Aber die Rückkehr des Jüngeren Miltiades aus dem Exil und die nachfolgende Schlacht bei Marathon lenkten die allgemeine Aufmerksamkeit von diesem Konzept ab und verzögerten alle Marineplanungen des Themistokles, da der Sieg bei Marathon zu Lande von den Hoplitentruppen errungen wurde.

Themistokles diente bei Marathon als einer der für das betreffende Jahr gewählten Strategen. Allerdings raubte ihm der Triumph des Miltiades, der so andersartig politische Vorstellungen hatte als er selbst, »den Schlaf seiner Nächte«.[4] Das Jahr 489 jedoch brachte den Sturz und das Ende des Miltiades. Die Folge war ein erbitterter Machtkampf unter den Politikern Athens. Vor allem kam es zu einer häufigen Anwendung des Ostrakismos. Dieses Verfahren scheint ebenfalls eine der Neuerungen des Kleisthenes gewesen zu sein – obwohl es erst in den 480er Jahren in Gebrauch kam, nachdem Marathon die Gefahr des Verrats von innen und die Notwendigkeit einer integren Führung vor Augen gestellt hatte. Der Ostrakismos war eine Methode, um einen unbeliebten Politiker loszuwerden, indem man ihn in die Verbannung schickte. Jeder Bürger konnte den Namen des Atheners, dessen Verbannung er wünschte, auf ein Stück Ton (Tonscherbe, *ostrakon*) schreiben, und der Mann, dessen Name bei diesem Verfahren am häufigsten auftauchte, wurde, wenn die Zahl der *ostraka* wenigstens 6000 betrug, in die Verbannung geschickt. Er mußte innerhalb von zehn Tagen abreisen und zehn Jahre im Exil bleiben.

Etwa 1500 *ostraka* sind gefunden worden – davon die meisten aus den Jahren um 480 v. Chr. –, und nicht weniger als 542 trugen den Namen des Themistokles. Das deutet darauf hin, daß er jedes Jahr in Gefahr war: Es gab konzertierte Anstrengungen, ihn loszuwerden. Aber sie scheiterten, und statt dessen wurden andere »ostrakiert«. Dazu gehörten in den Jahren nach 487 ein Mitglied der gestürzten Familie der früheren Tyrannen Peisistratos und Hippias, ein Alkmeonide, ein weiterer Peisistratide, und ein Anhänger der Alkmeoniden: allen wurde mit Sicherheit angelastet, potentielle Unterstützer einer persischen Invasion zu sein und die Wiederherstellung der Tyrannis des Hippias zu begünstigen. Auch die Entscheidung – wahrscheinlich 483/482 – einen anderen Staatsmann, Aristeides, zu ostrakieren, ist bezeichnend; er wurde verbannt, weil er bei Marathon die Planungen des Miltiades unterstützt hatte, während Themistokles eine Marineaktion befürwortete. Nun, da sich die Zeiten und die Anschauungen geändert hatten, war Themistokles in der Lage, seinen Gegenspieler zu eliminieren.

Dieser Erfolg wurde ihm durch einen außergewöhnlichen Glücksfall ermöglicht. Denn gerade zu jener Zeit entdeckte man neue Silberlager auf attischem Boden, in Laurion, wo die Silberbergwerke damals schon das größte Industriepotential Athens darstellten. Wie es in den griechischen Stadtstaaten üblich war – wo man noch keine langfristige Wirtschaftsplanung kannte –, wurde ein Gesetzesvorschlag eingebracht, nach welchem dieses Mehreinkommen unter die Bürgerschaft verteilt werden sollte. Themistokles gelang es jedoch erstaunlicherweise, die Volksversammlung dafür zu gewinnen, das Geld statt dessen für einen umfangreichen Flottenausbau zu verwenden. Dieses Abstimmungsergebnis wurde erzielt trotz der damit verbundenen Einkommensminderung für den einzelnen Bürger und trotz des gewaltigen Bedarfs an ausgebildeten Kräften, die für die Bemannung der Schiffe notwendig waren. Aristeides, der noch in den Kategorien von Marathon dachte und einen Ausbau der Landstreitkräfte bevorzugt hätte, versuchte, diese Politik zu Fall zu bringen – wofür er dann in die Verbannung geschickt wurde. So verfügte die Flotte, die vorher aus 70 Triremen bestanden hatte, im Jahre 480 v. Chr. über die noch nie dagewesene Höchstzahl von 200 Schiffen.

Diese Erweiterung kam gerade zur rechten Zeit. Denn die Perser beabsichtigten nicht, Marathon ungerächt zu lassen. Ihr Vergeltungsschlag wurde durch den Tod Dareios' I. und durch Aufstände in Ägypten (486) und Babylonien (482) verzögert, aber Dareios' Sohn Xerxes I. (486–465) schritt zur Tat, sobald er dazu in der Lage war, und beschloß eine koordinierte Invasion zu Wasser und zu Lande – möglicherweise mit 1000 Schiffen und 100 000 Soldaten, vielleicht sogar mit noch größeren Kontingenten. So überquerte die gewaltigste Streitmacht, die der Mittelmeerraum je gesehen hatte, den Hellespont, über welchen eigens zu diesem Zweck im späten Frühjahr 480 eine Brücke geschlagen wurde.

Die Vorstellung, daß »Medismos«, d. h. die Unterstützung für Persien (bzw. der Unwillen, es zu bekämpfen), eine Schande sei, war unter den griechischen Stadtstaaten noch nicht verbreitet – von denen viele das Persische Reich als nichtimperialistisch und verhandlungswillig ansahen. Bei anderen wirkte das Gebot der Furcht oder der Notwendigkeit, so daß Xerxes die Unterstützung oder Neutralität Thessaliens und des größten Teils Zentralgriechenlands einschließlich des Delphischen Orakels und der Stadt Argos gewinnen konnte, die den Spartanern feindlich gesonnen war.

Sparta und Athen ihrerseits unternahmen im Jahre 481 einen entscheidenden Schritt, indem sie die persischen Boten, die in ihre Städte entsandt worden waren, ermordeten. Und es waren die Spartaner – die bei weitem größte Landmacht in Griechenland –, die bei dieser Gelegenheit die Führung der gemeinsamen Verteidigung gegen die Perser übernahmen, indem sie den ersten der später sogenannten »panhellenischen« Kongresse auf dem Isthmos von Korinth einberiefen (im Herbst 481). An dem Kongreß nahmen die Vertreter der einunddreißig Stadtstaaten teil, die gewillt waren, Widerstand zu leisten.

Obwohl dreizehn dieser Staaten auf der Peloponnes lagen, so daß die neue Allianz fast schon einer Erweiterung des Peloponnesischen (Spartanischen) Bundes ähnelte, gehörte auch Athen dazu; und es war Themistokles, der den Schlachtplan entwarf. Er war einer der Generale der Polis – ein Amt, das man erst kurz zuvor auf Kosten des Archontats aufgewertet hatte. Er scheint in der Tat den Oberbefehl über die gesamten athenischen Streitkräfte innegehabt zu haben, eine für Athen äußerst ungewöhnliche Kommandostruktur. Nichtsdestoweniger lag das Oberkommando der Alliierten sowohl zu Lande als auch zur See in den Händen der Spartaner, wodurch eine einheitliche und kohärente Strategie ermöglicht wurde. Bei der Vorbereitung des Feldzuges durch die einzelnen Stadtstaaten kam es allerdings zu der üblichen griechischen Mischung aus klugen Vorschlägen und eifersüchtigen Streitereien.

Ursprünglich beabsichtigten die Griechen, das schmale Tempetal zwischen Makedonien und Thessalien zu sperren, und eine Streitmacht von 10000 Soldaten wurde unter dem Befehl des Spartaners Euainetos, in dessen Gefolge sich auch Themistokles befand, zu diesem Zweck nach Norden entsandt. Man gab den Plan jedoch schnell wieder auf, als klar wurde, daß die Perser anderswo durch die Berge vorstoßen konnten – und außerdem waren, wie wir gesehen haben, die Thessalier (vor allem die Aleuadischen Herrscher von Larissa) nicht vertrauenswürdig, und so mußte man sie ihrem Schicksal überlassen, obwohl es schwerfiel, auf ihre Pferde und ihr Getreide zu verzichten.

Die Griechen mußten nun einen anderen Kriegsplan entwikkeln, und sie beschlossen, ihre Kräfte an der Ostküste zu konzentrieren, indem sie ihr Heer und ihre Flotte (die die Perser nicht zu umschiffen wagen würden) in den aufeinander abgestimmten Positionen der Thermopylen und Artemisiums (im nördlichen Euboia) stationierten. An den Thermopylen – einem engen Paß, der sich über fünf Meilen zwischen den Felsen des Kallidromon

(Oite-Gebirge) und dem Meer erstreckte – wurden 6000 Hopliten unter dem spartanischen König Leonidas I. aufgestellt; und auf der Höhe von Artemisium lagen 271 Triremen unter dem Befehl seines Landsmannes Eurybiades, der von Themistokles, dessen attisches Kontingent bei weitem das größte war, beraten und angeleitet wurde.

Die persische Flotte, die an der gefährlichen thessalischen Küste entlanggesegelt war, hatte bereits schwere Verluste durch Unwetter erlitten. Aber nach dreitägigen Kämpfen, die für beide Seiten verlustreich waren, wurde den Griechen klar, daß sie sich trotz beachtlicher Erfolge bald in engere Gewässer würden zurückziehen müssen. An den Thermopylen hatte inzwischen Leonidas I. zwei Tage lang alle Angriffe abgewiesen. Dann aber wurde seine Bergflanke, die durch 1000 nicht sehr tapfere Phokier nur unzulänglich geschützt wurde, von einem persischen Kontingent umgangen, dem ein griechischer Kollaborateur, Ephialtes von Antikyra in Malis, den Weg wies. Und so kämpfte Leonidas, nachdem er die Hilfstruppen entlassen hatte, mit seinen eigenen Soldaten, bis alle den Tod gefunden hatten. Zwar war er unterlegen, aber er hatte eine Legende spartanischen Heldentums begründet und die Perser mindestens eine Woche lang aufgehalten, wodurch er die griechische Flotte bei Artemision gerettet hatte. Als die Nachricht von der Niederlage an den Thermopylen die Flotte erreichte, zog sich diese im Schutze der Nacht hastig durch die Euriposstraße zwischen Boiotien und Euboia zurück.

Im Angesicht der tödlichen Gefahr verließen die meisten Athener ihre Stadt, die von Xerxes eingenommen und niedergebrannt wurde. Die flüchtenden Frauen und Kinder gingen nach Troizen, Aigina und Salamis, und die athenische Regierung verlegte ihren Sitz nach Salamis. Es sei dies alles nicht tragisch, erklärte Themistokles, denn sie hätten ihre Schiffe, und Athene würde ihnen den Weg über das Meer weisen.[5]

Die Spartaner wollten sich nun in den Golf von Argos zurückziehen und den Isthmos von Korinth befestigen. Aber Themistokles riet den Verbündeten dringend davon ab – angeblich unter der Androhung, bei Nichtbefolgung seines Rates nach Unteritalien abzusegeln. Solange die persische Flotte unbesiegt sei, erklärte er, könnte jede griechische Landbefestigung umgangen werden. Die alliierte Flotte sollte sich statt dessen in die enge Straße von Salamis begeben. Was dann geschah, wird von Legenden überdeckt. Aber es wird überliefert (vielleicht zutreffenderweise, obwohl es Gegenstimmen gibt), daß Xerxes durch eine gezielte Falschmeldung des Themistokles davon überzeugt wurde, daß die zerstrittenen Griechen im Begriff seien, ihre Streitmacht aufzulösen und in die Heimathäfen zurückzukehren. Um ein solches Vorgehen zu verhindern, so drängte Themistokles, müßten die Perser sofort angreifen.

Angesichts der Tatsache, daß die für die Kriegsführung günstige Jahreszeit zu Ende ging, ohne daß ein durchschlagender Erfolg erzielt worden war, und da abzusehen war, daß die Versorgung bald für sie schwierig werden würde, ließen sich die Perser dazu hinreißen, dem »Ratschlag« des Themistokles zu folgen. Sie griffen in einem engen Gewässer an, das für ihre Schiffe weitaus ungünstiger war als für die griechischen, die zwar langsamer, aber schwerer gebaut und besser zum Rammen geeignet waren. Das Ergebnis war eine totale Niederlage der Perser unter den Augen ihres Königs Xerxes. Es wird berichtet, daß die Griechen zweihundert feindliche Schiffe zerstört oder gekapert hätten, während sie selbst nur vierzig verloren. Die Überreste der persischen Flotte waren der griechischen zwar zahlenmäßig immer noch überlegen, aber ihre Kampfmoral war gebrochen, und sie hatte die Seeherrschaft verloren, so daß sie die große Landarmee des Königs nicht länger mit Lebensmitteln versorgen konnte. Xerxes kehrte deshalb mit dem größten Teil seiner Truppen nach Sardes, der Hauptstadt seiner Satrapie im westlichen Kleinasien, zurück – wo nach den jüngsten Geschehnissen ein neuer Aufstand der ionischen Städte zu befürchten war.

Die Schlacht bei Salamis war der Wendepunkt des Krieges und einer der berühmtesten Siege aller Zeiten; wie Thukydides sagte, war sie »ohne Zweifel die Rettung«.[6] Athen hatte mit 180 bis 200 von insgesamt 334 alliierten Schiffen den weitaus größten Anteil am Sieg; und wie Themistokles mit Hilfe des Dichters Simonides[7] umgehend kundtat, ging dieser Sieg ganz ohne Frage im wesentlichen auf sein Konto. Es wurden ihm dafür Ehrungen zuteil – sogar in Sparta –, wie man sie bis dahin nicht gekannt hatte.

Aber dann begann der Abstieg dieses erfolgreichen Staatsmannes, ebenso wie zehn Jahre zuvor für Miltiades, den bejubelten Sieger von Marathon. Einige von Themistokles' Rivalen waren im Zuge einer allgemeinen Amnestie vor dieser zweiten persischen Invasion ins Land zurückgerufen worden. Unter ihrer Führung begann sich im Jahre 479 die Volksgunst gegen ihn zu wenden, als er den Seekrieg bis zum Hellespont ausdehnen wollte. Das erschien den Athenern zu gewagt – außerdem hatten sie eine Abneigung gegen allzu erfolgreiche Mitbürger. Deshalb verlor Themistokles, der nicht über eine ausreichend große Klientel verfügte, die ihn politisch hätte stützen können, sein Amt als Stratege an seine politischen Gegner.

Immerhin blieb er während des darauffolgenden Winters noch mächtig genug, um die neue politische Sichtweise ins Spiel zu bringen, daß der Hauptgegner jetzt nicht mehr Persien, sondern Sparta sei – das ihm zu konservativ und zu mißgünstig erschien, um sich mit der attischen Expansion, die er anstrebte, abfinden zu können. Bei der Durchsetzung dieser neuen Anschauung manövrierte er die Spartaner bewußt aus, als sie versuchten, ihn am Wiederaufbau der Stadtmauern von Athen und Piräus zu hindern (479/478) – da sie glaubten, daß dies gegen sie gerichtet sei.

Die vorherrschende Stimmung in Athen war jedoch pro-spartanisch – oder zumindest wollte man die Möglichkeit eines Zweifrontenkrieges gegen Persien und Sparta ausschließen. Deshalb wurde Themistokles ca. 472/471 (?) ostrakisiert, woraufhin er sich nach Argos begab. Verärgert über diese Zuflucht zu ihren Gegnern und als Antwort auf seine eigene Feindseligkeit klagten ihn die Spartaner an, in die verräterischen Machenschaften ihres Königs Pausanias (s. Kap. 3) verwickelt gewesen zu sein. Unter ihrem Einfluß sorgten die Gegner des Themistokles in Athen für seine Verurteilung wegen propersischer Aktivitäten oder »Medismos«, (ca. 468), obwohl es völlig unklar ist, ob er sich damals oder früher geheimer Kontakte zu Persien schuldig gemacht hat.

Nach abenteuerlichen Irrfahrten suchte Themistokles (467/466 ?) in Kleinasien Zuflucht. In Athen wurde er in Abwesenheit zum Tode verurteilt. Aber er begab sich an den Hof des neuen persischen Königs, Artaxerxes I. (465–424), der ihn freundlich aufnahm und ihm die Stadt Magnesia am Mäander und andere Ortschaften zu erblichen Lehen gab, wo er bis zu seinem Tode (ca. 462 ?) residierte. Die Athener sagten, er habe als Verräter bei ihren alten Feinden Zuflucht gesucht. Tatsache ist jedoch, daß sein Vaterland ihn, zu Recht oder zu Unrecht, verstoßen hatte.

Das Handicap seiner fehlerhaften Abkunft hatte zur Folge, daß Herodotos' Gewährsleute seine Fehler übertrieben darstellten. Aber die Berichte über sein herrisches Auftreten, seine Eitelkeit und seine Geschäftstüchtigkeit sind wahrscheinlich nicht unbegründet; große Feldherren sind selten sehr umgängliche Zeitgenossen. Seine Rednergabe jedoch, die von den Griechen geschätzt wurde, konnte außerordentlich überzeugend wirken, und Thukydides, der sich in der Regel nicht mit Charakterbildern abgibt, betonte seine Fähigkeiten zu scharfsinniger Analyse und kluger Voraussicht.[8] Und wirklich sind es in erster Linie diese Eigenschaften, die von den geschichtlichen Ereignissen bezeugt werden: Vor allem die Schlacht bei Salamis offenbarte seine Entschlossenheit und seine Begabung für schnelles Handeln. Er war ein Mann, der schon die griechische Entwicklung hin zum Individualismus vorausahnen ließ.

Die Schlacht bei Salamis sicherte auch die politische Zukunft der besitzlosen Ruderer, die so viel zu dem Sieg beigetragen hatten, gegenüber den zum Mittelstand gehörenden Hopliten, die bei Marathon ausschlaggebend gewesen waren. Dennoch kann man nicht sagen, daß Themistokles bewußt die Entwicklung zur Demokratie betrieben hätte, denn seine einzige Sorge galt dem Sieg über die Perser.

Nach dem Kriege vollzog er jedoch eine politische Kehrtwende und wurde einer der ersten Athener, die sich gegen Sparta statt gegen Persien wandten. Damit nahm er die künftige attische Politik vorweg. Ob das allerdings eine kluge Politik war, ist eine andere Frage, denn sie hatte die Uneinigkeit und schließliche Auflösung Griechenlands zur Folge. Zu seiner Rechtfertigung könnte man allerdings argumentieren, daß eine permanent antipersische Politik gleichermaßen, wenn nicht sogar noch stärker, selbstzerstörerisch gewesen wäre.

Diese Probleme lagen jedoch noch in der Zukunft. Denn zunächst einmal gab es auch nach dem Sieg bei Salamis noch persische Invasionstruppen in Griechenland. Als Xerxes nach der Schlacht den Rückzug antrat und den größten Teil seines Heeres nach Asien führte, nahm er nicht seine gesamten Streitkräfte mit. Das wäre ein zu großer Gesichtsverlust gewesen; und außerdem hatte er noch nicht alle Hoffnung auf einen möglichen Erfolg in Griechenland aufgegeben. Deshalb ließ er eine Elitetruppe unter Mardonios im befreundeten Thessalien zurück, die im nächsten Jahr noch einmal das Kriegsglück versuchen sollte.

3 Plutarchos, *Themistokles*, 4, I.
4 Ibid., 3, 4.
5 Ibid., 10, 4.
6 Thukydides, 1, 74.
7 Plutarchos, *Themistokles*, 15, 2.
8 Thukydides, 1, 138.

# 3 PAUSANIAS: DER SIEGER VON PLATAIAI

In der Periode, die den Perserkriegen vorausging, war Sparta die weitaus bedeutendste Landmacht in Griechenland. Diese Macht umschloß zahlreiche Städte im sogenannten »Peloponnesischen Bund«, wie er in der Neuzeit genannt wird, während die Alten Griechen von den »Lakedaimoniern und ihren Verbündeten« sprachen.

In diesem zeitlich unbefristeten Bündnis fiel den Spartanern in Kriegszeiten der militärische Oberbefehl zu, und sie beriefen die Versammlung der Mitgliedsstaaten ein, in die jeder Mitgliedsstaat Vertreter entsandte und in der Sparta den Vorsitz führte. Nur wenn die Mehrheit der Versammelten einem Antrag, Krieg zu führen, zugestimmt hatte, konnten die Spartaner von allen Mitgliedern Unterstützung verlangen. Nichtsdestoweniger hatten sie eine Vormachtstellung innerhalb dieses Bundes, der auf dem griechischen Festland nicht seinesgleichen fand.

Die einzigartige spartanische Verfassung, deren Stabilität durch die agrarische Wirtschaftsordnung begünstigt wurde, fand bei den übrigen Griechen großes Interesse, das oft verbunden war mit einer ausgesprochenen Faszination. Diese Verfassung begründete ein strenges System der Gewaltenteilung zwischen zwei gemeinsam regierenden Königen (aus dem Agiaden- und dem Eurypontidenhause); fünf mächtigen, jährlich gewählten Staatsbeamten, den Ephoren, einem Ältestenrat, der *Gerusia*, die aus 28 Mitgliedern im Alter von über sechzig Jahren bestand, welche sich aus einem kleinen Kreis adliger Familien rekrutierten, und einer Volksversammlung, der *Apella*, der alle Vollbürger (die allein den Namen Spartiatai trugen) angehörten.

Durch die Mitgliedschaft in der Volksversammlung nahm jeder Spartiate an der Regierung des Landes teil. Aber große

Gruppen der übrigen Bevölkerung waren von der politischen Willensbildung völlig ausgeschlossen, auch wenn sie keine Sklaven waren.

Dazu gehörten die *Perioikoi*, die »Umwohner«, vor allem in Lakonien, die Steuern zahlten und im spartanischen Heere dienten, und viele Heloten in Lakonien und im eroberten Messenien, die »zwischen den Freien und den Sklaven« standen und »Staatseigentum«[9] waren. Sie sind in etwa als Leibeigene beschrieben worden, die an die Scholle gebunden waren, welche sie für ihre spartanischen Grundherren bestellten (s. Anhang IV).

Die Geschichte Spartas wurde bestimmt durch die andauernde Notwendigkeit, diese Heloten zu unterdrücken und in Schach zu halten, eine Notwendigkeit, die durch häufige Aufstände oder Aufstandsversuche immer wieder in Erinnerung gerufen wurde. Die Folge war, daß die spartanische Gesellschaft allmählich ihren ursprünglich liberalen Charakter verlor, der sich durch literarische und künstlerische Interessen ausgezeichnet hatte, und sich statt dessen in ein unerbittlich strenges System *(Agoge)* militärischer Übungen und militärischen Gehorsams verwandelte, das jedem Spartaner vom siebten Lebensjahr an aufgezwungen wurde. Dieses System brachte eine Streitmacht hervor, die nicht nur in der Lage war, die Heloten zu unterdrücken, sondern die auch von den anderen griechischen Stadtstaaten als einzigartig in der aegaeischen Welt anerkannt wurde.

Die strenge Gleichheit zwischen den spartanischen Bürgern, auf der das ganze System beruhte, konnte nicht verhindern, daß einige bedeutende Persönlichkeiten in den Vordergrund traten. Lykurgos, der sagenhafte Gründer des spartanischen Staatswesens, mag zwar noch eine fiktive Gestalt der Legende gewesen sein und als solche eine Reihe ursprünglicher Stammesgewohnheiten verkörpert haben, die aus den frühesten Zeiten überkommen waren. Aber der Ephor Chilon kann als eine historische Gestalt angesehen werden (556/555), »die es durchsetzte, daß den Ephoren eine Stellung neben den Königen eingeräumt wurde«,[10] und die wahrscheinlich die treibende Kraft bei der Gründung des Peloponnesischen Bundes war. In der Folge spielte Kleomenes I. (ca. 519–490), ein König aus dem Hause der Agiaden, eine bedeutende, wenn auch umstrittene Rolle in der griechischen Geschichte. Er vertrieb im Jahre 510 den Tyrannen Hippias aus Athen (Sparta war immer stolz auf sein Vorgehen gegen die »Tyrannen«), konnte dort aber keine pro-spartanische Regierung einsetzen, da ihm sein Mitregent Demaratos in den Rücken fiel. Später gelang es Kleomenes und seinem Heer, die Argiver, die ewigen Konkurrenten der Spartaner, bei Sepeia vernichtend zu schlagen (ca. 494).

Ziemlich spät gab Kleomenes auch zu erkennen, daß er die Perser als eine Gefahr ansah, indem er versuchte, Aigina wegen »Medismos« zu bestrafen (ca. 491 ?). Aber auch dieser Versuch scheiterte an der Obstruktion des Demaratos. Es folgten verschiedene andere innere Auseinandersetzungen, die zur zeitweisen Flucht des Kleomenes aus Sparta führten. Als er zurückkehrte, erdolchte er sich selbst (490/488) unter Umständen, die auf eine regelrechte Ermordung durch die spartanische Regierung hindeuten. Er war von seinem Halbbruder als unerwünschter Rivale gehaßt worden, und die Spartaner hatten seine persönliche Machtfülle nicht ertragen können. Es war für einen Spartaner noch schwieriger, eine Vorrangstellung zu behaupten, als für einen Athener.

Im Jahre 490 war das spartanische Heer, aus welchen Gründen auch immer, zu spät auf dem Schlachtfeld von Marathon eingetroffen. Aber bei der darauffolgenden persischen Invasion des Jahres 480 führten die Spartaner das Oberkommando über die Streitkräfte aller beteiligten griechischen Staaten, sowohl zu Wasser als auch zu Lande. Sie verdankten diese Position der Tatsache, daß sie von Anfang an eine feste Haltung gezeigt hatten, indem sie, ebenso wie die Athener, die persischen Gesandten umgebracht hatten. Auch hatten sie den hellenischen Bund organisiert und waren unbestritten die stärkste militärische Macht dieser Allianz. König Leonidas I., der Bruder und Nachfolger des Kleomenes, erwarb sich unsterblichen Ruhm durch seinen Opfertod an den Thermopylen. Der Schlacht an den Thermopylen folgte der Seesieg von Salamis, und als sich Xerxes nach seiner Niederlage nach Kleinasien zurückzog, ließ er 30 000–40 000 Mann unter der Führung seines Schwiegersohnes Mardonios, des Sohnes seines wichtigsten Gefolgsmannes Gobryas, in Thessalien zurück.

Während der folgenden Monate versuchte Mardonios angestrengt, mit Hilfe König Alexanders I. von Makedonien die Athener aus dem Bündnis mit Sparta zu lösen, da er ihre Flotte nötig hatte. Aber seine Versuche blieben erfolglos, obwohl er sie mit einer Mischung aus Drohungen und verlockenden Angeboten vortrug, und im Frühling des Jahres 479 wurde die Weiterführung des Krieges unvermeidlich.

Mardonios marschierte gen Süden, verwüstete Attika und, da er Athen verlassen vorfand, führte er die zweite persische Besetzung innerhalb von zehn Monaten durch, die auch diesmal wieder von umfangreichen Zerstörungen begleitet wurde. Aber obwohl ihre Stadt nun in den Händen des Mardonios war, widerstanden die Athener auch weiterhin seinen Angeboten. Damit bewiesen sie große Standfestigkeit, denn sie waren verärgert, daß auf ihre Hilferufe hin keine spartanische Streitmacht nach Norden gezogen war. Aber schließlich rückte nach heimlichen Vorbereitungen ein spartanisches Heer aus und zog bis zum Isthmos von Korinth. Sein Befehlshaber war Pausanias, der Sohn des Kleombrotos aus dem königlichen Geschlecht der Agiaden, ein Mann Anfang oder Mitte der Dreißig, der als Regent für Pleistarchos, den minderjährigen Sohn (480–459) seines Onkels Leonidas, fungierte. Das Heer des Pausanias bestand aus 5000 Spartiaten, 5000 Perioiken und (nach Herodotos) 35 000 Heloten – die größte spartanische Streitmacht, die je außerhalb der Peloponnes eingesetzt wurde.

Als er von diesem Heerzug erfuhr und erkannte, daß er die Athener nicht überzeugen konnte, zog sich Mardonios aus Attika nach Boiotien zurück. Die beste Teilstreitkraft in seinem Heer war die Kavallerie, die etwa 10 000 Mann stark und allen feindlichen Truppenteilen überlegen war. Deshalb hoffte Mardonios, die Griechen dazu verleiten zu können, ihm eine Schlacht in der Ebene zwischen dem Fluß Asopos und der Stadt Plataiai zu liefern, die für Kavalleriebewegungen günstig war. Um dies zu vermeiden, schlugen die Griechen ihr Lager auf den niedrigen Hügeln drei Meilen östlich von Plataiai auf. Ihre Streitmacht war inzwischen durch 8000 Athener und 5000 Korinther verstärkt worden und umfaßte insgesamt 110 000 Mann aus 24 Stadtstaaten.

Der Verlauf des nachfolgenden Kriegsgeschehens, das seinen Höhepunkt im August erreichte, weist viele Unklarheiten auf, die durch den Bericht Herodotos' nur noch verstärkt werden. Zunächst scheinen sich die beiden Armeen zwölf bis einundzwanzig Tage lang auf beiden Seiten des Asopos gegenübergestanden zu haben. Dann jedoch entschloß sich Pausanias, nach Anbruch der Dunkelheit noch weiter in die Berge zurückzugehen, denn die umherschweifenden persischen Reiter hatten den Griechen die Quellen gesperrt, die sie für ihre Trinkwasserversorgung dringend benötigten. Dieser gefährliche Rückzug, der – wie es heißt – wegen der Einwände eines engstirnigen spartanischen Befehlshabers zu lange hinausgezögert worden war, verursachte ein großes Durcheinander, und bei Tagesanbruch war das griechische Heer noch immer über die ganze Gegend verstreut.

Daraufhin änderte Mardonios seinen Kriegsplan. Bisher hatte er die Schlacht bewußt vermieden, da er hoffte, Unstimmigkeiten der Griechen ausnützen und das Aufeinandertreffen in die Ebene verlagern zu können. Aber jetzt ging er statt dessen mit seiner Hauptstreitmacht unmittelbar zum Angriff über, wobei er seinen Vorstoß auf die 11 500 spartanischen und tegeischen Hopliten konzentrierte, die den rechten Flügel der Griechen bildeten. Pausanias' Truppen jedoch leiteten im Laufschritt bergab den Gegenangriff ein. Ihr Angriff war ein kompletter Erfolg, und Mardonios selbst wurde auf seinem Schimmel getötet. Die Athener auf dem linken Flügel lösten sich von einer feindlichen Streitmacht aus boiotischen Hilfstruppen und schlossen sich Pausanias an, der die Perser bis zu einem Bollwerk verfolgte, das sie für alle Fälle nördlich des Asopos errichtet hatten. Aber diese Befestigung fiel, und das persische Heer wurde vernichtet, mit Ausnahme eines Kontingents unter Mardonios' Stellvertreter Artabazos, welches überhaupt nicht am Kampf teilgenommen hatte (vielleicht handelte es sich um Verrat, da die zwei Generale Rivalen waren). Artabazos konnte die Überlebenden durch Thessalien und Thrakien in die Heimat zurückführen.

Der Erfolg des Pausanias in dieser größten Landschlacht, die die Griechen je geschlagen hatten, wird von Herodotos als »der schönste Sieg von allen, die wir kennen«[11], gefeiert. Diese Ehrung ist um so bemerkenswerter, als Herodotos in Athen starker antispartanischer Propaganda ausgesetzt gewesen sein muß (s. Kap. 13). Pausanias' Streitmacht bei Plataiai, in der die Spartaner die führende Rolle spielten, hatte Griechenland in der gleichen Weise gerettet, wie die Athener ihr Land bei Marathon und Salamis gerettet hatten, ja vielleicht sogar in noch entscheidenderer Weise, da die Perser in der Folge nie wieder auf das griechische Festland vordrangen.

Die persönliche Leistung des Pausanias war ebenfalls von unschätzbarem Wert. Trotz seines jugendlichen Alters hatte er wochenlang streitende und aufsässige Truppenkontingente aus vielen Stadtstaaten zusammengehalten; er hatte ständig Kavallerieattacken abgewehrt, die eine tödliche Bedrohung für die Versorgung seiner Soldaten darstellten; und sein Gegenangriff, obwohl er unter chaotischen Bedingungen eingeleitet worden war, hatte sein Vertrauen in die Ausbildung und Kampfkraft der gestählten spartanischen Fußtruppen gerechtfertigt. Nach der Schlacht ließ er die mit den Persern verbündeten Führer Thebens hinrichten; ob er vorher bei seiner Regierung die Erlaubnis dazu eingeholt hatte, ist ungewiß. Darüber hinaus zeigte der hellenische Bund unter Spartas Führung jedoch wenig Interesse, auf die persischen Verbündeten in Nordgriechenland Jagd zu machen – nicht einmal Artabazos selbst wurde verfolgt.

Während sich die griechische Streitmacht bei Plataiai auf die Schlacht vorbereitete, drängten Gesandte von Samos die griechische Flotte, die unter dem Befehl des spartanischen Königs Leotychidas II. aus dem Haus der Eurypontiden stand, von Delos aus in See zu stechen, um Ionien zu befreien, das bereit war, sich zu erheben. So begab sich Leotychidas mit 250 Triremen nach Samos, wo er feststellen mußte, daß sich die Perser, die die ionischen Absichten errieten und nach der Schlacht bei Salamis kein Vertrauen mehr in ihre eigene Kampfkraft hatten, in das Vorgebirge von Mykale auf dem gegenüberliegenden Festland zurückgezogen und ihre Truppen und Schiffe hinter einem Bollwerk verschanzt hatten. Leotychidas griff diese Festung an, und sie fiel in seine Hände, nachdem viele Ionier aus der persischen Armee, vor allem die Milesier, übergelaufen waren.

Ihr Abfall war eine Vorwegnahme der allgemeinen Erhebung der Griechen in Kleinasien und auf den Inseln gegen die persische Herrschaft. Die griechische Überlieferung, die die Parallelität von Ereignissen liebte, wollte glauben machen, daß die Schlachten bei Plataiai und Mykale am selben Tage stattgefunden hätten. Tatsächlich fand jene bei Mykale ein wenig später statt, doch verdienen beide Begegnungen in einem Atemzug genannt zu werden, denn beide gemeinsam beendeten die Persischen Kriege von 480–479. Die Bedeutung von Mykale lag vor allem darin, daß die Griechen hier zum ersten Male von der Verteidigung zum Angriff übergegangen waren – und daß die Möglichkeiten der neu begründeten Seemacht deutlich wurden.

Was Pausanias anbetrifft, so trug ihm sein außerordentlicher Erfolg, ähnlich wie früher bei seinem Landsmann Kleomenes I. oder bei den Athenern Miltiades und Themistokles, nur ein erbärmliches Ende ein, das in seinem Fall noch durch den Hochmut beschleunigt wurde, den erfolgreiche Spartaner im Ausland auf Grund ihrer einseitigen Ausbildung so gern an den Tag legten.

Zunächst ging alles gut: Im Jahre 478 eroberte er als Oberbefehlshaber einer gemeinsamen griechischen Flotte Byzantion, um den Übergang von Europa nach Asien zu sichern. Aber sein diktatorischer Hochmut, der sich in einem grandiosen Dankopferfest in Delphi (das die Spartaner später zerstörten) sowie im Tragen persischer Kleidung und in der Verwendung einer asiatischen Leibwache aus Thrakien äußerte, verärgerte seine griechischen Verbündeten und nährte Gerüchte über Verräterei. Nach Sparta zurückgerufen, erreichte er in diesem Hauptanklagepunkt einen Freispruch (nicht jedoch in den anderen Anklagepunkten), und er kehrte ca. 477 nach Byzanz zurück; auf eigene Initiative, wie es hieß, wobei das offizielle Einverständnis der Spartaner (das diese allerdings gegebenenfalls hätten leugnen können) vorausgesetzt werden darf.

Um diese Zeit wechselten die aegaeischen Verbündeten Spartas auf die Seite Athens, und Pausanias wurde von dem Athener

Kimon aus Byzantion vertrieben (ca. 477/475 oder 472/470, s. Kap. 5). Er begab sich nach Kolonnae in der Troas (im nordwestlichen Kleinasien), wo er erneut in den Verdacht geriet, mit den Persern zu verhandeln, und von wo er wiederum zu einem Gerichtsverfahren in die Heimat zurückgerufen wurde (ca. 470?). Zwar wurde er freigesprochen, aber die Entdeckung oder die Fälschung eines Briefes, den er an Artabazos geschrieben haben soll, der damals persischer Satrap von Daskylion war, zusammen mit einer angeblich belauschten Unterredung zwischen Pausanias und einem Boten – die von den Athenern bezeugt und hochgespielt wurde – führte für ihn zu einer verhängnisvollen zweiten Anklage. Um der Verhaftung durch die Ephoren zu entgehen, suchte er im Tempel der Athena Chalkioikos in Sparta Asyl. Dort wurde er eingeschlossen, und man ließ ihn verhungern, holte ihn allerdings kurz vor seinem Ableben aus dem heiligen Hain (ca. 469/466).

Die spartanischen Mitbürger des Pausanias müssen in der rechtlichen Beurteilung seines Falles geteilter Meinung gewesen sein. Er hatte nämlich durchaus auch Anhänger. So unangenehm sein autokratisches Auftreten gewesen sein mag, es erscheint unmöglich zu entscheiden, ob die Vorwürfe des »Medismos« – bei dem er angeblich mit Themistokles zusammengearbeitet haben soll – gerechtfertigt waren oder nur einen Vorwand darstellten. Jedenfalls waren Pausanias' Mitbürger verärgert, daß sie die Führungsrolle in Hellas an Athen verloren hatten – und es war ihnen deshalb nur recht, daß sie ihn zum Sündenbock machen konnten.

Die Ephoren, die den Untergang des Pausanias herbeiführten, handelten nicht nur aus traditioneller Gegnerschaft zu den Königshäusern, sondern glaubten auch, daß er einen Staatsstreich gegen sie plane, und vielleicht hätten sie mit dieser Meinung früher oder später auch Recht behalten. Vor allem aber verstärkte sich bei seinen politischen Gegnern der Eindruck, daß er die Heloten zum Aufstand anreizte und ihnen Freiheit und das Bürgerrecht versprach. Einige meinten sogar, daß er schon vor der Schlacht bei Plataiai seinen helotischen Hilfstruppen derartige Versprechungen gemacht habe, aber damals nicht in der Lage gewesen sei, sein Versprechen einzulösen.

Es ist unmöglich, die Richtigkeit dieser Anschuldigungen nachzuprüfen, obwohl sie nicht von der Hand zu weisen sind, denn um sich selbst zu schützen und seinen Traum von einer spartanischen Großmacht zu verwirklichen, mußte Pausanias ein Machtmittel gegen seine eigenen Landsleute finden – und er benötigte dazu auf jeden Fall die Hilfe der Heloten. Wie dem auch sei, in Sparta war der Verdacht der Verschwörung mit den Heloten immer der alarmierendste und verhängnisvollste, den man sich vorstellen konnte (s. Anhang VI), und nachdem Pausanias einmal in diesen Verdacht geraten war, gab es für ihn keine Rettung mehr. Es spielte keine Rolle, daß er neben Themistokles – der als sein Mitverschwörer bezeichnet wurde – »der meistgefeierte Hellene seiner Zeit«[12] war – und der Urheber eines außergewöhnlich glanzvollen Sieges über einen äußeren Feind –, wie spätere Ehrungen seines Grabes nachträglich bekundeten.

Nicht nur der Sieg des Pausanias, auch die anderen Siege über die Perser waren glanzvoll gewesen. Sie hatten die Griechen mit maßlosem Vertrauen in ihre eigenen Möglichkeiten und in ihre Zukunft erfüllt. Im Bewußtsein der Griechen verankerten diese Erfolge die feste Überzeugung von der Verschiedenartigkeit und dem Rangunterschied zwischen Griechen und »Barbaren« (Ausländern), nebst der Gewißheit, daß sie – als freie Männer und Angehörige freier Staatswesen – den letzteren – als den Untertanen von Despoten – überlegen waren, da sie in ihnen ihre nationalen Feinde zu sehen hatten und sie besiegen konnten.

Diese neuen, das Selbstbewußtsein stärkenden Anschauungen, die oft als der Beginn der europäischen Geschichte gefeiert worden sind, führten jedoch nicht, wie man hätte annehmen können, zu einer Vertiefung der panhellenischen, politischen Union, die während der nationalen Bedrohung teilweise verwirklicht worden war. Im Gegenteil, die zentrifugalen Kräfte erwiesen sich als so stark, daß viele unabhängige griechische Stadtstaaten, und vor allem Athen und Sparta, es vorzogen, ihre eigene, stadtbezogene Propaganda aus den persischen Kriegen abzuleiten – indem sich jeder alle Verdienste selbst zuschrieb –, und sich weiterhin auf Kosten anderer *poleis* zu entwickeln und auszudehnen. Dadurch wurde den Persern die Gelegenheit verschafft, noch einmal – und diesmal in entscheidender Weise – vor dem Ende des Jahrhunderts und wiederum im nächsten Jahrhundert zu intervenieren, ohne allerdings noch einmal eine militärische Invasion durchführen zu müssen (s. Kap. 24 u. 29).

9 Pollux, *Onomastikon*, III, 83; Strabon, VIII, 5, 4.
10 Diogenes Laertios, 1, 68.
11 Herodotos, IX, 64.
12 Thukydides, 1, 138.

# 4 GELON UND HIERON I.: DIE SIEGER VON HIMERA UND KYME

Das moderne Griechenland ist nur einer der Erben des alten Griechenland. Auch gab es neben einem Griechenland im Nahen Osten und einem Griechenland in Südrußland ein weiteres Griechenland im Westen – Unteritalien und Sizilien. Dieses wird, ebenso wie die beiden erstgenannten, leicht unterschätzt, wohl auch deshalb, weil die Werke seiner Historiker im Gegensatz zu denjenigen der großen Historiker des Mutterlandes nicht mehr erhalten sind.

Die Ausdehnung der Griechen nach Italien und Sizilien, die im frühen achten Jahrhundert ihren Anfang nahm, gehörte zu ihren abenteuerlichsten und weitreichendsten Unternehmungen. Innerhalb eines kurzen Zeitraumes gründeten sie Kolonien in Kampanien und am Golf von Tarent sowie im Osten Siziliens.

Neben den Griechen kolonisierten auch die Phönizier Sizilien, aber die Hypothese, daß die Phönizier früher als die Griechen kamen, kann nicht bestätigt werden. Auf alle Fälle konzentrierten sich ihre Siedlungen schließlich im Westen der Insel, während die Griechen in relativ großer Zahl in den Ostteil einströmten. Diese Gebiete ähneln nämlich sehr stark den Küstenregionen der Aegaeis, wobei sie jedoch mehr landwirtschaftlich nutzbare Ebenen aufweisen, an denen die griechischen Kolonisten vor allem interessiert waren, wobei das Verhältnis von agrarischen und kommerziellen Interessen von Stadt zu Stadt variierte. Zunächst waren die Beziehungen zwischen Griechen und Phöniziern nicht einmal unfreundlich, aber im Verlaufe des sechsten Jahrhunderts verschlechterten sie sich erheblich.

Das Jahr 733 v. Chr. ist das überlieferte Datum für die Gründung von Syrakus an der Ostküste Siziliens. Es wäre damit ein Jahr jünger als die früheste griechische Kolonie auf der Insel weiter nördlich bei Naxos. Die Kolonisten von Syrakus waren Korinther; dennoch widerstanden sie dem Wunsche Korinths, die Kontrolle über den neugegründeten Stadtstaat zu behalten. Der ursprüngliche Ort der Niederlassung befand sich auf der der Küste vorgelagerten Insel Ortygia, die mit dem Festland durch einen Damm verbunden wurde. Der Schutz, den die Insel gewährte, ermöglichte die Anlage zweier ausgezeichneter Häfen, deren einer, der Große Hafen, der weiträumigste an der gesamten sizilischen Ostküste war. Schon vor 700 hatte sich jedoch, dank des unbegrenzten Vorhandenseins von Bausteinen aus einem nahe gelegenen Kalksteingebirge, das Stadtgebiet mit neuen Vierteln auf dem Festland selbst ausgedehnt. Zwei Meilen weiter südwestlich erhob sich ein Tempel des Olympischen Zeus, unmittelbar jenseits des Anapos, in dessen Flußtal üppige Getreideernten heranreiften. Diese begründeten den Reichtum der herrschenden aristokratischen Schicht des Stadtstaates, deren Mitglieder als *gamoroi*, »diejenigen, die das Land unter sich verteilen«, bezeichnet wurden und die aus sechshundert Mitgliedern bestehende Ratsversammlung bildeten.

Diese herrschende Oligarchie errang die Kontrolle über ein weites Umland, indem sie die einheimische sikelische Bevölkerung vertrieb oder unterwarf. Aber in Syrakus selbst waren die Gamoroi beständig in Auseinandersetzungen mit später eintreffenden Wellen griechischer Siedler sowie mit anderen unterprivilegierten Bevölkerungsschichten verwickelt – namentlich mit den sog. Kyllyriern, sklavenähnlichen Heloten, die voller Unzufriedenheit in der umliegenden Hügellandschaft lebten. Deshalb müssen vom Beginn des fünften Jahrhunderts an die Leistungen des Stadtstaats vor dem Hintergrund sich ständig verschärfender innerer Auseinandersetzungen gesehen werden.

Eine Zeitlang wurde Syrakus sogar von dem an der Südküste gelegenen Gela überflügelt, wo Hippokrates (ca. 498) sich zu einem der reichsten und mächtigsten Tyrannen der Insel entwikkelt hatte. Um das Jahr 492 brachte er den Syrakusanern eine schwere Niederlage bei und löste Syrakus in seiner Rolle als Vormacht über die sikelische Bevölkerung der Region ab, obwohl er durch die Intervention Korinths gehindert wurde, die Stadt selbst zu besetzen.

Um 491/490 töteten die Sikeler ihn jedoch in einer erneuten Schlacht, woraufhin Gelon, der Befehlshaber seiner Reiterei, die Herrschaft an sich riß, ohne auf die Rechte der Söhne des verstorbenen Tyrannen Rücksicht zu nehmen. Er wurde auf diese Weise zum Begründer der Dynastie der Deinomeniden, die ihren Namen von seinem Vater Deinomenes herleitete, der von Geburt dem Priesterstand angehörte.

Im Jahre 485 verwirklichte Gelon das Ziel des Hippokrates und brachte Syrakus unter seine Kontrolle. Er war von den syrakusanischen »Gutsherren«, den Gamoroi, zur Hilfe gerufen worden, als diese sich durch innenpolitische Auseinandersetzungen bedroht sahen. Nachdem Gelon in Syrakus Einzug gehalten hatte, wurde die Machtposition dieser alten Oberschicht jedoch nicht wiederhergestellt. Während er Gela seinem Bruder Hieron zur Verwaltung überließ, machte er selbst Syrakus zum größten, reichsten, mächtigsten und kulturell einflußreichsten griechischen Zentrum seines Zeitalters. Er zerstörte die sizilischen Städte Megara Hyblaia und Kamarina und siedelte viele ihrer Bürger gemeinsam mit solchen aus seiner alten Residenz Gela in Syrakus an. Durch geschickte Heiratspolitik knüpfte er enge Bande zu Theron, dem Tyrannen der Stadt Akragas an der Südküste, und verstärkte die syrakusanische Militärmacht durch die Anwerbung von Söldnern und den Bau einer gewaltigen Flotte.

Bald nach Antritt seiner Herrschaft wurde Gelon in kriegerische Auseinandersetzungen mit Karthago verwickelt, der phönizischen Kolonie in Nordafrika, die zu einer bedeutenden Handelsmacht geworden war und die Kontrolle oder Herrschaft über die phönizischen Niederlassungen im Westen Siziliens gewonnen hatte. Durch diese Bedrohung von außen wurde Gelons Stellung gestärkt, und er trug sich mit dem Gedanken, in Nordafrika einzufallen, aber die Hilfe der Spartaner, auf die er hoffte, blieb aus, und so mußte er seinen Plan aufgeben.

Als dann jedoch Griechenland seinerseits durch eine persische

Invasion unter Xerxes I. bedroht wurde, wandte sich der Hellenische Bund mit der Bitte um Hilfe (481) an ihn. Die Griechen waren allerdings nicht bereit, den von Gelon geforderten Preis zu zahlen, der zunächst den Oberbefehl über das gesamte Unternehmen verlangte, und dann, als ihm dies nicht zugestanden wurde, die verbündete Flotte unterstellt haben wollte. Zu diesem Zeitpunkt war sich Gelon allerdings schon darüber im klaren, daß Sizilien selbst von einer großen karthagischen Invasion bedroht wurde. Warum die Karthager diesen Zeitpunkt wählten, um auf breiter Linie eine derart aggressive Politik einzuleiten, ist umstritten. Aber sie waren wahrscheinlich zu der Überzeugung gelangt, daß die für sie lebenswichtigen Metallimporte aus Spanien durch die griechischen Stadtstaaten der Insel bedroht seien. Auch kann man wohl davon ausgehen, daß ein innerer Zusammenhang bestand zwischen den mehr oder weniger gleichzeitigen Invasionen Karthagos, das eine phönizische Gründung war, und Persiens, dessen Flotte weitgehend aus phönizischen Schiffen und Besatzungen gebildet wurde.

Als die Karthager von einem der Tyrannen der Insel, Terillos, der durch Theron von Akragas aus der Stadt Himera an der Nordküste vertrieben worden war, und von dessen Schwiegersohn, Anaxilaos von Rhegion, zu dem er sich geflüchtet hatte, zu Hilfe gerufen wurden, entsandten sie eine Flotte von 200 Kriegs- und zahlreichen Transportschiffen unter Führung Hamilkars (I.). Die 30 000 (?) Soldaten, die diese Schiffe heranführten, umfaßten Söldner aus den karthagischen und phönizischen Niederlassungen im gesamten mittleren und westlichen Mittelmeerraum und stellten die größte Militärmacht dar, die jemals in Sizilien eingefallen war. Gelon und Theron vereinigten ihre Streitkräfte, um den Angriff abzuwehren. Hamilkar führte seine Truppen von dem Landeplatz in Panormos nach Himera, um dieses zu belagern. Er wollte seine Streitkräfte mit denjenigen des Anaxilaos vereinigen, aber bevor ihm das gelang, griff ihn Gelon mit 50 000 Fußsoldaten und 5000 Reitern an. Diese Reitertruppe, die eine Spezialität der pferdezüchtenden, syrakusanischen Aristokratie darstellte und ihrem phönizischen Widerpart (der durch Schiffsunglücke bei der Überfahrt Verluste erlitten hatte) weit überlegen war, gelangte in Hamilkars Lager, indem sie sich als eine Streitmacht seiner örtlichen Verbündeten (Selinus) ausgab, und setzte seine Schiffe in Brand. Hamilkar wurde getötet, und Gelons Fußsoldaten drängten die karthagischen Truppen in eine befestigte Stellung, wo sie sich wegen Wassermangels ergeben mußten. Das gesamte Heer wurde gefangengenommen oder getötet, und Karthago erlitt nicht nur gewaltige Materialverluste, sondern mußte auch noch erhebliche Summen entrichten, um sich den Frieden zu erkaufen. Es ehrte die Frau Gelons, Demarete, mit einer goldenen Krone für ihre Vermittlung beim Zustandekommen des Friedensvertrages.

Obwohl die phönizisch-karthagischen Niederlassungen im Westen Siziliens weiterbestanden und auch der Handel mit den Griechen wiederaufgenommen wurde, dauerte es siebzig Jahre, bevor die Karthager eine neuerliche Invasion in Sizilien wagen konnten. Die Entscheidungsschlacht bei Himera verschaffte Gelon ungeheuren Ruhm, und er weihte dem Apollon zu Delphi einen goldenen Dreifuß und eine Siegesstatue. In Olympia wurde eine Zeusstatue errichtet, und in Syrakus, Akragas und Himera wurden Tempel errichtet, um den Sieg zu feiern. Die gerettete Stadt Himera wurde Therons Sohn Thrasydaios unterstellt; Selinus und Rhegion schlossen mit den siegreichen Tyrannen Frieden, und Hieron, der die Vorliebe der sizilischen Tyrannen für eine geschickte Heiratspolitik teilte, ehelichte die Tochter des Anaxilaos.

Gelon war zum mächtigsten Mann der griechischen Welt, ja ganz Europas geworden. Er starb bald darauf im Jahre 478; trotz aller Voreingenommenheit späterer Epochen gegenüber der Tyrannenherrschaft erscheint seine Regierungszeit im Rückblick als eine Epoche des Wohlstands und der Zufriedenheit.

Nach dem Tode Gelons wurde Hieron I. sein Nachfolger als Tyrann von Syrakus, nachdem er seinen Bruder Polyzalos als Rivalen ausgeschaltet hatte. Dieser unterhielt enge Beziehungen zu Theron, so daß das Verhältnis zwischen Hieron und Theron eine Zeitlang ernsthaft gestört war. Hieron machte sich zum Vertreter der griechischen Interessen auch auf der italienischen Halbinsel.

Nach mehreren Interventionen geriet er dabei in offenen Gegensatz zu den Etruskern. Diese bildeten neben den Karthagern die andere rivalisierende Macht, oder vielmehr die anderen rivalisierenden Mächte, die die Westgriechen bedrohten. Unser Mangel an Kenntnissen verführt uns oft, von den »Etruskern« zu sprechen, obwohl man von einer Anzahl unabhängiger und selten kooperierender etruskischer Stadtstaaten ausgehen muß, nicht nur in ihrem Ursprungsland, im westlichen Mittelitalien nördlich des Tiber, sondern auch südlich dieses Flusses, in Latium und Campania, wo viele archäologische Funde das Vorhandensein etruskischer Stadtstaaten und deren unterschiedlichen politischen, kommerziellen und kulturellen Einfluß nachweisen.

Campania war der unvermeidliche Schauplatz des Zusammenstoßes zwischen den Griechen – für die der Hafen von Kyme einer ihrer wichtigsten Siedlungsorte war – und den Etruskern, die bedeutende Niederlassungen in Capua und Calvi, in gefährlicher Nähe zu Kyme besaßen. Die Feindseligkeiten brachen im späten 6. Jh. v. Chr. aus, als Aristodemos der Weibische, der Herrscher von Kyme, eine Invasion von Etruskern aus dem Norden und aus der Gegend selbst zurückschlug (ca. 525/524) und dann seinen weiteren Sieg bei Aricia (505/504) errang. Diese Niederlagen beraubten die Etrusker ihrer Landroute und zwangen sie, einen Seeweg entlang der italischen Küste zu suchen, um nicht den Zugang zu der lebenswichtigen sizilischen Meerenge zu verlieren.

Das Zusammengehen einiger etruskischer Stadtstaaten mit Karthago gegen die Griechen war nichts Neues, und als um das Jahr 474 eine etruskische Flotte gegen Kyme in See stach, wurde sie von den Karthagern unterstützt. Angesichts seiner Interessen auf dem italienischen Festland war sich Hieron I. von Syrakus darüber im klaren, daß die Niederlage der Griechen eine Katastrophe für ihn selbst wäre, und so sandte er eine Flotte aus, die die Etrusker im Golf von Kyme besiegte. Die Macht der etruskischen Stadtstaaten war zu dieser Zeit schon im Niedergang begriffen, und Hieron hatte durch seinen Sieg sichergestellt, daß sie nicht wiederaufleben konnte. Sein Erfolg hatte Großgriechenland vor einer seiner beiden Hauptbedrohungen bewahrt, so wie Gelon die andere abgewehrt hatte. In Olympia wurde ein Bronzehelm geweiht, und der boiotische Dichter Pindaros feierte den Triumph.[13]

Obwohl ihre verfassungsmäßige Stellung zweideutig blieb – sie identifizierten sich mit dem Staat, nannten sich jedoch nicht Könige –, brachten die Tyrannen der sizilischen Stadtstaaten Allianzen und Koalitionen zustande, wie sie ein oligarchischer oder demokratischer Stadtstaat niemals hätte schaffen können. Darüber hinaus gelang es ihnen, im Rahmen eines glänzenden kulturellen Aufschwungs die Dichter Pindaros, Bakchylides und Simonides zur Verherrlichung des Ruhms und Glanzes ihrer Siege und Hofhaltungen zu gewinnen, wobei der reiche syrakusanische Hof im Mittelpunkt stand. Auf diese Weise verwirklichten sie ihren Ehrgeiz, ihren Ruhm auch über das griechische Mutterland zu verbreiten, wo sie eifrige Teilnehmer an den Wettkämpfen von Delphi und Olympia waren.

Sie hatten die beiden großen westlichen Feinde der Nation zurückgedrängt und spielten jetzt eine führende Rolle bei der Erhaltung des Friedens und der Entwicklung des Wohlstandes auf der Insel. Aber ihre Methoden waren hart und in mancher Hinsicht ihren eigenen Zielen abträglich. Gelon bemerkte einmal, daß »das Volk eine höchst unerfreuliche Wohngemeinschaft« darstelle,[14] und er war ebenso wie Hieron von Geburt und Denkungsart her ein Aristokrat, der sich lieber auf die reichen, pferdezüchtenden Kreise stützte als auf den *demos*. Paradoxerweise stärkte jedoch die Politik der beiden Tyrannen die demokratischen Tendenzen, denn ihre massenhaften Zwangsumsiedlungen und ihre Freilassung fremder Söldner, auf denen ihre Macht basierte, untergruben die einheimischen, konservativen Traditionen, die das Volk an die Aristokratie band. Daher konnten die Tyrannen niemandem trauen. Hieron schuf ein ausgedehntes Spitzelsystem, um seine eigenen Bürger zu überwachen. In seinen letzten Jahren zwang er – nach dem Tode Therons – Akragas, mit ihm ein Bündnis zu schließen.

Als er selbst im Jahre 467/66 an einem schweren Gallenleiden starb, hatte er weniger Ansehen erworben als Gelon, obwohl beide nach ihrem Tode als Heroen verehrt wurden. Bald nach seinem Ableben erhoben sich die Syrakusaner gegen seinen Bruder Thrasybulos und machten der Tyrannei ein Ende. Die »Demokratie«, die an ihre Stelle trat, war jedoch durch eine chronische Instabilität gekennzeichnet, an der auch die anderen sizilischen Stadtstaaten mit demokratischer Verfassung litten. Denn die neue »demokratische« Regierung wurde bald in die bitteren Auseinandersetzungen zwischen den alten und den neuen Bürgern der Stadt verstrickt, die vergeblich versuchten, in diesem ersten großen, kosmopolitischen Zentrum der griechischen Welt eine politische Gemeinschaft zu bilden.

13 *Supplementum Epigraphicum Graecum*, XXIII, 252f.; Pindaros, *Pythische Oden*, 1, 72.
14 Herodotos, VII, 156.

# ZWEITER TEIL

# ZWISCHEN DEN KRIEGEN: DIE ERSTE PHASE

# CHRONOLOGIE

| | |
|---|---|
| 478 | Die Athener rufen den Attisch-Delischen Seebund ins Leben |
| 477 | Bronzestatuen der Tyrannenmörder von Kritios und Nesiotes (s. Kap. 14) |
| 477– ca. 463 | Die Feldzüge Kimons machen den Seebund zu einem attischen Reich |
| 476 oder 474 | Bronzestatue des Wagenlenkers in Delphi |
| 476–474 | Pindar ist Gast Hierons I. in Syrakus (Kap. 4): ebenso Aischylos (zwischen 478 und 472) |
| 475/473 | Tarent und Rhegion werden von den Iapygiern besiegt, daraufhin kommt es zur Errichtung der Demokratie |
| 472 | Aischylos: *Perser* |
| vor 470 (?) | Polygnotos beginnt seine Laufbahn als Maler |
| vor 470 (?) | Das philosophische Gedicht des Parmenides |
| vor 470 oder vor 460 | Siege der Spartaner über Tegea und Argos bei Tegea und über die Arkader bei Dipaea |
| 470–457 | Zeustempel in Olympia |
| ca. 469/468 (?) | Kimon besiegt die Perser am Eurymedon-Fluß |
| 468 | Tod des Simonides |
| 466 | In Syrakus wird die Tyrannis von der Demokratie abgelöst (Kap. 4) |
| vor 460 (?) | Empedokles' philosophische Gedichte |
| 465 | Artaxerxes I. wird König von Persien (gest. 424) |
| ca. 465 | Großes Erdbeben in Sparta |
| ca. 465/464–462/460 oder um 455 | Helotenaufstand in Messenien |
| 462 | Anaxagoras kommt nach Athen |

| | |
|---|---|
| 462 | Kimon wird von den Athenern nach Messenien geschickt, aber sein Hilfskorps wird von den Spartanern zurückgesandt |
| 462/461 | Ephialtes reformiert die Stellung des Areopag |
| 461 | Kimon wird ostrakiert (er stirbt ca. 451), und Ephialtes wird ermordet |
| 458 | Die *Orestie* des Aischylos |

# 5 KIMON: DER BEGRÜNDER DER ATTISCHEN GROSSMACHT

Der Spartaner Pausanias, der Sieger von Plataiai, hatte an der Spitze einer Flotte jener griechischen Stadtstaaten, die am Kriege teilgenommen hatten und sich nun gegen Persien auflehnten, die Stadt Byzantion* erobert, die den Übergang von Europa nach Asien und den Zugang zum Schwarzen Meer beherrschte. Bald jedoch führte sein anmaßendes Auftreten in Verbindung mit dem Verdacht verräterischer Beziehungen zu Persien zu seiner Rückberufung nach Sparta (s. Kap. 3).

In dieser kritischen Situation wandten sich die Verbündeten, die ihn verklagt hatten, angeführt von Chios, Samos und den Städten von Lesbos, an Aristeides, den angesehenen und gewissenhaften athenischen Befehlshaber, und trugen ihm den Oberbefehl über die vereinigten Streitkräfte an. So entstand unter seiner Leitung der Attisch-Delische Seebund.

Diese Entwicklung bedeutete eine entscheidende Kehrtwendung. Bisher war jede Bemühung um eine hellenische oder panhellenische Zusammenarbeit, namentlich gegen die Perser, von Sparta angeführt und nach dem Modell des Peloponnesischen Bundes gestaltet worden. Nun aber war Athen an seine Stelle getreten, das als Seemacht für diese Rolle besser geeignet erschien. Die Spartaner akzeptierten die neue Lage – mit wie großem Widerwillen können wir nicht sagen, aber es hatte bei ihnen immer eine Partei gegeben, die nicht wünschte, daß ihr Staat mit seinen vorwiegend peloponnesischen Interessen sich zu stark jenseits des Meeres engagierte. Außerdem waren ständige Auseinandersetzungen zwischen den Königen und den Ephoroi sowie zwischen den Feldherren und der Regierung daheim dem

* Byzanz.

spartanischen Anspruch auf eine panhellenische Führungsrolle sehr abträglich gewesen.

Der Zweck des neuen Attischen Bundes war der gegenseitige Schutz vor persischen Angriffen sowie womöglich Vergeltung für die Kriegsschäden, die durch die persischen Invasionen entstanden waren. Die Athener, deren Hafen Piräus bereits auf Veranlassung des Themistokles befestigt wurde (s. Kap. 2), sollten die Oberbefehlshaber der verbündeten Streitkräfte stellen und entscheiden, welche Stadtstaaten Schiffe zu entsenden und welche Hilfsgelder zu zahlen hätten; diese Gelder sollten von zehn athenischen »Schatzmeistern der Griechen« *(hellenotamiai)* verwaltet werden. Die Vertreter der verbündeten Stadtstaaten sollten sich einmal jährlich treffen, wobei allen das gleiche Stimmrecht zuerkannt wurde. Der Versammlungsort und die Bundeskasse befanden sich auf der heiligen Insel Delos, einer alten ionischen Religions- und Festspielstätte.

Man ging, wenn auch vielleicht nur implizit, davon aus, daß die Souveränität aller Mitgliedsstaaten erhalten bliebe; ihre Vertreter schworen dem Bund einen Treueeid, der ohne zeitliche Begrenzung bindend sein sollte. Die anfängliche Größe des Bundes ist sehr umstritten. Er umfaßte eine ganze Anzahl ostgriechischer Staaten. Chios, Samos, Lesbos, Thasos und andere Zentren der Seefahrt stellten die Schiffe. Die Geldbeiträge, welche von den übrigen aufgebracht wurden, verwalteten die Athener nach eigenem Gutdünken.

Nachdem der Staatsmann Aristeides die erste Beitragsfestsetzung vorgenommen hatte, trat er von der politischen Bühne ab, und die führende Persönlichkeit des neuen Bundes wurde sein athenischer Mitbürger Kimon. Kimon war der Sohn des Jüngeren Miltiades, des Siegers von Marathon, und der Hegesipyle, der Tochter des thrakischen Königs Oloros. Als sein Vater im Jahre 489 starb, bezahlte er die hohe Strafe, welche Miltiades nach seiner Niederlage bei Paros (s. Kap. 1) auferlegt worden war. Kimon zeichnete sich als Soldat bei Salamis und als Führer einer Gesandtschaft nach Sparta (479) aus und diente im folgenden Jahre im Stab des Aristeides vor Byzantion, wo er in der Folge als einer der athenischen Generale selbst das Kommando übernahm, eine Funktion, die er mehrere Jahre hintereinander ausübte. Nachdem Pausanias nach Byzantion zurückgekehrt war, wurde er durch Kimon wieder von dort vertrieben.

Die Datierung der Ereignisse im nachfolgenden Zeitabschnitt ist schwierig, da die Darstellung des Thukydides unvollständig ist und seine Angaben nicht überprüft werden können (s. Kap. 23). Offenbar vertrieben die Streitkräfte des Bundes unter Führung Kimons im Jahr 476 die persische Garnison aus der thrakischen Stadt Eion an der Mündung des Strymon und siedelten athenische Auswanderer an, um eine Rückkehr der Perser zu verhindern. Um das Jahr 475 besetzte Kimon die Insel Skyros – die für die Kontrolle der nördlichen Aegaeis von strategischer Bedeutung war – und befreite sie von den nicht-griechischen Piraten (Doloper), an deren Stelle er auch hier wiederum Kolonisten aus Athen ansiedelte. Dieses Unternehmen bot ihm darüber hinaus Gelegenheit zu einem großen Propagandacoup, denn Kimon entdeckte auf der Insel die mutmaßlichen Gebeine des Helden Theseus, des Gründers von Athen, die er nun in seine Heimatstadt überführte.

Wahrscheinlich leitete er auch die beiden aufeinanderfolgenden Unternehmungen in den späten 470er und frühen 460er Jahren, die deutlich machten, daß der Attisch-Delische Seebund im Begriff war, sich zu einer attischen Großmacht zu entwickeln. Zunächst wurde Karystos an der Südspitze Euboias gezwungen, dem Bund beizutreten, da man die Lage der Stadt für zu wichtig (und als zu nahe an Athen) erachtete, um ihre Neutralität länger dulden zu können. Dann wurde die zu den Kykladen gehörende Insel Naxos, die versuchte auszutreten, da sie den Bund für überlebt hielt, von den Athenern wieder unter ihre Botmäßigkeit gezwungen. Es war, laut Thukydides, das erste Mal, daß gegen einen Verbündeten ein derartiger Zwang ausgeübt wurde, wenn man auch die Bewohner von Naxos daran erinnern konnte, daß ihr Treueeid nach dem Buchstaben des Vertrages zeitlich unbegrenzt Gültigkeit hatte.

Kimon konnte die Aufmerksamkeit von diesen ominösen Ereignissen dadurch ablenken, daß er eine alliierte Flotte nach Lykien im Süden Kleinasiens führte, wo er persische Garnisonen vertrieb und dem Bund neue Mitglieder zuführte. Danach erbrachte er die größte militärische Leistung seines Lebens mit dem Sieg über die Perser am Eurymedon-Fluß in Pamphylien (469/468 ?). Die Perser hatten in einem letzten Versuch, ihre Position in der Aegaeis wiederherzustellen, ein Landheer und eine Seemacht an der Flußmündung konzentriert und erwarteten Verstärkung aus Kypros*. Kimon, der in den Städten der Region auf Sympathisanten zählen konnte, griff die Gegner zu Wasser und zu Lande an, vernichtete ihre Flotte in der engen Flußmündung – wobei die Perser 200 Schiffe verloren – und brachte dann ihren Landstreitkräften eine schwere Niederlage bei. Das persische Lager fiel den Griechen in die Hände, und schließlich vernichteten sie auch die Flottenverstärkung aus Kypros. »Niemand«, sagt Plutarch, »habe den Stolz des Großkönigs so sehr gedemütigt und gebeugt.«[1] Die Schlacht am Eurymedon war der Höhepunkt und die Vollendung der griechischen Siege in den frühen Perserkriegen (490–479) und bedeutete, daß die Perser endgültig ihre Stützpunkte in der östlichen Aegaeis und im Mittelmeerraum verloren hatten, so daß die Mitglieder des Attisch-Delischen Seebundes sich sicher fühlen und ihre alten Handelswege in der Levante wieder befahren konnten.

Bereichert durch die gewaltige Beute – von der er einen Teil unter seine Mitbürger verteilte, und zufrieden, daß Athen unter seiner Führung eine Großmacht geworden war, griff Kimon die thrakische Chersonesos an und zwang die Perser, die bis dahin dort Besitzungen unterhalten hatten, abzuziehen.

Am weiteren Ausbau seines Sieges am Eurymedon wurde er jedoch durch einen Aufstand auf der Insel Thasos gehindert, die reich an Wein, Hölzern und Erzen war (465/464). Das Eindringen der Athener in diese Region, das darauf abzielte, ihre eigenen Handelsinteressen auf das benachbarte thrakische Festland auszudehnen, war mit den Bergbauinteressen der Thasier in Konflikt geraten, und Thasos erklärte seinen Austritt aus dem Attisch-Delischen Bund. Nach zweijähriger Belagerung streckte der Insel-

* Zypern.

staat jedoch vor Kimon die Waffen und verlor seine Festlandsbesitzungen und seine Mauern. Diese ganze Angelegenheit war nun allerdings ausschließlich eine Sache Athens gewesen und aus der panhellenischen Sicht des Bundes kaum zu rechtfertigen; allenthalben machte sich deshalb Unzufriedenheit breit, und Kimons politische Gegner in Athen zögerten nicht, sich diese zunutze zu machen.

Als Kimon in seine Heimatstadt zurückkehrte, traten seine Feinde öffentlich gegen ihn auf. Die Thasier hatten inoffizielle Unterstützung von Alexander I., dem König von Makedonien, bekommen (s. Kap. 35), und nun wurde Kimon in einem förmlichen Prozeß angeklagt, Bestechungsgelder von Alexander empfangen und aus diesem Grunde auf die Annexion von Festlandsgebieten verzichtet zu haben, die er eigentlich für Athen hätte erobern können. Er wurde freigesprochen, aber nun lag offen zutage, was auf dem Spiel stand. Zu seinen Anklägern hatte der junge Perikles gehört, der damit seinen politischen Einstand gab und für ältere Politiker wie Ephialtes sprach, die mit Kimons politischem Hauptziel nicht einverstanden waren, welches beinhaltete: Freundschaft und Partnerschaft sowie eine vereinte Vormachtstellung mit Sparta, der anderen griechischen Großmacht, im Interesse einer gemeinsamen antipersischen Politik. Diese spartafreundliche Haltung erschien Ephialtes und Perikles verfehlt, da sie, wie früher schon Themistokles (s. Kap. 2), davon überzeugt waren, daß auf längere Sicht die athenische und die spartanische Macht nicht nebeneinander bestehen konnten.

Überdies fühlten sich Kimons Gegner in Athen viel enger mit der Demokratie verbunden, als das bei ihm der Fall war. Er hatte sich mit Isodike, einer Frau aus dem Adelsgeschlecht der Alkmaionidai, vermählt und war ein gutaussehender, adliger, konservativ denkender Grundbesitzer, der für seinen offen zur Schau getragenen Reichtum – für den in Athen Landbesitz das sicherste Indiz und die beste Grundlage war – sowie für seine mildtätige, freigebige Großzügigkeit (einschließlich der Finanzierung prunkvoller öffentlicher Bauten) bekannt war, was wesentlich zur Stärkung seiner politischen Basis beitrug. Andererseits brachte ihn dieser halbfeudale, fürstliche Stil, der an die alte aristokratische Devise von der *eunomia*, der guten (hierarchischen) Ordnung, erinnerte, in Gegensatz zu den demokratischen Elementen der athenischen Politik. Diese waren ihm weniger zugänglich und weniger sympathisch als die spartanische Lebensweise. Und tatsächlich hatte der Attisch-Delische Bund, der von Kimon zu einer athenischen Großmacht umgeformt worden war, sich nur deshalb so frei entwickeln können, weil die Spartaner diesen Prozeß nicht behinderten – da sie ihr Vertrauen in die Persönlichkeit Kimons setzten.

Diese vertrauensvolle Beziehung wurde jedoch um das Jahr 465 auf die Probe gestellt, als Sparta, das unter den Folgen eines schweren Erdbebens litt, durch einen allgemeinen Aufstand der Heloten in Messenien bedroht wurde (ca. 465/464? – 461/460 oder Mitte der 450er), dem schwersten Helotenaufstand seit Menschengedenken (s. Anhang IV). Es gelang den Spartanern zwar, die Aufständischen auf dem Ithomeberg einzuschließen und sie dort zu belagern, dennoch fühlten sie sich genötigt, Athen um Hilfe zu bitten.

Trotz des Widerstandes des Ephialtes wurde Kimon von seinen Athener Mitbürgern ermächtigt, mit 4000 Hopliten nach Ithome zu ziehen, um ihnen zu helfen (ca. 462). Aber als die athenischen Truppen eintrafen, geschah etwas Außergewöhnliches. Die spartanische Regierung schickte sie nämlich wieder heim – da sie politisch unzuverlässig erschienen und man ihnen sogar zutraute, mit den Heloten zu konspirieren, denn zu diesem Zeitpunkt führte die Athener Volksversammlung unter der Leitung von Ephialtes und Perikles gerade umfassende und beinahe revolutionäre Reformen durch, indem sie dem ehrwürdigen Areopag im Interesse der Demokratie den größten Teil seiner Rechte nahm (s. Kap. 11).

Die Spartaner können ihren Freund Kimon nicht der Illoyalität ihnen gegenüber verdächtigt haben (und in der Tat bemühten sie sich, die Zurückweisung seiner Hilfstruppen so wenig kompromittierend wie möglich ausfallen zu lassen, um ihm keine Schwierigkeiten zu bereiten). Dennoch war er als Befehlshaber des Hilfskorps der Hauptleidtragende. Die prospartanische Politik, die er in Athen so erfolgreich vertreten hatte, war diskreditiert und wurde nicht weiterverfolgt – mit dem unmittelbaren Ergebnis eines Bruderkrieges (460–445), dessen Feindseligkeiten für den Rest des Jahrhunderts fortwirken sollten. Darüber hinaus wurde er selbst, nachdem es ihm nicht gelungen war, die Verfassungsreformen des Ephialtes rückgängig zu machen, vom Scherbengericht für zehn Jahre in die Verbannung geschickt (461): nicht der erste und auch nicht der letzte siegreiche Feldherr der Griechen oder Athener, der von seinen Landsleuten ins Exil geschickt wurde.

Während der nächsten zehn Jahre hörte man nichts von Kimon, obwohl er während der 450er Jahre auf Vorschlag des Perikles zurückgerufen wurde – in einer Zeit, in der die Athener nach Niederlagen auf dem Festland und in Ägypten eine Invasion der Spartaner befürchteten und auf alle Fälle mit diesen Frieden schließen wollten. Daher handelte Kimon einen auf fünf Jahre angelegten Waffenstillstandsvertrag mit Sparta aus (ca. 451); sodann wurde er von seinen Mitbürgern ermächtigt, seine gewohnte antipersische Politik wiederaufzunehmen und ein Expeditionskorps des Attisch-Delischen Bundes nach Kypros zu führen.

Dort wurde er bei der Belagerung von Kition getötet. Seine Streitkräfte kehrten nach siegreichen Seegefechten vor dem kyprischen Salamis in die Heimat zurück und nahmen seine sterblichen Überreste mit nach Athen. Sein Kampf gegen Persien war beendet – kein Politiker war geneigt, ihn fortzuführen –, und sein Tod, in Verbindung mit den genannten Seesiegen, gab Athen die bitter benötigte Gelegenheit, einen Frieden unter günstigen Bedingungen zu schließen.

1 Plutarchos, *Kimon*, 12, 1.

# 6 PINDAROS: DIE ALTEN WERTE

Griechische Verskunst, die weder episch noch dramatisch ist, vielmehr eine Verbindung aus Wort, Musik und Tanz darstellt, wird unter dem Begriff »lyrisch« gefaßt. Die griechische Lyrik ist stärker analytisch und introspektiv als die Epik; ihrer beider Ansätze sind (ebenso wie ihre Versmaße) verschiedenartig. Die Vorstellung von einem »lyrischen Zeitalter« jedoch, das auf ein »episches Zeitalter« gefolgt wäre, ist unzutreffend. Es hat lange vor Homeros nicht-epische, »lyrische« Lieder gegeben; sie werden in der *Ilias* und der *Odyssee* erwähnt.

Bedeutende Chorlyrik finden wir jedoch nicht in allen Epochen der griechischen Geschichte. Vielmehr endete ihre Lebensdauer im fünften vorchristlichen Jahrhundert, als Simonides von Keos (ca. 556–468), der den Übergang vom archaischen zum klassischen Zeitalter verkörperte, mancherlei Arten von Versen schrieb, vor allem aber durch seine Epigramme und Epitaphe bekannt wurde, und als Pindaros aus Kynoskephalai in Boiotien unvergleichlichen Ruhm gewann.

Obwohl Anekdoten und Mutmaßungen über Pindaros Familie und Lehrer spekulativ bleiben, kann es als gesichert gelten, daß er schon in jungen Jahren zu Ansehen gelangte. Während der Perserkriege der Jahre 480–479 verhielt er sich ebenso neutral wie alle übrigen Thebaner. Sein Lebenslauf erinnert uns daran, daß nicht jeder bedeutende Grieche gegen die Perser kämpfte oder zumindest gegen sie Stellung bezog. Später muß ihn diese pazifistische Haltung einigermaßen in Verlegenheit gebracht haben, denn er pries pflichtschuldigst die griechischen Siege bei Salamis und Plataiai.

Im Jahre 476 ging Pindaros auf Einladung Hierons I., des Tyrannen von Syrakus, nach Sizilien und blieb etwa zwei Jahre dort. Danach wurde er von reichen Persönlichkeiten aus verschiedenen Teilen der griechischen Welt engagiert, in einem Rahmen, wie man ihn bis dahin nicht gekannt hatte, und für Honorare, bei denen er keine falsche Bescheidenheit zeigte. Wir befinden uns in einer Epoche, in der mehr Dichter und Künstler als je zuvor ausgiebig die griechischen Lande bereisten. Aigina und Athen, wo er studiert hatte, waren Pindaros' bevorzugte Aufenthaltsorte. Er starb in Argos.

Wenige Jahrhunderte nach seinem Tode wurden seine Werke in einer Gesamtausgabe vorgelegt, die siebzehn Bücher umfaßte. Sie enthielten verschiedene Arten von Gedichten – allerdings zumeist Chorlyrik –, in denen die unterschiedlichsten Themen behandelt wurden. Von diesen verschiedenen Gedichtarten sind uns nur Fragmente – wenn auch gelegentlich von beträchtlicher Größe – erhalten, mit einer Ausnahme: Der einzige Teil seines Werkes, der uns mehr oder weniger vollständig überliefert ist, besteht aus vier Büchern mit fünfundvierzig epinikischen (Sieges-) Oden, – d. h. Chorliedern, die zu Ehren von athletischen oder musikalischen Siegen bei den Wettbewerben der griechischen Spiele verfaßt wurden. Diese literarische Form der Epinikien, die all den griechischen Kampfgeist, den wir von Homeros her kennen, geerbt hatte, war schon von Simonides ausgebildet worden, aber Pindaros brachte die Gattung zur Blüte.

Jedes der vier Bücher seiner Epinikien behandelt einen der vier großen griechischen Wettkämpfe, die Olympischen, die Pythischen, die Isthmischen und die Nemeischen Spiele. Diese Spiele – eine Mischung aus Volksfest und Wettkampf, kultischem Ereignis und großer Kunst, eine Weiterführung des heroischen, homerischen Ethos – hatten sich an Stätten alter Heiligtümer entwickelt, wobei das Ausmaß ihrer prähistorischen Verwurzelung umstritten ist. In Olympia war die Verehrung des Olympischen Zeus in seinem Heiligen Hain von dorischen Einwanderern oder Eroberern um die Jahrtausendwende eingeführt worden, vielleicht in mehr oder weniger direkter Fortsetzung eines früheren, vorgriechischen Kultes. Etwa im Jahre 900 v. Chr. wurden an dieser Stätte erstmals athletische Wettkämpfe veranstaltet, während die Spiele in ihrer weiterentwickelten Form auf das achte

Jahrhundert zurückzugehen scheinen, obwohl die Anhaltspunkte für das Jahr 776, auf das die Griechen die Einführung festlegten, ungewiß sind.

Bei diesen Olympischen Spielen, die alle vier Jahre abgehalten wurden, blieb der Wettlauf immer das wichtigste Ereignis, aber Weitsprung, Ringen und Boxen traten hinzu, und als auch noch Wagenrennen aufgenommen wurden, gewannen die Spiele gewaltiges Ansehen. Obwohl es bei den Olympischen Spielen keine Wettbewerbe für Musik und Dichtkunst gab, wurden sie als die bedeutendsten der vier großen griechischen Wettspiele angesehen, und sie erlangten ihren panhellenischen Status und ihre Berühmtheit – die durch 40000 oder 50000 Besucher bekundet wurde – bereits zwei Jahrhunderte vor den anderen Spielen.

Delphi leitete seine entsprechende Bestimmung von Apollo her, einem Gott anatolischen Ursprungs, der, nachdem er die Züge nördlicher Gottheiten angenommen hatte, von den Dorern dorthin gebracht worden war. Er verkündete seine Orakel durch eine Priesterin, die Pythia. Schon in alten Zeiten gehörte zu dem Kult ein Wettkampf, und die alle vier Jahre stattfindenden Pythischen Spiele wurden 582/581 (oder 586/585) begründet. Musikalische Wettbewerbe – Gesang, Vortrag und Instrumentalmusik – nahmen immer den ersten Platz ein, obwohl später nach dem Vorbild Olympias athletische und Wettkämpfe zu Pferde hinzutraten.

Etwa um die gleiche Zeit, um das Jahr 581, wurden die alle zwei Jahre stattfindenden Isthmischen Spiele von den führenden Familien Korinths begründet, um die Beseitigung der Diktatur und ihre Ersetzung durch eine republikanische, oligarchische Verfassung zu feiern. Dann wurden im Jahr 573 die Nemeischen Spiele, die nach der Sage auf Herakles' Tötung des nemeischen Löwen zurückgehen, durch die Bewohner von Argos – die Nemea und seine Spiele über ihre Besitzung Kleonai kontrollierten – zu panhellenischem Rang erhoben, womit sie das vierte und letzte der großen griechischen Spiele wurden. Sie fanden im Sommer des zweiten und vierten Olympiadenjahres statt und dauerten mehrere Tage.

Diese verschiedenen Spiele wurden von Einzelkämpfern bestritten, und nicht von ihren Heimatstädten, obwohl die Stadtstaaten am Ruhm ihrer Kämpfer teilhatten. Die Siegespreise bestanden lediglich aus Kränzen: aus den Zweigen wilder Ölbäume in Olympia, aus Lorbeerblättern in Delphi, aus Pinienzweigen in Isthmien, aus wildem Efeu in Nemea. Aber die Sieger gewannen sowohl in ihrer Heimat als auch in der gesamten griechischen Welt unsterblichen Ruhm, welcher durch die Lieder der großen Dichter seine Vollendung erhielt.

Die großen griechischen Spiele bildeten den Hintergrund für Pindaros' epinikische (Sieges-) Oden.

Diese Oden variieren in ihrer Länge zwischen fünfundzwanzig und zweihundert Versen. Ihre Struktur ist flexibel, und es ist viel darüber diskutiert worden, ob sie eine innere Einheit aufweisen oder nicht. Auf jeden Fall handelt es sich um streng aufgebaute Kompositionen, und gewisse feste Elemente sind ihnen allen mehr oder weniger gemeinsam. Eine Anrufung des Siegers ist unabdingbar, und ebenso erfahren wir etwas über Ort und Art seines Sieges, manchmal finden wir Anspielungen auf frühere athletische Erfolge seiner Sippe oder Lobpreisungen seines Trainers.

Was den spezifischen Sieg betrifft, der Gegenstand eines jeden Gedichtes ist, so wird er niemals in direkter Weise beschrieben. Zum Beispiel wird oft eine mythologische Erzählung vorgeschaltet, die zwar einen Bezug zu dem aktuellen Ereignis hat, aber dazu bestimmt ist, es vor einen ursächlichen, überzeitlichen Hintergrund zu stellen, der den großen Mythen der griechischen Religion entnommen ist. Besonders markante Punkte in den traditionellen Mythen werden ausgesucht oder sogar teilweise umgedichtet, um eine Moral zu verdeutlichen oder um Pindaros' Hörern vor Augen zu führen, wie außerordentlich schwer der Erfolg zu erringen ist (und er weidet sich hemmungslos an der vernichtenden Schande einer Niederlage).[2]

Auch Orakel und Sprichwörter, Lebensmaximen und moralische Sentenzen werden mit geheimnisvoller, rätselhafter Wirkung eingefügt – manche davon alten Quellen entnommen, andere vom Dichter selbst geprägt. Der Gang der Handlung ist selten geradlinig oder in sauberer, chronologischer Reihenfolge aufgezeichnet; die Oden legen konzentrische Kreise um ihr Thema, entwickeln eine Reihe blendender, schimmernder, blitzender Bilder, zwischen denen der Wechsel des Themas und der Stimmung scharf, übergangslos und unvermittelt erfolgt.

Pindaros nutzte die poetischen Konventionen, die er vorfand, in meisterhafter Weise und lockerte sie so weit auf, daß sie große Komplexe neuer Erfahrungen aufnehmen konnten. Sein Interesse an den Siegern der Wettkämpfe besteht nicht darin, ihre Taten oder Leistungen zu beschreiben, sondern er möchte ihre gesamte Lebensführung, die um und hinter dem Augenblick ihres Erfolges liegt, feiern und sie als Sterbliche, die von einer göttlich inspirierten Kraft erleuchtet und erhoben werden, im Moment der höchsten Offenbarung ihrer Vorzüglichkeit zeigen, die durch diesen Sieg verkörpert wird. Denn Pindaros ist einer der am stärksten religiös gebundenen griechischen Dichter. Wenn diese metaphysische Erhöhung einem Sieger in den Spielen zuteil wird, erreicht er für den Bruchteil eines Augenblicks – trotz des Abgrundes, der normalerweise Götter und Menschen trennt – ein Glück, das demjenigen der Götter vergleichbar ist. Die glückliche Erlangung dieses lebenserhöhenden Glanzes bedeutet die letzte Rechtfertigung der menschlichen Existenz.

Auch hält sich Pindaros in besonderer Weise für berufen, diese erhabenen Augenblicke zu feiern, die die Heiligkeit des Schönen erstrahlen lassen, wobei er stolz seine dichterische Begabung nutzt, um sie für die Ewigkeit festzuhalten. Seine hochfliegende Einbildungskraft schweift frei und erregt und mit tiefer, stürmischer, sinnenfroher oder gar sinnlicher Empfindung zwischen akrobatischer, leichtfüßiger, flüchtiger Zartheit und jener erhabenen Größe, die seinen Ruhm begründet (und die uns Heutigen so wenig zu sportlichen Ereignissen zu passen scheint).

Um diese eindrucksvollen Kontraste zu erreichen, bediente er sich einer Vielzahl von Versmaßen und verwandte eine kunstvoll strukturierte Sprache, die, obwohl sie auf dem dorischen Dialekt basierte, durchaus auch über diesen hinausging und große, gehäufte, rhythmische Massen poetischer Sprache aufschichtete, die die Hörerschaft in der gesamten griechischen Welt in ihren

Bann schlug. Über den Charakter der Musik von Flöte und Leier und des wochenlang geprobten Gesangs, welche integrale Bestandteile seiner komplexen Kunst waren, können wir hingegen nur Vermutungen anstellen.

Bei alldem war Pindaros eine traditionsbewußte Persönlichkeit, die viele Erscheinungen seiner Zeit ablehnte. So blieben beispielsweise – trotz aller Bewunderung, die er schließlich für Athen entwickelte – seine sozialen und moralischen Überzeugungen unberührt von der demokratischen Begeisterung, die so viele Athener seiner Zeit bewegte (s. Kap. 11). Pindaros' Werte waren vielmehr diejenigen der althergebrachten, hierarchischen Oligarchie, welche erblichen Adel und Familientradition hochhielt und den Prunk und die Selbstdarstellung bewunderte, die durch ererbten Reichtum garantiert wurden. Diese Merkmale waren seiner Auffassung nach Zeichen für die von den Göttern verliehene *areta*, eine Vorzüglichkeit, die nicht nur physischer, sondern auch moralischer, intellektueller und praktischer Natur ist. Aber das Erreichen dieses hohen Ideals und der Tugenden, die es verkörpert – Freundschaft, Tapferkeit, Gastlichkeit, Mäßigung, Friedfertigkeit –, war nicht möglich ohne unablässiges Bemühen, kühnen Mut und tadellosen Charakter. In dieser streng geregelten Welt archaischer *eunomia*, guter Ordnung (des Ideals, dem auch Kimon anhing, s. Kap. 5), muß der Mächtige seine Autorität mit Großmut und Höflichkeit einsetzen, wie es der von Zeus begründeten Weltordnung entspricht.

Selbst zu seiner Zeit war Pindaros nicht unumstritten. Simonides und Bakchylides waren seine Rivalen in Sizilien; und er zog sich für seine Bewunderung der sizilischen Tyrannen heftige Kritik zu. Die Thebaner ihrerseits hatten den Eindruck, daß er ihnen zu wenig Aufmerksamkeit schenkte und eine zu große Vorliebe für Athen entwickelte. Dabei zeigt eine sorgfältige Lektüre seiner Oden – auch wenn er bei seinen Anspielungen niemals sehr deutlich wird –, daß ihn der athenische Imperialismus der 450er Jahre beunruhigte.

Nach seinem Tode erschien er sehr bald überlebt und altmodisch, da nur wenige seiner bevorzugten Wertvorstellungen über sein Ende hinaus Gültigkeit behielten. Aber in der hellenischen

Zeit erlangte er erneut seine herausragende Position, zwar vorwiegend als ein Dichter für Schriftsteller und Gelehrte, aber doch auch als der größte Lyriker, den Griechenland, und vielleicht die Welt, je gesehen hat und dessen Verse über Jahrhunderte hinweg ein Heer von Bewunderern zu faszinieren vermochten, obgleich ihn zu allen Zeiten immer auch einige wegen seines unverhüllten Konservatismus abgelehnt haben.

2 Pindaros, *Olympische Oden*, VIII, 67 ff.

# 7 AISCHYLOS: GÖTTER UND MENSCHEN

Die attische Tragödie war, als sie zum ersten Mal in Erscheinung trat, eine schrittweise, dramatische Weiterentwicklung verschiedener Arten mehr oder weniger lyrischer Dichtungsformen, die bereits in verschiedenen Regionen Griechenlands existierten.

In Athen wurde die Darbietung von Tragödien unter der Tyrannis des Peisistratos (546–527) eingeführt, und sie entwickelten sich zu einem festen Bestandteil der Großen Dionysien, in deren Rahmen sie am Fuß der Akropolis veranstaltet wurden. Die athenischen Festspiele waren die treibende Kraft der Tragödie. Gemäß der Überlieferung wurde das erste tragische Schauspiel, das diesen Namen verdient, ca. 534 durch Thespis aufgeführt, der frühere Chordarstellungen (Posse, Rollenspiel usw.) durch einen Prolog und eine oder auch mehrere Redepartien ersetzte, die zur Musik einer Doppelflöte vorgetragen wurden. Thespis wurde der Siegespreis zuerkannt. Das gleiche gelang in den Jahren 511/508 Phrynichos, der berühmt war für die Schönheit seiner Verse, den Reichtum seiner Tänze und die Einführung von Frauengestalten (die allerdings immer noch von Männern dargestellt wurden). Bald wurde es üblich, daß die Dramatiker für jeden Wettstreit eine Folge von vier Schauspielen (eine Tetralogie) verfaßten, die aus drei Tragödien und einem Satyrspiel bestand.

Diese tragische Dichtung bleibt eine der bedeutendsten theatralischen und literarischen Errungenschaften aller Zeiten, auch wenn die Musik und der Tanz, die ein wesentlicher Bestandteil der Aufführung waren, verlorengegangen sind. Aufgabe dieser Dichtung war es, die tiefsten Gedanken und Gefühle der Menschen zum Ausdruck zu bringen und ihre Beziehungen zu den göttlichen Mächten zu untersuchen und darzustellen.

Gesprochene Passagen – lange Reden oder Dialoge – wechselten mit Liedern, die von einem Chor gesungen und getanzt wurden (für dessen Ausstattung in einem späteren Stadium der Staat aufkam); diese Beiträge des Chors, die der Dramaturgie unserer Zeit fremd sind, beleuchteten die Handlung vor einem kontemplativen, verallgemeinernden Hintergrund. Die Struktur des tragischen Spiels ist gedrängt und präzise, und es besagt eine Menge über die Intelligenz und Ausdauer der athenischen Zuhörerschaft, daß sie, im Freien sitzend und die Masken tragenden Schauspieler betrachtend, der Handlung zu folgen vermochte, obwohl zu den Stücken keine Texte erhältlich waren, die man vor, während oder nach der Vorstellung hätte lesen können.

Die Charaktergestaltung, obwohl oft sehr lebhaft, bleibt auf die Erfordernisse des Stückes selbst beschränkt. Weder die Worte der Darsteller noch diejenigen des Chores spiegeln notwendigerweise die Anschauungen der Autoren selber wider – d. h. des Aischylos, Sophokles oder Euripides, die einzigen Tragödiendichter, deren Werke uns teilweise erhalten geblieben sind. Ihre eigenen Anschauungen können nur indirekt aus ihren überlieferten Stücken rekonstruiert werden und bleiben deshalb verschwommen und ungewiß. Im übrigen stellen die überlieferten Werke nicht nur einen kleinen Teil des gesamten Schaffens dar, sondern sind auch bei ein und demselben Autor höchst verschiedenartig, was von der Vielseitigkeit der Verfasser zeugt, es aber gleichzeitig noch schwieriger macht, die Anschauungen der drei Dramatiker selbst zu ermitteln.

Die Stücke von Thespis und Phrynichos sind uns nicht erhalten, und als der eigentliche Begründer der griechischen Tragödie wird im allgemeinen Aischylos angesehen. Er war es wohl, der den zweiten Schauspieler einführte und so den Dialog ermöglichte. Er gestaltete auch die Rolle des Chores neu, der mit den gesprochenen Passagen abwechselte, und organisierte die Darstellung auf der Bühne in der Art und Weise, wie sie von da an üblich wurde.

Er wurde als Sohn des Euphorion, eines aristokratischen Gutsherrn, in Eleusis in Attika geboren. Es ist gut möglich, daß er in die Eleusischen Mysterien der Demeter eingeführt wurde, die von zentraler Bedeutung für die griechische Religiosität sind. Als frommer Patriot kämpfte er in den Schlachten von Marathon (490) und wahrscheinlich auch von Salamis (480). Dreimal ging er an den Hof von Syrakus auf Sizilien, wo er sich geraume Zeit aufhielt, und er starb schließlich auch auf dieser Insel in der Stadt Gela. Seine größten Erfolge mit der Tragödie errang er jedoch in seiner Heimatstadt Athen, wo er seit dem Jahre 484 dreizehn Mal im dramatischen Wettkampf den Sieg davontrug. Zweiundsiebzig Tragödientitel werden in einem Verzeichnis genannt, und zehn weitere Stücke, die wahrscheinlich von ihm stammen, sind uns vom Titel her bekannt. Sieben Werke sind erhalten geblieben.

Das erste von diesen, *Perser* (472), behandelt ein zeitgeschichtliches Ereignis, was für die Tragödie etwas sehr Ungewöhnliches ist. Thema des Stückes ist der Einfall Xerxes' I. in Griechenland, der acht Jahre vorher stattfand. In seiner Abwesenheit stellen die Großen des Persischen Reiches, die den Chor der Tragödie bilden, Vermutungen über den möglichen Gang der Ereignisse an, wobei sie ihrer Sorge über fehlende Nachrichten Ausdruck verleihen. In ihren Kreis tritt Atossa, die Mutter des Königs, die den Chor um die Deutung eines bedrohlichen Traumes bittet. Dann trifft ein Eilbote ein, der die Vernichtung der persischen Flotte in der Schlacht bei Salamis meldet und im weiteren Verlauf seines Berichtes die Leiden der persischen Armee auf dem Rückmarsch schildert. Nachdem Atossa den Bericht vernommen hat, opfert sie am Grabe ihres Gemahls Dareios I., dessen Geist nun erscheint und vor allen weiteren Plänen zu einer Invasion Griechenlands warnt. Als Grund für die katastrophale Niederlage des Xerxes nennt er dessen grenzenlos überhebliche Rachegelüste.

Die Tragödie *Die Sieben gegen Theben* schöpft aus der unvergleichlich reichen Mythologie Griechenlands, welche die Hauptquelle der attischen Tragödie darstellt. Das Stück zeigt den Thebaner Polyneikes, den Sohn des blinden und verbannten Oidipus, und seine sechs Gefährten aus Argos, die ihm verbunden sind, um mit ihrer Hilfe seinem Bruder Eteokles den Thron von Theben zu entreißen. Eteokles beruhigt das Klagegeschrei der thebanischen Frauen, die den Chor bilden, und erfährt von einem Späher, daß jeder der Sieben mit seinen Truppen kampfbereit vor einem der Tore der Stadt stehe.

Einer von ihnen ist Polyneikes selbst, und Eteokles tritt ihm entgegen, um ihn zum Zweikampf zu fordern. Dabei setzt er sich über das Flehen des Chors hinweg, seinen Bruder nicht zu erschlagen. Der Chor war sich nämlich des uralten Fluches wohl bewußt, der mehrere Generationen unerbittlich immer wieder in Blutschuld gestürzt hatte. Oidipus selbst hatte prophezeit, daß seine beiden Söhne sich gegenseitig töten würden, und so ist es nun geschehen, wie ein Bote berichtet. Während die Schwestern Antigone und Ismene um ihre beiden Brüder trauern, verkündet ein Herold, daß Eteokles in Ehren bestattet, sein Bruder Polyneikes hingegen den Hunden zum Fraß überlassen werden solle, da er seine Heimatstadt angegriffen hat. Antigone erklärt, sie werde sich dieser Anordnung um jeden Preis widersetzen, und die Hälfte des Chores pflichtet ihr bei, während der andere Teil abzieht, um am Leichenbegängnis des Eteokles teilzunehmen.

Die Tragödie *Hiketiden (Die Schutzflehenden)* stammt, wie man heute weiß, aus dem Jahre 462/461 und nicht aus einer früheren Zeit, wie es ihre archaische Form zu belegen schien. Sie handelt von den 50 Danaiden (die den Chor der Tragödie bilden), den Töchtern des mythologischen Danaos, welche von den 50 Söhnen von Danaos' Bruder Aigyptos mit Gewalt als Ehefrauen begehrt werden. Die Frauen versuchen, ihrem Schicksal zu entgehen, indem sie gemeinsam mit ihrem Vater nach Argos flüchten, in die Heimat ihrer Ahnherrin Io, die die Geliebte des Zeus war. Pelasgos, der König von Argos, zögert zunächst, ihnen Asyl zu gewähren, aber der anderslautende Beschluß des argivischen Volkes gibt den Ausschlag, und obwohl die wütenden Verfolger versuchen, ihre Bräute gewaltsam zurückzugewinnen, werden ihnen die Frauen nicht überlassen.

Das Werk, das den Schutz der Schwachen thematisiert und die Gesetze des griechischen Stadtstaates Argos der orientalischen Willkür gegenüberstellt, erfuhr seine Fortsetzung in zwei weiteren Tragödien, von denen nur Bruchstücke erhalten sind, so daß uns die Gesamtheit des von Aischylos gezeichneten Bildes vorenthalten bleibt. Gemeinsam mit den *Schutzflehenden* bildeten die beiden verlorenen Stücke eine Trilogie, eine Form, die von Aischylos gern gewählt wurde, um seinen weitgespannten Handlungsverläufen Raum zu schaffen.

Das einzig vollständig erhaltene Beispiel einer solchen Trilogie ist die *Orestie* (458), die Algernon Swinburne als die »größte Errungenschaft des menschlichen Geistes« feiert. Sie handelt von dem mythischen argivischen Geschlecht des Atreus, in dem über viele Generationen hinweg ein Verbrechen das andere nach sich zog. Zu Beginn der Trilogie steht das Ende des trojanischen Krieges kurz bevor – und im königlichen Palast, wo man Agamemnons Rückkehr erwartet, sind Furcht und Hoffnung auf schwer bestimmbare Weise vermischt und lassen die wachsende Spannung erkennen, die der Dramatiker geschickt bis zum Höhepunkt steigert.

Denn in dem boiotischen Hafen Aulis hatte Agamemnon vor der Abfahrt nach Troja seine eigene Tochter Iphigeneia geopfert, da dies die einzige Möglichkeit war, von den Göttern günstige Winde zu erwirken. Während seiner zehnjährigen, durch den Krieg bedingten Abwesenheit hatte seine untreue und unbarmherzige Gattin Klytaimnestra auf Rache gesonnen, hatte ihren Sohn Orestes vom Hof entfernt und das Reich gemeinsam mit ihrem Liebhaber Aigisthos regiert. Nun erscheint Agamemnon, begleitet von der trojanischen Gefangenen Kassandra, die er zu seiner Geliebten gemacht hat. Nach einem erregten Dialog des königlichen Paares, in dem Aischylos seine Meisterschaft in der Gestaltung zwischenmenschlicher Beziehungen unter Beweis stellt, lockt Klytaimnestra den Gemahl in den Palast. Dort ermordet sie ihn auf grausame Weise, und auch Kassandra muß sterben, nachdem sie zuvor noch einmal die vergangenen und gegenwärtigen Greuel des Atridenhauses beschworen hat. Der Chor des Ältestenrates tut sein Entsetzen kund, aber Klytaimnestra erinnert ihn daran, daß die Opferung Iphigeneias Vergeltung erheischte, und Aigisthos versucht, ihn mit Drohungen zum Gehorsam zu zwingen. Die Ältesten hoffen jedoch, daß eines Tages Agamemnons Sohn Orestes den Tod seines Vaters rächen werde.

Im mittleren Stück der Trilogie, den *Grabesspenderinnen (Choephori)*, kehrt Orestes mit genau diesem Vorhaben zurück, das ihm von Apollon aufgetragen worden ist. Er beobachtet seine Schwester Elektra, die sich in Begleitung von Sklavinnen (dem Chor) anschickt, Trankopfer auf Agamemnons Grab darzubringen. Bruder und Schwester erkennen einander und schwören, die Mörder ihres Vaters zu vernichten. Orestes tötet Aigisthos und ermordet dann, von Pylades in seinem Vorhaben bestärkt, auch seine Mutter Klytaimnestra. Aber die rächenden Furien (Erinyen) erscheinen und verfolgen ihn. Vom Wahnsinn gepackt, flieht er zum Tempel Apollons nach Delphi, in der Hoffnung, von seiner Schuld gereinigt zu werden und die Kraft zum Ertragen des Muttermordes zu finden.

Das dritte Stück der Trilogie, *Die Eumeniden*, beginnt in Delphi. Die Furien – die den Chor bilden und die eine mächtige, ursprüngliche Weltordnung verkörpern – haben sich schlafend um den betenden Orestes gelagert. Apollon jedoch befiehlt diesem, sich nach Athen zu begeben und sich dort einem Gerichtsverfahren zu unterwerfen. Orestes kommt diesem Befehl nach, während die Furien, von Klytaimnestras Geist geweckt, die Verfolgung aufnehmen. Die nächste Szene spielt in Athen, wo Orestes und seine Verfolgerinnen ihre gegensätzlichen Standpunkte vor dem Tempel der Athena auf der Akropolis vertreten. Apollon macht sich zum Anwalt des Orestes, und als bei den Richtern Stimmengleichheit herrscht, wirft Athena ihre ausschlaggebende Stimme für den Jüngling in die Waagschale. Sie kann die wütenden Furien überreden, ihren Zorn zu besänftigen, woraufhin diese zu ihrem neuen Heiligtum unterhalb des Areopags geführt werden, in welchem sie hinfort unter dem Namen der Huldreichen (Eumeniden) verehrt werden.

Die Tragödie *Der gefesselte Prometheus* ist Gegenstand heftiger Auseinandersetzungen gewesen, da die Urheberschaft des Aischylos ernsthaft bestritten worden ist, wobei Computeranalysen sowie Stil- und Versmaßuntersuchungen zugrunde gelegt wurden; die Einwände, die man gegen die Echtheit des Werkes erhoben hat, sind jedoch nicht völlig überzeugend. Das Thema dieser Tragödie ist der Versuch des Heroen Prometheus, seinem Vetter Zeus zu widerstehen, und die sich daraus ergebenden

Konsequenzen. Als Zeus seinen Vater Kronos stürzte und dessen Stellung als höchste Gottheit übernahm, beschloß er, das Menschengeschlecht zu vertilgen, da es den Göttern nicht den schuldigen Gehorsam erwies. Aber Prometheus, der Begründer der menschlichen Kultur, der die Hoffnung und das Feuer – die Quellen allen Fortschritts – vom Olymp gestohlen und sie den Sterblichen überlassen hatte, widersetzte sich der Entscheidung des Zeus. Daraufhin befahl Zeus, daß er für alle Zeiten mit Ketten an einen Felsen des Kaukasus gefesselt werden solle, und hier setzt nun das Spiel ein.

Zeus' Untergebene, Macht und Gewalt, bringen Prometheus zu dem Felsen, wo Hephaistos, der Gott des Feuers, ihn anschmiedet. Er wird von den Töchtern des Okeanos (dem Chor) besucht, die sein Schicksal beklagen. Der nächste Besucher ist Okeanos selbst, der ihm zur Unterwerfung rät. Dann erscheint Io, die von Zeus verführt und daraufhin von dessen eifersüchtiger Gemahlin Hera in eine Kuh verwandelt worden war. Eine Stechfliege, die sie überall hin verfolgt, hat sie in den Wahnsinn getrieben. Prometheus verkündet Io, daß ihn in ferner Zukunft einer ihrer Nachkommen befreien werde. Er weissagt ebenfalls, daß ein Sohn des Zeus seinen eigenen Vater stürzen werde, weigert sich aber, den Namen der Mutter zu nennen, die den Knaben zur Welt bringen wird. Hermes, der Bote des Zeus, befiehlt ihm zu sagen, was er weiß, aber Prometheus beharrt auf seiner Weigerung. Der Fels wird daraufhin von einem Blitz zerschmettert, und die Töchter des Okeanos, die nicht von seiner Seite weichen wollen, werden von einem Erdbeben verschlungen.

*Der gefesselte Prometheus* scheint Teil einer Trilogie gewesen zu sein, die zuerst bei einem der Besuche des Aischylos (seinem letzten?) in Sizilien aufgeführt wurde, aber bei den restlichen Stücken der Trilogie bestehen sowohl hinsichtlich des Gegenstandes als auch der Abfolge nur bruchstückhafte Erkenntnisse. Es scheint jedoch, als habe sich Zeus nach 30 000 Jahren mit Prometheus versöhnt, der ihn daraufhin rettete, indem er ihm sein geheimes Wissen verriet. Das vollständige Bild aller drei Tragödien hätte sicher den Schock etwas gemildert, den *Der gefesselte Prometheus* dadurch hervorruft, daß Zeus wie der Herrscher einer Tyrannis geschildert wird.

Das tragische Geschehen bei Aischylos entfaltet sich erbarmungslos, und die Mehrzahl seiner Figuren verkörpert eine strenge, alles beherrschende Leidenschaft oder Gesetzmäßigkeit, die durchgehend ein religiöses oder moralisches Problem aufwerfen. Wie die Tragödien der *Orestie* und *Der gefesselte Prometheus* zeigen, legt der Dramatiker Wert auf die Erfüllung der vorbestimmten Entwicklung, in der göttliche und menschliche Ziele letztlich zur Übereinstimmung gelangen und die kosmische Gerechtigkeit, wie lange sie auch aufgeschoben wird und wie schwer verständlich sie erscheinen mag, schließlich doch ihre Erfüllung findet, so daß selbst die furchtbarsten Beispiele des Bösen und des Leidens letztlich als Bestandteil einer höheren, segensreichen Weltordnung gesehen werden können.

Aischylos hat sich traditionellen Denkschemata verbunden gefühlt, zu denen vor allem zählen: die Erblichkeit fehlerhafter Anlagen, die furchtbare Bedrohung durch strafende, ganze Familien zerstörende Verfluchungen – und die Gefahren übermäßigen Wohlergehens. Aber einer der wesentlichen Schlüssel zu seinem Denken ist eine erschütternde Doppeldeutigkeit des Schicksals. Dieses entzieht sich nämlich nicht völlig dem freien, menschlichen Willen, da alle die genannten Gefahren ein Opfer nur dann zu Fall bringen, wenn es schon unter *hybris* (hochmütigem, übersteigertem Selbstvertrauen) leidet. Aischylos steht tief in der Schuld Homeros', wie er selbst erklärt hat[3] – in allzu großer Bescheidenheit, denn er hat die alten Stoffe mit neuer Form, neuem Denken und neuem Gefühl versehen.

Beträchtliche Mühe wurde in jüngster Zeit darauf verwandt, in den Werken des Aischylos politische Stellungnahmen ausfindig zu machen. Und in der Tat können derartige Stellungnahmen in seinen Stücken nicht völlig gefehlt haben, denn wenn es auch nicht die Aufgabe des Tragödiendichters war, zu zeitgenössischen Ereignissen Stellung zu nehmen, so mußten doch seine Stücke, wie sehr sie auch allgemeingültigen Charakter hatten, für das Publikum einige Gegenwartsbezüge enthalten. Der Dichter

Dichter lebte und arbeitete in einer Zeit, in welcher der Gegensatz zwischen Tyrannei und Freiheit das Denken eines jeden Atheners beschäftigte. *Perser* stellte den Sturz des Xerxes als Folge von Hybris dar, und Niederschläge von Aischylos' Erfahrungen mit den sizilischen Autokratien konnten ebenfalls nachgewiesen werden. *Eumeniden* rühmte Athen als Ort der Versöhnung unter der Aufsicht der Götter, und der Dichter scheint mit der zeitgenössischen Beschränkung des Areopags – des ehemals höchsten Staatsrates – auf die Funktionen eines Gerichtshofes für Mordfälle (462/461, s. Kap. 11) einverstanden gewesen zu sein (obwohl das nicht unumstritten ist). Die Bemühungen, seine politische Haltung, vor allem hinsichtlich der Demokratie, eingehender zu ergründen, sind erfolglos geblieben – denn er entzieht sich bewußt derartigen Festlegungsversuchen. Es scheint, als habe er die Grundwerte der aufstrebenden Demokratie anerkannt, aber gleichzeitig gezögert, ihre Realisierung zu unterstützen.

Obwohl es gute Übersetzungen gibt, geht ein großer Teil der Wirkung der aischyleischen Werke unwiderbringlich verloren, wenn man die Sprache des Dichters verläßt. Durch eine wirkungsvolle Inszenierung unterstützt, ist seine Dichtung von verschwenderischer, schöner Größe, und ihre Dialoge zeigen einen unendlichen Sprach- und Bilderreichtum. Der Zauber der Sprache verleiht der Tragödie eine ungemein suggestive Kraft und ermöglicht ihr, unter Beibehaltung der traditionellen Mythologie ungeheuer tiefe und komplexe Wahrheiten über den Menschen und seine Rolle auf dieser Erde zu vermitteln.

Als Aischylos starb, beschloß die Volksversammlung, daß jeder Bürger, der eines seiner Stücke wiederaufführen wollte, zu diesem Zwecke vom Staat einen Chor zur Verfügung gestellt bekäme; und derartige Wiederaufführungen haben ihm, wie überliefert wird, zahlreiche postume Siege in dramatischen Wettbewerben eingebracht. Er steht am Anfang der Tradition, die von Sophokles und Euripides (Kap. 17, 18) und später von der gesamten europäischen Tragödiendichtung fortgeführt wurde.

3 Athenaios, VIII, 347e.

# 8 PARMENIDES: UND DREI ANTWORTEN

Das sechste Jahrhundert hat die erste, fruchtbare Gruppe »vorsokratischer Philosophen« hervorgebracht – wie sie heute etwas irreführend genannt werden, denn sie kannten nicht die Grenze zwischen der Philosophie und den anderen Gebieten menschlichen Wissens und stellten die Fragen, auf deren Grundlage sich sowohl die Wissenschaften als auch die Philosophie entwickeln sollten.

Diese Männer waren so vielseitig, daß die Spannweite ihrer Forschungen sich jeder knappen Definition entzieht. Ihr Hauptinteresse galt jedoch folgenden Fragen: Woraus besteht alles Seiende? Wie kommt es, daß die Dinge entstehen, sich verändern und wieder vergehen? Und welche dauerhafte Substanz (oder Substanzen) existiert (existieren) hinter den Erscheinungen? Solche Fragen waren schon früher gestellt worden, vor allem von den Mesopotamiern und Ägyptern, aber noch ohne die Loslösung von Irrationalität und Magie, die die Griechen schrittweise und schmerzhaft vollzogen, und ohne die neue, originär griechische Grundvoraussetzung, daß Gegenstand der Forschung ein *kosmos* sei, der von rationalen Gesetzen beherrscht wird, welche definiert werden können.

Die Schlußfolgerungen jedoch, zu denen diese Forschungen des sechsten Jahrhunderts hinsichtlich des der Wirklichkeit und dem Universum zugrunde liegenden Stoffes führten, waren außerordentlich unterschiedlich. Thales aus der ionischen Stadt Milet sagte, es sei das Wasser. Anaximenes erklärte die Luft zum Grundelement – welche Herakleitos* von Ephesos (ca. 500) durch

* Heraklit.

das Feuer ersetzte. Herakleitos versuchte darüber hinaus, das Problem der Entwicklung zu erklären, indem er verkündete, das Universum sei in stetem Werden und Vergehen begriffen, was er in die Worte gefaßt haben soll: *panta rhei* – alles fließt.[4]

Aber alle diese Spekulationen und die Entwicklung der gesamten früheren, vorsokratischen »Philosophie« wurden mit einem Schlag durch Parmenides aus Elea (Velia) in Unteritalien beendet, der ca. 515 v. Chr. geboren ist und zu einem unbekannten Zeitpunkt im folgenden Jahrhundert starb. Dieser entscheidende Entwicklungsschritt ist niedergelegt in seinem kurzen Gedicht »Über die Natur«, von dem uns etwa 160 eindrucksvolle, allerdings völlig unpoetische Verse erhalten sind.

Nach einer allegorischen Einleitung, in welcher der Dichter behauptet, eine feierliche Offenbarung von »der Göttin«[5] empfangen zu haben, erklärt ihm diese im zweiten Teil des Gedichtes – *Der Weg zur Wahrheit* –, wie er bei seinen Forschungen vorgehen müsse. In diesem Teil, der die erste konsistente Erörterung philosophischer Methodik im abendländischen Denken darstellt, umreißt sie drei mögliche philosophische Vorgehensweisen. Man kann davon ausgehen, daß die zu untersuchende Wirklichkeit (1) notwendigerweise existiert oder, (2) daß sie notwendigerweise nicht existiert oder, (3) daß sie sowohl existiert als auch nicht existiert (d. h. daß sie entsteht, sich verändert und wieder vergeht). Aber die Möglichkeiten (2) und (3) müssen nach Auffassung der Göttin verworfen werden, da nur dasjenige gewußt werden könne, was existiere. Deshalb ist die Antwort (1) die einzig mögliche Lösung; der Weg der Wahrheit beginnt mit dem Urteil »*es ist,* und das Nichtseiende ist unmöglich«. Das *Seiende* ist nicht geschaffen und nicht geworden, denn es kann nicht aus dem Nichtseienden hervorgegangen sein; es kann nicht vergehen, da es nicht zum Nichtseienden werden kann; es ist unteilbar, ewig und unveränderlich, da nichts anderes entstehen, auf dasselbe einwirken oder es vernichten kann; es ist einheitlich, bewegungslos und im Zustand vollkommenen Gleichgewichts wie eine feste Kugel, dabei füllt es den gesamten Raum aus, da es keine Leere geben kann.

Frühere Denker hatten ihre Fragen und Antworten zur Natur

der Wirklichkeit und des Universums in physikalische Begriffe gefaßt. Aber Parmenides war überzeugt, daß dies ein absoluter Irrtum sei. Wenn uns unsere Sinne die Vielfalt der Welt vermitteln, unterliegen sie einer Täuschung, denn eine Einheit kann, wie er glaubt, keine Vielfalt hervorbringen. Deswegen hatte Herakleitos unrecht, wenn er die Veränderung und den Wechsel als das Wesen des Universums ansah.

Im letzten Teil des Gedichtes treibt Parmenides seinen Scherz mit uns, indem er der Göttin eine lange, konventionelle Darlegung zuschreibt, die das genaue Gegenteil des bisher Gesagten beweist. Es handelt sich dabei um eine »Meinung«, die die Vielfalt der Dinge erklärt, *wie sie zu sein scheint*. Aber diese »Meinung« gibt nur eine unhaltbare Position wieder; sie ist nicht als wahrhafte Erkenntnis gedacht. Denn Parmenides hat im Gegensatz zu seinen Vorgängern das Zeugnis der sinnlichen Wahrnehmung vollständig verworfen. Das Beweismaterial, auf das er diese Ablehnung gründet, rührt nicht von erfahrungswissenschaftlichen Untersuchungen oder Erkenntnissen her, sondern basiert ausschließlich auf konzisem, folgerichtigem, theoretischem Denken *(noema)*. Tatsächlich kann man ihn als den ersten Griechen bezeichnen, der seine universellen Erkenntnisse durch diese rationale, logische Denkweise gewonnen hat – vielleicht als den ersten Logiker, der den Weg zur Entwicklung der formalen Logik (s. Kap. 12, 31, 37) und zu den modernen Vorstellungen von Philosophie gewiesen hat. Und dieser Denkvorgang hat ihn, wie er in seinem Gedicht darlegt, mit Entzücken erfüllt, obwohl er streng auf die rigorose Analyse des Verbums »sein« gegründet war.

Parmenides war zu Schlußfolgerungen gelangt, denen niemand Glauben schenken konnte, aber er hatte sie durch Argumente begründet, die nicht widerlegt werden konnten. Die Wirkung dieser grundlegenden Paradoxien war verheerend. Unter anderem bedeuteten sie einen tödlichen Schlag für die naturwissenschaftliche Beobachtung, die zu seiner Zeit gerade begonnen hatte, genauer und systematischer zu werden, nun aber von ihm als illusorisch abgelehnt wurde.

Die griechischen Denker, die auf ihn folgten, versuchten, soweit sie nicht seine Thesen unterstüzten, Möglichkeiten ausfindig zu machen, die es ihnen erlaubten, seine Denkmethode beizubehalten, ohne zu den unerwünschten Schlußfolgerungen zu gelangen. Die erste Antwort auf dieses Dilemma gab Empedokles von Akragas (ca. 493– ca. 422) – der Dichter, Redner (»Begründer der Rhetorik«), Staatsmann, Prophet und Magier, der gleichzeitig die medizinische Schule Siziliens begründete und ein bedeutender Philosoph war. Empedokles bekannte sich zu der These des Parmenides, daß das wahrhaft Seiende beständig und ewig sei. Aber er akzeptierte auch die Veränderung, die er allerdings als die Verbindung und Trennung schon existierender Dinge erklärte, d. h. als eine Neuordnung ewiger, unveränderlicher Elemente. Dabei betonte er die Vielfalt dieser Elemente, lehnte also die von Parmenides postulierte Homogenität und Einheit des Seienden ab. In diesem Zusammenhang glaubte er im Universum nicht ein einziges, grundlegendes Element zu erkennen (wie die früheren, ionischen Philosophen willkürlich behauptet hatten), sondern deren vier: Feuer, Luft, Wasser und Erde – alle vier von grundlegender Bedeutung, verschiedenartig und in vielfältiger Weise kombinierbar.

Diese Elemente oder »Wurzeln« können natürlich mit den Sinnen wahrgenommen werden, und diesbezüglich hatte Empedokles ernste Vorbehalte gegen Parmenides' Zwei-Stufen-Modell der »Wahrheiten« und »Meinungen«. Parmenides hatte geglaubt, daß nur die ersteren, die durch rein logisches Denken gewonnen werden, wirklich seien, und daß die »Meinungen«, die das Universum so widerspiegeln, wie es von den Sinnen wahrgenommen wird, nämlich als vielfältig und mehrschichtig, eine Illusion darstellten. Empedokles sah das anders. Seine Elemente fielen in die Kategorie, die Parmenides als illusorische »Meinungen« bezeichnet haben würde; aber für Empedokles waren sie ein gültiger Bestandteil der Wirklichkeit. Andererseits stimmte er mit Parmenides darin überein, daß es *auch* eine abstrakte, ideale Wirklichkeit gebe, und obgleich Empedokles diese im Gegensatz zu Parmenides nicht als die *einzige Wirklichkeit* begriff, sah er in ihr einen integralen, unvergänglichen Bestandteil des Weltsystems.

Aber wieder unterschied sich sein Standpunkt von dem des Parmenides, insofern er verkündete, daß diese ideale Wirklichkeit nicht einheitlich, sondern zweigeteilt sei: seiner Meinung nach umfaßt sie das Gegensatzpaar Liebe und Haß – Anziehung und Abstoßung –, die ständig wirksam sind und abwechselnd die Oberhand gewinnen. Diese intuitiv »zweigeteilte Darstellungsweise« umschloß die antithetischen Positionen, die im Denken jener Zeit eine so große Rolle spielten (s. Kap. 12).

Worum sich Empedokles vor allem bemühte, wobei er ein wenig durch seine vielseitigen metaphysischen und religiösen Interessen behindert wurde, war die Erarbeitung einer Darstellung der physischen Welt, die zwar die grundlegende Kritik des Parmenides an den alten Kosmologien aufnahm, ohne aber in Bausch und Bogen alle Erkenntnisse abzulehnen, die durch die Sinneswahrnehmungen vermittelt wurden. Das heißt, er unterwarf sich nicht bedingungslos der Logik des Parmenides, sondern war entschlossen, ihre Konsequenzen zu vermeiden, und in dieser Absicht suchte er den erschreckenden Gegensatz zwischen Sein und Schein zu überbrücken.

Anaxagoras aus Klazomenai in Ionien (ca. 500– ca. 428) ließ sich in Athen nieder und schloß Freundschaft mit Perikles, wodurch er sich ein Strafverfahren einhandelte, dessen Anklage allerdings nicht politisch begründet war, sondern auf Gottlosigkeit lautete. Er entwickelte den Kompromiß des Empedokles weiter, indem er wie Parmenides alles »Werden« verwarf, und doch im Gegensatz zu diesem die Resultate der Sinneswahrnehmungen akzeptierte. Denn Anaxagoras vertrat ebenso wie Empedokles ein zweiteiliges System, innerhalb dessen er die Erscheinungen, die uns die Sinnesorgane vermitteln, zu einem ideellen, »wirklich existierenden« Seienden in Beziehung setzte. Er ging dabei insofern über Empedokles hinaus, als er nicht nur vier, sondern unzählige Elemente annahm, und die geistige Lenkung der Bewegung nicht durch das Gegensatzpaar Liebe und Haß, sondern durch den einheitlichen *nous* oder Geist bewirkt sah.

Was die unzähligen Elemente *(Homöomerien)* betrifft, so sind sie nicht nur vielgestaltig, sondern auch unendlich teilbar – eine klare Ablehnung der einheitlichen Kontinuität des Parmenides –, und die Veränderung, die wir um uns her wahrnehmen, geht zurück auf die ständige Neuordnung dieser Elemente, so daß alles Seiende Bestandteile von allem anderen enthält: ausgenommen allein der Geist. Letzteren versteht Anaxagoras als den Urheber der kosmischen Bewegung und das belebende, geistige Prinzip – eine Vorstellung, die später von Platon und Aristoteles sehr bewundert wurde, obwohl sie enttäuscht waren, daß Anaxagoras den Geist »nicht zum allgemeinen Besten« handeln läßt (s. Kap. 31, 37).[6]

Obwohl Anaxagoras den Geist noch nicht ganz körperlos und immateriell gesehen hat, war er doch auf dem Weg zu der Idee eines unkörperlichen Seienden und war insofern noch weiter gegangen als Empedokles in der Akzeptierung der Parmenideischen Vorstellung von einer ideellen Wirklichkeit, die mit den Gegenständen der Sinneswahrnehmung nicht identisch ist. Allerdings waren der Pluralismus des Empedokles und die Antworten des Anaxagoras, die dieser bis zur letzten Konsequenz führte, dem Anliegen des Parmenides völlig entgegengesetzt. Das heißt, Anaxagoras und Empedokles akzeptierten einen Teil der Argumente des Parmenides, aber bei weitem nicht alle; statt dessen versuchten sie, die alte Kosmologie gegen dessen heftigste Angriffe in Schutz zu nehmen.

Ein weiterer Versuch, dem parmenideischen Dilemma zu entgehen, wurde von dem Atomisten Leukippos von Milet (oder Elea oder Abdera) und dem produktiven und vielseitigen Demokritos von Abdera (geb. zwischen 460/457; angeblich hundert Jahre später gestorben) unternommen. Versuche, zwischen den jeweiligen Beiträgen dieser beiden Männer zu unterscheiden, haben zu keinem überzeugenden Ergebnis geführt.

Parmenides hatte behauptet, daß das Wirkliche einheitlich und unbeweglich sei; daß das Nichts oder das Leere (ohne welches es keine Bewegung geben kann) nicht existieren könne – ebensowenig wie die Vielfalt. Nun versuchten die Atomisten mit noch mehr Nachdruck als Empedokles oder Anaxagoras, diese Parmenideischen Schlußfolgerungen mit einer Anerkennung der Sinneswahrnehmungen[7] zu verbinden. Zunächst – und hier sehen wir einen deutlichen Anklang an Anaxagoras – erkannten sie die Behauptung des Parmenides an, daß die Wirklichkeit unveränderlich und einheitlich sei, erklärten dann jedoch, daß sie nicht aus der einheitlichen Masse des Parmenides bestehe, sondern aus unzähligen, unsichtbaren, kleinen Atomen. Jedem dieser unzähligen Atome erkannten sie die unveränderlichen, unzerstörbaren und einheitlichen Eigenschaften zu, die Parmenides der Wirklichkeit insgesamt beigelegt hatte. Aber den Atomen wurde Bewegung unterstellt – wodurch die Zusammensetzungen und Veränderungen der Welt, wie wir sie kennen, zustande kommen. Zu diesem Ergebnis können die Atomisten nur kommen, weil sie im Gegensatz zu Parmenides die Existenz des Nichts oder der Leere anerkennen, die den Vorgang der Bewegung möglich macht, sowohl im Universum als auch in der menschlichen Seele (die ebenfalls aus feinsten Atomen besteht).

Im Gegensatz zu Empedokles und Anaxagoras sahen die Atomisten jedoch keine Notwendigkeit für ein zweiteiliges System, das nicht nur Raum für die Materie, sondern auch für ideelle Wesenheiten ließe (so wie Liebe und Haß oder Geist), denn ihnen schien das Universum trotz seiner unendlichen Vielfalt von der geordneten Regelmäßigkeit blind mechanischer, »notwendiger« Gesetze beherrscht. So waren Leukippos und Demokritos die ersten ausgesprochen konsequenten Materialisten, was ihrem Interesse für das Verhalten und die ethischen Postulate der Menschheit keinen Abbruch tat, die ja nun von der Vorherrschaft der Götter befreit und in der Lage war (wieso eigentlich?), die mechanischen Zwänge in gewisser Weise zu steuern.

Auch in diesem letzteren und originellsten Versuch, die Art der ontologischen Spekulation, wie sie die milesischen Naturphilosophen seit Thales betrieben hatten, zu neuem Leben zu erwecken, sind sowohl die Anklänge an Parmenides als auch die Gegenpositionen zu seinen Thesen offenkundig.

Und auch in der Folgezeit erwies sich der Einfluß des Parmenides als übermächtig. Seine Nachfolger Zenon und Melissos hatten seinen paradoxen Argumenten allgemeine Anerkennung verschafft. Platon allerdings nahm gegenüber diesen destruktiven

Schlußfolgerungen wieder eine zweideutige Haltung ein. Er fühlte sich hingezogen zu der Vorstellung eines zweiteiligen Systems, gebildet aus einer ideellen Wirklichkeit einerseits und den materiellen Ergebnissen der Sinneswahrnehmung andererseits. Seine eigene Lehre von den transzendentalen, ideellen Formen lehnte allerdings, bei aller Übereinstimmung mit Parmenides, die materiellen Gegenstände nicht voller Verachtung ab, sondern vertrat den Standpunkt, daß die Formen die ideellen Urbilder und Ursachen dieser Gegenstände seien. Platons Dialoge *Sophistes* und *Parmenides* zeigen ebenfalls, was immer sonst ihr Anliegen war, daß die logischen Schlußfolgerungen seines Vorgängers nicht so unanfechtbar waren, wie sie erschienen. Das entsprach sicherlich der Wahrheit, denn bei aller ernüchternden Frische klingen die dem gewöhnlichen Denken widersprechenden Paradoxien des Parmenides, die die Welt erklären, indem sie die Augen vor ihr verschließen, für unsere Ohren reichlich abwegig. Und doch hat man ihn wegen seiner streng logischen Methode und der Wirkung, die diese auf das Denken anderer Philosophen ausübte, mit Descartes verglichen.

4 Platon, *Kratylos*, 402 a.
5 Parmenides, *Fragment I*, Z. 22.
6 Platon, *Phaidon*, 98 b; Aristoteles, *Metaphysik*, I, 985 a.
7 Aristoteles, *De generatione et corruptione (Über Werden und Vergehen)*, I, 325 a 2.

# 9 DER MEISTER VON OLYMPIA: FRÜHKLASSISCHE TEMPELPLASTIK

In der Entwicklung der griechischen Bildhauerkunst spielte die Verzierung der Tempelgiebel mit Reliefs und Plastiken eine wichtige Rolle. Es war dies eine Kunst, die hohe Anforderungen an die Geschicklichkeit und Erfindungsgabe der Bildhauer stellte, denn die Dreiecksform der Giebelfelder hatte zur Folge, daß sie zu den Endpunkten hin spitz ausliefen, weshalb diese mit knienden oder liegenden Gestalten besetzt werden mußten. Eine Zeitlang vernachlässigten die Künstler jedoch diese schwierigen Endteile und konzentrierten alle ihre Bemühungen auf die Ausgestaltung des Mittelfeldes. So erschien zum Beispiel eine Gorgo in dieser zentralen Position auf dem Giebel des Tempels der Artemis in Kerkyra (Korfu), der vermutlich von Korinthern geschaffen wurde (die als die Begründer der griechischen Bildhauerei gelten).

Eine weitaus reichere Ausgestaltung zeigen die gut erhaltenen Giebel des dorischen Tempels der Aphaia – einer lokalen Gottheit aus vorgriechischer Zeit – auf Kap Kolonna auf der Insel Aigina. Die Figuren zeigen zwei verschiedene Stilrichtungen, die beide aus den Jahren 500–480 stammen. Von diesem Tempel, dem ältesten im griechischen Mutterland, von dem der Säulengang noch heute steht, sind Reste des Ost- und des Westgiebels erhalten, die sich in den Museen von München und Athen befinden. Sie enthalten Teile von *zwei* Ostgiebeln, wobei der zweite (ca. 490) den ersten ersetzte, als dieser kurz nach seiner Fertigstellung beschädigt wurde. Beide Giebel sind aus Marmor gehauen, den sich das reiche Aigina – das nicht weit von den Marmorbrüchen von Potros entfernt war – leisten konnte, und beide stellen Kampfszenen aus zwei Kriegen gegen Troja dar. Die Reliefs der östlichen Giebelfelder zeigen Herakles' Feldzug gegen Priamos' Vater Laomedon, an welchem Aiginas Heros Telamon teilnahm;

das westliche Giebelfeld stellt Agamemnons Feldzug gegen Priamos dar, bei dem sich Telamons Sohn Aias als heldenhafter Kämpfer auszeichnete. Auf beiden Darstellungen steht die Göttin Athena im Zentrum, wobei sie auf dem östlichen Giebel von dem knienden Herakles, der mit dem Bogen schießt, und einem am Boden liegenden, sterbenden Krieger eingefaßt wird, während der westliche Giebel auf beiden Seiten der Göttin kämpfende Krieger zeigt, die an den auslaufenden Enden ihrerseits von sterbenden Figuren flankiert werden. Der Mythos wird als Ausdruck allgemein menschlicher Konflikte verwandt, ganz in der Art des Aischylos, mit dessen Tragödien diese Bildwerke oft verglichen worden sind.

Der jüngere der zwei östlichen Giebel zeigt – auch wenn man Fehler bei der Rekonstruktion durch Thorwaldsen einkalkuliert – eine Bewegung hin zum Naturalismus, welche den Entwicklungsprozeß verdeutlicht, der sich in dieser entscheidenden Übergangsperiode zum klassischen Stil vollzog. Das »archaische Lächeln« wird nun vermieden, und die Figuren werden räumlich gesehen und voneinander getrennt, was eine wachsende, wenn auch nicht vollendete Bewußtheit und Akzeptanz der dritten Dimension erkennen läßt. Die Darstellung zeigt einen harmonischen Ausgleich zwischen der peloponnesischen Schwere und der kraftvollen ionisch-attischen Anmut, deren erstmaliges Auftreten, das im Gegensatz zu den frühen Giebelausgestaltungen im übrigen Griechenland steht, wohl auf Bronzeplastiken zurückgeht, für welche die aiginetischen Bildhauer berühmt waren.

Obwohl Etikettierungen nicht besonders hilfreich sind, kann man sagen, daß die 480er Jahre die Geburt des Frühklassischen (»Strengen«) Stils gesehen haben; er entfaltete sich dann voll in den im wesentlichen erhaltenen Skulpturen des dorischen Zeus-Tempels von Olympia (470–457), eines Heiligtums, das alle bisher im griechischen Mutterland errichteten an Größe übertraf. Diese Kunstwerke, herausragende Denkmäler ihrer Generation, bezeugen die inzwischen eingetretenen Veränderungen, die in neuartigen, harmonisch gestalteten Gruppierungen von zwei oder drei Figuren zum Ausdruck kommen.

Die Inhalte und Darstellungsweisen der beiden Olympischen Giebelfelder sind sehr gegensätzlich. Die Reliefs des westlichen Giebels schildern den erbitterten mythologischen Kampf zwischen den Lapithen Thessaliens und den benachbarten Kentauren, wilden Roßmenschen, die sich als Hochzeitsgäste des lapithischen Königs Peirithoos betranken und versuchten, lapithische Frauen zu entführen. Das Thema ist der heroische Kampf gegen bestialische Aggression, die Auseinandersetzung zwischen Recht und Unrecht. Es ist vermutlich einer Wandmalerei im Heiligtum des Theseus in Athen entnommen, das ca. 475 errichtet worden war, um die angeblich von ihm stammenden Gebeine aufzunehmen, die man von Skyros überführt hatte. Die genaue Anordnung der rhythmisch gut ausgewogenen Gruppen auf dem Giebelfeld ist noch umstritten, aber die statische Gestalt des ewig jungen Apollon, die wie ein Fels aus der Brandung im Zentrum emporragt, ist außerordentlich eindrucksvoll. Während der Gott den ineinander verschlungenen Kämpfern mit ausgestrecktem Arm Einhalt gebietet, zeigen seine idealisierten Züge keinerlei innere Bewegung. Seltsamerweise finden wir dieselbe Erscheinung auf den Gesichtern der übrigen Figuren trotz der Gewalttätigkeiten, in die sie verwickelt sind. Ein Lapithe, der von einem Kentauren gebissen wird, verzieht allerdings wenigstens das Gesicht, und ebenso bringen die Gesichter der Kentauren andeutungsweise ihren Schmerz zum Ausdruck.

Der völlig andersartige Ostgiebel stellt weder Kampf noch Handlung dar, sondern schildert die erwartungsvolle, bedeutungsschwere Ruhe vor dem Sturm, vergleichbar den zeitgenössischen Gemälden des Polygnotos (s. Kap. 10). Gegenstand der Darstellung ist das mythische Wagenrennen zwischen dem Eindringling Pelops (nach welchem die Peloponnes benannt ist) und dem örtlichen Herrscher Oinomaos, dem König von Pisa (Elis); jener Wettkampf, der darüber entscheiden soll, ob Pelops die Tochter des Oinomaos als Gemahlin erhält – wobei diesem Heiratsantrag schon andere vorangegangen waren, bei denen die Bewerber das Wagenrennen und damit auch ihr Leben verloren hatten.

Im vorliegenden Falle hatte sich die Königstochter Hippodamia jedoch in Pelops verliebt und den Wagenlenker ihres Vaters durch Bestechung veranlaßt, den Wagen, mit dem er gegen den Bewerber ins Rennen ging, unbrauchbar zu machen; daher wird es zur Heirat kommen und Pelops wird Herrscher von Elis werden. Der Ostgiebel stellt diese Situation dar, die den Betrachtern vertraut war, da sie ihre örtliche Mythologie gut kannten, und er zeigt die frostige, angespannte Atmosphäre unmittelbar vor Beginn des Rennens, als die Gegner, Oinomaos in Begleitung der Königin und Pelops an der Seite von Hippodamia, am Altar des Zeus schwören, das Ergebnis des Wettkampfes zu akzeptieren. Der Gott ragt zwischen ihnen auf, wobei sie ihn allerdings nicht sehen können; währenddessen stehen die Wagen mit ihren Fahrern zu Seiten der beiden Kämpfer bereit, und in den Winkeln erscheinen die Zuschauer, darunter ein sitzender Seher, ein unbekannter, ebenfalls sitzender Jüngling und der lokale Flußgott Kladeus.

Die Formen sind schlicht und ohne übermäßige Verzierungen, denn Skulpturen in etwa 18 Metern Höhe konnten ohnehin nicht im Detail betrachtet werden, auch wenn sie ursprünglich rot und blau bemalt waren, um ihre klar herausgearbeiteten Schwerpunkte noch deutlicher zu machen. Aber die Brust des Sehers ist schlaff, wie es seinem Alter entspricht – hier haben wir eine Figur, die die beginnende Annäherung der Klassik an den Realismus deutlich macht. Des weiteren nimmt auch der sitzende Jüngling eine charakteristische Haltung ein, und Kladeus lehnt sich interessiert vor, um die Geschehnisse zu verfolgen, was der Bildhauer in einer subtilen Analyse von Persönlichkeit und Stimmung einzufangen vermochte.

Der plastische Schmuck des Tempels fand sich nicht nur auf den Giebelfeldern, sondern auch auf den Metopen (abgeteilte Reliefs im Gebälk), von denen der Besucher, der den Säulengang durchschritten hatte, je sechs an jedem Ende der Cella über dem Eingang zum inneren Vorraum erblicken konnte. Unter Verwendung einer Mischung aus hoher und flacher Reliefgestaltung, welche die neue, räumliche Sichtweise der Malerei widerspiegelt (s. Kap. 10), geben die Bildhauer eine Darstellung der Taten des

Herakles. Dabei ist es sehr gut möglich, daß diese Reliefs aus dem bedeutendsten Heiligtum der Griechen zu der kanonischen Festlegung von zwölf Taten geführt haben, welche Herakles von Eurystheus auferlegt wurden. Eines der am besten erhaltenen Reliefs zeigt den Heros, wie er das Himmelsgewölbe für den Gott Atlas trägt, der für ihn die goldenen Äpfel der Hesperiden geholt hat und sie ihm nun überreicht. Anmutig gewandet, steht Athena neben Herakles, um ihm bei der Rückgabe der Last an Atlas zu helfen, wobei sie schon vorher mit leiser Handbewegung den Zusammenbruch des Himmelsgewölbes verhindert hatte.

Dieselbe Göttin erscheint noch auf zwei weiteren Metopen des olympischen Zeus-Tempels, die beide einen peloponnesischen Hintergrund aufweisen. Auf einer dieser Metopen, die sich am Westende befand, überreicht Herakles ihr die menschenfressenden Vögel von Stymphalos. In einem Augenblick der Ruhe *nach* der Tat – so wie der Ostgiebel ein Verharren *vor* der Tat dargestellt hatte – zeigt uns diese Metope die Göttin, wie sie mit ausgestreckter Hand auf einem Felsen sitzt, um die Vögel von Herakles entgegenzunehmen. Obwohl die Linienführung auf den Metopen streng, einfach und konzentriert ist, handelt es sich nichtsdestoweniger um eine ungewöhnlich komplizierte Darstellung, bei der die zwei Figuren in Schrägansicht gezeigt werden. Die letzte Metope von der Ostseite der Cella schildert das elische Abenteuer des Herakles, bei dem er eine Brechstange benutzt, um die Wände des Augiasstalles niederzureißen, den er anschließend von einem Fluß durchspülen lassen wird; Athena steht, zu uns gewandt, hinter ihm und streckt ihren Arm aus – welcher ursprünglich einen Speer hielt –, um seine Arbeit zu dirigieren.

Der Architekt des Tempels war ein ortsansässiger Mann namens Libon – womit dem neuen Selbstbewußtsein von Elis (das die Olympischen Spiele ausrichtete) Genüge geschah. Diese Polis hatte sich nämlich nach der Einverleibung mehrerer kleiner Kommunen im Jahre 471 zu einem der größten Stadtstaaten auf der Peloponnes entwickelt. Die Identifizierung des Mannes oder der Männer, die die plastischen Figuren entwarfen und ausführten, stellt demgegenüber ein unlösbares Problem dar. Während der Reiseschriftsteller Pausanias sich zu dem Schöpfer der Metopen nicht äußert, berichtet er, daß der östliche Giebel von Paionios und der westliche von Alkamenes entworfen worden seien.[8] Uns ist eine Statue erhalten, die mit Sicherheit vom ersteren dieser beiden berühmten Bildhauer stammt, und eine andere, die wahrscheinlich das Werk des letztgenannten ist. Aber sowohl stilistische wie chronologische Faktoren lassen die Äußerung des Pausanias als unzutreffend erscheinen – es sei denn, er bezöge sich auf andere, ältere Bildhauer mit den gleichen Namen. Hinsichtlich des Alkamenes wird neuerdings mit überzeugenden Argumenten dieser Standpunkt vertreten.

Andererseits ist die Auffassung des Pausanias, daß die Arbeiten unter der Leitung von zwei Künstlern ausgeführt wurden, auf den ersten Blick des Nachdenkens wert, denn die Giebelfelder zeigen zwei voneinander abweichende Stilrichtungen – wobei sich diese Unterschiedlichkeit bei den Metopen wiederholt, so daß man annehmen könnte, daß auch die Metopen von diesen beiden maßgebenden Künstlern geschaffen worden sind. Wenn dies der Fall sein sollte, müssen sie eng zusammengearbeitet haben und wahrscheinlich haben sie sich dann auf dieselbe Gruppe geschickter Steinmetzen und Techniker gestützt, die unter ihrer Leitung die praktischen Arbeiten ausführten. Aber die These, daß es zwei planende Künstler gegeben hätte, wird mit dem überzeugenden Argument bestritten, daß das Konzept des Ganzen (vor allem das Thema von Zeus und seinen Kindern, das sich auf beiden Giebelfeldern befindet), sicherlich von einem einzigen Künstler entwickelt wurde, unter dessen Leitung dann die verschiedenen Ausführenden gearbeitet hätten (vielleicht in zwei getrennten Gruppen).

Die Herkunft eines derart angenommenen, künstlerischen Leiters ist ebenfalls umstritten; Ionien, die Kykladen, die Peloponnes und Nordgriechenland sind alle ins Spiel gebracht worden. Aber woher er auch immer gekommen sein mag, er sah sich gezwungen, sein heimatliches Stilgefühl und seine Vorlieben der panhellenischen Idee unterzuordnen, die von dem Olympischen Heiligtum verkörpert wurde.

8 Pausanias, V, 8.

# 10 POLYGNOTOS: DIE REVOLUTION IN DER MALEREI

Die griechische Wandmalerei stellt uns vor eine beklagenswerte Situation. Sie war eine der großen griechischen Künste – manche Griechen würden sie vielleicht als die bedeutendste bezeichnet haben, und doch sind uns aus der gesamten Zeit bis zur zweiten Hälfte des vierten Jahrhunderts, d. h. bis zum Ende der Klassischen Periode nur außerordentlich wenige und dann zumeist nur fragmentarische Beispiele von Wandmalereien (oder bemalten Holztafeln oder Steinplatten) erhalten.

Um die frühen Anfänge der Kunst kennenzulernen, müssen wir uns nach Etrurien, und hier besonders in den Stadtstaat Tarquinii (das moderne Tarquinia) begeben, wo eine Anzahl von Wandmalereien aus dem sechsten und fünften Jahrhundert in Gräbern erhalten geblieben sind. Wenn wir sie als Anhaltspunkte für die verlorengegangene, große Wandmalerei der Griechen benutzen wollen, so gibt es Argumente für und gegen eine derartige Vorgehensweise. Das Argument für ein solches Verfahren lautet, daß die Künstler, die die etruskischen Gräber ausmalten, ob es sich nun um Etrusker oder Griechen handelte, stark von den aufeinanderfolgenden Stilrichtungen, der korinthischen, der ionischen und der attischen beeinflußt gewesen sein müssen, da diese durch zahlreiche griechische Einwanderer und blühende Handelsbeziehungen in Etrurien wohlbekannt waren. Andererseits wird eine Reihe von Argumenten gegen das Verfahren vorgebracht, aus den etruskischen Bildern Rückschlüsse auf die griechische Wandmalerei zu ziehen. Zunächst einmal handelt es sich nicht um die Arbeit von Griechen, und offensichtlich fügten die Etrusker den Nachahmungen oder Umarbeitungen von griechischen Vorbildern eigene Erfindungen und Stilelemente hinzu; und zweitens waren diese etruskischen Bilder Grabgemälde, während es keine Anzeichen dafür gibt, daß die Griechen bis gegen Ende der klassischen Periode ihre Gräber in dieser Weise geschmückt hätten, vielmehr dienten ihre bedeutendsten Wandgemälde dazu, die Mauern von öffentlichen Gebäuden oder von Tempeln zu schmücken. Die griechischen Vorbilder, welche die Etrusker benutzten, waren zumeist überhaupt keine Wandgemälde – oder auch nur Zeichnungen oder Kopien solcher Malereien, die ja die einzige Möglichkeit darstellten, durch die sie Zugang zu ihnen erlangen konnten –, sondern es waren die Darstellungen auf den griechischen Tongefäßen, die in großer Zahl nach Etrurien exportiert wurden.

Das älteste ausgemalte Grab, das man in Tarquinii entdeckt hat, ist wahrscheinlich die Tomba dei Tori, aus dem Zeitraum 550–540. Sie schildert ein homerisches Motiv – Achilleus, der dem jungen trojanischen Reiter Troilos auflauert –, und die Behandlung des Themas läßt korinthische und andere griechische und nahöstliche Einflüsse erkennen, wobei diese übernommenen Elemente durch örtliche etruskische Themen und Motive variiert werden. Ionische und andere griechische Stilelemente finden wir auch in der Tomba della Pulcinella, der Tomba degli Auguri (obwohl deren Gladiatorenszene typisch etruskisch ist), der Tomba delle Leonesse (ca. 540–530), der Tomba del Barone und der Tomba della Caccia e della Pesca; diese letztgenannte enthält eine Taucherszene, die zehn oder zwanzig Jahre später von einem griechischen oder ebenfalls etruskischen Künstler für die Tomba del Palombaro in Poseidonia in Südwestitalien verwendet wurde. Sodann zeigt die Tomba delle Bighe in Tarquinii aus dem frühen fünften Jahrhundert ein Interesse für die menschliche Anatomie, das ähnliche Tendenzen im griechischen Mutterland widerspiegelt. Die Tomba del Triclinio auf demselben Gräberfeld (ca. 460–455) ist in einem flüssigen und verfeinerten Stil ausgemalt, der die gleichen Effekte zu erzielen sucht wie die attischen Vasen derselben Epoche (s. u.).

Aber inwieweit können wir diese dürftigen und indirekten Zeugnisse der griechischen Wandmalerei durch das ergänzen, was wir auf den griechischen Tongefäßen finden?

Es sind uns zahllose griechische Gefäße erhalten, aber ihr Wert für die Rekonstruktion der verlorenen Wandmalereien ist begrenzt. Zum einen ist es außerordentlich schwierig, Einvernehmen darüber zu erzielen, welche Vasenmalereien tatsächlich verlorengegangene Wandbilder kopieren oder zumindest widerspiegeln. Und dann können selbst die schönsten griechischen Vasenmalereien – und einige von ihnen sind außerordentlich schön – nur einen begrenzten Eindruck von eventuellen Wandgemälden vermitteln, von denen sie möglicherweise kopiert wurden, da die beiden Bildträger so grundverschieden sind.

Wenn wir aber versuchen, die Frühgeschichte der Wandmalerei mit Hilfe unmittelbarer Zeugnisse zu rekonstruieren, wie sie uns in Fragmenten von Wandgemälden erhalten sind, so müssen wir feststellen, daß wir nur über sehr wenig Material verfügen. Einige Bruchstücke bemalter Metopen gehören zu Tempeln aus dem 7. Jahrhundert in Kalydon und Thermos in Aitolien, das von Korinth beherrscht wurde, und kleine Bruchstücke bemalten Putzes stammen von den Außenwänden eines frühen Poseidontempels auf dem Isthmos von Korinth. Wir haben auch Überreste von hölzernen Tafelbildern, die etwa aus dem Jahre 530 datieren und in Pitsa, zwischen Korinth und Sikyon, gefunden worden sind, (den beiden Städten, in denen die Malerei oder Umrißzeichnung »entdeckt« worden sein soll). Sie schildern eine Opferszene und einen Umzug von Geweihten, die mehrfarbig in Rot, Braun, Blau, Schwarz und Weiß dargestellt sind.

Etwa im Jahre 520 entwickelte sich unter der Führung Athens die rotfigurige Technik in der Vasenmalerei, und wahrscheinlich war diese Technik schon etwas früher bei den Wandgemälden angewandt worden, obwohl uns dafür keine Zeugnisse erhalten sind.

Und auch wenn wir zu späteren Manifestationen der Freskenmalerei im frühen fünften Jahrhundert fortschreiten, müssen wir zu unserem Bedauern feststellen, daß derjenige Künstler, der nach allgemeiner Auffassung der größte Meister des Frühklassischen (des sog. Strengen) Stils war (s. Kap. 9), ebenfalls durch kein erhaltenes Werk präsent ist.

Es handelt sich bei diesem Künstler um Polygnotos von Thasos (ca. 500–440), den größten und erfindungsreichsten, ja revolutionärsten Freskenmaler seiner Zeit. Er ging nach Athen, wo er das Bürgerrecht erhielt und in den Freundeskreis des Kimon aufgenommen wurde, ja angeblich sogar der Liebhaber von dessen Halbschwester Elpinike war, d. h. er war nicht lediglich ein Kunsthandwerker *(technites)*, sondern ein Mann von einer sozialen Position, wie sie vor ihm wahrscheinlich kein Maler erreicht hatte. Seit etwa 470 malte er bedeutende Bilder für verschiedene Städte, vor allem jedoch für Athen, wo von seinen Werken u. a. vertreten waren: »Die Plünderung Trojas« in der Stoa Poikile, »Achilleus auf Skyros« und »Odysseus und Nausikaa« in der Gemäldegalerie (Pinakothek) der Propyläen (Kap. 15) und »Der Raub der Töchter des Leukippos« im Anakeion (dem Tempel der Dioskuren).

Wie Pausanias[9] berichtet, verwandte Polygnotos vier Grundfarben, nämlich Schwarz, Weiß, Rot und Ocker, und gab nicht nur die von seinen Vorgängern ausschließlich gewählten Seitenansichten auf, sondern schuf auch bereits räumliche Tiefe, indem er vom Gebrauch einer einzigen Grundlinie abging und seine Figuren frei über die Fläche verteilte. Eine Zentralperspektive im modernen Sinne gab es zwar noch nicht, aber die leichtbewegten Figuren des Polygnotos konnten einen Vordergrund und einen Hintergrund schaffen, so daß seine Bilder, wie man festgestellt hat, nicht nur als Erzählungen zu sehen sind, die eine Fläche dekorieren, sondern als Fenster zur Welt.

Spätere Kunsthistoriker konstatierten auch des Polygnotos neuartige Verbindung von *ethos* (»Charakter«) und *pathos* (»Emotionen«). Es ist bezeichnend für die klassische Epoche der griechischen Kunst, daß Polygnotos, obwohl berühmt für seine »naturalistische« oder nachahmende Darstellungsweise, sich dennoch bemühte, die Menschen nicht so darzustellen, wie sie sind, sondern »besser als sie sind«[10], womit er offenbar nicht meinte, daß »er die Menschen schöner darstelle«, sondern daß er »versuche, sie von ihrer besten Seite zu zeigen«.

Seine Techniken für dieses Herausarbeiten des idealen Charakters waren offenbar vielseitig. Seine Zeichentechnik muß sicher und exakt gewesen sein, geeignet, Nuancen der Haltung, der Gestik und Mimik wiederzugeben, welche für die Vermittlung von Empfindung und Atmosphäre wesentlich waren. Auch zeigte er ein besonderes Interesse für Frauenbildnisse (s. Anhang II), wobei er die kunstvollen Frisuren und durchsichtigen Seidentücher mit großer Sorgfalt wiedergab. Sein Abgehen von der einheitlichen Grundlinie ermöglichte es ihm, umfangreiche Figurengruppen darzustellen und den psychologischen Beziehungen zwischen den einzelnen Gestalten wirkungsvoller nachzugehen.

Es scheint jedoch, als habe Polygnotos trotz seines Interesses für diese erregenden Zusammenhänge eine besondere Vorliebe für ruhige, gefühlvolle, kontemplative Szenen gehabt, die an den zurückhaltenden, introvertierten Charakter des östlichen Giebelfeldes am Zeus-Tempel von Olympia erinnern (s. Kap. 9). Er stellte gerne statische Figuren dar, die unmittelbar vor oder nach der Handlung in ihre Gedanken oder Überlegungen vertieft waren, so daß eher die Folgen oder Ursachen zum Ausdruck kamen, als das unmittelbare Ereignis selbst. Polygnotos' religiöse Vorstellungswelt war offenbar von Ernst und Heroismus geprägt, und wir können vermuten, daß seine Schlachtenbilder auch das Pathos der Niederlage kannten, so wie wir es in den literarischen Darstellungen der zeitgenössischen Tragödiendichter finden.

Der Verlust aller dieser Meisterwerke, welche die Freskenmalerei zu einer herausragenden Kunstübung der Griechen machten, ist wohl das herbste künstlerische »Leid«, das uns die Antike zugefügt hat.

Von den zahlreichen griechischen Tongefäßen verschiedener Form und Zweckbestimmung, die im Gegensatz zu den Wandgemälden erhalten geblieben sind, ist ein großer Teil attischen Ursprungs und entstammt der klassischen Periode mit ihrer Rotfigurentechnik. Diese war um 520 entwickelt worden und hatte die Vorherrschaft der Athener auf dem Gebiet der Keramik, die sie mit ihrer hochwertigen Schwarzfigurentöpferei den Korinthern entrissen hatten, fortgeführt und noch weiter ausgebaut.

Als Material benutzten die attischen Töpfer und die Maler, die mit ihnen zusammenarbeiteten – wobei manchmal beide Künstler identisch waren – den feinsten Ton vom Kerameikos, dessen Eisengehalt einen ansprechenden roten Farbton hervorrief und der in einem komplizierten Dreistufenverfahren gebrannt wurde. Auf der Grundlage dieses Materials wurde nun das Verfahren der Künstler des schwarzfigurigen Stils umgekehrt, indem man die Figuren und anderen Zeichnungen in die natürliche Rotfärbung der Oberfläche brachte, und den Rest mit einer schwarzen Farbe ausfüllte. Gleichzeitig wurden die Einritzungen, die früher die Linien der Bilder bezeichnet hatten, durch eine Bürstentechnik ersetzt. Die langen, fließenden Schwünge, die diese neue Technik kennzeichneten, ermöglichten eine genauere und flexiblere Wiedergabe der Gestalten und ihrer Posen sowie der Linien ihrer Gewänder.

Wir haben genügend erhaltene Gefäße, um diese Entwicklung von ihren Anfängen bis zu ihrer Blütezeit nachzuvollziehen, d. h. von den Arbeiten des Andokides-Malers – so wird derjenige Maler genannt, der in der Töpferwerkstatt des Andokides arbeitete – bis hin zu den großen Künstlerpersönlichkeiten eines Euphronias, eines Euthymides oder des Kleophrades-Malers (ca. 510–470). Danach ging die Entwicklung ohne erkennbaren Bruch weiter und ohne irgendwelche Anzeichen dafür, daß die Perserkriege (490–479) eine Wende oder einen Einschnitt bewirkt hätten.

So füllten die Arbeiten des manieristischen, aber ausdrucksstarken Duris, in dessen Schaffen drei verschiedene Phasen festzustellen sind, die gesamte Epoche von ca. 500– ca. 470. Auch der sog. Berliner Maler, ein Schüler des Euthymides, arbeitete während der beiden ersten Dekaden des 5. Jahrhunderts. Er war einer der Begründer des Frühklassischen (»Strengen«) Stils mit den fließenden Linien seiner großzügigen Kompositionen, welche geschmeidige, feingliedrige, lässige Gestalten mit zunehmender anatomischer Präzision darstellten. Der genialste von allen war aber wohl der Brygos-Maler, der von ca. 490–480 Trinkgefäße mit gedrängten, dramatischen, dionysischen Szenen dekorierte, in denen hautnah realistische Gestalten im Zustand der trunkenen Erregung und Müdigkeit dargestellt werden, wobei komplizierte, rhythmische Gliederungen und gekonnte Schattierungen den Gesamteindruck bestimmen.

Die meisten der nachfolgenden Maler des rotfigurigen Stils scheinen versucht zu haben, den monumentalen Stil der großen Freskenmaler, vor allem des Polygnotos, nachzuahmen, indem sie sich bemühten, ihren Darstellungen räumliche Tiefe zu verleihen. Das läßt sich etwa am Werk des Niobiden-Malers ablesen, der seine Gestalten gelegentlich nicht auf einer einheitlichen Grundlinie anordnete, sondern auf verschiedenen Ebenen nach einem Kompositionsprinzip, das Polygnotos entwickelt haben soll. Die Szenen des Niobiden-Malers sind voll stiller Konzentration – und erinnern damit wieder einmal an den Ostgiebel des Zeus-Tempels zu Olympia –, wohingegen der Pan-Maler bewußt in archaischer Manier zu der Lebendigkeit zurückkehrt, die dreißig Jahre früher in der Malerei vorherrschte.

Der Achilleus-Maler wiederum wandte sich einem ruhigen, heiteren, ausgeglichenen, kontemplativen Stil zu, wie er zur gleichen Zeit auch von den Plastiken des Parthenon-Tempels (s. Kap. 15) verkörpert wurde. Er ist auch der bedeutendste Vertreter einer anmutigen, alternativen Technik, nämlich des Zeichnens und Malens auf weißem Grunde, das am Ausgang des vorangegangenen Jahrhunderts entwickelt worden war und vor allem zum Ausschmücken der *lekythoi* verwendet wurde, jener Ölgefäße, die man den Toten weihte.

9 Ibid., X, 25–31.
10 Aristoteles, *Poetica*, 2, 1448a.

# DRITTER TEIL

# DAS ZEITALTER DES PERIKLES

# CHRONOLOGIE

| | |
|---|---|
| 469–427 | Archidamos II., einer der beiden Könige in Sparta |
| 460–445 | »Erster Peloponnesischer Krieg«: Athen gegen Korinth (und später gegen Sparta und Theben) |
| 460–456 | Athenische Expedition nach Ägypten endet mit einer verheerenden Niederlage |
| 458 | Unterwerfung Aiginas durch Athen |
| 458–456 | Die »Langen Mauern« werden als Verbindung zwischen Athen und seinem Hafen Piräus errichtet |
| ca. 458/453 | Athen schließt Verträge mit Sparta, Halikyai und Leontinoi (Sizilien) und Rhegion (Südwestitalien) |
| 457 | Die Athener werden von den Spartanern bei Tanagra besiegt, schlagen aber ihrerseits die Boioter bei Oinophyta |
| 454/453 | Perikles einer der *strategoi* (Generale) |
| ca. 454 | Das Schatzhaus des Attisch-Delischen Bundes wird nach Athen verlegt |
| 454/453 | Beginn der athenischen Tributlisten |
| 453 | Die Syrakusaner fallen in Aithalia (Elba), Kyrnos (Korsika) und Etruria ein und bekämpfen den Führer der Sikeler, Duketios (451/450; Kap. 6) |
| 451 | Fünfjähriger Waffenstillstand zwischen Athen und Sparta. Dreißigjähriger Friede zwischen Sparta und Argos |
| 451/450 | Gesetzgebung des Perikles beschränkt die Verleihung des Bürgerrechts |
| ca. 450 | Die Riace-Bronzen und Myrons *Discobolos* |
| ca. 450 (?) | Anklageerhebung gegen Anaxagoras (Kap. 8) |
| ca. 450/425 | Polykleitos' *Doryphoros* |
| 449/448 | Kallias-Frieden zwischen Griechen und Persern |

| | |
|---|---|
| 447/446 | Der Parthenon auf der Akropolis |
| 438/432 | Tempel der Athena Nike und Erechtheion werden geplant (gebaut zwischen 430 und 420 und ca. 420–409/408) |
| 447 | Die Boioter besiegen die Athener bei Koronaia und gründen ihren eigenen Bund |
| 446/445 | Aufstand in Euboia |
| 445 | Dreißigjähriger Frieden zwischen Athen und Sparta |
| 444/443 | Athens »Panhellenische« Kolonie in Thurioi (Südostitalien); Protagoras entwirft ihre Gesetze |
| 443 | Die Verbannung des Thukydides, des Sohnes des Melesias, verschafft Perikles die unangefochtene, erste Position im Staat |
| 442/441 | Sophokles: *Antigone* |
| 441–439 | Aufstand in Samos gegen Athen, wird (inoffiziell?) unterstützt von Pissuthnes, dem Satrapen von Sardes |
| 438 | Euripides: *Alkestis* |
| 438/437 | Spartakidische Herrscher am Kimmerischen Bosporos (Pantikapaion; Kap. 27) |
| ca. 437 | Expedition des Perikles ans Schwarze Meer |
| 437 | Athenische Kolonie in Amphipolis |
| ca. 435 | Die Propyläen in Athen |
| 435–432 | Vorboten des Peloponnesischen Krieges: Megara, Korkyra, Potidaia |
| ca. 434 (?) | Kallias-Erlasse sichern den Getreideimport |
| 431 | Beginn des Peloponnesischen Krieges (der Archidamische Krieg, 431–421; der Peloponnesische Krieg endet 404) |
| 431 | Euripides: *Medea* |
| 430 | Ausbruch der Pest in Athen. Perikles wird angeklagt und bestraft, dann wieder eingesetzt (429) und stirbt bald darauf |

# 11 PERIKLES: DIE IMPERIALISTISCHE DEMOKRATIE

Erwartungsgemäß waren die führenden Politiker Spartas schockiert, als sie von den Reformen erfuhren, die Ephialtes 462/461 in Athen durchgeführt hatte. (Wie wir in Kap. 5 gesehen haben, wurden sie durch die Nachricht von diesen Ereignissen veranlaßt, Kimons attisches Hilfskorps kurzerhand heimzusenden.) Denn Ephialtes hatte den konservativen, spartafreundlichen Areopag fast aller seiner politischen Befugnisse beraubt, indem er ihn des »Wächteramtes über die Gesetze« entkleidete und seine Rechtsprechungsbefugnisse einschränkte. Dadurch hatte er die Staatsverfassung ein erhebliches Stück näher an die Demokratie herangeführt, welche von den Spartanern verabscheut wurde. Von nun an lag die Staatsgewalt in Athen fast ausschließlich bei der Volksversammlung *(Ekklesia)* und dem Rat *(Bule)*, obwohl ein gewisser Spielraum für Einzelpersönlichkeiten in der Institution der zehn Generale *(strategoi)* gegeben war, die weiterhin jährlich gewählt wurden und nicht nur militärische Befehlshaber, sondern in vereinzelten Fällen auch politische Führer waren.

Kimon war einer von mehreren frühen Repräsentanten dieses Phänomens; aber Kimon war ein Freund Spartas, und nun hatte sich eine Kluft zwischen den beiden Staaten aufgetan, so daß seine Politik in Athen immer weniger Unterstützung fand. Er hatte jedoch noch Anhänger in der Stadt, die über die Reformen des Ephialtes sehr erzürnt waren – so erzürnt, daß Ephialtes 462/461 von einem boiotischen Besucher ermordet wurde. Dieser Vorgang war für den athenischen Staat ungewöhnlich, und es kann beinahe als sicher angesehen werden, daß die Tat von Kimons Anhängern aus der Oligarchie veranlaßt wurde. Die Reform des Ephialtes blieb jedoch nach seinem Tode in Kraft, und die Führung der demokratischen Elemente im Stadtstaat, die sich für die Volkssouveränität einsetzten, ging auf einen seiner Anhänger über, nämlich auf Perikles (ca. 495–429).

Es war dies zweifellos eine allmähliche Entwicklung, die Perikles nicht sofort eine beherrschende Stellung verschaffte. Aber während der ihm verbleibenden dreiunddreißig Lebensjahre hatte er mit wachsender Regelmäßigkeit das Amt des Strategen inne, und obwohl er es immer mit neun Kollegen teilen mußte, war meistens er derjenige, der die politischen Fragen entschied. »Dem Namen nach eine Demokratie, aber in Wahrheit die Herrschaft eines Mannes«, bemerkte Thukydides.[1] Dennoch handelte es sich um praktizierte Demokratie, da Perikles, obwohl er zu der dünnen Schicht gehörte, bei der sich die politische Führung konzentrierte, seine Ämter immer wieder der Entscheidung der Wähler verdankte.

Die Griechen waren außerordentlich empfänglich für die Redekunst, und die rednerischen Fähigkeiten des Perikles müssen die Volksversammlung mit bemerkenswerter Effizienz und Häufigkeit für ihn eingenommen haben; so wird es uns auf jeden Fall von den antiken Autoren berichtet. Es ist jedoch schwierig festzustellen, was sich wirklich unter seiner »Herrschaft« ereignete. Denn es entstand bald ein Perikles-Mythos, der Mythos vom Goldenen Perikleischen Zeitalter, und auf der Gegenseite entwikkelte sich eine ausgesprochene Feindseligkeit. Wir haben heute relativ wenig Möglichkeiten, die Daten und Reden zu verifizieren, die uns der große Thukydides überliefert hat, und wir können uns nicht von dem Gefühl freimachen, daß seine Version der Bestattungsrede des Perikles möglicherweise wenig mit dem zu tun hat, was tatsächlich gesagt wurde.

Perikles war der Sohn des Xanthippos, eines Mannes aus vornehmer athenischer Familie, der sich in der Zeit der Perserkriege einen Namen gemacht hatte. Seine Mutter war Agariste, eine Nichte des Kleisthenes aus dem Geschlecht der Alkmaeoniden. Ihr Onkel hatte am Ausgang des sechsten Jahrhunderts eine große, demokratische Verfassungsreform durchgeführt und war immer von Haß und Mißtrauen gegen Sparta erfüllt gewesen. Perikles führte das politische Erbe beider Familien weiter. Er hatte die politische Bühne als Ankläger Kimons (wegen angeblicher Bestechlichkeit) betreten und dann die Reformen des Ephialtes von 462/461 unterstützt. Daher war es nach der Ermordung des letzteren nur natürlich, daß er in die Führungsposition der demokratischen Partei aufrückte.

Bald darauf kam es zum Bruch zwischen Athen und Sparta, der zu planlosen Feindseligkeiten (460/448) führte, in denen nicht so sehr Sparta, als vielmehr Korinth aus maritimer Rivalität zum entschiedensten Gegner Athens wurde. Während Perikles die Langen Mauern zum erweiterten Hafen von Piräus fertigstellen ließ, die den umschlossenen Bezirk zu einer uneinnehmbaren Festung werden ließen, geriet Aigina, das er als »den Splitter im Auge des Piräus«[2] bezeichnet hatte, endlich unter die Oberherrschaft Athens.

Nichtsdestoweniger zeigte ein Sieg der Spartaner bei Tanagra in Boiotien im folgenden Jahre, daß Athen keine Aussichten hatte, die Hoplitenphalanx der Spartaner in offener Feldschlacht zu überwinden. Der entscheidenden Schlacht war ein Gefecht vorausgegangen, bei dem sich Perikles vor allen anderen ausgezeichnet hatte. Bald nach dieser Niederlage gelang es den Athenern jedoch, Spartas thebanische Verbündete bei Oinophyta zu schlagen, wodurch sie kurzfristig die Kontrolle über Zentralgriechenland gewannen und sich den Zugang zum Golf von Korinth sicherten, so daß sie nun Druck auf Korinth selbst ausüben konnten

Zur gleichen Zeit hatten die Athener jedoch einen Krieg gegen die Perser in Ägypten begonnen (460–454). Vermutlich hatte Perikles diesen Krieg veranlaßt oder war doch zumindest damit einverstanden. Indem sie sich auf ein Unternehmen von dieser Größenordnung einließen, während sie gleichzeitig auf dem griechischen Festland in schwere Auseinandersetzungen verwickelt waren, gingen die Athener bis an die äußerste Grenze ihrer Möglichkeiten. Das Ganze hatte etwas von imperialistischem Größenwahn und schien den Ausspruch eines korinthischen Redners zu bestätigen, »daß die Athener geschaffen seien, selbst keine Ruhe zu haben und den anderen Menschen auch keine zu lassen«.[3] Allerdings haben sie mit ihrem Angriff auf Ägypten wohl auch einen spezifisch wirtschaftspolitischen Zweck verfolgt, nämlich den Handelsweg in dieses Land zu öffnen, um ihre manchmal gefährdete Getreideversorgung aus dem Bereich des Schwarzmeeres durch weitere Bezugsquellen zu ergänzen. Ausgelöst wurde die Aktion dadurch, daß ein libyscher Fürst, Inaros, der gegen die persische Macht in Ägypten rebellierte, sich mit der Bitte um Hilfe an Athen wandte, das eine aus 200 Schiffen bestehende Flotte des Delischen Bundes, die sich bereits in Kypros aufhielt, zu seiner Unterstützung sandte.

Nachdem diese Flotte jedoch zunächst einen Sieg auf dem Nil errungen hatte, gingen die Perser zum Gegenangriff über und bezwangen die athenische Streitmacht, die fast vollständig vernichtet wurde.

Es ist gut möglich, daß Perikles diese Katastrophe, die die athenische Seeherrschaft erschütterte und selbst die Gefahr einer neuen persischen Invasion in Griechenland heraufbeschwor, als Vorwand nahm, um den Bundesschatz von Delos nach Athen zu überführen, wo er sicherer sein und gleichzeitig der direkten Kontrolle durch Athen unterstehen würde. (Vorausgesetzt, dieses Ereignis fand im Jahre 454 statt, wie die meisten annehmen, und nicht früher.) Diese Überführung des Bundesschatzes, die von einigen der Verbündeten übel aufgenommen wurde, ist gelegentlich als der entscheidende Schritt in der Entwicklung vom Delischen Bund zum Athenischen Reich angesehen worden. Tatsächlich ist dieser imperialistische Prozeß, bei dem die Macht des Faktischen nach und nach Rechtskraft erlangte, kontinuierlich verlaufen. Thukydides gibt durch den Mund eines athenischen Gesandten ein unübertreffliches und schonungsloses Bild dieser Entwicklung.[4] Auch erfahren wir viel über ihr kontinuierliches Fortschreiten durch eine Reihe von Inschriften, nämlich durch die Tributlisten.[5]

Die militärischen Unternehmungen in Griechenland wurden eingestellt, und nachdem man den spartafreundlichen Kimon aus der Verbannung zurückgerufen hatte, wurde ein fünfjähriger Waffenstillstand mit Sparta geschlossen (451). Zwei Jahre später schloß Athen auch ein Abkommen mit Persien – ob allerdings ein förmlicher »Kalliasfrieden« unterzeichnet wurde, wie spätere Autoritäten behaupteten, ist nach wie vor umstritten. Jedenfalls erkannten beide Vertragspartner die jeweiligen Interessensphären des anderen an, wobei zwischen ihnen allerdings nicht völlige Gleichberechtigung herrschte, denn während sich die Athener verpflichteten, die persischen Besitzungen zu respektieren (eine Verpflichtung, die später von ihren Politikern schamvoll widerrufen wurde), erklärte sich Artaxerxes I. zwar bereit, die Autonomie der griechischen Stadtstaaten in Kleinasien zu garantieren und ihnen die Freiheit von persischer Flottenpräsenz zu gewähren, gestand ihnen aber nicht die Befreiung von Tributzahlungen zu.

Dieses Abkommen, das einen Schlußstrich unter die Perserkriege zog (die nun schon beinahe fünfzig Jahre zurücklagen), wobei sich beide Seiten kompromißbereit zeigten, veranlaßte viele Verbündete Athens, ihre Zahlungen an den Delischen Bund einzustellen – mit der Begründung, daß die persische Gefahr vorüber sei. Perikles zwang sie jedoch bald wieder in die Botmäßigkeit. Immerhin schützte der Vertrag Athen vor einem Flankenangriff der Perser, als bald darauf an seinen eigenen Grenzen Gefahr drohte. Denn nach einem Sieg über die Athener bei Koroneia (447) hatten die Boioter ihre Unabhängigkeit wiedererlangt und ihr eigenes Bündnissystem begründet. Um die gleiche Zeit rebellierten auch die Stadtstaaten Euboias (446/445) und vertrieben die verhaßten athenischen Kolonisten (Kleruchen) aus Karystos und den benachbarten Inseln.

Perikles warf diesen Aufstand jedoch schnell nieder. Sparta hatte die euboiische Rebellion nur halbherzig unterstützt, obwohl der fünfjährige Waffenstillstand ausgelaufen war. Angeblich hat Perikles den spartanischen König Pleistoanax bestochen und sich so dessen Zurückhaltung erkauft. Jetzt schloß Sparta einen auf dreißig Jahre angelegten Friedensvertrag mit den Athenern, in welchem die gegenseitigen Interessen- und Einflußgebiete anerkannt wurden. Athen mußte seine Stellung in Zentralgriechenland aufgeben, behielt jedoch Euboia und Aigina. Perikles zeigte großes diplomatisches Geschick beim Zustandekommen dieses Vertrages, so daß die erheblichen athenischen Menschenverluste während der vorausgegangenen Jahrzehnte wenigstens nicht völlig vergebens gewesen waren.

Ungebrochen setzte Perikles deshalb seine expansionistische Politik fort und betrieb im Jahre 444/443 die Gründung einer Kolonie in Thurioi (unweit des alten, zerstörten Sybaris) in Unteritalien, welche zwar nach außen hin panhellenischen Charakter trug, in Wahrheit aber dazu bestimmt war, Athen wirtschaftliche Vorteile zu sichern, vor allem die Lieferung von Getreide aus dem Westen. Im Jahre 440/439 erhob sich dann die verbündete Insel Samos gegen Athen. Die Samier hatten sich geweigert, in einem Konflikt mit Milet die athenische Vermittlung zu akzeptieren, und sich statt dessen mit Byzantion und mit Pissuthnes, dem persischen Satrapen von Sardes, verbündet. Perikles griff sie mit 200 Schiffen an und zwang sie nach neunmonatiger Belagerung zu kapitulieren, woraufhin sie für ihren Ungehorsam schwer bestraft wurden.

Im Jahre 437/436 kam Perikles dann mit Erfolg auf den Plan zurück, eine Kolonie in Amphipolis in Makedonien zu gründen – wodurch er den Zugang zu den thrakischen Metall- und Holzvorkommen sowie zu den Getreideanbaugebieten am Schwarzen Meer* sichern wollte, wohin er etwa zur gleichen Zeit eine Expedition führte, um dort den Einfluß Athens geltend zu machen.

Im Jahre 431 brach der Peloponnesische Krieg zwischen dem Attisch-Delischen Seebund und dem von Sparta dominierten Peloponnesischen Bund aus. Verschiedene auslösende Faktoren führten zum Ausbruch des Krieges, und Thukydides hat sie scharfsinnig analysiert (s. Kap. 23).[6] Auch kann seine Beurteilung der zugrundeliegenden, tieferen Ursachen nicht widerlegt werden; dazu zählte vor allem das Mißtrauen gegenüber Athen, das wegen der athenischen Mißachtung der Autonomie einzelner Stadtstaaten weit verbreitet war. So fühlte sich zum Beispiel Korinth, das von allen Seiten von der attischen Großmacht umklammert war und mehrfach direkt provoziert wurde, in höchstem Maße bedroht. Seine Beschwerden wurden nur widerwillig

* Pontos Euxeinos.

von den Spartanern unterstützt, deren Neid und Furcht bezüglich der athenischen Machtstellung eine Hauptrolle in der weiteren Entwicklung spielten. Obwohl Perikles den Krieg kommen sah, empfahl er der athenischen Volksversammlung, unnachgiebig zu bleiben; damit waren die Würfel gefallen, und der Krieg begann. Er war nicht so ausgedehnt und allumfassend, wie Thukydides es darstellt. Doch war es der bis dahin größte Krieg zwischen griechischen Staaten, in jeder Hinsicht ohne Beispiel, und schließlich der Grund für den Ruin Athens – ja überhaupt des griechischen Polissystems als einer politischen Ordnungsmacht (s. Kap. 24, 35).

Keine Seite hatte die geringste Chance, den Krieg ohne Unterstützung von außen, d. h. ohne persische Hilfe, zu gewinnen. Die Athener beherrschten die See und konnten segeln, wohin sie wollten, dabei eigene Waren einführen oder den Feind von seinen Lieferungen abschneiden. Die Spartaner ihrerseits waren in gleicher Weise unbesiegbar zu Lande, sie konnten sogar Jahr für Jahr die Landbezirke Attikas verwüsten, wobei dann die zahlreiche Landbevölkerung von ihren Anwesen fliehen und hinter den Langen Mauern Athens Zuflucht suchen mußte.

Der Krieg begann, ohne daß zunächst auf beiden Seiten viel geschah. Im Jahre 430 wurde Athen jedoch von einem unvorhersehbaren Unglück getroffen. Eine verheerende Pest, deren genaue Natur sich trotz der anschaulichen Beschreibung des Thukydides unserer Kenntnis entzieht[7], brach unter den eng zusammengepferchten, schlecht untergebrachten Athenern innerhalb der Langen Mauern aus, und die Stadt verlor mehr als ein Viertel ihrer Einwohner und ein Drittel ihrer Elitetruppen. Unter den Opfern waren auch zwei Söhne des Perikles; er selbst wurde von seinen verzweifelten Mitbürgern aus dem Strategenamt verstoßen, wegen Unterschlagung angeklagt und zu einer Geldstrafe verurteilt. Bald darauf, im Frühjahr 429, wurde er jedoch wieder in sein Amt eingesetzt. Aber auch er hatte sich mit der Pest infiziert, und sechs Monate später fiel er ihr zum Opfer.

Der Krieg ging weiter und sollte, mit nur einer Unterbrechung, noch fünfundzwanzig Jahre dauern. Die Rechnung des Perikles ging nicht auf, denn Athen erwies sich schließlich als der große Verlierer.

Perikles' Absetzung durch die Bürgerschaft in seinem letzten Lebensjahr war nicht die einzige Herausforderung, der er sich im Laufe seiner langen Regierungszeit hat stellen müssen. Wie wir sahen, mußte er die Volksversammlung Jahr um Jahr für seine Wiederwahl gewinnen, und auch jede einzelne seiner Maßnahmen bedurfte der Zustimmung dieser Körperschaft.

Sein ernsthaftester Gegner war ein Führer der Konservativen; Thukydides, der Sohn des Melesias, der sich vor allem gegen die seiner Meinung nach unmoralische Verwendung der Bundesgelder für die Errichtung großartiger Bauten in Athen wandte – ein Verhalten, für das der Historiker gleichen Namens (s. Kap. 23) eine beredte Rechtfertigung fand, indem er erklärte, die Verbündeten hätten stolz sein sollen, daß ihr Geld einem Werk von so hohem erzieherischem Wert für ganz Griechenland zugute kam.[8]

Die Haltung der Verbündeten gegenüber der attischen Führungsmacht war, wie zu erwarten, zwiespältig. Die demokratisch regierten Stadtstaaten standen ihr näher als die oligarchisch gesinnten, die von der athenischen Verfassung nichts hielten. Die verbündeten Städte mußten sich mit athenischen Steuern, Beamten, Kolonisten, mit athenischer Rechtsprechung und athenischem Münzwesen abfinden; dafür erhielten sie Sicherheit und Wohlstand. Für die Athener war die Sache einfacher: hier profitierten alle Schichten von der Vormachtstellung ihrer Polis.

Der Herausforderung des Thukydides, des Sohnes des Milesias, war kein Erfolg beschieden, und im Jahre 443 wurde er ostrakiert. Aber er hatte ganz richtig gesehen, daß Perikles der Hauptverantwortliche für das einzigartige Bauprogramm war – das wichtigste staatliche Kulturprogramm, das es bei den Griechen je gegeben hat, zu welchem auch die Errichtung des Parthenon (s. Kap. 15) gehörte. Perikles' politische Gegner, deren oft absurde Angriffe auf seine eigene Person seiner Stellung nichts anhaben konnten, klagten seinen Bauleiter Pheidias der Veruntreuung an. Sie erhoben auch Anklage gegen ein anderes Mitglied des Perikleischen Freundeskreises, gegen den Philosophen Anaxagoras (s. Kap. 8), den sie der Gottlosigkeit beschuldigten. Schließlich versuchten sie auch, gegen Perikles' hochgebildete Geliebte Aspasia vorzugehen. Das intellektuelle Niveau dieses

Kreises – zu dem auch der ebenfalls angegriffene Protagoras und Sophokles gehörten – spricht für die Intelligenz oder zumindest für die kulturelle Empfänglichkeit des Staatsmannes selbst.

Er schätzte diese gebildete Gesellschaft; wohingegen er in seiner ganzen Lebensart nichts Volkstümliches erkennen ließ. Obwohl er es sorgfältig vermied, etwas von dem luxuriösen Lebensstil eines Themistokles oder Kimon an den Tag zu legen, blieb er distanziert und zurückhaltend und sogar hochmütig in hergebrachter Weise und behandelte die Menschen mit »olympischer« Herablassung.

Paradoxerweise war er es jedoch, der entscheidende Schritte unternahm, um den Prozeß zu fördern und fortzusetzen, der Athen in eine radikale Demokratie verwandelte. Die minderbemittelten Bevölkerungsschichten hatten in der Gemeinschaft an Bedeutung gewonnen, weil sie in der Flotte, von der alles abhing, als Ruderer tätig waren. Nun führte Perikles die staatliche Besoldung *(misthosis)* für Tätigkeiten ein, die früher als Ehrenämter gegolten hatten. Zunächst geschah dies bei den verschiedenen Gerichtshöfen *(dikasteria)*, die die Zuständigkeiten des alten, unter dem Namen Heliaia bekannten Gerichts übernommen und unter sich aufgeteilt hatten. Die »Geschworenen« *(Dikasten)* dieser Gerichte wurden durch Los aus einem Kreis von 6000 jährlich gewählten Bürgern bestimmt, die das dreißigste Lebensjahr vollendet haben mußten. Um eine möglichst breite Beteiligung der Bevölkerung an dieser Geschworenentätigkeit zu erreichen, führte Perikles ein Tagegeld von zwei Obolen ein, das spätestens 425 auf drei Obolen erhöht wurde. Perikles scheint auch dafür gesorgt zu haben, daß die Mitglieder des Rates der Fünfhundert (Bule) ähnliche Diäten erhielten (im späten vierten Jahrhundert betrug die Summe fünf Obolen); auch die durch Los gewählten Staatsbeamten erhielten vermutlich schon vor 439 eine staatliche Besoldung.

Unter demokratischen Gesichtspunkten waren diese Zahlungen gerechtfertigt und notwendig, ließen sie doch den Wohlstand des Staates den Bürgern zugute kommen und gaben allen eine faire Chance, sich an der Staatsverwaltung zu beteiligen – wie Perikles laut Thukydides[9] voller Stolz erklärte. Auch stellten sie eine soziale Ausgleichsleistung für die Ärmsten der Bürger dar. Die geringe Höhe der Beträge – weniger als ein durchschnittlicher Tageslohn – bewirkte jedoch, daß es sich bei den Bewerbern um die genannten Ämter vielfach um alte, arbeitsunfähige Männer handelte. Ein schwerwiegenderer Einwand, wie ihn z. B. Platon formulierte, besagte, daß die staatlichen Zahlungen die Athener »faul, feige, geschwätzig und geldgierig«[10] gemacht hätten.

Ähnlich geteilt waren die Meinungen hinsichtlich einer anderen, damit in Zusammenhang stehenden Maßnahme, die ebenfalls Perikles veranlaßte. In der Vergangenheit hatte der Sohn eines Atheners und einer Ausländerin in die Bürgerschaft aufgenommen werden können. Von 451/450 an wurde das athenische Bürgerrecht auf diejenigen beschränkt, die sowohl väterlicherwie mütterlicherseits von Vollbürgern abstammten. Das sah nach engstirnigem Chauvinismus aus, und der römische Kaiser Claudius glaubte ebenso wie einige moderne Historiker, daß dies den athenischen Staat in verhängnisvoller Weise daran gehindert habe, auf eine ausreichende Anzahl von Staatsangehörigen zu kommen.[11] Sicher war einer der Beweggründe des Perikles elitärer Natur: Er wollte das Bürgerrecht der Großmacht Athen nicht zu sehr verwässern und entwerten. Aber man konnte sein Gesetz auch in demokratischem Sinne interpretieren: Seine Verwirklichung knüpfte an die sozialen Wertvorstellungen der Landbevölkerung an. Der Hauptgrund für die Maßnahme war jedoch finanzieller Natur und mit der Einführung der staatlichen Diäten verbunden. Denn zwischen 454 und 440 war die Zahl der Bürger die derartige Subventionen erhielten, auf ungefähr 20 000 angestiegen, und es gab eine Grenze der staatlichen Leistungsfähigkeit.

Was die auswärtige Politik des Perikles anbelangt, so hat der Historiker Thukydides Reden überliefert, oder vielmehr erfunden, in denen angeblich der Staatsmann selbst diese Politik in beredten Worten darstellt und begründet. Dabei war sich Perikles immer der Risiken bewußt, die seine außenpolitischen Maßnahmen in sich bargen: dennoch glaubte er nach Abwägung aller Argumente, daß er den Peloponnesischen Krieg letztlich gewinnen würde. Ob ihm das allerdings gelungen wäre, wenn er länger gelebt hätte, ist mehr als zweifelhaft, trotz mancher anderslautenden Prognosen, die sich von dem Idealbild des Perikles inspirieren lassen.

Es ist auch nicht möglich, Perikles gänzlich von der Verantwortung für den Ausbruch des Krieges freizusprechen. Zwar trugen die Spartaner ebenfalls ihren Teil dazu bei, da ihre Furcht vor Athen sie schließlich zum Kampf verleitete. Aber diese Furcht war nicht völlig unbegründet, wie die imperialistischen Aktivitäten der Athener zeigen, die wiederum größtenteils durch Perikles veranlaßt waren.

1 Thukydides, II, 65.
2 Aristoteles, *Rhetorik*, III, 1411 a;
Plutarchos, *Perikles*, 8.
3 Thukydides, 1, 70.
4 Ibid., I, 76.
5 B. D. Merritt, H. T. Wade-Gery, M. F. McGregor,
*The Athenian Tribute Lists* (1939–53).
6 Thukydides, 1, 23 ff.
7 Ibid., II, 47 ff.
8 Ibid., II, 41.
9 Ibid., II, 37.
10 Platon, *Gorgias*, 515 c.
11 Tacitus, *Annalen*, XI, 24.

# 12 PROTAGORAS: DIE AUFRÜHRERISCHEN SOPHISTEN

Der Begriff Sophist *(sophistes)* entstand im Verlauf des fünften Jahrhunderts v. Chr. und bezeichnete zunächst ganz einfach den Gelehrten *(sophos)* oder Fachkundigen, oder auch den Weisen nach Art eines Wahrsagers oder Dichters. Allmählich wurde der Ausdruck jedoch für einen neuartigen Beruf verwandt, den man in etwa als höheres Lehramt bezeichnen könnte. Die Sophisten, die diesem Beruf nachgingen, übten eine Tätigkeit aus, die es bisher in der griechischen Gesellschaft kaum gegeben hatte. Ihre Leistung ist schwer abzuschätzen, zum einen, weil sie nur in historischen Fragmenten und in unklaren, unzuverlässigen Zusammenfassungen überliefert ist, zum anderen, weil konservative Gegner bald dafür sorgten, daß der Ausdruck »Sophist« eine abwertende, negative Bedeutung erhielt. Aber die Männer, die mit diesem Begriff bezeichnet wurden, erfüllten eine gewaltige Aufgabe und veränderten tatsächlich die gesamte zeitgenössische Gesellschaft.

Es wäre jedoch falsch, sie als eine geschlossene Gruppe zu betrachten, da sich in ihren Reihen Männer von ganz unterschiedlicher Art fanden. Im wesentlichen bestand die Berufsgruppe aus Lehrern, die von Ort zu Ort reisten und gegen ein Honorar Unterricht erteilten. Dieser Unterricht deckte ein breites Spektrum von Fächern ab – Rhetorik, Logik, Grammatik, Ethik, Physik, Metaphysik, ja sogar Militärkunde. Diese Fächer wurden mit dem Ziel gelehrt, den Schülern im Leben weiterzuhelfen und sie erfolgreich werden zu lassen; die Sophisten konzentrierten sich darauf, die Techniken zu vermitteln, die zu diesem Ziel führen würden.

Einige von ihnen nahmen auch in Anspruch – mit übertriebenem Optimismus, wie es uns heute scheint – in der Lage zu sein,

Tugend *(arete)* oder »herausragende Tüchtigkeit« zu lehren. Darunter verstanden sie und ihre Zuhörerschaft allerdings nicht die moralische Integrität, wie Sokrates sie forderte, sondern beinahe ausschließlich den praktischen Erfolg im Leben. Eines der wichtigsten Mittel, um solche »Tüchtigkeit« zu erwerben, wurde in der Redekunst gesehen – nicht zu Unrecht, denn dieses war der direkteste Weg zu öffentlichem, politischem Ansehen bei den Griechen, die sehr viel Wert auf eine ausdrucksstarke Rede legten. Vor allen anderen Staaten galt dies im demokratischen Athen, wo die öffentliche Diskussion ununterbrochen mit starker Intensität geführt wurde und wo das politische Geschehen von ihr abhängig war. Aus diesem Grunde bestand auch in Athen die größte Nachfrage nach Sophisten – und hier konnten sie sich bedeutende Vermögen erwerben.

Die Ausbildung, die sie vermittelten, umfaßte ein gründliches Studium der Funktion der Sprache sowie der Arten ihres Gebrauchs. Das Ziel dieser Ausbildung war es, den jungen Männern beizubringen, wie man redet und redend andere Menschen für sich gewinnt – die Kunst *(techne)* der Überzeugung – und welche Argumente man vorteilhafterweise in öffentlichen Diskussionen verwendet. Mit der Zeit führte diese Schulung zu relativistischen und damit skeptischen Einstellungen, denn der gut geschulte Denker und Redner setzte seinen Stolz darein, jeden Standpunkt unabhängig von seinem Wahrheitsgehalt erfolgreich zu verteidigen.

Ein zentraler Aspekt dieses wachsenden Skeptizismus war die ständige Betonung des Gegensatzes zwischen *physis*, Natur, und *nomos*, den Gesetzen und Gebräuchen eines jeden Stadtstaates. Dieser Gegensatz konnte auf verschiedene Weise interpretiert werden, aber die sich immer stärker ausbreitende Meinung lautete dahingehend, daß, während die Natur absolut und gerecht sei, die Rechts- und Sozialsysteme der verschiedenen Staaten willkürlich seien und keinem Naturgesetz entsprächen; darum könnten sie möglicherweise auch falsch sein, und niemand sei gezwungen, ihnen Folge zu leisten.

Solche nihilistischen Schlußfolgerungen erregten das Mißfallen der Traditionalisten und faszinierten umgekehrt die zunehmend individualistische und zynische Jugend. Sie war sich des gewaltigen Generationsunterschiedes bewußt, und die höhere Bildung, welche die Wagemutigsten unter den Sophisten vermittelten, gab dieser Jugend die willkommenen Mittel an die Hand, gegen das Establishment zu rebellieren.

Dieses destruktive Element findet sich schon in angedeuteter Form bei dem frühesten und berühmtesten der griechischen Sophisten, welcher sich auch als erster mit diesem Namen bezeichnete, nämlich bei Protagoras aus Abdera in Thrakien (ca. 490/485 – gest. nach 421/411).

Vierzig Jahre lang reiste Protagoras durch Griechenland und erteilte hochbezahlten Unterricht; er hielt sich auch in Sizilien auf, verbrachte aber wahrscheinlich den größten Teil seiner Berufsjahre in Athen (ab ca. 460 ?). Gelegentlich hielt er sorgfältig vorbereitete Vorträge oder Reden, oft als Teil eines Redewettkampfes – einer Spezialität der Sophisten, die möglicherweise von ihm selbst begründet worden war. Häufiger jedoch erteilte er Privatunterricht.

Er war es vor allem, der die sophistische Tradition begründete, »Tugend« zu lehren – zu einem Jüngling, der darauf brannte, sein Schüler zu werden, soll er gesagt haben: »Mein junger Freund, wenn du bei mir in die Lehre gehst, dann wird es dir beschieden sein, an dem Tage, an dem du mit mir zusammen gewesen bist, (abends) in dem Bewußtsein nach Hause zu gehen, daß du besser geworden bist. Und am folgenden Tage wird es dir ebenso gehen. Und so wirst du an jedem Tage ständig besser werden.«[12] Eines seiner Hauptgebiete war dementsprechend die Politik als wichtigstes Betätigungsfeld der »Tüchtigkeit« und gleichzeitig der Prüfstein für den Erfolg im Leben, der für Protagoras mit der »Tüchtigkeit« identisch zu sein schien. Er wurde ein einflußreicher Freund des Perikles, der ihm auftrug, die Verfassung für Thurioi zu entwerfen, jene »panhellenische« Kolonie in Südostitalien, die unter dem Einfluß Athens stand. Wie andere Freunde des Perikles wurde Protagoras von den politischen Gegnern des Staatsführers wegen Gottlosigkeit verklagt und verfolgt, wobei die Berichte über diese Anfeindungen widersprüchlich und, zumindest teilweise, erfunden sind.

Dennoch ist es gut möglich, daß die schriftlichen Prosawerke des Protagoras, der ebensowohl Schriftsteller wie Lehrer war, nur aufgrund dieser Anfeindungen heute nicht mehr erhalten sind. Eine Abhandlung *Über die Götter*, die er nach der Überlieferung als erstes seiner Werke öffentlich vorgetragen haben soll, begann mit einer Erklärung, die seine Abneigung gegen die praxisferne, kosmische Spekulation der früheren ionischen Philosophie (s. Kap. 8) zeigt: »Von den Göttern weiß ich nicht, weder daß sie sind noch daß sie nicht sind; denn vieles hemmt uns in dieser Erkenntnis, sowohl die Dunkelheit der Sache, wie die Kürze des menschlichen Lebens.«[13]

Obwohl sie eine agnostische Selbstbeschränkung des Urteilsvermögens widerspiegeln, die die Wahrheit der gesamten griechischen Mythologie in Frage stellt, bedeuten diese Worte nicht notwendigerweise, daß Protagoras Atheist war. Wenn er es wirklich gewesen wäre, hätte er es kaum so kategorisch verkündet, da das Anstoß erregen mußte. Aber jedenfalls war die zitierte Bemerkung über die Götter, ob atheistisch oder nicht, ausreichend, um seinen Gegnern die Anklage wegen Gottlosigkeit zu ermöglichen, und sie diente ebenfalls als Kristallisationspunkt für all die Gerüchte, die sich um diese Anklage rankten.

Protagoras ist jedoch vor allem durch eine andere These berühmt geworden, die besagte, daß »der Mensch der Maßstab aller Dinge sei, der seienden, daß sie sind, der nichtseienden, daß sie nicht sind«.[14] Es hat endlose Diskussionen darüber gegeben, was er mit diesem Ausspruch gemeint haben könnte. Aber was er sicherlich feststellen wollte, war nicht nur die zentrale Stellung des Menschen im Universum, sondern auch die Relativität aller Wahrnehmungen und Urteile menschlicher Individuen.

Diese Sichtweise implizierte auch den Zweifel an den Ansprüchen einer jeden Philosophie oder Wissenschaft auf Allgemeingültigkeit. Und die Schüler des Protagoras entwickelten diese These bis zur letzten logischen Konsequenz, indem sie erklärten, daß das ganze Corpus überlieferter Anschauungen einer gründlichen Überprüfung und Neuformulierung unterzogen werden müsse.

Ob er selbst so weit ging, diese radikale Konsequenz zu ziehen, wissen wir nicht. Aber er bereitete den Weg für derart revolutionäre Lehren in seinem Werk mit dem Titel *Antilogiae* (Widersprüche). Die zwei Bücher dieses Werks sind verlorengegangen, aber Diogenes Laertios hat uns ihren Inhalt überliefert.[15] Protagoras stellte in diesem Werk die Behauptung auf, daß es über jegliche Sache zwei einander entgegengesetzte Aussagen gebe, eine dafür und eine dawider. Es ist möglich, daß diese Ansicht aus seinen tiefschürfenden grammatischen Analysen erwachsen ist, aufgrund derer er als der Urheber der Sprachwissenschaft angesehen werden kann. Diese These, die von seinen Anhängern noch weiter ausgebaut wurde, führte zu der weitverbreiteten Meinung, daß Protagoras und die Sophisten nur allzu bereit waren, der schwächeren Sache zum Sieg zu verhelfen und den schlechteren Fall zum besseren zu erklären – kurz, aus Unrecht Recht zu machen.

Protagoras selber zeigte jedoch keinerlei Neigung, diesen Skeptizismus auf das Gebiet der Moral zu übertragen. Denn auf diesem Felde scheint er ohne Zögern die überlieferten ethischen Konzepte übernommen zu haben, in der festen Überzeugung, daß in jedem von uns ein moralisches Empfinden angelegt sei, daß aber dieser eingeborene Hang zum Guten durch Erziehung entwickelt und gestärkt werden müsse – wozu er sich in erster Linie berufen fühlte.

Und die Art von Moralität, auf die er sich bezog, schloß seiner Meinung nach auch die Gesetze und Gebräuche der Polis ein: es ist die Pflicht des Bürgers, der sich als moralisches Wesen versteht, diese Gesetze und Gebräuche zu befolgen und zu respektieren. Das heißt, im Streit um den Gegensatz von *nomos* (Gesetz) und *physis* (Natur) vertrat Protagoras trotz seiner These vom Menschen »als Maßstab aller Dinge« und trotz seiner demokratischen Neigungen keineswegs einen umstürzlerischen Standpunkt. Er war im Gegenteil der Überzeugung, daß die Menschen moralisch seien und daß Moralität das Einverständnis mit den Gesetzen und Gebräuchen des jeweiligen Heimatstaates beinhalte (was zweifellos der Grund dafür war, daß Perikles ihm den Entwurf der Gesetze für Thurioi anvertraute).

Nun spürte Protagoras aber, daß diese Auffassung eine Begründung erfordere, und er erläuterte sie deshalb in einem Werk mit dem Titel *Über den Ursprung der Menschheit*. Soweit wir den Inhalt rekonstruieren können, gab er in dieser Untersuchung eine optimistische Darstellung seiner Auffassung vom Ursprung der Zivilisation, wobei er seine Aussage in die Form des Mythos kleidete.[16] Da die ursprünglichen Menschen für den Kampf ums Dasein schlechter ausgestattet gewesen seien als die wilden Tiere, habe Zeus den Hermes ausgesandt, um ihnen Recht und Ehrfurcht zu bringen, wodurch sie dann die Möglichkeit zu politischem, sozialem und kulturellem Fortschritt erhalten hätten. Hier haben wir also eine sehr frühe, vielleicht die erste rationale Theorie des Fortschritts.

Wir verdanken diese Darstellung Platon (s. Kap. 31), der in seinem *Protagoras* zeigt, wie Sokrates gemeinsam mit einem befreundeten Jüngling den berühmten Sophisten, der gerade in Athen weilt, besucht, um ihn über die Weisheit zu befragen, die Protagoras zu lehren behauptete. Der Dialog ist ein literarisches Meisterwerk, und Platon erweist dem bedeutenden Gelehrten mehr Ehre als jedem anderen Sophisten, über den er sich jemals geäußert hat.

Dennoch lassen uns der Spott, die Parodien und die Scheinargumente des Sokrates niemals vergessen, daß Platon eine außerordentliche Abneigung gegen die Sophisten hegte, nicht nur weil er ihre Honorarforderung für die Vermittlung von »Tugend« als unwürdig ansah, sondern auch weil er das Gefühl hatte, daß sie mehr an intellektueller und rhetorischer Virtuosität interessiert waren als an der Wahrheit und daß sie die Macht der Vernunft mit der Überzeugungskraft des gesprochenen Wortes verwechselten. Protagoras' Vorliebe für die Demokratie schien ihm dafür ein Beispiel zu sein. Vor allem beklagte Platon aber ihren Relativismus, der im Gegensatz zu seinem eigenen Glauben an absolute Ideale stand. So versucht er auch im *Theaitetos*, die relativistische Anschauung, daß der Mensch das Maß aller Dinge sei, zu erschüttern und zu widerlegen.

Nichtsdestoweniger hatte Protagoras auf Grund seines außerordentlichen Intellekts und seines Erfolgs in Athen einen tiefgreifenden Einfluß auf das zeitgenössische Denken gewonnen, der Progressive und Konservative in gleicher Weise berührte. Denn er war eine bemerkenswerte Mittlerfigur zwischen beiden Gruppen, insofern als in ihm ein fortschrittlicher, intellektueller Skeptizismus mit dem festen Glauben an die ethischen und sozialen Traditionen im Streite lag.

Andere Sophisten entwickelten verschiedene Aspekte von Protagoras' Werk weiter, nicht unbedingt in direkter Abhängigkeit, sondern auch unabhängig von ihm, und sie gingen oft weit über seine Standpunkte hinaus, da ihnen seine Anschauungen zu traditionalistisch und zu tolerant erschienen.

So betonte der gewandte und eitle Hippias aus Elis (ca. 485–415) die Rolle des Sophisten als Erzieher und nahm für sich ein enzyklopädisches Wissen auf allen Gebieten der menschlichen Geistestätigkeit in Anspruch. In dem Physis (Natur)-Nomos (Recht und Sitte)-Streit vertrat er den Standpunkt, daß die Physis die Menschen verbinde und sie im eigentlichen Sinne zu Mitbürgern mache, während der Nomos nach Art eines Tyrannen oft Formen von Zwang anwende, die im Widerspruch zur Natur stünden.[17]

Gorgias aus Leontinoi in Sizilien (ca. 483–376) stand unter dem Einfluß zweier anderer Sizilianer, Korax und Teisias, die das erste Lehrbuch über Rhetorik verfaßt hatten (Teisias kam 427 mit ihm nach Athen). So wie diese beiden betonte auch er vor allem die Bedeutung der öffentlichen Rede, um im Leben Erfolg zu haben. Für diese entwickelte er einen antithetischen, rhythmischen, reich verzierten und anregenden Prosastil, der trotz seiner Extravaganzen vielen Generationen als Vorbild diente. Gorgias, der hinsichtlich der menschlichen Erkenntnistätigkeit skeptisch war, zeigte auch, wie man mit logischen Schlußfolgerungen zu schockierenden Ergebnissen gelangen konnte – so etwa in dem Physis-Nomos-Streit, der ihn im Gegensatz zum konservativen Patriotismus zu einer panhellenischen Haltung führte.[18]

Prodikos aus Iulis auf der Insel Keos, der wenig jünger war und über eine außerordentlich wohltönende Stimme verfügte, definierte die Stellung des Sophisten als eine mittlere Position zwischen Philosoph und Politiker. Auch hier haben wir wieder einen Gelehrten, der großen Wert auf die Sprache legte und in mühevoller Kleinarbeit den korrekten und inkorrekten Gebrauch von Begriffen definierte und differenzierte. Auch Prodikos schockierte die Konservativen, indem er erklärte, daß die Religion nicht von der Natur gegeben sei, sondern nur als Antwort des Menschen auf seine Umwelt verstanden werden könne, wobei die Götter nichts anderes seien, als aus Dankbarkeit erwachsene Personifikationen der Gaben, mit denen die Natur den Menschen bedacht habe.

Unter den »jüngeren« und noch radikaleren Sophisten war vor allem Antiphon berühmt (schon im Altertum hat man, wohl fälschlicherweise, zwischen ihm und einem »Redner« gleichen Namens unterschieden). Antiphon nahm noch einmal den Nomos-Physis-Gegensatz auf und führte ihn zu einem Ergebnis, das einerseits liberal, andererseits antiliberal genannt werden muß. Der liberale Aspekt dieser Lehre bestand darin, daß nach ihr zwar die Gesetze künstlich und willkürlich sind, von Natur aus jedoch alle Menschen, Griechen ebenso wie Barbaren, gleich sind, so daß die politische Ordnung auf der Übereinstimmung und Zusammenarbeit aller in einem Staat Lebenden basieren sollte. Der antiliberale Teil seiner Schlußfolgerung lag in der schockierenden Behauptung, daß moralische Forderungen Teil des unnatürlichen Zwangssystems seien und daß man sie nach Möglichkeit ignorieren und völlig selbstsüchtig handeln solle, um so seiner Natur gerecht zu werden.

Dieser destruktive Aspekt wurde noch weiter getrieben von Kallikles, der laut Platon erklärte, daß es der Natur entspräche, wenn der Stärkere über den Schwächeren herrsche und wenn er seine Begierden voll auslebe.[19] Ein anderer Sophist des ausgehenden fünften Jahrhunderts, Thrasymachos von Chalkedon, soll ebenfalls die Gerechtigkeit »als den Vorteil des Überlegenen«[20] definiert haben – so daß Macht gleich Recht ist, eine Lehre, die von den brutaleren unter den Politikern mit Begeisterung aufgenommen wurde.

Dahin also hatten die Lehren der Sophisten geführt. Protagoras war der geistige Wegbereiter dieser Denkweise, obwohl er, wie wir sahen, vor ihrer Anwendung auf die Gebiete der Moral und Politik zurückgeschreckt war. Nachdem jedoch diese radikalen Konsequenzen erst einmal unerschrocken gezogen worden waren, machte sich allenthalben der Relativismus breit.

12 Platon, *Protagoras*, 317b.
13 Diogenes Laertios, IX, 51.
14 Platon, *Theaitetos*, 152a; cf. 166d.
15 Diogenes Laertios, XI, 51.
16 Platon, *Protagoras*, 322a–d.
17 Ibid., 337c.
18 Gorgias, *Olympikos*; cf. *Epitaphios*, Fragment B 5b.
19 Platon, *Gorgias*, 483, 491f.
20 Ibid., *Der Staat*, I, 343b.

# 13 HERODOTOS: DIE NEUE KUNST DER GESCHICHTSSCHREIBUNG

Mit der Einschränkung, daß auch schon bedeutende Fortschritte im Mittleren Osten und besonders in Israel erfolgt waren, wird man wohl sagen können, daß die Geschichtsschreibung eine der bedeutendsten Erfindungen der Griechen des fünften Jahrhunderts darstellt.

Hekataios von Milet, der vor 525 v. Chr. geboren wurde, werden zwei Werke zugeschrieben, von denen nur Bruchstücke überliefert sind. Eines von ihnen ist bekannt unter dem Namen Periodos (auch *historiai)*) oder Heldenkunde oder Genealogien. In Anlehnung an die Homerische, ionische Epik schrieb er einen Prosastil, wie ihn die ionischen Philosophen (s. Kap. 8) entwickelt hatten. Mit seinen Berichten war Hekataios einer der ersten sogenannten *Logographen*, wie die frühesten griechischen Historiker genannt werden, der mit Hilfe von Familienstammbäumen Länder und Sitten beschrieb. Dabei wandte er eine neue Art von kritischer Analyse auf die Mythen und Legenden an, deren Einfluß auf die Erklärung der Welt und des Universums er zurückzudrängen versuchte.

In Hekataios' Bemühungen, die Ursprünge führender milesischer Familien zu ergründen, mischte sich rationale Kritik mit einer naiven Weigerung, die Mythen vollständig zu verwerfen. Dieses Dilemma trat zutage in dem Versuch, sie statt dessen zu rationalisieren und in eine pseudohistorische Ordnung zu zwängen, wie sehr Hekataios auch immer wieder behauptet, daß er versuche, die Wahrheit zu berichten.[21] Man wird also sagen müssen, daß es sich bei seiner Arbeit noch nicht um eigentliche Geschichtswissenschaft handelte, daß er dieser aber den Weg bereitete.

Sein zweites, grundlegendes Werk waren die *Periegesen* (Länderbeschreibungen), welche erstmalig versuchten, in systematischer Weise die Geographie, die Topographie und die Gebräuche der Staaten der griechischen Welt zu beschreiben.

Herodotos (ca. 480–425), der »Vater der Geschichtsschreibung«, kam ebenfalls aus der westlichen Küstenlandschaft Kleinasiens, nämlich aus Halikarnassos in Karien, das damals von Persien beherrscht wurde. Seine Mutter stammte aus Kos, aber sein Vater Lyxes (ein karischer Name) gehörte zu einer vornehmen halikarnassischen Familie. Panyassis, ein epischer Dichter, war vermutlich sein Onkel, und als Panyassis in den Wirren eines Bürgerkrieges ums Leben kam (ca. 461), floh Herodotos auf die Insel Samos.

Nachdem Halikarnassos Mitglied des Attisch-Delischen Seebundes geworden war (454/453), kehrte Herodotos vermutlich für kurze Zeit zurück, aber es hielt ihn nicht lange in der Heimat. Von nun an unternahm er ausgedehnte Reisen – vermutlich über einen Zeitraum von etwa zwölf Jahren hinweg – wobei er längere Zeiträume vor allem in Athen, seiner zweiten Heimat, verbrachte. Dort pflegte er enge Kontakte mit den gebildeten Kreisen der Stadt, die seine Schriften entscheidend beeinflußten. Er wurde Bürger der »panhellenischen« Kolonie, die unter athenischer Führung in Thurioi, in Süditalien (444/443), gegründet wurde, wo man später auch das Grab mit seinem Epitaph besichtigen konnte.

Herodotos' *Historien*, die lange nach seinem Tode von einem wissenschaftlichen Herausgeber in neun Bücher gegliedert wurden, waren ursprünglich von ihrem Verfasser nur in zwei Hauptteile gruppiert worden. Der erste Teil, das Vorspiel, beschreibt und erläutert die Ursprünge der griechisch-persischen Auseinandersetzungen und den Aufstieg des persischen Reiches, dazu wichtige Hintergrundereignisse, vor allem in Athen und Sparta. Der zweite und wichtigste Teil des Werkes ist den Perserkriegen gewidmet, d. h. den Invasionen des griechischen Festlandes durch die Streitkräfte Dareios' I. (490) und Xerxes' I. (480–479) (s. Kap. 1–3). In den Augen Herodotos' waren diese Kriege die wichtigsten historischen Ereignisse bis zu seiner Zeit und bestimmten mit ihren weitreichenden Auswirkungen den gesamten

Verlauf der Geschichte der Alten Welt. Vor allem sah er in dem erfolgreichen Widerstand der Griechen ein einzigartiges Beispiel für die Möglichkeiten panhellenischer Zusammenarbeit.

Mit seiner neuartigen Themenwahl wurde Herodotos zum Vorläufer all der vielen – vielleicht allzu vielen – Historiker, die ihre Aufmerksamkeit vor allem auf militärische Ereignisse gerichtet haben. Er selbst beschränkte sich jedoch nicht in enger oder ausschließlicher Weise auf die Darstellung von Feldzügen, denn nach seiner eigenen Aussage schrieb er seine Aufzeichnungen nieder, damit »große und wunderbare Taten der Griechen und der Barbaren nicht ohne Gedenken bleiben«.[22] Diese Gleichsetzung von Griechen und Persern, die auf eine Überwindung des engen nationalistischen Standpunktes der Griechen schließen läßt, spiegelt nicht nur seine eigene liberale Geisteshaltung, sondern auch seine Herkunft aus dem Grenzgebiet zwischen dem griechischen und asiatischen Kulturraum wider – während sie gleichzeitig etwas über die Arbeitsbedingungen seines Exils aussagt, welches es ihm ermöglichte, in unvoreingenommener Weise die verschiedenartigsten Quellen zu studieren. Gewiß hatte Herodotos aus den homerischen Epen das grundlegende Thema einer Auseinandersetzung zwischen Ost und West übernommen, das ihm nun im Lichte des Gegensatzes zwischen griechischer Freiheit und persischem Despotismus erschien, aber er zögerte nicht, die persischen Gebräuche zu loben, wo er es für angebracht hielt – was dazu führte, daß er als »barbarenfreundlich« und »propersisch« kritisiert wurde.[23]

Die Weite seiner Zielsetzungen bewirkt, daß Herodotos uns nicht nur etwas wie eine fortlaufende Geschichte der griechischen Welt während zweier Jahrhunderte gibt – eine bisher nie dagewesene Art der chronologischen Darstellung –, sondern daß er diese Geschichte auch in einen Rahmen stellt, der groß genug ist, um eine ungeheure Fülle an Informationen aufzunehmen. Obwohl er gegenüber seinem Vorgänger Hekataios kritisch eingestellt ist, verdankt ihm Herodotos strukturelle Elemente sowie geographische Interessen. Hekataios hatte nicht nur *Historien* geschrieben, sondern auch eine *Reise um die Welt*, und es ist gut möglich, daß Herodotos zunächst ein geographisches Werk im Stil der *Reise* des Hekataios geplant hatte. Falls dies so war, ist er erst später auf sein Vorhaben verfallen, die Perserkriege darzustellen.

Diesen endgültigen Entschluß, über die Kriege zu schreiben, faßte er vermutlich unter dem Einfluß der jungen Athener, mit denen er bei seinen Aufenthalten in ihrer Stadt Bekanntschaft machte. Ihr Einfluß ist auch in seiner Bewunderung für Athens gemäßigte Demokratie wiederzufinden (der allerdings keine entsprechende Bewunderung für Perikles zur Seite steht) und vor allem in seiner Überzeugung – die nicht überall geteilt wurde –, daß Athen die entscheidende Rolle bei dem Triumph über die Perser gespielt habe.

Er räumt auch Sparta ein gewisses Verdienst an diesen Siegen ein – aber kein ausreichend großes. Denn wenn er auch die Masse des geographischen Materials vor der Jahrhundertmitte gesammelt hatte, so schrieb er doch einen großen oder sogar den größten Teil seines Werkes in der frühen Phase des Peloponnesischen Krieges (ab 431) – in der die spartanischen Truppen Jahr für Jahr Attika verwüsteten (s. Kap. 11).

Der Abschluß des Werkes (der von der Anekdote über Kyros II., den Großen, handelt) ist eigenartig und abrupt; was darauf schließen läßt, daß Herodotos vor Beendigung seiner Arbeit verstarb.

Seine Sammlung und Darbietung des Materials steht den anderen erstaunlichen Leistungen des Jahrhunderts in nichts nach. Die Masse des Beweismaterials, das er liefert, ist zum großen Teil zuverlässig, da ihn die Entschlossenheit seines ionischen Forschergeistes, die Wahrheit ausfindig zu machen, veranlaßte, ausgedehnte Reisen zu unternehmen.

Die Geschichten, die er auf diesen Reisen sammelte (durch persönliche Kontakte, Hörensagen und mündliche Tradition – wenn möglich von Augenzeugen) und welche die ihm zur Verfügung stehende, unzulängliche Dokumentation (Archive, Chroniken, Kataster, spärliche literarische Quellen) ergänzten, ließen ihn zum Begründer nicht nur der Geschichtswissenschaft, sondern auch der vergleichenden Anthropologie und der Archäologie werden. In den letztgenannten Disziplinen hatte sich zwar ansatzweise auch schon Hekataios versucht, aber er hatte sie nicht mit hinreichender Gründlichkeit betrieben. Moderne Forschungen haben teilweise die Thesen Herodotos' auf diesen Gebieten bestätigt, wenn auch seine Erklärungen hinsichtlich persönlicher Inaugenscheinnahme und Nachforschung gelegentlich in Frage gestellt worden sind. Darüber hinaus zählten noch Landwirtschaft und Geologie zu seinen weitgespannten Interessen.

Das Fehlen jeglicher historiographischer Tradition machte es jedoch erforderlich, daß er völlig neue Maßstäbe entwickeln und durchsetzen mußte. Trotz der Brillanz seiner Erzählkunst wird sein Bericht deshalb den Anforderungen nicht voll gerecht, die wir heute an eine befriedigende Historiographie der Perserkriege stellen würden. Die Ereignisse – auch wenn sie die Bezeichnung Herodotos' als des ersten »Zeithistorikers« rechtfertigen – lagen eine Generation zurück, und verläßliche Informationen über sie waren schon selten und zudem häufig überwuchert von heroischen, chauvinistischen, ehrgeizigen Legenden, die oft dazu verleiteten, selbst unbestreitbare Tatsachen außer acht zu lassen. Herodotos' Schlachtenschilderungen beispielsweise sind häufig unvollständig und fehlerhaft. In seinem Wunsch, so verständlich wie möglich zu schreiben, schenkt er häufig zu leichtfertig den Berichten seiner Freunde und Gewährsleute Glauben oder er nimmt sie in seine Darstellung auf, auch wenn er Veranlassung hat, an ihrer Wahrheit zu zweifeln (»Doch es ist meine Pflicht, alles wiederzugeben, was erzählt wird. Freilich brauch ich nicht alles zu glauben. Die hier geäußerte Auffassung gilt für mein ganzes Geschichtswerk.«).[24]

So darf man auch die Reden, die er seinem Werk einfügt, nicht als authentisch betrachten – und Herodotos selbst wäre wohl überrascht gewesen, wenn jemand auf diese Idee verfallen wäre. Niemand wäre in der Lage gewesen, Reden wiederzugeben, die am persischen Hofe gehalten wurden, und wenn Herodotos sie trotzdem reproduziert, erhebt er nicht den Anspruch, das Gesagte zu protokollieren, sondern er möchte ein Hintergrundgemälde liefern, das uns mögliche politische Einstellungen und Handlungsweisen vor Augen führen soll.

Was uns jedoch vor allem daran hindert, die Berichte Herodotos' vertrauensvoll zu akzeptieren, ist sein Glaube an göttliche Veranlassungen und Eingriffe, durch den die Beweisführungen, die auf menschlichen Ursachen und Wirkungen basieren, häufig beschränkt und entwertet werden. Gewiß war er sich völlig darüber im klaren, daß Einzelmenschen, und zwar sowohl Männer als auch Frauen – die er fasziniert, respektvoll und gelegentlich entsetzt betrachtet –, die treibende Kraft in der Geschichte sind, so daß ihr persönlicher Ehrgeiz, ihr Haß und ihre Rachsucht sorgfältige biographische Aufmerksamkeit erfordern – auch wenn sie oft nur als Typen oder Illustrationen für die Erzählung genommen werden. Diese Haltung erscheint uns anerkennenswert, obwohl sie heute etwas aus der Mode gekommen ist (s. Einleitung). Auch ist es zutreffend, daß er unter dem Einfluß der Sophisten, die damals das geistige Leben Athens bestimmten (s. Kap. 12), die mythologischen Schemata gelegentlich mit modernen, rationalen Erklärungen unterlegte – und daß er sich gewöhnlich (wenn auch nicht immer) weigerte, das physisch Unmögliche anzuerkennen. Doch nichtsdestoweniger war er ebenso wie Homeros und die zeitgenössischen Tragödiendichter, deren poetische Techniken er gelegentlich auf die Prosa zu übertragen scheint (so etwa diejenigen des Sophokles, s. Kap. 17, der ihm eine Ode widmete), von dem Glauben beherrscht, daß Männer, die einen steilen Aufstieg genommen hatten und sich überheblich gebärdeten, wie Xerxes I. oder Kroisos, der König von Lydien, schließlich von den Göttern vernichtet würden. Diese Überzeugung hatte zur Folge, daß er seine Darstellungen stark moralisch und didaktisch akzentuierte, worin ihm fast alle Historiker des Altertums nacheiferten.

Dies alles bewirkte, zusammen mit der Breite seiner Themen, daß ihm spätere Autoren – Ktesias, Aristoteles, Monethon – methodische Mängel ankreiden konnten und Plutarchos und Lukianos ihn sogar einen Lügner nannten. Auch moderne Historiker, die einen Einblick in die von Herodotos behandelte Epoche gewinnen möchten, geraten oft in Schwierigkeiten, weil er die Fakten nicht hinreichend erhärtet. Das ist um so bedauerlicher, als wir häufig keinen anderen Bericht haben, an dem wir seine Darstellung überprüfen könnten.

Dennoch ist er ein gewaltiger Denker, der unter einer heiteren Oberfläche ein großes Maß an Pessimismus und Traurigkeit verbirgt. Wenn man ihn als Schriftsteller und nicht als Historiker betrachtet, ist er ein vollendetes Genie und verdient die größte Hochachtung gerade in unserer Zeit, in der man so selten Wert auf eine ansprechende Darstellung der Geschichte legt. Denn Herodotos' weitgespannte Interessen und seine wissenschaftliche Neugier fanden ihren Niederschlag in lebhaften, humorvollen Erzählungen und bildreichen Abschweifungen, die seine Berichte außerordentlich unterhaltsam machen.

Das ist mit Sicherheit auch deutlich geworden, wenn er sein Werk den bewundernden Athenern oder anderen Zuhörern vortrug. Denn die *Historien* waren im Hinblick auf solche Vorlesungen konzipiert, was vielleicht auch ihre episodische Struktur erklärt. Herodotos bediente sich einer literarischen Form des ionischen Dialekts und entwickelte den Stil, den er von seinen Vorgängern übernahm, zu einer kunstvollen, griechischen Prosa. Seine Beherrschung dieser Sprache war vollkommen, und er schrieb flüssig und getragen in einer epischen Weise, die als unvergleichlich und unnachahmbar bezeichnet werden darf.

21 Hekataios, *Historien*, Fragment I.
22 Herodotos, I, Proömium.
23 Plutarchos, *De Malignitate Herodoti, (Über die Boshaftigkeit Herodotos)*, 857a.
24 *Herodotos*, VII, 152.

# 14 DIE ENTWICKLUNG DER PLASTIK BIS ZUM SCHÖPFER DER RIACE-FIGUREN UND ZU POLYKLEITOS: DER NACKTE MÄNNERKÖRPER

Der Unterschied zwischen Tempelreliefs und freistehenden Plastiken, wie wir sie hier behandeln, ist gelegentlich unscharf, weil die Figuren auf den Tempelgiebeln manchmal in voller Rundung dargestellt wurden, obwohl sie selbstverständlich nicht dazu bestimmt waren, von allen Seiten betrachtet zu werden. Nichtsdestoweniger konnte die statuarische Plastik in Griechenland unabhängig von den Tempelreliefs auf eine lange und bemerkenswerte Geschichte zurückblicken. Aber die beiden Kunstgattungen, oder vielmehr die beiden Unterarten derselben Kunstgattung, hatten etwas gemeinsam: Beide entwikkelten sich ständig auf einen größeren Naturalismus hin (so wie die Kunst allgemein bis zum Ende des 19. Jahrhunderts), wobei auf Grund ihres verbleibenden Idealismus die Darstellung keine völlig wirklichkeitsgetreue Wiedergabe der Natur erreichte.

Die beiden Hauptthemen der statuarischen Plastik waren der nackte Männerkörper *(kouros)* – Gott oder idealisierter Jüngling –, der bezeichnend für das athletische Ideal der griechischen Gesellschaft mit ihrer stark homoerotischen Komponente war (s. Anhang II) und die bekleidete Frauengestalt *(kore)*, welche entweder eine Göttin darstellte oder als Weihgabe gedacht war. Alle diese Figuren dienten oft religiösen Zwecken, vor allem als Grabfiguren und Weihegeschenke im Tempel, wobei sie nicht in die architektonische Ausschmückung dieser Heiligtümer einbezogen waren.

Die Darstellung des nackten Männerkörpers scheint ihren Ursprung auf Naxos und Paros zu haben, wo der Materialwechsel vom Kalkstein zum Marmor, an dem die Inseln reich waren, die Schaffung großer Standbilder ermöglicht hatte (ca. 650–600).

Dann jedoch nahm das Genre seine aufstrebendste und schnellste Entwicklung in Athen, hier verkörpert vor allem in der Gestalt des subtilen, komplexen *moschophoros* (Kalb-Träger) aus Marmor aus der Zeit um 570/560, der vermutlich der Athena gewidmet war.

Auch die Darstellung marmorner Jungfrauen, *korai*, hatte ihre Blüte in Athen. Auch hier lassen viele frühe Funde aus der Stadt den Einfluß der Inseln erkennen. Aber bald lieferten die athenischen Künstler ihren eigenen, bedeutenden Beitrag; zunächst unter ionischem Einfluß (als Folge der Flucht vieler Ioner vor der persischen Herrschaft in den Jahren nach 546) und dann durch einen spezifisch attischen Stil. Dieser ersetzt die archaisch-ionische, sinnliche Eleganz durch die schlichte Heiterkeit des frühklassischen oder »Strengen« Stils, den wir schon bei der Tempelplastik angetroffen haben.

Während der ersten Hälfte des fünften Jahrhunderts machte sowohl die Darstellung der Männer- als auch diejenige der Frauengestalten entscheidende Fortschritte. Eine Zweiergruppe von Bronzestatuen, die die Tyrannenmörder Harmodios und Aristogeiton, die Attentäter auf den Mitdiktator Hipparchos (514) darstellten, wurde von Kritios und Nesiotes für die athenische Agora gefertigt (477/476), um eine frühere Gruppe zu ersetzen, die Xerxes I. während seiner Besetzung der Stadt im Jahre 480 (s. Kap. 2) hatte entfernen lassen. Die Statuen von Kritios und Nesiotes sind verloren, und ihre erhaltenen, römischen Marmorkopien demonstrieren die Unzulänglichkeit und die Gefühllosigkeit, welche so oft die Versuche entwerteten, die altgriechische Kunst zu reproduzieren. Man sieht den athenischen Jüngling mit erhobenem Schwert vorstürzen, wobei ihn sein kampferfahrener Liebhaber Aristogeiton deckt. Dabei stößt er den linken Arm, über den ein kurzer Mantel gebreitet ist, waagerecht nach vorn, wobei die Hand die Schwertscheide hält. In der gesenkten Rechten hat er das zum Stoß bereite Schwert. Obwohl die genaue Anordnung der Figuren umstritten ist, konnte die Gruppe, im Gegensatz zu früheren, frontalen Kompositionen, sicher von verschiedenen Standpunkten aus betrachtet werden.

Eine andere Marmorstatue (ein Original von der Akropolis, im dortigen Museum befindlich) hat den Namen »Kritios-Knabe« erhalten, da sie große Ähnlichkeit zur Gruppe der Tyrannenmörder von Kritios und Nesiotes aufweist. Sie markiert einen Durchbruch gegenüber der starren und steifen Haltung früherer *kouroi*, denn obwohl die Figur immer noch unbeweglich stehend abgebildet ist, erscheint sie jetzt entspannter, wobei das Gewicht auf das hintere Standbein verlagert ist, während das andere Bein leicht angewinkelt, die Hüfte hochgezogen und Körper und Kopf leicht seitlich gewendet sind. In seinem Bemühen um eine Mischung aus göttlicher und menschlicher Schönheit hat der unbekannte Bildhauer seine Lösung auf die natürlichen Gegebenheiten gegründet, die er beobachtet, erfaßt und nachgebildet hat, wobei er gleichzeitig versucht hat, die Erscheinung durch vollkommene Balance und Proportionen zu erhöhen. Mit dieser Figur sind alle Beschränkungen der alten Stilrichtung aufgehoben. Durch den wachsenden Erfolg dieser neuen »klassischen« Sichtweise angeregt, ist der Künstler auf dem tausendjährigen Weg zum Realismus weiter fortgeschritten. Das Gesicht der Statue trägt einen ernsten Ausdruck, unberührt von jedem Lächeln und charakteristisch für die Epoche, die das optimistische Lächeln der archaischen Zeit aus ihrer Kunst verbannt hat.

Der sog. »Blonde Kopf« (ebenfalls im Akropolis-Museum) gehörte zu einer Knabenstatue, die etwa aus der gleichen Zeit zu stammen scheint wie der Kritios-Knabe, aber wohl weniger symmetrisch war als dieser, wie aus der leicht gedrehten Haltung zu entnehmen ist. Der Ausdruck ist noch feierlich, ja schwermütig, die geöffneten Augen durch die Schatten der Lider verschleiert, die ebenso wie die Kieferknochen außerordentlich schwer sind und keine Spur von der extrovertierten Eleganz der archaischen Kunst an den Tag legen. Alle bisherigen Statuen geben jedoch keine naturgetreuen Abbilder, sondern idealisierte Porträtierungen, und nur das Ideal hat sich geändert in dieser Zeit schwerer, ernsthafter Herausforderungen, in der sich die athenische Demokratie ausbildete.

Der Zeitgeist und sein vollendetster künstlerischer Ausdruck treten jedoch am deutlichsten in den originalen Bronzeplastiken zutage, die aus dem halben Jahrhundert nach den Perserkriegen erhalten geblieben sind. Da viele Bronzestatuen eingeschmolzen wurden, sind nur wenige Exemplare erhalten geblieben. Diesen wird man jedoch vom künstlerischen Standpunkt aus den Vorzug vor den Marmorstatuen geben müssen.

Das früheste Beispiel dieser seltenen, wunderbaren Bronzebilder aus dem fünften Jahrhundert ist der Wagenlenker von Delphi, der sich im Museum dieser Stadt befindet. Das bekleidete Standbild mit seinem langen Chiton und mit Augen, Lippen und Kopfband, die mit Glas-, Kupfer- und Silbereinlegearbeiten versehen sind, gehörte zu einem Vierergespann, das Polyzalos von Gela, der Bruder des syrakusanischen Tyrannen Hieron I., gestiftet hatte, um seinen Sieg im Wagenrennen der Pythischen Spiele des Jahres 478 oder 474 zu feiern. Der stolze Wagenlenker, dessen Rechte ursprünglich die Zügel hielt, stand auf seinem Wagen (von dem ebenso wie von den Pferden nur noch Reste erhalten sind) und verharrte in Warteposition entweder vor oder nach dem Rennen.

Seine ernste, gespannte, sachliche Selbstbeherrschung hat Vergleiche mit dem Dichter Pindaros wachgerufen (s. Kap. 6). Aber die Identität und selbst der Herkunftsort des Künstlers und Bronzegießers sind unbekannt. Zu seiner Zeit verloren die Bildhauerschulen schon ihren regionalen Charakter, und so hat man denn seine Herkunft verschiedentlich auf die Peloponnes verlegt oder, vielleicht mit größerer Wahrscheinlichkeit, nach Sizilien, von wo ja auch der Stifter, Polyzalos, stammte; verglichen mit anderen Kunstwerken aus Großgriechenland spricht das Antlitz des Wagenlenkers für diese Zuweisung nach Sizilien.

Seine Gesichtszüge sind ausdruckslos und idealisiert und zeigen nicht die persönlichen Charakteristika einer Porträtierung: das Ziel des Bildhauers war ein unpersönliches und idealistisches. Außerdem sollte ja im Leben der Polis das Individuum nicht zu stark hervortreten. Um so bemerkenswerter ist es, daß das, was man ein Porträt nennen könnte, jetzt an anderer Stelle in Erscheinung tritt, und zwar an einem Kopf, der in einer außergewöhnlich guten römischen Kopie von einer ursprünglich wohl vollständigen Marmorstatue erhalten ist und sich im Museum von Ostia befindet. Es soll sich um eine Darstellung des Themistokles handeln. Solch ein Porträt mit seinen ausgeprägten, individuellen Zügen steht nicht im Einklang mit der unpersönlichen Darstellungsweise des Wagenlenkers von Delphi. Dennoch deuten die stilisierten Flächen des Gesichtes und ihre ziemlich abrupten Unterteilungen – die an den Kopf des Tyrannenmörders Aristogeiton erinnern – darauf hin, daß das Original tatsächlich zu Lebzeiten des Themistokles geschaffen wurde.

Die Erklärung dafür liegt wahrscheinlich in Themistokles' Übersiedlung in den 460er Jahren ins Perserreich, wo König Artaxerxes I. ihn zum Fürsten oder Gouverneur von Magnesia am Mäander und anderen Städten machte (s. Kap. 2). Denn die Perser beschäftigten zwar griechische Künstler für ihre Projekte, hatten jedoch nicht die künstlerischen, religiösen und politischen Vorbehalte der Griechen gegenüber Porträtierungen, wie man später im fünften Jahrhundert an den Münzbildern von Kyzikos sehen kann, die den Satrapen von Daskylion, Pharnabazos, und einen Satrapen von Sardes, Tissaphernes, zeigen, nachdem vorher schon lykische Monarchen in ähnlicher Weise abgebildet worden waren. In Griechenland dagegen treffen wir lange Zeit keine authentischen Porträts mehr an – mit Ausnahme einer einzigen Münze aus dem fernen Abdera in Thrakien und einem Selbstporträt, das man Pheidias zusprach (s. Kap. 15). Wirkliche Porträts erscheinen erst wieder auf Gemmen – bei denen man bezeichnenderweise deutlich einen griechisch-persischen Einfluß erkennen kann.

Das Porträt des Themistokles ist also eine isolierte Besonderheit, eine Fehlzündung. Die Zukunft gehörte vorläufig noch den idealisierten Figuren, die allerdings mit wachsendem Realismus konzipiert und mit zunehmender Kunstfertigkeit und Verfeinerung ausgeführt wurden. Eine solche Figur, anatomisch gekonnt gestaltet, aber mit ausdrucklosen Gesichtszügen, war der marmorne Apollon vom Westgiebel des Zeustempels in Olympia, eine Tempelplastik (und deshalb in Kap. 9 behandelt), aber innerhalb ihrer komplexen Gruppe freistehend. Ein anderes Beispiel ist ein muskulöser Gott aus Bronze, der sich im Nationalmuseum von Athen befindet und dessen Schöpfer, wie so oft, unbekannt ist. Es könnte Kalamis gewesen sein, der vielleicht aus Boiotien stammte, obwohl auch Argos und Sikyon als seine Heimatstädte genannt worden sind. Die Figur steht kraftvoll, aber gut ausbalanciert, mit gespreizten Beinen und einem vorgestreckten Arm, während der andere nach hinten ausholt. Es ist wahrscheinlich Zeus, der im Begriff steht, einen (nicht mehr erhaltenen) Blitz zu schleudern, oder aber Poseidon mit dem Dreizack oder ein Athlet mit einem Wurfspeer. Obwohl das Bild die Ruhephase vor dem Wurf darstellt und obwohl die Figur im Profil gezeigt wird und in einer vertikalen Ebene wie bei einem Relief, ist die starre archaische Darstellungsweise in vielerlei Hinsicht überwunden.

Diese Figur führt uns zu dem sicher berühmtesten Bildhauer der Jahrhundertmitte, zu Myron von Eleutherai, das an der Grenze zwischen Attika und Boiotien liegt. Er war der herausragende Neuerer in der griechischen Plastik, der neue Körperhaltungen darstellte und sich auf die Bewegung von Männern konzentrierte, die in lebhafte Handlungen verwickelt waren, sei es, daß sie im Begriff waren zu stürzen, sei es, daß sie zum Lauf ansetzten oder daß sie einen Bogen spannten.

Myron ist ausschließlich als Bronzegießer bekannt. Aber sein berühmtestes Meisterwerk, der Diskuswerfer *(discobolos)* – der wahrscheinlich Bestandteil einer Gruppe war –, ist nur in Marmorkopien aus der Römerzeit erhalten. Die beste dieser Kopien, die auf dem Esquilin in Rom gefunden wurde und sich heute im Museo Nazionale delle Terme befindet, hat es möglich gemacht, unter Zuhilfenahme antiker historischer Quellen eine Rekonstruktion des Originals vorzunehmen. Auch bei dieser Statue ist der gespannte Augenblick vor der kraftvollen Aktion und der körperlichen Anstrengung eingefangen: Der Athlet steht im Begriff, seine kunstvolle Bewegung auszuführen, wobei er eine Drehung um seinen rechten Fuß vornehmen wird – im Augenblick der Darstellung jedoch ist die Zeit aufgehoben.

Aber trotz der realistisch nachgebildeten Muskulatur des Diskuswerfers und trotz der Virtuosität seiner Pose – die für Myrons anerkannte Beherrschung der »Rhythmik« zeugt –, ist der frühklassische, strenge Stil noch nicht vollständig überwunden. Der

Gesichtsausdruck ist noch immer kalt und gefühllos, und die Figur als Ganze ist in einer Ebene gearbeitet, um – wie der Zeus von Artemision – von einem Blickpunkt aus betrachtet zu werden; obwohl die Möglichkeit, das Bild aus anderen Gesichtswinkeln, als dreidimensionale Figur zu betrachten – wie auch schon bei den Tyrannenmördern des Kritios und Nesiotes – nicht völlig ausgeschlossen ist.

Der römische Schriftsteller Petronius erklärte, daß Myron »nahezu die seelischen Vorgänge bei Mensch und Tier in Bronze einfing«, aber Plinius der Ältere sah ihn zutreffender als »den ersten, der sich um mehr Naturtreue bemühte«.[25] In dem fortgesetzten Bemühen, das Vergängliche mit dem Zeitlosen und Dauerhaften zu verbinden und vorgegebene Proportionen mit einer zunehmend genaueren Darstellung der Natur zu vereinen, war mit dem Werk Myrons eine neue Stufe erreicht worden.

Der Höhepunkt der klassischen griechischen Bildhauerkunst wird durch zwei Bronzestatuen verkörpert, die 1972 im Meer in der Höhe von Riace in Kalabrien (Südwestitalien) gefunden wurden und heute, nach jahrelanger Restauration, im Museum des nahe gelegenen Reggio (des alten Rhegion) zu besichtigen sind. Die beiden Figuren sind ungefähr 180 cm hoch, und die Gesichter tragen Bärte.

»Statue A«, der jüngere Mann, steht mit dem linken Bein nach vorne und dem Gewicht auf dem rechten Bein. Sein Haar ist lang und üppig und legt sich in Locken um Haupt und Wangen. Um den Kopf trägt er ein Band, das vermutlich mit einer Gold- oder Silberarbeit beschichtet war, möglicherweise in Form eines Kranzes. Seine leicht geöffneten Lippen und seine Brustwarzen sind aus Kupfer, und wahrscheinlich waren auch seine Augenwimpern aus diesem Material. Seine Augen waren aus Elfenbein und Glasmasse; sie sind jedoch nicht mehr erhalten. Seine Zähne, die man gerade noch sehen kann, sind aus eingelegtem Silber. Er hat eine kräftige Gestalt mit vorgewölbter Brust, breiten zurückgenommenen Schultern und mächtigen Muskeln. Seine arrogante Kopfhaltung mit einem weit schweifenden, entschlossenen, ein wenig großtuerischen oder sogar drohenden Blick hat etwas

Theatralisches, das man sonst in der Plastik des fünften Jahrhunderts kaum antrifft.

»Statue B«, ebenfalls mit Lippen, Brustwarzen und Augenlidern aus Kupfer und Augen aus Elfenbein und Glas – von denen eines erhalten ist –, nimmt eine ähnliche Haltung ein; aber der dargestellte Mann ist älter und trägt einen volleren Bart. Untersuchungen mit Gammastrahlen haben gezeigt, daß der rechte Arm und der untere Teil des linken Arms nicht zu der ursprünglichen Figur gehören; d. h. es handelt sich um antike Ersatzstücke der ursprünglichen Glieder, die abgebrochen und verlorengegangen sein müssen. Die würdige Gestalt vermittelt einen weniger überheblichen Eindruck als ihr Gegenstück, manche sehen in ihrer Haltung und ihrem Ausdruck sogar eine Spur von Pathos.

»Statue B« trug ursprünglich einen Helm, von dem nicht mehr viel erhalten ist; beide Männer zeigen am linken Arm die Überreste von Schildriemen (unbestätigte Gerüchte wollen wissen, daß die Schilde ebenfalls gefunden wurden, dann aber verschwunden seien). Beide haben möglicherweise auch in der rechten Hand, nicht einen Speer, wie gelegentlich behauptet wurde, sondern ein kurzes Schwert gehalten. Es scheint daher, daß sie keine Athleten, sondern Krieger waren.

Diese Bronzestatuen sind von solch überragender künstlerischer Qualität, daß die meisten Marmorbilder, auch wenn es sich nicht um schwache Kopien handelt, neben ihnen beinahe verblassen. Trotz gegenteiliger Thesen führen technische Details zu dem Schluß, daß die beiden Meisterstücke in derselben Werkstatt und vermutlich um die gleiche Zeit gefertigt wurden. Man hat behauptet, daß die beiden Arbeiten von verschiedenen Bildhauern stammten, aber letztlich spricht wenig für diese Annahme. Die Statuen gehören in ihrer Gesamtkomposition noch zum Strengen Stil, obwohl ihre exakte Anatomie und die freiere Haltung schon über diesen hinausweisen. Sie verkörpern bereits den Anfang des sogenannten »hochklassischen« Stils – wobei auch hier der vollendete Realismus noch durch idealistische Konzeptionen zurückgehalten wird. Man wird die beiden Figuren deshalb um das Jahr 450 v. Chr. datieren können.

Wen sollen die beiden Krieger darstellen? Wir wissen, daß der

Bildhauer Pheidias (s. Kap. 15) eine Gruppe für das athenische Schatzhaus in Delphi geschaffen hat (ca. 465), die an die Schlacht bei Marathon erinnern sollte und Darstellungen des Miltiades und Themistokles umfaßte, aber die Chancen, daß die Statuen von Riace zu dieser Gruppe gehört haben könnten, stehen bestenfalls 1 : 50 oder 1 : 100. Auch lassen sich bei keiner der Figuren besondere Stilmerkmale des Pheidias oder seiner Schule feststellen. Sie sind auch einer anderen Gruppe von Bronzefiguren im Achaischen Schatzhaus von Olympia zugeordnet worden, die von Onatas von Aigina stammte und die griechischen Helden des Trojanischen Krieges darstellte, aber auch das ist reine Vermutung und recht unwahrscheinlich. Ebenso verhält es sich mit der Zuordnung zu Korinth, Sikyon, Argos und Boiotien – oder zu dem berühmten Bildhauer Pythagoras, von dem Plinius sagte, er habe »als erster Sehnen und Adern ausgebildet und das Haar sorgfältig gestaltet«, während ihm Diogenes Laertios nachrühmte, er »scheine zuerst die Gesetze des Rhythmus und der Symmetrie aufgefunden zu haben«.[26] Diese Vermutung hat etwas mehr für sich, denn die Geburtsstadt des Pythagoras war Rhegion, das so nahe bei der Fundstelle der Bronzefiguren liegt; und außerdem wird das künstlerische Potential dieser Region, die so weit vom griechischen Mutterland entfernt war, leicht unterschätzt, weil wir so wenig darüber wissen. Aber auch dies ist nicht viel mehr als eine Vermutung, und wir werden uns damit bescheiden müssen, daß wir weder wissen, wer diese Statuen anfertigte noch woher sie kamen.

Desweiteren haben wir keine Kenntnis darüber, wie sie auf den Meeresgrund gelangten, wo sie schließlich gefunden wurden. Möglicherweise hat sie ein römischer Plünderer oder Kunstsammler Jahrhunderte nach ihrer Entstehung über See transportieren wollen, aber auch das bleibt Spekulation. Das einzige, was wir mit Sicherheit sagen können, ist, daß sie zu den besten Skulpturen des Klassischen Altertums zählen; und daß sie dem Betrachter viel vom Geiste dieser Welt offenbaren.

Die Vertreter der Auffassung, daß die Riace-Figuren argivischen Ursprungs seien, schreiben sie unter Hinweis auf ihre Positur

Polykleitos zu, der in Sikyon geboren ist, aber in Argos gelernt hatte und arbeitete. Unter chronologischen Aspekten wäre dies auch ohne weiteres möglich, und es ist zutreffend, daß Polykleitos hauptsächlich in Bronze arbeitete (wobei seine sonstigen Materialien Marmor, Gold, Elfenbein und getriebenes Metall umfaßten), aber die physischen Proportionen der Riace-Krieger sind doch weniger großzügig und kräftig als die von Polykleitos bevorzugten (s. unten).

Keines seiner Originalwerke, die er in den mehr als vierzig Jahren seines aktiven Wirkens (ca. 464–420) schuf, ist uns erhalten. Aber zwei seiner berühmtesten Bronzestatuen sind uns durch Marmorkopien überliefert, von denen es insgesamt dreißig Exemplare gibt. Wie die meisten Kopien dieser Art sind sie von dürftiger Qualität und vermitteln uns keine Vorstellung von der Sorgfalt der Detailausführung, für die Polykleitos berühmt war. Das ist schmerzlich, denn die Bronzeoriginale müssen von hervorragender Qualität gewesen sein, durchaus vergleichbar den Riace-Figuren. Dennoch geben die Marmorkopien die Haltung und die allgemeinen Charakteristika der Originale wohl zutreffend wieder.

Eines dieser Originale ist der *doryphoros* (Speerträger), der im Bronze-Original etwa 210 cm hoch gewesen sein dürfte. Die vollständigste Marmorkopie dieser Figur befindet sich im Nationalmuseum für Archäologie in Neapel. Anatomisch exakt, war Polykleitos' Figur doch untersetzter, stämmiger und schwerer als die Skulpturen früherer Bildhauer oder diejenigen des Pheidias. Sie zeigt auch andere Merkmale, die von den antiken Autoren als charakteristisch für seinen Stil bezeichnet werden. Beispielsweise schreitet der Doryphoros vorwärts und hat dabei ein Bein vorgesetzt. Die Anordnung des angespannten Arms an der Seite des entlasteten Beins und umgekehrt des herabhängenden Arms an der Seite des Standbeins kontrastiert wirkungsvoll gespannte und lockere Muskeln und vermittelt den Eindruck gekonnter, harmonischer Ausgewogenheit, wodurch eine Abkehr vom bisherigen Strengen Stil vollzogen wird.

Der Doryphoros war als »Kanon« oder Modell bekannt, weil er Polykleitos' Vorstellungen von den idealen Proportionen der menschlichen Figur verkörperte. »Aus diesem Kanon leiten die Künstler die Grundregeln der Kunst wie aus einer Art Gesetz ab«, bemerkt Plinius der Ältere. »Er allein ist es unter den Menschen, dem zuerkannt wird, die Kunst als solche durch ein Kunstwerk offenbart zu haben.«[27] Und tatsächlich hat Polykleitos, der viel von der Kunsttheorie hielt, ein Werk mit dem Titel *Kanon* veröffentlicht, in welchem er deutlich macht, daß der Doryphoros den bewußten, programmatischen Ausdruck seiner allgemeinen Kunsttheorien darstellte.

Von dem Werk mit dem Titel *Kanon* sind nur einige Fragmente erhalten, aber sie bestätigen die These, daß die Griechen versuchten, die Kunst theoretisch zu fundieren und zu idealisieren, vor allem in mathematischen Kategorien. Schönheit war für Polykleitos eine philosophische Frage der *symmetria*, was nicht Symmetrie bedeutet, sondern Ratio und Proportion; und in seinem Buch stellte der Bildhauer, der den menschlichen Körper als den höchsten Ausdruck mathematischer Prinzipien ansah, diejenigen proportionalen Verhältnisse vor, die er als vollkommen betrachtete – und die er in seinem Doryphoros zu realisieren versucht hatte. Andere Marmorbilder, die bestimmte Siege in den Wettkämpfen der Olympischen Spiele darstellten, sind ebenfalls als Kopien von Bronzeoriginalen des Polykleitos identifiziert worden, in welchen er zweifellos ebenfalls seine Vorstellungen der idealen Form zum Ausdruck gebracht hat.

Die zweite seiner berühmten Statuen, die uns in zahlreichen (allerdings recht unterschiedlichen) Kopien erhalten ist, wird als *diadumenos* (Athlet mit der Siegerbinde) bezeichnet. Ihre Ähnlichkeit mit dem Doryphoros ist auf den ersten Blick erkenntlich, aber der *Kanon* war flexibel genug, um Abwechslung zuzulassen, denn dies ist ein jüngerer Athlet mit weniger auffälliger Muskulatur. Der Diadumenos ist der letzten Schaffensperiode des Polykleitos zugeordnet worden (ca. 420).

Zu dieser Zeit hatte er schon sein berühmtestes Meisterwerk entworfen und ausgeführt, eine riesige, sitzende Skulptur der Hera aus Gold und Elfenbein für das Heraion (Heratempel) in seinem heimatlichen Argos. Wir können dieses gewaltige Werk nur an Hand von Wiedergaben auf argivischen Münzen aus römischer Zeit rekonstruieren, von denen einige die gesamte Figur zeigen, andere dagegen nur das Haupt. Zusätzlich haben wir von Pausanias eine Beschreibung der Gegenstände, die Hera in Händen hielt und bei denen es sich um ein Szepter und einen Granatapfel handelte. Die Figur forderte zum Vergleich mit Pheidias' Zeus in Olympia heraus, von dem wir im nächsten Kapitel handeln werden, und Strabon hielt die Hera des Polykleitos, obwohl sie nicht ganz so gewaltig und prächtig war, für das künstlerisch gelungenere Werk.[28]

Polykleitos' Rivalität mit Pheidias nahm praktische Formen in dem Ausschreibungswettbewerb für die Statue einer Amazone an, die für den Artemistempel in Ephesos bestimmt war. Von fünf Wettbewerbern erhielt Polykleitos den ersten Platz, Pheidias den zweiten und Kresilas den dritten (letzterer war übrigens der Schöpfer der bekannten idealisierten Büste des Perikles). Die Amazone des Polykleitos ist in einer Kopie im Metropolitan Museum of Art in New York wiederzufinden, die sie zeigt, wie sie an einer Wunde leidet, wobei ihre Haltung an eine der Athletenfiguren unseres Bildhauers erinnert.

Polykleitos übte einen tiefergreifenden Einfluß auf die künstlerische Entwicklung der unmittelbar nachfolgenden Periode aus als Pheidias. Man hat das teilweise der Tatsache zugeschrieben, daß Pheidias vornehmlich Götter- und Heroenbilder schuf, während Polykleitos Menschen darstellte. Darüber hinaus hinterließ Polykleitos eine regelrechte Schule in Argos, aus welcher drei Generationen von Künstlern hervorgingen. Nach dem Jahre 400 wurde sie von den Söhnen eines gewissen Patrokles geleitet, der ein Bruder Polykleitos' gewesen sein könnte; im gleichen Jahrhundert gab es auch einen jüngeren Polykleitos, der sich als Architekt und Bildhauer einen Namen machte.

Trotz des großen Einflusses des Älteren Polykleitos haben nachfolgende antike Kritiker eine gewisse Monotonie in seinen Werken bemängelt; so beklagte Varro, daß die Plastiken zu stämmig und fast alle gleich gestaltet seien. Man wird jedoch sagen müssen, daß sein System einen tiefgreifenden und langdauernden, festigenden Einfluß auf die nachfolgenden Künstler ausübte, denn er bändigte die chaotische Flut der Erscheinungen durch eine sinnvolle Struktur.

25 Petronius, *Satyricon*, 88; Plinius d. Ä., *Naturkunde*, XXXIV, 58.
26 Plinius d. Ä., *Naturkunde*, XXXIV, 59; Diogenes Laertios, VIII, 46.
27 Plinius d. Ä., *Naturkunde*, XXIV, 55.
28 Pausanias, II, 4; Strabon; VIII, 372.

# 15 IKTINOS UND PHEIDIAS: DER PARTHENON

Als der Athener Pheidias sich gemeinsam mit Polykleitos um den Auftrag für das Standbild einer Amazone in Ephesos bewarb, erhielt sein Entwurf, wie wir sahen, von der Jury nicht den ersten Preis. Aber Pheidias hatte sich bereits zu Kimons Zeiten in jungen Jahren durch die Schaffung zweier Denkmäler für den Sieg bei Marathon einen Namen gemacht. Es waren dies eine Bronzegruppe in Delphi (ca. 465, mit der man versuchsweise auch die Riace-Krieger in Verbindung gebracht hat) und die zehn Meter hohe Statue der Athena Promachos, der Schutzgöttin der Athener im Kriege, die aus bei Marathon erbeuteten persischen Waffen gegossen war und auf der Akropolis stand, wo ihre Lanzenspitze und ihr Helm weither vom Meere sichtbar waren. Später wurde in der Zeit um 451/448 Pheidias' Athena Lemnia auf demselben Hügel aufgestellt.

Als Perikles, der von Jahr zu Jahr neu in sein Amt gewählt wurde, ein gewaltiges Bauprogramm für Athen plante (447/446; Kap. 11), betraute er Pheidias mit der Leitung der gesamten architektonischen und bildhauerischen Arbeiten, wodurch er ihm eine Stellung einräumte, wie sie noch nie ein bildender Künstler innegehabt hatte. »Die prachtvollen Tempel und öffentlichen Bauten«, bemerkte Plutarchos, »legen heute allein noch dafür Zeugnis ab, daß Griechenlands einstiges Glück, daß der Ruhm seiner früheren Größe nicht leeres Gerede sind.«[29]

Das herausragende Exemplar dieser Bauten war der Tempel der Athena Parthenos (der jungfräulichen Athena) – der Parthenon. Seine Errichtung wurde vornehmlich durch die finanziellen Kontributionen der abhängigen Verbündeten Athens finanziert. Vergebens protestierte Thukydides, der Sohn des Melesias und politische Gegner des Perikles, gegen diese Praxis, weil er darin eine unzulässige Verwendung dieser Gelder sah; im Jahre 444/443 wurde er ostrakisiert und mußte in die Verbannung gehen.

Das Bauwerk wurde aus attischem, pentelischem Marmor an einer Stelle errichtet, wo man schon vor dem Einfall der Perser vom Jahre 480 mit dem Bau eines Tempels begonnen hatte (er war bei dieser Invasion zerstört worden). Der Tempel diente nicht ausschließlich, ja nicht einmal in erster Linie, als religiöses Heiligtum, sondern er repräsentierte auch ein großartiges Stück Architektur, das die Akropolis krönte, und galt vor allem, wie Plutarchos später feststellte, als eines der bedeutendsten Zeugnisse athenischer Macht und Frömmigkeit.

Vor der Schlacht bei Plataiai (479) hatten die Griechen angeblich geschworen, daß sie ihre von den Persern zerstörten Heiligtümer nicht wieder aufbauen würden. Aber später, nachdem sie 449/448 den Kalliasfrieden mit dem persischen Monarchen geschlossen hatten, gelangten sie zu der Auffassung, daß der Friede sie von ihrem Gelöbnis befreie.[30] Dieser historische Bericht wurde schon von Theopompos[31] in Frage gestellt – ja es ist nicht einmal sicher, ob ein derartiger förmlicher Friedensvertrag jemals geschlossen wurde (s. Kap. 11). Auf jeden Fall wurde nun mit dem Bau dieses größten dorischen Tempels im griechischen Mutterland (31 × 70 m) begonnen.

Der Tempel, der von dem Architekten Iktinos (auch bekannt für seinen Tempel in Dassai in Arkadien) entworfen worden war und von dem Baumeister Kallikrates errichtet wurde, folgte zwar der Dorischen Ordnung, wies jedoch einige Abweichungen auf. Die Front- und Rückseite hatten je acht Säulen anstelle der üblichen sechs, wodurch ein neuer Eindruck von Breite und Großartigkeit erzielt wurde; auch wurden »Verfeinerungen« eingeführt. Diese betrafen u.a. die Schwellung der Säule *(entasis)*, die wir schon bei den archaischen Tempeln in Großgriechenland finden, die aber nun in eleganterer Form zu neuem Leben erweckt wurde. Außerdem sind die Säulen und alle vertikalen Glieder nach innen geneigt, das *geison* (Kranzgesims) hingegen neigt nach außen. Diese Abweichungen von der geraden Linie in allen Teilen des Baukörpers dienten dazu, die

Strenge des kompromißlos und mathematisch starren, dorischen Stils für das Auge zu mildern.

Für die Griechen bildeten Religion, Architektur und Plastik eine unauflösliche Einheit, und die Reliefs, die den Parthenon schmückten, stellen die einzige umfangreiche und repräsentative Gruppe erstklassiger Originalwerke dar, die uns von einem Tempel erhalten geblieben sind. Sie sind zu zahlreich und zu verschiedenartig, um von Pheidias alleine geschaffen worden zu sein: Das Gesamtprojekt dürfte die Mitarbeit von nicht weniger als siebzig bis achtzig Bildhauern erforderlich gemacht haben, die wahrscheinlich aus verschiedenen Gegenden Griechenlands zusammengekommen waren. Aber die mehr oder weniger koordinierten Themenstellungen der Kompositionen zeigen, daß sie in Übereinstimmung mit Pheidias' Gesamtplanung ausgeführt wurden; und es ist gut möglich, daß er selbst einige von ihnen bearbeitet oder entworfen hat (zusätzlich zu der Statue der Athena Parthenos, über die noch zu reden sein wird).

Die zweiundneunzig Metopen – eine einmalig hohe Zahl –, die als Hochreliefs zwischen 446 und 400 geschaffen wurden, waren an der Außenseite des Tempels über dem Architrav zwischen den Triglyphen (Blöcke mit drei senkrechten, abgekanteten Leisten an der Vorderseite) angebracht. Die Rekonstruktion dieser Metopenreihen muß unvollständig bleiben, denn viele sind nur bruchstückhaft und in schlechtem Zustand erhalten. Auf der Nord- und Südseite des Tempels gehörte zu den dargestellten Themen der Kampf zwischen Lapithen und Kentauren (der auch schon am Zeus-Tempel in Olympia dargestellt worden war – s. Kap. 9 –, hier aber in größerer Ausführlichkeit wiedergegeben wurde), ebenso wie verschiedene Szenen aus dem Trojanischen Kriege. Die Metopen an den Giebelseiten des Tempels stellten die Kämpfe zwischen Göttern und Giganten dar und möglicherweise diejenigen zwischen Griechen und Amazonen, als der athenische König Theseus eine Invasion dieses kriegerischen Frauenvolkes abwendete.

Alle Themen handelten von dem Sieg des Griechentums über das Barbarentum – von der rationalen Ordnung über die irrationale Willkürherrschaft –, wie er in dem Triumph der Griechen in den Persischen Kriegen (an dem die Athener sich den Hauptanteil zuschrieben) seine Bestätigung gefunden hatte und wie er ihn nun erneut die Rolle des Perikleischen Athens als Führungsmacht der griechischen Zivilisation verkörperte (s. Kap. 11). Die Qualität der Ausführung dieser Metopenreliefs ist unterschiedlich, die gelungensten Partien sind wohl diejenigen, die den Kampf zwischen Lapithen und Kentauren zeigen.

Zu der Zeit, als die Arbeiten am Fries begannen (von ca. 440 an), hatte man eine homogenere Gruppe hervorragender Künstler zusammengebracht. Den Erfolg ihrer Arbeit kann man bei der Besichtigung des circa 130 m langen Teilstücks würdigen, das von dem ursprünglichen, etwa 160 m langen Fries erhalten ist. Die Platten befinden sich nicht alle in gutem Zustand; der größte Teil kann im British Museum besichtigt werden, dem Lord Elgin in den Jahren 1801–1804 viele Stücke zukommen ließ (worüber man heute in Griechenland nicht sehr glücklich ist).

Der Fries war über dem Architrav der *cella* (des inneren Mauerbaues des Tempels) angebracht (wie in Olympia), zog sich hier jedoch mit fortlaufender Darstellung im Relief um das ganze Gebäude herum. Sein Thema ist die Prozession, die den Mittelpunkt des bedeutendsten Festes der Stadt, der großen Panathenaia, bildete. Diese wurden alle vier Jahre mit großem Pomp gefeiert und spielten eine wichtige Rolle im Rahmen der von Perikles geförderten und finanzierten Feste, mit denen dieser das Ansehen Athens steigern wollte.

Die Identifizierung des *konkreten* Festzuges, der auf dem Fries dargestellt ist, bereitet Schwierigkeiten. Man hat behauptet, daß ein spezifisches, historisches Fest dargestellt sein könnte, entweder das allererste Fest der Panathenaia, die von König Erichthonios in sagenhafter Vorzeit begründet worden waren, oder ein Gedenkfest für die heldenhaften athenischen Krieger, die bei Marathon fielen (s. Kap. 1) und deren Zahl 192 betragen haben soll; dieselbe Anzahl von Teilnehmern ist in dem Festzug auf dem Fries gezählt worden. Trotzdem ist es wahrscheinlicher, daß diese unpersönlich wirkenden Figuren keine individuellen Gestalten aus einer spezifischen historischen Episode sind.

Die Panathenaia waren ein religiöses Fest, doch trotz der Darstellung verschiedener Gottheiten auf dem Fries trug es im wesentlichen weltlichen Charakter – eine Eigenart, die fromme Zeitgenossen schockiert haben könnte. Sinn der Prozession war es, das Gewand der Göttin, welches von den Töchtern der Bürger für ihr altehrwürdiges Bildnis gewebt wurde, aus der Stadt auf die Akropolis zu bringen. Auf dem Fries werden uns nun in einer Folge geschickt aufgeteilter, bewegter Gruppen und Individuen die menschlichen Aspekte der Prozession vorgeführt, vor allem die Vorbereitungen des Reiterzuges im Äußeren Kerameikos. Zunächst wird das alte Gewand der Göttin fortgeschafft, dann sehen wir Männer zu Pferd durch die Straßen reiten, ihnen gehen Bürger mit ihren Bediensteten voran, welche Opfertiere führen oder Weihegaben tragen. Der Festzug findet seinen Höhepunkt in der Übergabe des heiligen Gewandes.

Die hohe Position des Frieses im Innern des Tempels hatte zur Folge, daß seine Betrachtung sehr erschwert war, schuf aber auch interessante Licht- und Schatteneffekte, die durch die Farbgebung der Skulpturen noch unterstützt wurden. In der Tat zeigt uns der Fries des Parthenon die griechische Architekturplastik auf ihrem Höhepunkt. Wenn auch die griechische Marmorplastik niemals das hohe Niveau der Bronzearbeiten erreicht, so bezeichnet die technische Vollendung des hochklassischen Stils doch einen beträchtlichen Fortschritt gegenüber den Reliefs am Zeustempel von Olympia (s. Kap. 9).

In einer Hinsicht könnte man jedoch beinahe von einem Rückschritt sprechen – allerdings von einem bewußt gewollten Rückschritt. Denn es ist nicht versucht worden, die Darstellung von Gefühl und Stimmung weiterzuentwickeln, die wir in Ansätzen in Olympia und in fortgeschrittener Form bei der Vasenmalerei vorgefunden haben. Auf dem Parthenonfries findet eine Rückkehr zum reinen Idealismus statt. Zwar zeigen die Bildhauer eine vollendete Beherrschung der Technik und eine außergewöhnliche Meisterschaft in der Wiedergabe der menschlichen Anatomie, aber diese wird auf eine ideale Ebene erhoben, und die geschmeidigen Figuren lassen nichts von den mathematischen Berechnungen und proportionalen Festlegungen eines Polykleitos erkennen.

Die Gesichter auf dem Parthenonfries sind ausdruckslos und ruhig, ohne die Spuren von Aggressivität oder Pathos, welche die Bildhauer von Olympia und Riace auf ihren Skulpturen hatten erkennen lassen. Diese Wesen, die sich so sehr der göttlichen Glückseligkeit annähern, wie dies Menschen überhaupt möglich ist, sind ein großartiges, aber unwirkliches Geschlecht, das sich distanziert und gefühllos über die menschlichen Leidenschaften und Wirrnisse erhebt. Das heißt, Pheidias und seine Mitarbeiter suchten ebenso wie viele Philosophen ihrer Zeit die Vergänglichkeit des alltäglichen Lebens mit einem zeitlosen, absoluten, vollkommenen Sein zu versöhnen und gleichzeitig der Perikleischen Vision Athens, die in dem Gesamtbauwerk verkörpert war, sichtbaren, symbolischen Ausdruck zu verleihen.

Die beiden großflächigen Giebelfelder des Parthenon, deren bildhauerische Ausgestaltung als letzte vorgenommen wurde (ca. 438/432), sind uns nur bruchstückhaft erhalten, was auf umfangreiche Zerstörungen im 17. Jahrhundert zurückzuführen ist. Ihre Darstellungen, die auf Grund früherer Entwürfe teilweise rekonstruiert werden können, handelten von entscheidenden Augenblicken in der mythischen Geschichte Athens und seiner Schutzgöttin Athena.

So schilderte der Ostgiebel ihre Geburt in Anwesenheit der anderen Gottheiten. Entsprechend der Mythologie wurde Hephaistos gezeigt, wie er Zeus mit einer Axt die Stirne spaltet, worauf Athena in voller Rüstung aus der klaffenden Wunde hervortritt. Diese Gruppe im Zentrum des Giebels wurde durch den Wagen der aufgehenden Sonne zur Linken und denjenigen des untergehenden Mondes (von dem ein wunderbarer Pferdekopf erhalten ist) zur Rechten eingerahmt. Auf der linken Seite befanden sich außerdem Dionysos oder Herakles, Persephone, Demeter und vielleicht Hebe, die Mundschenkin des Zeus. Die seitlichen Figuren, in liegender, sitzender und stehender Positur sind erhalten, aber die Köpfe der Göttinnen sind zerstört worden. Ihre Haltungen und Gesten zeigen jedoch die Erregung über das große Ereignis, das in der Mitte stattfindet. Auch auf der rechten Seite befinden sich drei Göttinen, deren Identität nicht mehr feststellbar ist und deren Köpfe ebenfalls zerstört sind.

Das Thema des Westgiebels ist der Streit zwischen Athena und Poseidon, dem Gott des Meeres, um die Herrschaft über Athen und sein Territorium. Poseidon hatte eine Salzquelle auf der Akropolis entspringen lassen, und Athena ließ im Gegenzug einen Ölbaum wachsen. Damit hatte sie den von Zeus veranstalteten Wettkampf gewonnen, da sie den Bewohnern das wertvollere Geschenk gemacht hatte. Doch auch Poseidon blieb Schutzherr des Landes. Diese übermenschlichen Vorgänge, bei denen sich die Gottheiten gegenseitig mit ihrer gewaltigen Macht beeindruckten, nahmen das Zentrum des Giebelfeldes ein, das nur noch in Bruchstücken erhalten ist (die sich teils in London, teils in Athen befinden), während die übrige Fläche mit ihren Kampfwagen und ihrem Gefolge ausgefüllt war. Auf einer Seite wird eine anatomisch vollendete, seitlich gedrehte, liegende Männergestalt gezeigt, die einen der beiden athenischen Flußgötter Ilissos oder Kephisos darstellt, der sich mit einem Arm aufstützt und den (nicht mehr erhaltenen) Kopf wendet, um das Geschehen im Zentrum besser verfolgen zu können. Die Bruchstücke der Parthenongiebel reichen aus, um zu zeigen, welche Fortschritte die griechische Bildhauerei gemacht hatte, vor allem in der Darstellung räumlicher Tiefe, denn ihre Gegenstücke in Olympia waren nicht sehr viel früher entstanden.

Die Form und Haltung der Körper in den Giebelfeldern zeigt sogar Fortschritte gegenüber den Reliefs der Metopen und dem Fries desselben Tempels. So tragen beispielsweise die Göttinnen enganliegende, die Figur betonende Gewänder mit zahllosen tiefen und scharfen Falten, welche Schatten werfen und – wie die vom Wind zerzausten Mähnen der Pferde – neue optische Möglichkeiten eröffnen, die bald weiter ausgestaltet werden sollten.

Das bedeutendste heilige Standbild der Akropolis war lange Zeit die verehrte Athena Promachos gewesen, die außerhalb des

Parthenon stand und von der Pheidias, wie wir sahen, in einer frühen Schaffensperiode eine Neuanfertigung hergestellt hatte.

Aber in der Zeit um 447/439 krönte er seine Arbeit am Parthenon selbst mit der Schaffung einer weiteren Statue, der Athena Parthenos, für das Innere des Tempels. Dieses berühmte Standbild war etwa 12 m hoch und (möglicherweise erstmalig) aus Gold und Elfenbein gefertigt – oder genauer aus Holz, das im Bereich der Kleidung mit Gold überzogen und am Kopf sowie den Händen und Füßen mit Elfenbein bedeckt war. Es war nicht in erster Linie als Kultbild gedacht, da die Athena Promachos diese Aufgabe bereits erfüllte. Dennoch sollte die Athena Parthenos noch stärker die Rolle der Göttin als Schützerin der Größe Athens betonen, welchem Zweck ja auch das gesamte, von Perikles initiierte Heiligtum diente.

Die Athena Parthenos ist ebensowenig wie die Athena Promachos erhalten, aber wir können ihr Aussehen an Hand der Beschreibung des Pausanias[32] in Verbindung mit Miniaturkopien und Münzen rekonstruieren. Sie trug ein schweres, feierlich drapiertes Gewand – komplizierte Details waren bei dieser Größenordnung nicht angebracht –, war bewaffnet und hatte um die Schultern ihren kurzen Zauberumhang aus Ziegenleder, die *aigis*, gelegt. Ihr Helm war mit einer dreigeteilten Helmzier versehen, die in Gestalt einer Sphinx und zweier geflügelter Rosse gearbeitet war. Ihre linke Hand, die eine senkrechte Lanze hielt, ruhte auf dem Rand eines Schildes, in dessen Innerem sich ihre heilige Schlange ringelte. Der Schild war mit Reliefs versehen, die – ebenso wie die Reliefs auf den Metopen – den Kampf zwischen Griechen und Amazonen darstellten. Diese Reliefs sollen nicht nur ein Portrait des Perikles im Kampf mit einer Amazone gezeigt haben, sondern auch die Gestalt eines glatzköpfigen, alten Mannes, der mit beiden Händen einen Stein hebt und der als der Bildhauer selbst identifiziert worden ist. (Die Figur findet sich auf einer späteren Kopie des Schildes, die teilweise erhalten ist.)

Solch ein Selbstporträt auf einem heiligen Standbild wurde als Sakrileg betrachtet (tatsächlich erschien den Griechen darüber hinaus damals wohl noch jedes Selbstporträt oder sogar jedes Porträt als ein Affront gegen die demokratische Gleichheit), und es trug Pheidias in Verbindung mit einer Anklage wegen Veruntreuung ein Gerichtsverfahren ein. Er war keineswegs der erste Grieche oder Athener, der für allzu großen Erfolg bestraft wurde, aber sein eigentliches Vergehen war wohl seine Freundschaft zu Perikles. Dessen politische Gegner, die sich außerstande sahen, dem großen Staatsmanne selbst etwas anzuhaben, klagten seinen Schützling an, so wie sie ebenfalls Anaxagoras und Protagoras vor Gericht zerrten (s. Kap. 8 und 12).

Widersprüchliche Überlieferungen erschweren die genaue Ermittlung der Vorgänge, aber es scheint, daß Pheidias nach Olympia floh, wo in neuerer Zeit überraschend Reste seiner Werkstatt entdeckt worden sind. Dort entwarf und gestaltete er die gewaltige Statue des sitzenden Zeus aus Gold und Elfenbein für den Tempel des Gottes. Auch hier gewinnen wir eine Vorstellung vom Aussehen der Figur durch die Beschreibung des Pausanias[33] sowie durch kleinere Nachbildungen und durch Tonformen, die zur Gestaltung der Kleidung verwandt wurden. Die Figur war in ihrem Ausdruck so sanft und vollkommen, daß sie nach dem Urteil der Zeitgenossen den tiefsten Kummer stillen konnte. Sie wurde in der Antike als das vollendetste Werk des Bildhauers angesehen, als die bedeutendste Statue Griechenlands (wenn auch Strabon in mancher Hinsicht die Hera Polykleitos' bevorzugte) und als eines der sieben Weltwunder. Zur Römerzeit erklärte Quintilianus, daß »sie die Ehrfurcht noch verstärkt habe, mit der man ohnehin dem Gott begegnet sei«.[34]

Für den modernen Geschmack stellen diese gewaltigen, furnierten Holzstatuen, trotz ihrer würdevollen Majestät, keine sehr bedeutenden Kunstwerke dar. Nichtsdestoweniger müssen Pheidias' Statuen des Olympischen Zeus und der Athena Parthenos dem damaligen Betrachter ein starkes Gefühl der Ehrfurcht vermittelt haben, wenn er das Heiligtum betrat und ihre gewaltigen Formen mit dem reichen Schmuck durch das Halbdunkel des Tempelinneren glänzen sah.

Pheidias schuf noch weitere berühmte Standbilder, er war auch Maler (in seiner Jugend) sowie Graveur und Bronzegießer. Sein Todesdatum ist ungewiß, möglicherweise lag es um das Jahr 430.

Der Parthenon war nur eines von vier bedeutenden Bauwerken, welche die Akropolis von Athen in der zweiten Hälfte des fünften Jahrhunderts schmückten, und er entfernte sich in mancherlei Hinsicht von traditionellen Vorbildern. Die anderen Bauwerke waren die Propyläen, der Nike-Tempel und der Erechtheion. Trotz ihres sehr unterschiedlichen Äußeren stehen sie in so engem räumlichen Zusammenhang und gehören auch von Größe und künstlerischem Rang her so sehr zusammen, daß man von einer bewußten, aufeinander bezogenen Gestaltung ausgehen muß. Diese geht wahrscheinlich auf die Gesamtplanung des Pheidias zurück, obwohl es dafür keine Beweise gibt.

Pheidias' Urheberschaft, zumindest auf dem Zeichenbrett, ist vor allem bei den Propyläen anzunehmen, die vermutlich errichtet wurden, während er noch als Leiter der Bauprojekte des Perikles in Athen tätig war; der Architekt des Bauwerkes selbst ist allerdings Mnesikles. »Propyläen« war die Bezeichnung für Torgebäude oder monumentale Eingänge zu heiligen oder weltlichen Stätten in Griechenland, und es war vor allem die Bezeichnung für die komplexen Eingangsgebäude zur Akropolis von Athen. Diese stehen schräg versetzt zum Parthenon, der sich hinter ihnen und über sie hinaus erhebt (die Eingänge zu alten Tempeln standen häufig nicht in gerader Linie zum Hauptgebäude, um ältere, stehengebliebene Heiligtümer nicht zu beeinträchtigen). Die Propyläen wurden in den Jahren 437/432 aus pentelischem Marmor errichtet, wobei einzelne Bauelemente in schwarzem Kalkstein aus Eleusis ausgeführt wurden. Ihr Grundriß entsprach in vieler Hinsicht dem traditionellen Torbau mit zwei seitlichen Hallen, war jedoch durch umfangreiche und originelle Abwandlungen stark modifiziert.

Das Bauwerk bestand aus einer großen, dreischiffigen Halle, durch welche fünf Durchgänge führten, die man über fünfstufige Treppen erreichte, mit Ausnahme des mittleren Durchgangs, den man über eine ansteigende Rampe betrat. Die Propyläen verbinden die traditionelle, massige Dorische Ordnung mit der schlankeren, feineren Ionischen. Diese neuartige Mischung war nicht ohne Bezug zum Zeitgeschehen, denn während das Dorische noch an die Peloponnes erinnerte, auf der Sparta die Vormachtstellung innehatte, erinnerte das Ionische – das man bis dahin kaum westlich des Aegaeischen Meeres gesehen hatte – an den Anspruch Athens, Gründer und Führer der ionischen Stadtstaaten in Kleinasien zu sein. Die Verbindung der zwei Ordnungen wurde dadurch erreicht, daß die sechs Säulen der Giebelseiten im dorischen Stil gehalten waren, während die Säulen, die den Mittelgang flankierten, ionischer Art waren.

Mnesikles hat den eigentlichen Torbau um vorgezogene Flügelbauten erweitert, die zur Eingangsseite hin mit dorischen Säulen versehen waren. Der nördliche Flügel enthielt einen rechteckigen Raum, der als Kunsthalle *(pinakotheke)* ausgestaltet war, wo Wandgemälde von Polygnotos (s. Kap. 10) und anderen Künstlern gezeigt wurden. Der Südflügel enthielt keinen entsprechenden Raum, und sein Grundriß war rigoros asymmetrisch beschnitten, um nicht mit bereits existierenden oder geplanten angrenzenden Tempelbauten in Konflikt zu geraten.

Eines dieser Bauwerke war der kleine Tempel der Athena Nike (Athena als Siegesgöttin) auf dem befestigten Felsen der Akropolis.

Es war dies der traditionelle Standort eines ihr gewidmeten Heiligtums (das 480 von den Persern zerstört worden war), aber die Anpassung des Propyläen-Entwurfs deutet darauf hin, daß der wiedererbaute Nike-Tempel ebenfalls Bestandteil von Pheidias' Gesamtplanung war. Diese These wird gestützt durch den Bericht von der Existenz einer Priesterin der Athena Nike vor ca. 445 und durch den Namen des Architekten dieses Tempels, Kallikrates, der wahrscheinlich identisch ist mit dem Baumeister, welcher für Iktinos, den Architekten des Parthenon, arbeitete. (Plan und Ausführung des Heiligtums der Athena Nike fallen allerdings in die 420er Jahre, d.h. in die Zeit nach Pheidias' Abreise und Tod; s. Kap. 22).

Der Erechtheion muß ebenfalls von Pheidias und seinen Kollegen geplant worden sein, als sie die künftige Gesamtgestaltung der Akropolis festlegten, aber auch seine Ausführung wurde nicht vor etwa 420 in Angriff genommen, um dann, nach einer Unterbrechung, 409/408 weitergeführt zu werden. Der Tempel war dazu bestimmt, ein Heiligtum der Athena Polias (Athena als Schirmherrin der Stadt) aus dem sechsten Jahrhundert zu ersetzen, das ein wenig südlicher gelegen, ebenfalls von den Persern im Jahre 480 niedergebrannt worden war. Er sollte ihr altes, hochverehrtes Standbild aus Olivenholz aufnehmen, daneben aber auch eine Reihe anderer Objekte und religiös bedeutsamer Lokalitäten einbeziehen, die der attischen Überlieferung heilig waren. Diese vielseitige kultische Zweckbestimmung führte zusammen mit der Bauweise auf zwei Ebenen zu dem komplizierten, unregelmäßigen, dreiteiligen Grundriß des Erechtheions, der ebenso geheimnisvoll anmutet wie die antiken Kulte, die der Tempel aufnehmen und verewigen sollte.

29 Plutarchos, *Perikles*, 12.
30 Diodoros von Sizilien, XI, 29, 2;
Lykurgos, *Leokrates*, 81.
31 Theopompos, F. Jacoby,
*Fragmente der Griechischen Historiker*,
569, Nr. 115 (*Fragment* 153).
32 Pausanias, I, 24, 7.
33 Ibid., V, 11, 1 ff.
34 Quintilianus, *Instituto oratoria (Erziehung zum Redner)*, XII, 10, 9.

# VIERTER TEIL

# DER PELOPONNESISCHE KRIEG

# CHRONOLOGIE

| | |
|---|---|
| ca. 433 | Satyros I. König des kimmerischen Bosporos in Pantikapaion (gest. 389; s. Kap. 27) |
| 431–421 | Der Archidamische Krieg (die erste Phase des Peloponnesischen Krieges) |
| 429 | Tod des Perikles (s. Kap. 11) |
| ca. 429/427 | Sophokles: *Oidipus Tyrannos* |
| 428 | Euripides: *Hippolytos* |
| 427 | Gorgias kommt als Gesandter der Stadt Leontinoi nach Athen |
| 427-424 | Die erste athenische Expedition nach Sizilien endet mit der Konferenz von Gela, auf der Hermokrates von Syrakus die führende Rolle spielt |
| 425 | Die Athener erobern Sphakteria samt seiner spartanischen Garnison |
| 425 | Aristophanes: *Acharner* (424 *Ritter*, 423 *Wolken*, 422 *Wespen*) |
| 425/424 | Euripides' *Hekabe* (ca. 422/421 *Hiketiden*) |
| 424 | Tod des persischen Königs Artaxerxes I. und Thronbesteigung Dareios' II. (423) |
| | Die Thebaner besiegen die Athener bei Delion |
| | Brasidas entreißt den Athenern Amphipolis |
| | Der Historiker Thukydides wird in die Verbannung geschickt |
| 424/423 | Der Vertrag von Epilykos zwischen Athen und Persien |
| 422 | Brasidas und Kleon fallen vor Amphipolis |

| | |
|---|---|
| 421 | Aristophanes: *Der Friede* |
| 421 | Der Nikiasfrieden: auf zwanzig Jahre angelegter Vertrag zwischen Athen und Sparta |
| vor 420 | Tod Herodotos' in Thurioi |
| | Der Tempel der Athena Nike wird auf der Akropolis errichtet |
| ca. 420 | Polykleitos' Statue der Hera in Argos |
| ca. 420–409/408 | Bau des Erechtheions auf der Akropolis |
| 420 | Das Bündnis zwischen Athen, Argos, Mantineia und Elis; es zerfällt infolge des spartanischen Sieges bei Mantineia (418) |
| 416 | Melos kapituliert vor Athen |
| 415–413 | Syrakus leistet unter Hermokrates und später unter Gylippos Widerstand gegen die athenische Expedition, die mit einer verheerenden Niederlage für die Athener endet |
| 415 | Euripides: *Die Troerinnen* |
| 414 | Aristophanes: *Die Vögel* |
| ca. 414–412 | Athen unterstützt den aufständischen persischen Satrapen Amorges in Karien |
| 413 | Die Spartaner befestigen Dekeleia |
| 413/412 | Aufstand der athenischen Verbündeten |
| 412 | Erste Verträge zwischen den Spartanern und Tissaphernes und Pharnabazos, den persischen Satrapen von Sardes und Daskylion |
| 412 | Hermokrates wird *in absentia* aus Syrakus verbannt |
| 411 | Oligarchische Revolution in Athen. Regierungen der »Vierhundert« und der »Fünftausend« |
| 411 | Aristophanes: *Lysistrate* und *Thesmophoriazusen* (möglicherweise auch 410) |
| 410 | Die Athener erringen einen Sieg bei Kyzikos, weisen jedoch das spartanische Friedensangebot zurück |

| | |
|---|---|
| ca. 410 | Euripides: *Phoinissen* |
| 409 | Sophokles: *Philoktetes* |
| 409 | Karthagische Expedition nach Sizilien unter Hannibal (s. Kap. 25) |
| 409/406 | Fertigstellung des Erechtheions auf der Akropolis |
| 408 | Euripides am Hofe des Königs Archelaos von Makedonien (ca. 433–399), dessen Palast von Zeuxis ausgemalt worden war |
| 408/407 | Kyros d. Jüngere wird Generalgouverneur in Kleinasien und schließt ein Bündnis mit Lysandros |
| ca. 407 (?) | Kos, die Heimat des Mediziners Hippokrates, wird von Lysandros besetzt |
| 407 | Alkibiades kehrt aus dem Exil zurück und wird zum Strategen gewählt |
| 407 | Tod des Hermokrates nach einem Staatsstreichversuch in Syrakusai |
| 406 | Sieg der Spartaner bei Notion. Rückzug des Alkibiades |
| | Hannibals zweite karthagische Expedition nach Sizilien. Überlegenheit Dionysios' I. von Syrakus (405; s. Kap. 25) |
| | Tod des Euripides und des Sophokles |
| | Die Athener siegen bei den Arginusen, lassen jedoch ihre Generale hinrichten (trotz des Widerstands von Sokrates) und weisen das spartanische Friedensangebot zurück |
| 405 | *Die Frösche* des Aristophanes (gest. ca. 385) und postum Euripides: *Bakchen* |
| 405 | Sieg des Lysandros bei Aigospotamoi, anschließend Belagerung Athens und dessen Kapitulation, oligarchische Revolution in Athen (Herrschaft der Dreißig, 404) und Errichtung von »Dekarchien« durch Sparta in anderen Städten der Verlierer |

| | |
|---|---|
| ca. 405 (?) | Das philosophische Werk des Demokritos |
| 405/404 | Tod des persischen Königs Dareios II. und Thronbesteigung Artaxerxes' II. Mnemon (gest. 359/358) |
| 404 | Alkibiades (der Zuflucht bei Pharnabazos sucht) wird in Phrygien ermordet |
| 403 | Die Wiederherstellung der Demokratie in Athen durch König Pausanias gegen den Willen Lysandros', der kaltgestellt wird und später im Kriege fällt (395) |
| 401 | Postum Sophokles: *Oidipus auf Kolonos (Oidipus Koloneus)* |
| ca. 400 (?) | Tod des Thukydides |

# 16 HERMOKRATES: DER RETTER DER WESTGRIECHEN

Während des fünften Jahrhunderts blieb Sizilien, das so viele Vorzüge der Natur genoß, eines der Hauptzentren reicher, mächtiger und blühender griechischer Stadtstaaten, wobei sich deren Verfassungen in dieser Zeit radikal umgestalteten. Nach der Vertreibung des Thrasybulos, des Bruders Hierons I. (s. Kap. 4), aus Syrakus (466) – welche für die weiterhin bedeutendste Stadt der Insel den Verlust ihres Reiches zur Folge hatte – endeten innerhalb weniger Jahre die meisten der Tyrannenherrschaften, und an ihre Stelle traten mehr oder weniger demokratische Verfassungen.

So wurden die Geschicke der Stadt Syrakus durch die Versammlung und einen Rat gelenkt, welcher nicht wie in Athen durch Los bestimmt, sondern jährlich gewählt wurde. Fünfzehn Generale, die auf dieselbe Weise bestimmt wurden, bildeten das wichtigste Exekutivorgan. Eine Zeitlang wurde der *petalismos* eingeführt, ein Verfahren, das dem athenischen Ostrakismos ähnelte und Machtmißbrauch verhindern sollte. Aber obwohl dies viele einflußreiche Bürger davon abhielt, sich am politischen Leben zu beteiligen, waren die Privilegien der reichen, landbesitzenden Schicht – der Nachfahren der aristokratischen *gamoroi* – nur schwer zu beseitigen, wie die Ergebnisse der Wahlen zeigten; und in Syrakus hatten die Jahre des Massenexils, der Vertreibung und Umsiedlung, ebenso wie in anderen sizilischen Städten, zu einer explosiven, sozialen Situation geführt. So erklärte zum Beispiel das neue »demokratische« System, daß die 7000 Söldner, die von den Tyrannen angeworben worden waren, weder das Bürgerrecht erwerben noch öffentliche Ämter ausüben könnten, woraufhin die Söldner rebellierten und nur mit Mühe vertrieben werden konnten (461).

Trotzdem war Syrakus noch stark genug, um einen Angriffskrieg gegen die latent bedrohlichen etruskischen Stadtstaaten führen zu können. Deren Flotte war im Jahre 474 bei Kyme besiegt worden, und im Jahre 453 griffen 60 syrakusanische Triremen Aithalia (Elba) und Kyrnos (Korsika) an und kehrten mit reicher Beute aus den Küstenlandschaften Etruriens zurück. Zwei Jahre später besiegte Duketios, ein Führer der einheimischen Sikeler, der ein bedrohliches Bündnis im Inneren Siziliens zustande gebracht hatte, die vereinigten Heere, welche Syrakus und Akragas, die zweitgrößte Stadt der Insel, gegen ihn ausgesandt hatten. Aber schon im darauffolgenden Jahr brachten ihm deren vereinigte Streitkräfte bei Nomai (einem unbekannten Ort auf Sizilien) eine entscheidende Niederlage bei, woraufhin sich Syrakus gegen die verbündete Stadt Akragas wandte und sie unter schweren Verlusten besiegte (445). Trotz dieses Sieges waren die Syrakusaner vorsichtig genug, ihre Fußtruppen, ebenso wie ihre Reiterei und ihre Flotte erheblich zu verstärken.

Die meisten Ereignisse, die während oder nach dieser Periode auf Sizilien stattfanden, sind uns allerdings nur insoweit bekannt, als sie Einfluß auf die Geschichte Athens hatten. Während der 450er Jahre – wenn nicht schon früher – begannen die imperialistischen Athener, ein starkes Interesse an Sizilien zu zeigen, entweder als Teil ihres allgemeinen, überheblichen außenpolitischen Verhaltens, sich überall einzumischen, wo sie konnten, oder aber (wie auch im Falle Ägyptens) in dem Bestreben, sich eine neue Einfuhrquelle für Getreide zu sichern, falls die lebenswichtige Verbindung zum Schwarzen Meer* abgeschnitten werden sollte. Und so schlossen sie Verträge mit der sizilischen Stadt Segesta im Jahre 458/457 oder 454/453 und um das Jahr 454/453 mit Halikyai, Leontinoi und Rhegion (auf der anderen Seite der Meeresenge). Diese Verträge erschienen den Syrakusanern als eine bewußte Herausforderung ihrer politischen Vormachtstellung auf der Insel. Deshalb bauten sie in den folgenden anderthalb Jahrzehnten verstärkt ihre Streitkräfte sowie ihre Infrastruktur aus.

* Pontos Euxeinos.

Als der Peloponnesische Krieg zwischen Athen und Sparta ausbrach (431), schlug sich Syrakus auf die Seite der Spartaner und sandte ihnen erhebliche Getreidelieferungen. Als das reiche, ionische Leontinoi im Jahre 427 vom dorischen Syrakus angegriffen wurde, erbat es im Namen des Bündnisses zwischen den beiden Staaten Hilfe von den Athenern, welche zwanzig Schiffe unter Laches und zwei anderen Generalen entsandten, um, wie Thukydides bemerkt, »zu verhindern, daß von dort Getreide nach dem Peloponnes verschifft werde und als Vorversuch, ob es ihnen möglich wäre, die sizilischen Städte in ihre Gewalt zu bekommen«.[1] Der Historiker hatte zweifellos recht mit seiner Diagnose des ersten dieser beiden Motive, denn das Getreide war für Sparta von größter Wichtigkeit, und Athen hätte lieber selbst die Hand darauf gelegt. Auch wenn es bei dem zweiten erwähnten Motiv so scheint, als handele es sich um ein Wissen aus dem Nachhinein, so wurden die Athener doch zweifellos schon damals verdächtigt, derartige Pläne zu hegen – vor allem, nachdem sie im Jahre 425 noch weitere vierzig Schiffe entsandt hatten. Zu dieser Zeit war bereits der größte Teil Siziliens in den Peloponnesischen Krieg verwickelt, der in vielen Städten der Insel heftige, innere Parteikämpfe hervorrief. Im folgenden Jahre jedoch trafen sich die Abgesandten der Städte auf der Konferenz von Gela, welches gemeinsam mit Kamarina dieses Treffen initiiert hatte.

Einer der Sprecher auf der Konferenz von Gela war Hermokrates, der Sohn Hermons, ein führender syrakusanischer Staatsmann in der Zeit seit Beendigung der Tyrannis und ein Mann, der, wenn wir mehr über ihn wüßten, wahrscheinlich die außerordentliche Bewunderung rechtfertigen würde, die Thukydides ihm entgegenbrachte.

Das Hauptargument des Hermokrates in Gela war, wie überliefert wird, daß die sizilischen Stadtstaaten aufhören müßten, einander gegenseitig zu bekämpfen, da sie andernfalls von den Athenern vereinnahmt würden – die deshalb von keiner der Städte um Hilfe angegangen, sondern gänzlich aus deren inneren Angelegenheiten herausgehalten werden sollten.[2] Wieder erscheint es möglich, daß Thukydides aus der Rückschau berichtet, nämlich aus der Zeit nach der großen athenischen Invasion Siziliens im folgenden Jahrzehnt (s. unten). Es ist aber ebensogut möglich, daß Hermokrates ähnlich argumentiert hat, wie Thukydides berichtet; wobei seine pansizilischen Gefühle sicher nicht rein idealistischer Natur waren, denn was er anstrebte, war die syrakusanische Vorherrschaft anstelle der athenischen – und innerhalb von Syrakus die Vorherrschaft seiner Partei, d. h. derjenigen der oligarchischen Grundbesitzer.

Auf alle Fälle gelang es Hermokrates, eine zerbrechliche und vorübergehende sizilische Einheit herzustellen, und die erste sizilische Expedition der Athener endete mit einer Niederlage, wofür in Athen alle drei verantwortlichen Generale zur Rechenschaft gezogen wurden.

Inzwischen war im griechischen Mutterland und in der Aegaeis die erste Phase des Peloponnesischen Krieges weitergegangen, die unter dem Namen Archidamischer Krieg bekannt ist. Perikles war verstorben (429), und zu den Führern, die um seine Nachfolge rivalisierten, wobei sie sich die Begierden, Ängste und Vorurteile der Volksversammlung und der Gerichte zunutze machten, gehörte auch der Gewerbetreibende Kleon, der von dem Historiker Thukydides und anderen Konservativen gehaßt und geschmäht wurde – hauptsächlich deshalb, weil er trotz seines Reichtums nicht zu den traditionellen, aristokratischen Regierungskreisen gehörte.

In der Kriegsführung konnten beide Seiten zwar beachtliche, aber gleichwohl keine entscheidenden Erfolge erzielen. Die Athener schlugen einen Aufstand der Stadt Mytilene auf der Insel Lesbos nieder (428/427), und im Jahre 425 eroberten sie die Insel Sphakteria (in Höhe der befestigten Halbinsel Pylos), wobei sie 292 Gefangene machten, darunter die beachtliche Zahl von 120 Spartanern.

Aber dann erlitten sie selbst bei dem unglücklichen Versuch, Spartas Verbündeten Boiotien zu unterwerfen, eine schwere Niederlage vor Delion (424). Und im selben Jahr trug ein außerordentlich befähigter Spartaner, Brasidas – ein General, Diplomat und unbestechlicher Politiker – den Krieg nach Makedonien und

Thrakien, wobei er Amphipolis einnahm und die athenischen Importe von Erz, Holz und Getreide aus dem Schwarzmeergebiet bedrohte.

Als jedoch die beiden führenden Persönlichkeiten Brasidas und Kleon getötet wurden (422), sahen sich beide Seiten aus Erschöpfung veranlaßt, im nächsten Jahr den »Nikiasfrieden« zu schließen, der allerdings den hellenischen Dualismus nicht auf Dauer beenden konnte. Während der folgenden chaotischen und unrühmlichen Periode intrigierte ein schillernder, unzuverlässiger athenischer Politiker, Alkibiades, gegen die Spartaner (deren Hauptverbündete Korinth und Boiotien den Friedensvertrag indigniert abgelehnt hatten) und brachte eine Koalition gegen sie zustande, die jedoch bei Mantineia (418) eine schwere Niederlage erlitt. Damit hatte Athen eine außerordentliche Chance zur Wahrung des Friedens vertan.

Dann unternahmen die Athener ihre großangelegte Expedition nach Sizilien (415–413), die durch die dramatische und tragische Darstellung des Thukydides berühmt geworden ist.[3] Das Hauptmotiv für diese Aktion war wieder einmal der Versuch, sich sizilische Getreidelieferungen zu sichern und gleichzeitig derartige Lieferungen nach Sparta zu verhindern; aber auch das weiterreichende Bestreben, ganz Sizilien zu gewinnen und seine Stadtstaaten zu tributpflichtigen Verbündeten zu machen, zeichnete sich jetzt deutlicher ab als im Jahre 427. Die enge Verbindung von Syrakus zu Athens Gegenspieler Korinth reichte als äußerer Vorwand für das Eingreifen.

Im Winter 416/415 schickten die Athener Gesandte nach Sizilien, die auf Einladung des verbündeten Segesta kamen, einer einheimischen, elymischen Stadt, die sich durch einen Krieg mit dem dorischen Selinus, einem Verbündeten von Syrakus, in großer Bedrängnis befand. Die Gesandten kehrten mit dem unzutreffenden Bericht zurück, daß Segesta über genügend Geld verfüge, um ein athenisches Expeditionskorps zu finanzieren. Daraufhin wurde in Athen beschlossen, unter dem gemeinsamen Kommando dreier Generale eine Flotte zu entsenden. Es handelte sich um Alkibiades, der sich begeistert für das Unternehmen einsetzte, um den reichen, frommen und wenig entscheidungsfreudigen Nikias, der diese zweite Front in ausnahmsweise richtiger Beurteilung der Lage als eine unvernünftige Zersplitterung der Kräfte ansah, und um Lamachos, einen athenischen Berufssoldaten und militärischen Fachmann, der von den dreien die besten Operationspläne lieferte.

Die alliierte Streitmacht, die schließlich in See stach, gefördert mit Geldmitteln, die eine bemerkenswerte Erholung vom Raubbau der Kriegszeit belegten, umfaßte 134 Triremen, viele Versorgungsschiffe und 5100 Hopliten in Verbindung mit zahlreichen Soldaten anderer Truppengattungen. Es war die gewaltigste Flotte und Streitmacht, die jemals von Griechenland ausgesandt worden war und gleichzeitig die bisher schwerwiegendste Bedrohung für die Unabhängigkeit und das Überleben des westlichen Griechentums.

Der gegebene Führer war für die Syrakusaner Hermokrates, obwohl ihm, als Angehörigem der aristokratischen Partei, eine mächtige demokratische Gruppe unter Führung des Athenagoras gegenüberstand, die zusammen mit ähnlichen Parteien in anderen sizilischen Stadtstaaten verdächtigt wurde, mit der athenischen Demokratie zu sympathisieren. Ja, man glaubte sogar, daß die Partei des Athenagoras zu einem Abkommen mit den Invasoren bereit sei, um auf diese Weise die Reichtümer der syrakusanischen Adligen unter ihre Anhänger aufteilen zu können.

Hermokrates war hocherfreut, als die Athener Alkibiades zurückriefen, kurz nachdem ihr Expeditionskorps in Sizilien gelandet war. Dieser war beschuldigt worden, am Hermenfrevel beteiligt gewesen zu sein, und sollte in Athen vor Gericht gestellt werden. Es gelang ihm jedoch auf der Rückfahrt, in Thurioi von seinem Schiff zu entkommen und zu den Spartanern zu flüchten, denen er in der Folgezeit mit Ratschlägen von unschätzbarem Wert zu Diensten war. Der Tod eines weiteren Anführers der Athener, des Strategen Lamachos, führte zu einer regelrechten Lähmung des athenischen Expeditionsunternehmens, und Hermokrates wurde außerdem ermutigt durch die unentschlossene Kriegsführung des Nikias, der sich nach einem anfänglichen Sieg mit seinem Heer nach Katana zurückzog und so den Syrakusanern Gelegenheit gab, ihren Widerstand neu zu organisieren.

Beide Seiten verbrachten den Winter damit, sich in der Region weitere Verbündete zu suchen. Thukydides schildert ein Treffen im neutralen Kamarina, bei dem der athenische Gesandte unverhüllt das nackte Eigeninteresse seines Staates darstellte, während Hermokrates sein pansizilisches Konzept vortrug, das den völligen Ausschluß Athens von den Angelegenheiten der Insel beinhaltete. So soll er gesagt haben: »Glauben wir wirklich, wenn der ferne Nachbar erst verdarb, der Schrecken werde nicht auch einen selber erreichen und statt unser trüge der Betroffene sein eigenes Unglück?«[4] Und er gab sich, wie schon oft vorher, ebenfalls Mühe, den Verdacht zu zerstreuen, es sei ihm nur um die Vorherrschaft der Stadt Syrakus zu tun, wobei seine politischen Gegner diesen Verdacht noch dahingehend präzisierten, daß die syrakusanische Vorherrschaft für ihn gleichbedeutend sei mit der Herrschaft der Oligarchie und damit letztlich mit seiner eigenen.

Diese internen Spannungen hinderten Hermokrates daran, ausreichende Vorsorge für die bevorstehende Belagerung der Stadt zu treffen, obwohl er einige Fortschritte bei der bitter notwendigen Ausbildung und Ausrüstung der syrakusanischen Hopliten und Seeleute machte. Darüber hinaus gelang es ihm auch, die militärische Kommandostruktur der Stadt zu reformieren, so daß an die Stelle der fünfzehn jährlich gewählten Generale er selbst und zwei andere, mit allen Vollmachten ausgestattete Befehlshaber traten, was allerdings bedeutete, daß sich die Macht weitgehend in seinen Händen konzentrierte.

Aber er zeigte auch ein beachtliches Maß an Selbstüberwindung, indem er – wohl wissend, daß seine militärische Begabung nicht überragend war – die Spartaner bat, einen neuen militärischen Oberbefehlshaber für Syrakus zu entsenden. Die Spartaner kamen diesem Wunsche nach und entsandten Gylippos, einen kleinen, unansehnlichen Mann von zweifelhafter Herkunft, der sich jedoch als fähiger und energischer Offizier erwies. Gylippos kam mit einem kleinen, spartanischen Kontingent (das später durch ausgesuchte Heloten – s. Anhang IV – und Freigelassene verstärkt wurde) und weiteren Einheiten aus Korinth und Boiotien. Auch Athen verstärkte seine Invasionstruppen am Ende des Jahres um zehn Triremen unter Eurymedon und entsandte schließlich seinen fähigsten General, Demosthenes, mit weiteren 65 Triremen sowie einer Verstärkung für die Hoplitentruppen.

Die Belagerung von Syrakus umfaßte drei verschiedene, jedoch miteinander verbundene militärische Komplexe: die Beherrschung des Großen Hafens, die Kontrolle über die Höhen von Epipolai und den Bau eines Walles, den sich beide Seiten, entsprechend dem Stand der damaligen Belagerungstechnik, um die Stadt herum zu erbauen bemühten. Aber im Verlauf des Jahres 413 zeichnete sich immer deutlicher ab, daß die Syrakusaner sowohl zu Wasser als auch zu Lande die Oberhand gewannen. Sie befanden sich auf ihrem Heimatboden und in ihren eigenen Küstengewässern, während das athenische Expeditionskorps (und jeder anderen griechischen Militärmacht wäre es ebenso ergangen) weder über die Ausrüstung noch über die Nachschuborganisation oder die moralische Ausdauer verfügte, um lange Feldzüge in fremden Ländern führen zu können.

Schließlich entschlossen sich die athenischen Generale, nachdem ihnen bereits der Seeweg versperrt war, zu einem verspäteten Rückzug auf dem Landwege. Das Ergebnis war eine vollständige Katastrophe. Viele Soldaten wurden am Assinarosflusse erschlagen, die beiden Feldherren Nikias und Demosthenes wurden gefangengenommen und – gegen den Rat von Gylippos und Hermokrates – hingerichtet. Die übrigen Gefangenen wurden in den Steinbrüchen von Syrakus interniert, wo viele von ihnen in den folgenden Wintermonaten elend zugrunde gingen. Nur wenige Überlebende erreichten je wieder ihre Heimat.

Thukydides merkt dazu an: »Man kann wohl sagen, daß dies Ereignis von allen in diesem Kriege das bedeutendste war, meines Erachtens sogar von allen, die wir aus der Überlieferung der Hellenen kennen, für die Sieger der größte Ruhm, für die Untergegangenen das größte Unglück.«[5] Inmitten mehr lyrischer oder tragischer Passagen analysiert er die Bedeutung der katastrophalen Niederlage, die die Athener erlitten hatten. Durch die Mittelmäßigkeit und Unfähigkeit des Nikias im Felde und der Volksversammlung daheim hatten die Athener ein Drittel ihrer gesamten wehrfähigen Mannschaft sowie den größten Teil der Flotte verloren.

Doch selbst nach dieser vernichtenden Niederlage waren weder ihre Mittel völlig erschöpft noch war ihre Widerstandskraft gebrochen, und die Schwäche und Armut Spartas erlaubten es ihnen, den Peloponnesischen Krieg noch neun Jahre lang fortzuführen.

Thukydides, der vor allem vom athenischen Standpunkt aus schreibt – wie so viele Historiker nach ihm – legt übrigens zuwenig Gewicht auf den zweiten Teil seiner These: daß die siegreichen Siziler ihren großartigsten Erfolg errungen hätten. Tatsächlich war dies nach dem Sieg über die Perser bei Himera (480) der größte militärische Triumph in der Geschichte von Syrakus. So wie Himera die Stadt und das gesamte westliche Griechentum vor der Herrschaft Karthagos gerettet hatte, so hatten die Ereignisse der Jahre 415–413 ihr Leben in Wohlstand und Freiheit vor der imperialistischen Bedrohung durch Athen bewahrt.

Ob es auf lange Sicht für sie selbst und die Menschheit besser gewesen wäre, wenn sie besiegt und in das athenische Reich eingegliedert worden wären, das dann mit Hilfe des sizilischen Getreides und Geldes den Peloponnesischen Krieg hätte gewinnen können, ist wie so viele andere historische Überlegungen vom Typ: »Was wäre gewesen, wenn ...« zu hypothetisch, um näher untersucht zu werden. Der Sieg der Stadt Syrakus hatte jedenfalls ein ganz konkretes Ergebnis: Die Stadtstaaten der Westgriechen sollten von nun an ihre lebhafte und turbulente Geschichte ohne nennenswerten Einfluß des griechischen Mutterlandes selbst in die Hand nehmen.

Hermokrates, der einflußreichste Bürger von Syrakus, dessen Rolle in der siegreichen Auseinandersetzung so entscheidend gewesen war, fand dasselbe erbärmliche Ende wie so viele Retter Griechenlands. Nachdem der Spartaner Gylippos wieder in die Anonymität zurückgekehrt war (um dann in der Folge wegen Unterschlagung verurteilt und in die Verbannung geschickt zu werden), sandten die Syrakusaner aus Dankbarkeit den Spartanern ein Hilfskontingent unter Führung des Hermokrates, das ihnen gegen die Athener helfen sollte. Aber während Hermokrates in der Ferne weilte, setzten seine politischen Feinde – welche von den siegreichen, syrakusanischen Ruderern an die Macht gebracht worden waren – unter Führung des Diokles radikale, demokratische Reformen durch, die unter anderem die Einführung des Lossystems beinhalteten (und damit ironischerweise an die athenische Verfassung erinnerten), und verhängten über Hermokrates die Verbannung.

Bald darauf kehrte Hermokrates angesichts einer karthagischen Invasion Siziliens – die die Zerstörung von Himera und Selinus zur Folge hatte und die panhellenischen Empfindungen gegen die Eindringlinge erneut aufstachelte – auf eigene Faust mit fünf Triremen und 1000 Söldnern nach Sizilien zurück. Dort erwarb er sich neuen Reichtum und großes Ansehen durch Raubzüge in die karthagischen Gebiete Siziliens.

Obwohl die Syrakusaner nun Diokles verbannten, taten sie nichts, um Hermokrates zurückzurufen oder wiedereinzusetzen. Daraufhin versuchte dieser, mit Gewalt in die Stadt zurückzukehren, wurde jedoch bei diesem Unternehmen getötet. Trotz seines untadeligen Patriotismus in früheren Zeiten können syrakusanische Beschuldigungen, daß er die Errichtung einer Diktatur anstrebte, nicht als völlig haltlos zurückgewiesen werden. Aber es war ein kümmerliches Ende für einen Mann, der nach dem Urteil des Thukydides eine der herausragenden Gestalten der griechischen Geschichte des fünften Jahrhunderts gewesen ist.

1 Thukydides, III, 86.
2 Ibid., IV, 58–64.
3 Ibid., VI–VII.
4 Ibid., VI, 77.
5 Ibid., VII, 87.

# 17 SOPHOKLES: LEIDENDE HELDEN UND HELDINNEN

Sophokles war Sohn des Sophillos, eines wohlhabenden Waffenschmiedes aus dem Demos Kolonos vor den Toren Athens. In der Musik unterwies ihn Lampros, der berühmteste Musiker seiner Zeit, in der Tragödiendichtung vermutlich Aischylos (s. Kap. 2). Als ein Mann von angenehmer Erscheinung und großer Liebenswürdigkeit war er ein Freund des Perikles und bekleidete eine Reihe wichtiger öffentlicher Ämter: *Hellenotamias* (Verwalter der Tributzahlungen der Bündnispartner) im Jahre 443/442, Stratege im Jahre 440, als er der zweite Feldherr im Kampf gegen das aufständische Samos war, und später noch ein weiteres Mal, schließlich Mitglied des Probulenkollegiums, das die Notstandssituation nach der syrakusanischen Expedition regeln sollte. Er war auch Priester und fungierte als athenischer Gesandter bei anderen griechischen Stadtstaaten.

Einhundertdreißig Stücke sind ihm zugeschrieben worden; davon hat man später sieben nicht mehr als authentisch angesehen. Vierundzwanzig seiner Tetralogien waren in dramatischen Wettkämpfen erfolgreich. Eine Tetralogie bestand jeweils aus drei Tragödien und einem Satyrspiel. Allerdings präsentierte Sophokles nicht mehr wie Aischylos drei inhaltlich zusammenhängende Tragödien in einer Folge, sondern betrachtete jedes der drei Stücke, die er bei einem Wettkampf aufführte, als eine geschlossene künstlerische Einheit.

Sieben seiner Tragödien und ein großer Teil eines Satyrspiels, der *Ichneutai*, sind uns erhalten. Sie entstammen der vierzigjährigen Schaffensperiode seines Lebens, gehören jedoch einer relativ späten Phase an und repräsentieren reifere Proben seiner Kunst.

Die Tragödie *Asias* entstand in den 440er Jahren. Als Achilleus gegen Ende des Trojanischen Krieges fällt, gibt es einen Wettstreit um seine Waffen und seine Rüstung. Aias beansprucht sie mit dem Argument, daß er der tapferste Krieger im griechischen Heere sei. Aber sie werden statt dessen Odysseus zugesprochen, und Aias schwört diesem und allen, welche ihm den Preis zugesprochen haben, blutige Rache. Die Göttin Athena jedoch, die über seine Zurückweisung göttlicher Hilfe erzürnt ist, schlägt ihn mit Wahnsinn (obwohl sie seine Schutzpatronin ist), so daß er Herdentiere für die griechischen Fürsten hält und unter ihnen ein Blutbad anrichtet. Als der Wahnsinn von Aias weicht, beharrt dieser angesichts seiner Schande darauf, sich selbst den Tod zu geben. Der Gefangenen Tekmessa, die seine Geliebte ist, sowie dem Chor der salaminischen Seeleute gelingt es nicht, ihn von seinem Entschluß abzubringen, und nachdem er einige Abschiedsworte an sein Söhnchen Eurysokes gerichtet hat, bereitet er sich auf den Tod vor. Dann jedoch überbringt ein Bote von dem Seher Kalchas die Nachricht, daß alles gut werden könnte, falls Aias nur diesen einen Tag lang das Zelt nicht verlasse. Aber da ist es schon zu spät, und Tekmessa findet ihn nur noch tot auf. Menelaos will mit Unterstützung seines Bruders Agamemnon, des Oberbefehlshabers des Heeres, verhindern, daß der Leichnam bestattet wird. Aber Odysseus überredet die beiden nachzugeben, und Aias wird von seinen Seeleuten zu Grabe getragen.

Athenas schadenfrohe Haltung ist erschreckend, und auch Agamemnon und Menelaos zeigen eine abstoßende Rachsucht, lediglich Tekmessa ist eine sympathische Gestalt. Alles konzentriert sich jedoch auf die Persönlichkeit des Aias, der sich einem typisch sophokleischen Konflikt ausgesetzt sieht. Seine übermäßige Stärke, die durch seine Beschränktheit und Unwissenheit neutralisiert wird, richtet ihn zugrunde. Obwohl seine Größe anerkannt und bestätigt wird, bedeutet sein übersteigertes Selbstbewußtsein, daß der tödliche Schlag unvermeidlich ist.

Sophokles zeichnet auf seine Weise die Entwicklung von einem archaischen Ehrenkodex hin zur Ethik der *polis* seiner Tage. Denn Aias ist ein Held in des Wortes alter Bedeutung und gehört damit einer vergangenen Zeit an – und Aias selbst gelangt zu der

Erkenntnis, daß es in der neuen Zeit für eine heroische Gestalt seines Schlages keine Existenzmöglichkeit mehr gibt.

Im Jahre 441 schrieb Sophokles *Antigone*, die erste der drei großen, erhaltenen Tragödien aus dem Zyklus der thebanischen Mythologie.

Nach der Abdankung des Oidipus von der thebanischen Königsherrschaft hatte sein Sohn Polyneikes, einer der »Sieben gegen Theben« (nach dem gleichnamigen Schauspiel des Aischylos), versucht, mit Hilfe der Argiver seinem Bruder Eteokles die Herrschaft über die Stadt zu entreißen. Die beiden Brüder erschlugen sich jedoch gegenseitig im Zweikampf, und ihr Onkel Kreon, der den Thron erbte, verbot bei Todesstrafe, den Leichnam des Polyneikes zu bestatten. Wie bei Aischylos in *Sieben gegen Theben* zeigt sich jedoch auch hier Antigone, die Schwester des Toten, entschlossen, den Befehl zu mißachten und die Bestattungszeremonien durchzuführen.

Sie wird jedoch bei Ausführung der Tat entdeckt und vor Kreon gebracht, vor dem sie ihre Tat unter Berufung auf das heilige Naturrecht rechtfertigt, welches ihrer Auffassung nach über allen menschlichen Satzungen steht. Aber der König spricht sie schuldig und läßt sie lebendig in eine Gruft einmauern, wo sie den Tod finden soll. Ihre Schwester Ismene, die sich an ihrer kühnen Tat nicht hatte beteiligen wollen, verlangt nun, ihr Schicksal mit ihr teilen zu dürfen. Auch Kreons Sohn Haimon, der mit Antigone verlobt ist, stürzt nach einem heftigen Streit mit dem Vater davon, um an ihrer Seite zu sterben. Der blinde Seher Teiresias warnt Kreon vor den schweren Folgen seines Verstoßes gegen die göttlichen Gesetze. Von seinen Vorhaltungen beeindruckt, stößt Kreon seine Entscheidung um und eilt zu der Gruft, in die Antigone eingeschlossen worden ist. Aber er kann nur noch feststellen, daß sie sich bereits erhängt hat. Haimon, der die Tote in den Armen hält, erhebt erfolglos das Schwert gegen den Vater und nimmt sich dann ebenfalls das Leben. Als Kreon in den Palast zurückkehrt, muß er erfahren, daß auch seine Gemahlin Eurydike Hand an sich gelegt hat.

Obwohl der spezielle Streitpunkt, die Bestattungszeremonie,

bei den Athenern des Altertums eine größere Rolle spielte als in unserer Zeit, ist das eigentliche Thema der Tragödie der ewige Konflikt zwischen den Geboten des Staates oder der Gesellschaft und den höheren Rechten einer ewigen Weltordnung. In der Terminologie der zeitgenössischen Sophisten (s. Kap. 12), deren Denken Sophokles wohlvertraut war, müßte man sagen, daß es um den Gegensatz zwischen dem begrenzten Geltungsanspruch menschlicher Gesetze und Gebräuche *(nomos)* und den transzendenten Anforderungen ewig gültiger Naturgesetze *(physis)* geht. Sowohl Antigone als auch Kreon haben durchaus berechtigte Anliegen und vertreten sie mit leidenschaftlicher, beredter Überzeugungskraft. Aber Kreon, der mit dem Makel des Zweckmäßigkeitsdenkens und übersteigerter *Hybris* behaftet ist, versucht, ein moralisches Gesetz einzuschränken, das außerhalb seines Zuständigkeitsbereiches liegt, während Antigone trotz ihrer Härte, Unbesonnenheit und ihres Trotzes nicht nur opferbereit, sondern überdies auch im Recht ist. Das Drama ist ein Hohelied auf die Humanität: »Viel des Gewaltigen gibt es, singt der Chor, doch nichts ist gewaltiger als der Mensch.«[6]

Dieser gesamte Problemkreis von öffentlichem Recht und individuellem Gewissen bot den Athenern viel Stoff zum Nachdenken in einer Zeit, in der Jahr für Jahr zahllose Fragen der Legitimität und der rechtlichen Verpflichtung im Rahmen der kontinuierlichen und unbeirrbaren Ausdehnung der athenischen Herrschaft aufgeworfen wurden und in der sich jede dieser Fragen am Maßstab von Recht und Unrecht messen lassen mußte. Nicht daß Sophokles Kreon mit Athen oder Perikles gleichsetzte, dazu ist er zu subtil; die Tragödie behandelt die zentralen Fragen der Zeit nur indirekt, dafür jedoch um so eindrucksvoller.

Sophokles' *Trachinierinnen* (aus den frühen 420er Jahren) haben ihren Namen von den Frauen des Chors, die aus dieser Gegend in Zentralgriechenland stammen. Die Herrin des Landes, Deianira, ist besorgt wegen der langen Abwesenheit ihres Gemahls Herakles, und sie trägt sich mit dem Gedanken, ihren Sohn Hyllos nach ihm auszusenden. Aber da trifft ein Bote ein und verkündet, daß Herakles gesund und wohlbehalten auf dem Rückzug nach Trachis sei. Nachdem er gewaltige Taten vollbracht habe, so berichtet sein Herold Lichas, befinde sich der Held gegenwärtig auf der Insel Euboia, wo er Zeus voller Dankbarkeit einen Altar errichtet. Lichas hat gefangene Frauen aus Dechalia mitgebracht, und Deianira erfährt, daß eine von ihnen, Iole, die Geliebte des Herakles ist.

Deianira möchte seine Liebe zurückgewinnen und sendet ihm zu diesem Zweck ein Gewand, das mit einem angeblich aphrodisischen Zaubermittel bestrichen ist, welches ihr der Kentaur Nessos vermacht hatte, nachdem er von einem vergifteten Pfeil des Herakles getroffen worden war. Das Zaubermittel ist jedoch in Wirklichkeit ein tödliches Gift, und Hyllos kehrt zurück und berichtet, daß Herakles das Gewand angelegt habe und sich nun in Todeskämpfen winde. Deianira gibt sich in ihrer Verzweiflung selbst den Tod, nachdem sie Hyllos befohlen hat, den Leichnam seines Vaters einzuäschern und Iole zur Frau zu nehmen.

Hyllos richtet daraufhin heftige Angriffe gegen die Götter, welche selbst die Größten unter den Menschen mit Unglück überwältigen, während sie selbst von allem unberührt bleiben. Ja, schlimmer noch: In dieser Tragödie sorgen die Unsterblichen, die nach ihren eigenen unerforschlichen und geheimnisvollen Plänen handeln, dafür, daß jeder Schritt, den Herakles unternimmt, um seinem Geschick zu entfliehen, ihn nur dem Verhängnis näherbringt. Seine Schuld liegt darin, daß er sich in heroischer Weise zu selbstbewußt gezeigt hat; und Deianira ist töricht, weil sie glaubt, ihr Zauber könne nicht nur die Menschen täuschen, sondern auch die Pläne der Götter zunichte machen. Wir treffen hier auf eine düstere und rauhe Seelenlandschaft, wo wilde Emotionen dicht unter der Oberfläche wüten und gelegentlich durchbrechen.

In *Elektra*, erstmals aufgeführt zwischen 418 und 410, kehrt Orestes, der dem Geschlecht des Atreus entstammt, in Begleitung seines Freundes Pylades auf Befehl des Delphischen Orakels in seine Heimatstadt Mykenai (Argos) zurück, um die Ermordung seines Vaters Agamemnon durch seine Mutter Klytaimnestra zu rächen. Es handelt sich also um die gleiche Problematik wie in der *Orestie* des Aischylos.

Die beiden jungen Männer fassen den Plan, Klytaimnestra in

einer Verkleidung aufzusuchen und ihr zu berichten, daß Orestes tot sei und daß sie seine Asche brächten. Die Königin und ihre Tochter Elektra sind gerade in einem heftigen Streit befangen, als ein Bote erscheint, um die falsche Nachricht von Orestes' Tod zu überbringen. Doch Klytaimnestras andere Tochter Chrysothemis – die versucht hat, Elektras Zorn zu besänftigen – berichtet ihrer Schwester, daß sie soeben Blumen nebst einer Haarlocke auf dem Grabe Agamemnons gefunden habe, womit erwiesen sei, daß ihr Bruder noch unter den Lebenden weile. Elektra will sich nicht überzeugen lassen. Aber dann erschallt der Todesschrei Klytaimnestras, die von Orestes und Pylades niedergestreckt worden ist, und unmittelbar darauf wird auch ihr Liebhaber Aigisthos erschlagen, der an ihrer Seite die Herrschaft an sich gerissen hatte. Die Frauen von Mykenai, die den Chor bilden, begrüßen die Ermordung des Usurpators und geben der Hoffnung Ausdruck, daß damit endgültig der Fluch vom Hause des Atreus genommen sei.

Bei Sophokles steht das Problem des Muttermordes nicht so stark im Mittelpunkt wie bei Aischylos, denn die Tat ist zwar furchtbar, aber gleichzeitig gerecht und notwendig. Die Tragödie enthält ein Gutteil Grausamkeit, ebenso wie Mut und Leid oder auch Exzesse von Haß und Liebe. Die Handlung ist äußerst kunstvoll aufgebaut. Inmitten von Gestalten, die nicht länger als fernstehende Geschöpfe des Mythos erscheinen, sondern menschliche Stärken und Schwächen zeigen, wirkt Elektra zwar nicht immer wie eine Heldin, aber sie ist doch kunstvoll gezeichnet und wird aus verschiedenen Perspektiven gesehen.

*Philoktetes*, der Held der gleichnamigen Tragödie, ist vom griechischen Heer während der Fahrt nach Troja auf der Insel Lemnos zurückgelassen worden, weil er nach einem Schlangenbiß eine ekle, unheilbare Wunde zurückbehalten hat. Neun Jahre hat er bei Beginn der Handlung auf der menschenleeren Insel zugebracht, und nur der Bogen und die Pfeile, die ihm einst Herakles geschenkt hat, haben ihn vor dem Hungertod bewahrt. Aber ein Seher hat geweissagt, daß Troja nur fallen werde, wenn Neoptolemos, der Sohn des Achilleus, und Philoktetes – mit dem Bogen des

Herakles – an der Belagerung teilnähmen. Deshalb wird Odysseus gemeinsam mit Neoptolemos vom griechischen Heer nach Lemnos entsandt, um Philoktetes zu holen. Zwar gelingt es dem widerstrebenden Neoptolemos unter Anleitung von Odysseus, mit einem Täuschungsmanöver den Bogen des Philoktetes in seinen Besitz zu bringen – aber dann gesteht er voller Mitleid seinem gequälten Opfer die Wahrheit und bietet ihm an, gemeinsam mit ihm nach Griechenland zurückzukehren. Aber an diesem Punkte tritt Herakles, der inzwischen unter die Götter aufgenommen worden ist, in Erscheinung, und befiehlt den beiden im Namen des Zeus, gemeinsam die Fahrt nach Troja anzutreten, wo sein Bogen tatsächlich den Griechen den Sieg bringen werde. Daraufhin entschließt sich Philoktetes, nachdem ihm die Heilung seiner Wunde zugesagt worden ist, dem göttlichen Befehl Folge zu leisten.

*Philoktetes* ist die dramatisch komplexeste Tragödie des Sophokles, und seine psychologische Exaktheit und Einfühlsamkeit machen ihn für moderne Leser und Zuschauer besonders anziehend. Das Schauspiel zeigt Menschen unter dem Einfluß ihrer Leidenschaften, die auf der Grundlage unzureichender Kenntnisse versuchen, die Zukunft zu planen, wobei sie in einer Atmosphäre von Überredung, Täuschung und Gewalt leben, die den athenischen Zuschauern einige Gedanken über den moralischen Niedergang ihrer eigenen, kriegsgeplagten Welt aufgegeben haben muß.

Philoktetes ist innerlich zerrissen zwischen seinem Wunsch, sich wieder seinen Kameraden anzuschließen und der Bitterkeit, von ihnen im Stich gelassen worden zu sein. Der Konflikt des jungen Neoptolemos seinerseits beruht auf der Unvereinbarkeit eines edlen Ziels mit den unwürdigen Mitteln, die zu seiner Erreichung notwendig erscheinen; er erlebt den Tod seiner Ideale unter dem Druck des Odysseus, dessen amoralische Unehrenhaftigkeit an die schlimmsten Auswüchse des zeitgenössischen Sophismus erinnert (s. Kap. 12). Der Chor, der von den Seeleuten des Neoptolemos gebildet wird, ist in außergewöhnlicher Weise an der Handlung beteiligt.

*Oidipus auf Kolonos (Oidipus Koloneus)*, das letzte Werk des Sophokles, wurde nach seinem Tode im Jahre 401 uraufgeführt. Die Handlung schließt an die Tragödie *Oidipus Tyrannos* an, die damit endet, daß der Held sich selbst blendet und Theben verläßt. Nun kommt er, geführt von seiner Tochter Antigone, als zerlumpter Bettler nach jahrelanger unsteter Wanderschaft in Kolonos bei Athen an. Die Ältesten von Kolonos begeben sich zu dem Heiligtum, um ihn zu sehen, sind jedoch entsetzt, als sie erfahren, wer er ist, und befehlen ihm weiterzuziehen. Aber als er an die athenische Gastfreundschaft appelliert, erklären sie sich bereit, die Entscheidung König Theseus' abzuwarten. Theseus verspricht, ihm zu helfen, und bringt Kreon eine Niederlage bei, der von Theben gekommen ist, um den blinden, ehemaligen König und Antigone gefangenzunehmen (ihre Schwester Ismene ist bereits festgenommen worden). Dann trifft Oidipus' Sohn Polyneikes ein (dessen weiteres Schicksal den Hintergrund für die *Antigone*-Tragödie bildet), um den Segen seines Vaters zu suchen, aber Oidipus verstößt ihn und verflucht seine beiden machtgierigen Söhne.

Donnerschläge vom Himmel verkünden Oidipus, daß seine Stunde gekommen ist, und in Begleitung von Theseus und seinen Töchtern geht er den Weg zu dem Ort, wo er diese Erde verlassen wird. Auf halbem Wege nimmt er Abschied von Antigone und Ismene, und was dann geschieht, weiß allein Theseus; aber dem Bericht eines Boten läßt sich entnehmen, daß Oidipus unter die Götter aufgenommen wurde.

Diese haben mit ihrem Urteil das letzte Wort, aber wir können ihre Gründe nicht nachvollziehen. Insofern ist die letzte Tragödie des Sophokles seine rätselhafteste Hinterlassenschaft. Oidipus ist weit davon entfernt, ein Heiliger zu sein, wie sein fortdauernder Haß auf seine Söhne bezeugt. Aber die Geschichte der ersten Tragödie *Oidipus Tyrannos* hat eine Weiterentwicklung erfahren, so daß er jetzt sagen kann, daß man gegen ihn sündige, anstatt sich selbst als Sünder bekennen zu müssen: sein tragisches Leiden hat ihn gerechtfertigt und geadelt, er ist von äußerster Isolation zur Gemeinschaft mit den Göttern gelangt.

In einer Zeit, in der Athen vor dem Untergang steht, läßt der Dramatiker seinen Theseus diese herzergreifend wehmütigen

Worte zu Kreon sprechen: »In unsre Stadt, die stets das Rechte übte, stets zur Richtschnur das Gesetz nahm, drangst du ein ...«[7] Und dieser furchtbare Kreon kommt aus Theben, das zur Zeit der Entstehung der Tragödie noch immer der unversöhnliche Feind des besiegten Athens war (s. Kap. 24).

Das Element des Schauspielerischen muß einen starken Einfluß auf Sophokles' dramatische Technik ausgeübt haben. Von ihm stammt auch die Einführung eines dritten Schauspielers auf der Bühne, die es erlaubte, komplexere Situationen und Handlungsverläufe zu gestalten, als dies noch dem Aischylos möglich gewesen war. Diese Handlungsverläufe zeigen eine schnelle Entwicklung sowie eine straffe, sparsame und knappe innere Einheit; und Sophokles' Stil und Sprache entfalten außerordentlich flexible Ausdrucksmöglichkeiten.

Die athenischen Zuschauer kannten die Mythen, deren Stoffe der Dichter verarbeitete, und wußten deshalb, wie das Geschehen weitergehen würde – im Gegensatz zu den Figuren auf der Bühne. Die Tragödien bewegten sich deshalb auf zwei verschiedenen Bedeutungsebenen, ein Phänomen, für das man den Begriff der »tragischen Ironie« verwendet hat. Durch sie wurden die Distanz und die Gegensätze zwischen Schein und Wirklichkeit aufgezeigt, und sie ist auch das besondere Kennzeichen der Sophokleischen Dichtung. Der Chor, der weit mehr ist als das Sprachrohr des Dramatikers und auch mehr als ein mahnender oder unbeteiligter Beobachter, betritt die Bühne oft in einem Zustand erregter Ungewißheit oder Neugierde. Seine lyrischen, gedankenreichen Gesänge dienen dazu, den Blick zu weiten und zu vertiefen, Handlung und Empfindung miteinander zu verschmelzen und deutlich zu machen, daß die traditionellen Mythen nichts anderes sind als Muster für allgemein menschliches Streben und Streiten.

Die mythischen Charaktere, die diese gewaltigen Schicksale durchleben, werden nicht bis in die kleinsten Züge hinein ausgemalt, sondern sie bieten ein Bild starker Kontraste, das mehr von der Handlung als von psychologischen Feinheiten bestimmt ist. Wenn jedoch das Hauptgewicht auf psychische Gegebenheiten gelegt wird, dann in erster Linie, um die moralischen Qualitäten und Prinzipien hervorzuheben, die das Handeln der Figuren in ihren schrecklichen Konflikten zwischen den Anforderungen des Staates, der Familie, ihrer eigenen Persönlichkeit und dem Willen der Götter bestimmen.

Katastrophen, wie das Ende der Deianira oder des Oidipus, treten immer dann ein, wenn die göttliche Ordnung mißachtet worden ist, sei es durch verbohrten menschlichen Starrsinn oder eigennützige Gewalttätigkeit, oder sei es durch unbeabsichtigtes, unüberlegtes Handeln. Wie auch immer die Antworten auf die verzweifelten Fragen lauten mögen, der Wille der Götter muß akzeptiert werden, denn wenn er auch im moralischen Sinne neutral oder gar bedenklich erscheinen mag, so verkörpert er doch die unvermeidliche, oft rätselhafte Ordnung der Welt.

Das hilflose Leiden, das auf diese Weise entsteht, ist in der Sicht des Sophokles letztlich segensreich, denn es lehrt uns Entscheidendes über Sinn und Werden aller Dinge. Auch können die Charakterzüge des Leidenden – selbst wenn sie zu seinem Untergang geführt haben – tragische Würde und ruhmreichen Heroismus in überlebensgroßem Maße an den Tag legen. In vielen Fällen gibt es weder Trost noch Erlösung noch ein Entkommen, doch finden wir auch die abschließende, feierliche Versöhnung, wie am Ende des *Oidipus auf Kolonos*, der die letzte und höchste Erkenntnis des Sophokles dramatisch gestaltet hat.

Zwei Typen von Büsten, die vermutlich den Dramatiker darstellen und aus der Spätantike datieren, sind uns in Kopien erhalten. Beide Bildnisse sind jedoch nicht nach der Natur gefertigt. Der »Farnese-Typus« wird in beispielhafter Form durch einen kunstvollen Bronzekopf aus Kleinasien repräsentiert, der vermutlich aus dem zweiten, vorchristlichen Jahrhundert stammt und im British Museum aufbewahrt wird. Der »Lateran-Typus« wird von einer Marmorstatue in voller Größe aus der Römerzeit wiedergegeben, die ihrerseits auf ein Bronzebildnis zurückgeht, das etwa 340, also mehr als sechzig Jahre nach dem Tode des Sophokles, im Theater von Athen aufgestellt wurde.

Diese Köpfe sind Teil einer Überlieferung, welche uns einen falschen Eindruck von Sophokles vermittelt hat. Sie zeichnen ihn nämlich als ruhig und heiter, so wie nach damaliger Vorstellung ein Dramatiker auszusehen hatte, d. h. als einen Mann, der das Leben gefaßt und im Ganzen betrachtet, wie Matthew Arnold es einmal ausgedrückt hat. Aber diese Art von überholter Bewertung des Sophokles berücksichtigt zu wenig den düsteren und qualvollen Schmerz, den seine Sicht der Welt widerspiegelt, welche uns tödliche Konflikte vorführt, die in unserer unruhigen Gegenwart zu tiefempfundenen Neuinterpretationen geführt haben.

6 Sophokles, *Antigone*, 332.
7 Ibid., *Oidipus auf Kolonos*, 913f.

# 18 EURIPIDES: DER DRAMATISCHE HERAUSFORDERER

Euripides (485/480–406) entstammte einer Familie, in der das Priesteramt erblich war und die auf der Insel Salamis über Landbesitz verfügte. Anders als Sophokles war er ein Einzelgänger, der keine Rolle im politischen Leben Athens spielte, außer daß er möglicherweise einmal an einer Gesandtschaft nach Syrakus teilnahm. Es wird berichtet, daß er 88 oder 90 Stücke geschrieben habe, von denen 17 oder 18 vollständige Tragödien und ein Satyrspiel *(Kyklopen)* erhalten sind. Er gewann allerdings nur wenige dramatische Wettbewerbe, davon vier zu seinen Lebzeiten und einen nach seinem Tode. Das mag der Grund dafür gewesen sein, daß er kurz vor seinem Tode an den Hof des Archelaos, des Königs von Makedonien, ging (408).

In seiner Tragödie *Alkestis* (438) hat Apollon, der während einer zeitlich begrenzten Verbannung vom Olymp für König Admetos von Pherai Schafe hüten muß, die Parzen dazu gebracht, König Admetos zu versprechen, daß sie ihn vor dem Tode bewahren würden, falls es ihm gelänge, im Augenblick des Sterbens einen freiwilligen Stellvertreter zu finden. Seine Gemahlin Alkestis erklärt sich zu dem Opfer bereit, und Thanatos (der Totengott) erscheint, um sein Opfer abzuholen. Aber Herakles, den sein Weg gerade zufällig nach Pherai führt, eilt ihm nach, um die Verstorbene zu retten. Als sie und Admetos wieder vereint sind, verläßt Herakles die beiden und setzt seine Fahrt fort.

*Alkestis*, das anstelle eines Satyrspiels aufgeführt wurde, aber trotzdem noch als Tragödie klassifiziert werden kann, verbindet zwei bekannte Märchenmotive zu einer kühnen und erregenden Einheit.

Herakles wird sowohl aus tragischer als auch aus komischer Perspektive gezeigt. Aber die menschlichen Figuren zeigen, daß wir es hier mit einem neuartigen Dramatiker zu tun haben. Der großherzige Mut und die Hingabe der Alkestis führen auf den Weg zu den späteren psychologischen Studien charakterstarker Frauen, guter wie böser, im Werk des Euripides. Was Admetos betrifft, so wirkt er beschämend unheroisch – bis wir erkennen, daß aus der Sicht der alten Griechen der Fortbestand der Familie weitaus wichtiger war als das Schicksal einer einzelnen Frau; und außerdem steht der König am Schluß selbst erschüttert vor dem Ausmaß seiner Schwäche.

Die Tragödie *Medeia* hat ihren Namen von der Tochter des Königs Aietes von Kolchis im Kaukasus, die ihren Vater verlassen und ihren Bruder ermordet hat, um Iason aus Iolkos in Thessalien, dem Führer des Argonautenzuges, zu helfen, das Goldene Vlies zu gewinnen. Nachdem Iason das Vlies errungen hat, begleitet sie ihn auf seiner Heimfahrt und arrangiert die Ermordung seines ihm feindlich gesonnenen Onkels Pelias, des Königs von Kolchos. Von Pelias' Sohn Akastos aus dem Lande getrieben, fliehen Iason und Medeia nach Korinth (dessen Frauen den Chor der Tragödie bilden), wo sie ihm eine treue Gemahlin ist und ihm zwei Söhne schenkt. Dann aber will Iason sie verstoßen – mit der Begründung, daß sie nur eine Barbarin sei –, um Kreusa, die Tochter König Kreons von Korinth zu heiraten.

Da Kreon Medeias Zauberkräfte fürchtet, befiehlt er, daß sie verbannt werde, aber sie überredet ihn, ihr eine Frist bis zum nächsten Morgen zu gewähren. Nachdem sie Iason heftige Vorwürfe gemacht und ihn verflucht hat, verspricht ihr der durchreisende athenische König Aigeus, daß sie in seinem Lande Asyl erhalten werde. Anstatt Korinth zu verlassen, bringt sie jedoch Kreusa mit einem vergifteten Gewand ums Leben, ermordet König Kreon auf die gleiche Weise und tötet dann eigenhändig ihre Kinder. Am Ende des Stückes schwebt sie in wunderbarer Weise in einem Flammenwagen über die Bühne, der ihr von ihrem Großvater, dem Sonnengott Helios, gesandt worden ist; und Iason, der Rache geschworen hat, bleibt zurück und beklagt vergeblich ihre Grausamkeit.

*Medeia* ist ebenso wie *Alkestis* klar gegliedert, wobei die wichtigsten Szenen gut ausbalanciert sind. Sie handeln von einem neuartigen Thema, der Macht der Leidenschaft im Herzen einer Frau, die durch ein unerträgliches Unrecht zu einer Furie geworden ist. Vor ihren blutrünstigen Taten durchlebt Medeia einen dramatischen, seelischen Konflikt – eine der ersten seelischen Zwangslagen, die jemals so umfassend und mit solch quälender Akribie beschrieben worden sind. Die Heldin ist sich völlig darüber im klaren, was sie tut, so daß wir annehmen dürfen, daß Euripides mit seiner Vorliebe für die Exemplifizierung gedanklicher Inhalte die Auffassung des Sokrates widerlegen wollte, daß »niemand willentlich Unrecht tut« (s. Kap. 21).

Aber war ihre Tat wirklich ein so großes Verbrechen? Bis zu welchem Grade ist gewaltsame persönliche Vergeltung für grobes, soziales Unrecht legitim? Und wie kann Iason seinen Stolz darein setzen, ein zivilisierter Grieche zu sein, wenn er gleichzeitig die Ausländerin Medeia zu ihren Bluttaten treibt? Er ist ein selbstgefälliger, hochmütiger und undankbarer Charakter, weit schlimmer noch als Admetos in *Alkestis*.

Die *Herakliden* (ca. 429/427) haben ihren Namen von den Kindern des Herakles, die ebenso wie ihr Vater von König Eurystheus von Argos und Mykenai verfolgt werden. Gemeinsam mit Herakles' Mutter Alkmene haben sie Zuflucht im Heiligtum des Zeus in Marathon gesucht, wo Demophon, der König von Athen, ihnen Asyl gewährt. Eurystheus, dem Demophon den Zugang zum Heiligtum versperren will, droht mit Krieg gegen Athen, und ein Orakel verkündet, daß eine Niederlage gegen ihn nur vermieden werden könne, wenn der Unterweltgöttin Persephone ein adliges Mädchen geopfert würde. Herakles' Tochter Makaria erbringt dieses Opfer, und die Athener besiegen Eurystheus und nehmen ihn gefangen, um ihn dann, trotz der Einwände des Chors der Ältesten von Marathon, auf Alkmenes Drängen hin zu töten. *Herakliden* scheint nicht sorgfältig gearbeitet zu sein, denn die verschiedenen Motive sind nicht zu einem einheitlichen Ganzen gefügt. Die Helden geben kein gutes Bild von sich, aber das Opfer Makarias (wie dasjenige der Alkestis in dem früheren Stück) ist bewegend, und ebenso wie in *Medeia* finden wir auch hier, in diesen frühen Jahren des Peloponnesischen Krieges, ein tiefempfundenes Loblied auf den athenischen Staat.

Die Tragödie *Hippolytos* (428) hat ihren Namen von dem Sohn König Theseus' von Athen und der Amazone Hippolyte. Er lehnt die Verehrung der Aphrodite ab und widmet sich ausschließlich dem Dienste der Artemis, der jungfräulichen Göttin der Jagd. Der Chor der Tragödie wird von Jägern gebildet. Die gekränkte Aphrodite sorgt dafür, daß seine Stiefmutter Phaidra in Leidenschaft zu ihm entbrennt. Zunächst hält sie ihre Liebe geheim, bis sie eines Tages durch ein Versehen ihre Gefühle ihrer Amme offenbart. Die Amme unterrichtet Hippolytos von der Liebe seiner Stiefmutter, und als Phaidra erfährt, daß er über alles Bescheid weiß und wie er reagiert hat, erhängt sie sich. Um sich für ihre verschmähte Liebe an ihm zu rächen, hinterläßt sie jedoch die Nachricht, er hätte sich ihr in verbotener Absicht genähert. Das entspricht zwar nicht der Wahrheit, aber sein Vater Theseus verbannt ihn und ruft den Fluch der Götter auf ihn herab. Daraufhin erscheint Poseidon auf dem Weg, der Hippolytos in die Verbannung führen soll, und erschreckt dessen Pferde, so daß sie durchgehen und Hippolytos mitschleifen, bis er schließlich schwer verwundet liegenbleibt. Aber nun erscheint die Göttin Artemis und enthüllt Theseus die Unschuld seines Sohnes, der nach der Versöhnung mit seinem Vater aus dem Leben scheidet.

In dieser Tragödie gehen zwei tugendhafte Menschen, Hippolytos und Phaidra, vorwiegend an eben dieser Tugendhaftigkeit zugrunde. Hippolytos ist auf wählerische, fast hochmütige Weise keusch geblieben; und Phaidra stirbt vor Scham, als ihre Empfindungen offenbar geworden sind. Die Nachricht, die sie hinterläßt, richtet großes Unheil an, und dies in Verbindung mit ihrer sexuellen Leidenschaft hat dazu geführt, daß man Euripides einen Weiberfeind nannte, obwohl er ihre blinde Leidenschaft weder verurteilt noch verteidigt, sondern die tödlichen Ergebnisse klinisch genau analysiert. Und ihre verhängnisvolle Botschaft hat für den Dramatiker noch die weitere Funktion, die verheerende Wirkung von Fehlinformationen zu zeigen, die in diesem Falle Theseus zu seiner tödlichen Fehlentscheidung verleiten.

Das Stück ist voller Argumente und Handlungsweisen, die den Einfluß der Sophisten (s. Kap. 12) erkennen lassen. »Die Zunge schwur ihn, doch das Herz weiß nichts davon« – dieser Ausspruch hat eine schneidende Satire des Komikers Aristophanes herausgefordert, als ein anschauliches Beispiel dafür, wie Redner aus einer schlechten Sache eine gerechte zu machen versuchen.[8]

In der Tragödie *Andromache* (430/424) planen Hermione und ihr Vater Menelaos, der König von Sparta, Molossos, den Sohn ihres abwesenden Gemahls Neoptolemos (der seinerseits Achilleus' Sohn ist) und der gefangenen trojanischen Herrscherin Andromache, zu ermorden. Andromache sucht Zuflucht im Heiligtum der Thetis (der Mutter des Achilleus und Ahnherrin des Neoptolemos), welches in der Nähe von Neoptolemos' Palast in Phthia in Thessalien gelegen ist. Die Jungfrauen Thessaliens bilden den Chor der Tragödie. Mit einer List wird Andromache von den mordgierigen Verwandten veranlaßt, das Heiligtum zu verlassen, und sie und ihr Kind werden zum Tode verurteilt. Doch der greise Peleus, der Gemahl der Thetis, erscheint, um sie zu retten, wobei der niederträchtige Menelaos feige vor ihm zurückweicht. Die verzweifelte Hermione wird nun von Angst vor dem Zorn ihres Gatten Neoptolemos erfaßt und trägt sich mit dem Gedanken, sich das Leben zu nehmen, aber da erscheint ihr Vetter Orestes, dem sie ursprünglich als Gemahlin versprochen war, und redet ihr dieses Vorhaben aus, unter Hinweis darauf, daß er selbst die Ermordung des Neoptolemos plane. Später wird dann von einem Boten berichtet, daß Neoptolemos in Delphi umgebracht worden sei, nachdem dessen Bewohner von Orestes gegen ihn aufgewiegelt worden waren. Das Stück endet mit dem Erscheinen der Göttin Thetis, die den Nachkommen der Andromache und des Molossos eine Königsherrschaft in Epirus prophezeit.

*Andromache* ist keineswegs eine gut durchkonstruierte Tragödie, denn sie bietet ein Triptychon mehr oder weniger isolierter Motive, die nicht zu einer dramatischen Einheit verschmolzen werden, und die Hauptfiguren werden ebenfalls in einer Art Aufreihung in existentiellen Situationen dargestellt. Aber wenn *Andromache* auch der dramatischen Einheit ermangelt, so konzentriert sie sich doch auf eine einheitliche Idee, die während des Peloponnesischen Krieges in Athen sehr populär war, nämlich die Vorstellung von der Bösartigkeit der Spartaner, die von Menelaos verkörpert wird, der uns als ein widerwärtiger Bühnenschurke entgegentritt.

Der Anfang der Tragödie *Hekabe* (ca. 425/424), die ihren Namen von der Gemahlin des trojanischen Königs Priamos hat – welche nun eine Gefangene der Griechen ist –, zeigt das Erscheinen des Geistes ihres Sohnes Polydoros, der von König Polymestor von Thrakien ermordet worden ist, zu dem man ihn geschickt hatte, um ihn in Sicherheit zu bringen. Der Geist des Polydoros verkündet, daß die siegreiche griechische Flotte nur dann von Troja absegeln könne, wenn seine Schwester Polyxena auf seinem Grabe geopfert werde; Odysseus übernimmt die Aufgabe, sie ihrem Opfertod zuzuführen. Hekabe ihrerseits lockt Polymestor in ihr Zelt, wo sie und ihre Dienerinnen (die den Chor des Stückes bilden) seine beiden Söhnchen ermorden und ihm selbst die Augen ausstechen. Agamemnon, der oberste Feldherr der Griechen, erklärt, daß der Gerechtigkeit genüge geschehen sei, und der geblendete Polymestor wird auf einem öden Eiland ausgesetzt, nachdem er vorher prophezeit hat, daß sowohl Agamemnon als auch Hekabe ein schreckliches Ende finden würden.

Wie an *Andromache* ist auch an *Hekabe* vergleichbar kritisiert worden, daß das Stück der dramatischen Einheit entbehre, denn die einzelnen Episoden folgen in mehr oder weniger unverbundener Weise aufeinander. Aber auch hier finden wir inmitten aller hochgeistigen Diskussionen ein durchgängiges Thema, das diesmal psychologischer Natur ist. Denn das Drama wird von seiner Hauptfigur Hekabe beherrscht, deren Persönlichkeit unter der Last des Leides zusammenbricht – eines Leides, das durch die harten Notwendigkeiten des Krieges bedingt ist und die Regeln *(nomoi)* rechtmäßigen Verhaltens zerstört: So verwandelt sich ihr Leiden in bestialische, mörderische Raserei.

Die Tragödie *Hiketiden (Die Schutzflehenden,* ca. 422/421) geht auf die mythischen Geschichten des thebanischen Sagenkreises zurück, der schon durch Aischylos' *Sieben gegen Theben* und Sophokles' *Antigone* literarische Unsterblichkeit erlangt hatte. Der Angriff auf die Stadt und ihren Herrscher Eteokles (den Sohn des Oidipus) durch seinen Bruder Polyneikes und dessen argivische Verbündete ist fehlgeschlagen, und die thebanische Führung hat sich geweigert, die Leichen der Angreifer zur Bestattung freizugeben. Ihre Mütter, die Schutzflehenden, von denen das Stück seinen Titel hat und die den stark an der Handlung beteiligten Chor bilden, kommen unter Führung von König Adrastos von Argos – des Schwiegervaters von Polyneikes – nach Athen, um dessen Herrscher Theseus zu bitten, sich bei den Thebanern für sie zu verwenden und ihnen die Bestattungserlaubnis zu verschaffen. Nach einigem Zögern willigt Theseus ein, ihr Anliegen vor die athenische Volksversammlung zu bringen. Als er dann die Thebaner bittet, ihm die Gefallenen zu überstellen, weigern sich diese jedoch und fordern ihn auf, Adrastos aus seinem Herrschaftsgebiet zu weisen. Theseus lehnt es ab, dieser Aufforderung nachzukommen, und aus dem nachfolgenden Kriege geht er als Sieger hervor. Die Sieben werden mit allen Ehren bestattet, und Adrastos legt auf Geheiß Athenas einen Eid ab, daß Argos niemals Krieg gegen Athen führen werde.

Es war das ein zeitgemäßes Thema, denn während Theben auf der Seite der Gegner Athens stand, hatte sich Argos nicht der spartanischen Allianz angeschlossen, und bald nach dem Nikiasfrieden (421) kam es zu einem Bündnis zwischen den Argivern und den Athenern. Obwohl der Frieden nur kurze Zeit dauerte, hat er den Dichter offenbar sehr beeinflußt, denn das Stück ist stark von pazifistischen Vorstellungen geprägt. Keine der Tragödien des Euripides ist so erfüllt von politischen und ethischen Diskussionen. Aithra, die Mutter des Theseus, stimmt mit Sophokles' Antigone darin überein, daß die formgerechte Bestattung eine höchste, moralische Verpflichtung darstelle, die in der Natur *(physis)* selbst begründet sei. Theseus wiederum verteidigt äußerst beredt die Gesetze und Sitten *(nomoi)* Athens, welche die Gleichheit aller Staatsangehörigen und die Redefreiheit verbürgen.

Das Stück *Der wahnsinnige Herakles* wurde um 420 uraufgeführt. Während Herakles abwesend ist, versucht Lykos, der König der Stadt Theben (deren Älteste den Chor bilden), die Familie des Heros zu ermorden. Mit Bränden treibt er sie aus dem Heiligtum, in welchem sie Zuflucht gesucht hat. Herakles kehrt gerade noch rechtzeitig heim, um seine Familie retten zu können, und Lykos findet durch ihn den Tod. Nun erscheint jedoch die Götterbotin Iris in Begleitung der Erinye Lyssa (die den Wahnsinn verkörpert), um auf Befehl der Göttin Hera, der ewigen Feindin des Herakles, dessen Geist zu umnachten, so daß er sein eigenes Weib und seine Kinder erschlägt. Lediglich sein Vater Amphitryon bleibt am Leben, weil Athena im letzten Augenblick einen Stein gegen Herakles schleudert, der ihn zu Boden streckt. Als er das Bewußtsein wiedererlangt, ist auch der Wahnsinn von ihm gewichen, und Theseus überredet ihn, nicht aus dem Leben zu scheiden, sondern mit ihm nach Athen zu gehen.

Wieder einmal in der Form eines Triptychons konstruiert, bietet *Der wahnsinnige Herakles* die pathologische Studie einer geistigen Erkrankung. Die tragische Verwundbarkeit aller menschlichen Größe tritt deutlich zutage, und eine Reihe entsetzlicher Rückschläge verdeutlicht die Wechselfälle des auserwählten, aber brüchigen Lebenslaufes des Helden. Im historischen, zeitgenössischen Kontext entspricht diesem Phänomen die Erfahrung, daß die Athener so häufig ihre hervorragendsten Mitbürger aus Neid und Eifersucht ins Unglück stürzten. Im Hinblick auf das Ende des Stückes mögen die Athener darin die erhoffte Aussöhnung zwischen Athen (Theseus) und seinen traditionellen peloponnesischen Feinden (Herakles) vorgezeichnet gesehen haben.

Die Tragödie *Troerinnen* (415) hat ihren Namen von dem Chor des Stückes, der von den Mitgefangenen der trojanischen Königin Hekabe gebildet wird (s. o. *Hekabe*). Der Herold Talthybios tritt auf und nennt die griechischen Heerführer, denen sie als Sklavinnen zugeteilt worden sind. Der junge Königssohn Astyanax, dessen Vater Hektor der gefallene Sohn der Hekabe war, wird aus den Armen seiner Mutter Andromache gerissen und von der Stadtmauer gestürzt. Dann erscheint Menelaos, der König von

Sparta, um Helena wieder aufzunehmen, deren Flucht mit Paris den Krieg ausgelöst hatte. Schließlich gehen die Reste von Troja in Flammen auf, in welche sich Hekabe voller Verzweiflung stürzen will, was ihr jedoch verwehrt wird. Am Ende bewegt sich der Zug der klagenden Gefangenen auf die griechischen Schiffe zu, doch ihre Aussichten, wohlbehalten im Lande der Sieger einzutreffen, sind gering, denn Athena hat sich der Hilfe Poseidons – der ebenso wie sie über die Griechen erzürnt ist – versichert, um ihre Heimreise scheitern zu lassen.

Die emotionale und lyrische Kraft der *Troerinnen* macht sie zu einem Meisterwerk unter den Dramen des Euripides. Sie wurden in demselben Jahr aufgeführt, in dem Athen so hoffnungsvoll seine syrakusanische Expedition begann, aber das Werk enthält nicht die entsprechenden Zeitbezüge, die man aus dem Rückblick erwarten würde. Die Anklage des Euripides ist allgemeiner Natur: die schonungslose Darstellung leidenschaftlicher und quälender Gefühle führt zu einem vernichtenden Urteil über den Krieg und über die Grausamkeit und das Elend, welche er mit sich bringt.

Die Griechen werden den fremden »Barbaren« gegenüber nicht als überlegen dargestellt – eher im Gegenteil (wie in *Medeia*). Auch ist es eine Fremde, *Hekabe*, die das einigende Element darstellt: Und an ihr wird deutlich, daß die Frauen am stärksten unter den Greueln des Krieges leiden. Ein sinnloses und erbarmungsloses Schicksal hat sich gegen sie verschworen. Kein Wunder, daß Hekabe von Zeus sagt: »unbegreiflich Wesen, Zeus, oder nenn' ich dich Naturgesetz, nenn' dich Vernunft der Menschen«.[9] Gleichgültig und erbarmungslos wohnen die Götter ihrem Untergang bei.

In Euripides' *Elektra* (413) ist die Titelheldin nach der Ermordung ihres Vaters Agamemnon, des Königs von Argos, durch ihre Mutter Klytaimnestra gezwungen worden, einen Bauern zu heiraten. Aber ihr Bruder Orestes, der mit seinem Freund Pylades verkleidet aus der Verbannung zurückgekehrt ist, wird Zeuge, wie sie über ihr Schicksal Klage führt, und nachdem ihn ein alter Diener wiedererkannt hat, kommt es zur Vereinigung der beiden Geschwister. Orestes und Pylades erschlagen Aigisthos, den Liebhaber und Mitregenten Klytaimnestras, während diese in Unkenntnis des Geschehens vergeblich versucht, ihren Mord an Agamemnon vor Elektra zu rechtfertigen. Dann wird sie von ihrer Tochter in die Hütte geleitet, wo die beiden jungen Männer sie ebenfalls umbringen.

Nach der Tat überkommt Orestes schuldbewußtes Entsetzen, und ebenso ergeht es Elektra und dem Chor der argivischen Frauen. Die göttlichen Brüder der Klytaimnestra, die Dioskuren (Kastor und Polydeukes), erklären, daß die Tat als solche gerechtfertigt sei, daß sie aber nicht durch Orestes hätte vollbracht werden dürfen. Deshalb, so prophezeien sie, werde dieser noch lange von den Rachegöttinnen (Erinnyen) heimgesucht werden, bevor er schließlich Frieden fände.

Es läßt sich nicht mehr klären, ob die *Elektra* des Euripides vor oder nach dem gleichnamigen Stück des Sophokles entstanden ist. Aber Euripides' Drama verlagert die Handlung deutlich aus der Sphäre mythologischer Unwirklichkeit in die Erbärmlichkeit einer allzu menschlichen Konfliktsituation. Wie die Heldin des Sophokles wird Elektra auch in diesem Stück von Leid zerrissen, aber während Sophokles ihren rächenden Muttermord mit einer geistigen Erhöhung verbindet, wird er nun auf eine unrühmlich gewöhnliche Ebene hinabgezogen, wodurch Euripides die Möglichkeit gewinnt, seinem Hang zum Realismus freien Lauf zu lassen. Klytaimnestra erscheint müde und gequält, Aigisthos opportunistisch und lasterhaft. Diese schonungslos unerfreuliche Analyse verworfener Charaktere erschien Schlegel als ein Stück »monumentaler, poetischer Perversität«. Aber der Dramatiker verfolgt einen ganz bestimmten Zweck, wenn er seine Figuren derart herabsetzt. Er tut dies nicht so sehr, wie manche glauben, um Kritik an den Göttern zu üben, sondern um zu zeigen, wie der menschliche Charakter unter dem Druck rachsüchtigen Hasses verkommt und zerbricht.

Gemäß dieser *Elektra* und vielen anderen Tragödien hat Klytaimnestra Agamemnon ermordet, weil er ihre Tochter Iphigeneia in Aulis als Opfer dargebracht hatte, damit die Götter die griechische Flotte nach Troja segeln ließen. In Euripides' etwa zur gleichen

Zeit entstandenen *Iphigeneia bei den Taurern* (414/412) erklärt Iphigeneia jedoch inmitten einer Gruppe von gefangenen Jungfrauen (die den Chor des Stückes bilden), daß es gar nicht zu dem Opfertod gekommen sei, sondern daß Artemis sie auf wunderbare Weise nach Tauris (der taurischen Chersonesos) entrückt habe, wo sie von König Thoas mit der Aufgabe betraut worden sei, jeden eintreffenden Fremden der Göttin zu opfern.

Da trifft auf Anweisung Apollons ihr Bruder Orestes in Begleitung von Pylades ein, um die Statue der Artemis zu entwenden und nach Athen zu schaffen. Die beiden werden jedoch gefaßt und Iphigeneia übergeben, die sie wiedererkennt und gemeinsam mit ihnen entflieht. Thoas befiehlt, sie zu verfolgen und gefangenzunehmen, aber da erscheint Athena und verkündet ihm, daß die Flüchtlinge mit Hilfe Poseidons entkommen seien, und die Göttin selbst fordert sie auf, ihren Weg nach Attika fortzusetzen, wo für jeden von ihnen ein Kult gestiftet werden soll.

Mit diesem wundervoll aufgebauten Stück voller Spannung und dramatischer Ironie hat Euripides eine Entwicklungsstufe erreicht, in der er uns mit verschlungenen, romantischen Handlungsverläufen, mit Überraschungen, Wiedererkennungsszenen, Gefühlsregungen überhäuft, die Menanders Neuer Komödie im darauffolgenden Jahrhundert näher zu stehen scheinen als der Klassischen Tragödie. Trotz der Anklänge an den weit zurückliegenden Trojanischen Krieg und an das patriotische Empfinden der Athener, ist das Hauptthema der *Iphigeneia bei den Taurern* die reine Weltflucht, fern von den zeitgenössischen Grausamkeiten des Peloponnesischen Krieges. Denn wir befinden uns weit weg, in exotischer Ferne, wo dem Helden und der Heldin mit göttlicher Hilfe die Überwindung jedes Hindernisses gelingt bis hin zum glücklichen Ende. Der Dramatiker beschreibt den von ihm gewählten Gang der Ereignisse in sehr realistischer Weise, wobei er allerdings auch hier die in dieser Schaffensperiode erreichte Meisterschaft im Ausbalancieren von Realität und Illusion unter Beweis stellt. Die Bestimmung der Iphigeneia war eine andere, als man ursprünglich annehmen mußte; und vielleicht versuchte Euripides auf diese Weise, seine in den Nöten und Ängsten des Krieges befangenen Landsleute damit zu trösten, daß die Dinge nicht immer so schlimm sein müssen, wie sie zunächst erscheinen mögen.

In der Tragödie *Helena* (412) erklärt die Heldin in ähnlicher Weise, daß sie gar nicht mit Paris nach Troja gegangen sei; es sei nur ein Trugbild gewesen, das er mit sich davonführte, während sie selber vom Gott Hermes nach Ägypten geleitet worden sei. Dort suchte sie in Begleitung einer Gruppe gefangener griechischer Jungfrauen (die den Chor bilden) Zuflucht auf der Grabstätte des verstorbenen ägyptischen Königs Proteus, um den unzüchtigen Nachstellungen seines Sohnes, des gegenwärtigen Herrschers Theoklymenos zu entgehen. Da wankt ihr Gatte Menelaos, der einen Schiffbruch erlitten hat, auf die Bühne und läßt sich schließlich überzeugen, daß sie die wahre Helena sei (woraufhin sich die falsche, die er aus Troja gerettet zu haben glaubte, in Luft auflöst). Er und Helena, die nach so vielen Jahren nun wieder vereinigt sind, fliehen mit einem Schiff, das sich Helena unter einem Vorwand vom König hat geben lassen. Theoklymenos versucht, ihre Flucht zu verhindern, aber ihre Brüder, die Dioskuren Kastor und Polydeukes, erscheinen ihm und geben ihm Weisung, sich dem Schicksal zu beugen, wobei sie prophezeien, daß Helena eines Tages eine Göttin sein werde, so wie sie selber unter die Götter aufgenommen worden sind.

Dieses Schauspiel ist ein weiteres Stück voll märchenhafter Fröhlichkeit und Phantasie vor dem Hintergrund einer realistisch gestalteten, aufregenden Handlung. Wieder einmal hat die Heldin nicht das Schicksal erlitten, von dem wir zunächst ausgingen, obwohl in diesem Falle die von der trojanischen Sage abweichende Version auf den im sechsten Jahrhundert lebenden Chorlyriker Stesichoros von Himera zurückgeht, welcher in seiner Palinodie diese Ehrenrettung der Helena vorgenommen hatte, um doch denjenigen kein Ärgernis zu geben, welche sie als Göttin verehrten. Auch hier gelingt es der Heldin wieder, einen Barbarenkönig zu täuschen und ihm zu entfliehen und so ihre Rettung zu finden. Es ist ein erheiterndes Stück, und man hat sogar gesagt, daß Euripides darin seine eigene *Iphigeneia bei den Taurern* parodiert habe.

*Ion*, der einem anderen Stück den Namen gibt, ist der Sohn Apollons und der athenischen Königin Kreusa, die ihn heimlich in einer Höhle zur Welt gebracht hat. Der Gott Hermes bringt das Knäblein zum Heiligtum des Apollon in Delphi, wo er aufwächst und als Diener im Tempel arbeitet. Kreusa und ihr Gemahl Xuthos kommen zum Heiligtum nach Delphi und treffen Ion. Sie wissen nicht, wer er ist, aber Xuthos nimmt ihn als Sohn an, denn gemäß Apollons Orakelspruch ist der erste Mensch, den er beim Verlassen des Heiligtums treffen werde, sein eigener Sohn. Kreusa jedoch, die über die Einführung des (ihrer Meinung nach) fremden Jünglings in die Familie empört ist, erhebt bittere Anklage gegen Apollon. Dann kommt ihr jedoch das Kästchen zu Gesicht, in dem sie einst das Kind ausgesetzt hat, und sie begreift, wer er in Wirklichkeit ist. Auch Athena teilt Ion mit, daß Apollon sein Vater sei, und sie befiehlt ihm, mit Xuthos und Kreusa nach Athen zurückzukehren, wo er zum Stammvater der Ioner werden wird. Seine Mutter und ihr Gemahl Xuthos werden die Stammeltern der beiden anderen Hauptstämme des griechischen Volkes, der Dorer und Achaier.

*Ion* ist ein weiteres, kunstvoll aufgebautes Drama mit einem Wiedererkennungsthema, das mehr an die Neue Komödie des folgenden Jahrhunderts erinnert als an die klassische Tragödiendichtung – ähnlich dem Stoff der *Iphigeneia bei den Taurern*, obwohl wir hier nicht in ferne Länder versetzt werden, sondern in Griechenland selbst bleiben, und zwar an dessen heiligster Stätte, im Apollonheiligtum zu Delphi. Und dennoch ist dies eines der Werke, die Euripides den Ruf einer kritischen Haltung gegenüber den Göttern eingetragen hat, denn Apollon hat sich, obwohl Kreusa ihn am Ende lobpreist, außerordentlich verwerflich verhalten. Oder sollen wir vielmehr den übergeordneten Standpunkt einnehmen, daß seine Verführung der Kreusa letztlich ein segensreicher und nobilitierender Akt war, da er den Ionern für die Zukunft Humanität und den Ruhm eines göttlichen Ursprungs brachte?

Die *Phoininissen* (ca. 410) haben ihren Namen von dem Chor der Frauen aus Tyros, der wiederum mit Delphi in Verbindung gebracht wird, denn sie befinden sich auf dem Wege dorthin, um im Heiligtum des Apollon als Tempeldienerinnen zu wirken. Das Drama selbst jedoch geht auf den thebanischen Sagenkreis zurück, der bereits das Thema der *Schutzflehenden* war.

Im Drama befinden wir uns in einem frühen Stadium dieses Zyklus, in dem, wie Jokaste, die Gemahlin des geblendeten Oidipus, berichtet, ihre Söhne Eteokles und Polyneikes Krieg gegeneinander führen. Polyneikes, der ein Heer aus Argos mit sich führt, hat einen Angriff auf die Stadt eingeleitet, obwohl Jokaste sich bemüht hat, die beiden miteinander zu versöhnen und Menoikeus, der Sohn König Kreons, sich bereit erklärt hat, als Sühneopfer für den Gott Ares in den Tod zu gehen. Eteokles und Polyneikes töten sich gegenseitig im Zweikampf, und Jokaste nimmt sich das Leben. Kreon ordnet an, daß jeder, der versucht, Polyneikes zu bestatten, hingerichtet werden soll. Aber Antigone, die Schwester des Toten, erklärt, daß sie sich dieser Anordnung widersetzen werde, so wie es schon in den *Sieben gegen Theben* des Aischylos und in der *Antigone* des Sophokles dargestellt ist, und am Ende des Dramas beschließt sie, ihren Vater in die Verbannung zu begleiten.

*Phoinissen* symbolisiert besser als jedes andere Drama des Euripides eine Schaffensphase, in welcher er zunehmend viele, ja eigentlich schon zu viele Themen in schnelle und kraftvolle Handlungsabläufe einfügt. Keine zentrale Figur läßt sich ausmachen, aber die verschiedenen Charaktere sind scharf gegeneinander abgesetzt, die Vor- und Nachteile von Tyrannis und Demokratie werden ausführlich debattiert, und der weitgespannte Handlungsbogen umfaßt einen großen zusammenhängenden Abschnitt der thebanischen Legende. Die Geschichte ist spannungsreich, aber nicht tragisch, eine Art mythisches Festspiel, das vom ganzen späteren Altertum unverändert bewundert wurde.

Die Tragödie *Orestes* (408) knüpft an das Thema der *Elektra* an. Nachdem er seine Mutter Klytaimnestra und ihren Liebhaber Aigisthos erschlagen hat, wird Orestes von den Erinnyen heimgesucht, und seine argivischen (mykenischen) Mitbürger beschließen, daß er und Elektra sterben müssen. Aber da trifft König

Menelaos auf dem Rückweg nach Sparta in Argos ein. Als dieser ihnen nicht helfen will, beschließt das Paar, seine Gemahlin Helena zu töten und ihre Tochter Hermione gefangenzunehmen oder ebenfalls zu töten, es sei denn, Menelaos ändere seine Haltung. Da erscheint jedoch Apollon, rettet Helena und erklärt, daß Orestes nach einer Zeit der Verbannung mit göttlicher Hilfe in Athen in einem Gerichtsverfahren freigesprochen würde und dann Hermione heiraten und König von Argos werden solle. Der Chor wird in diesem Stück von den argivischen Frauen gebildet.

*Orestes* ist das melodramatischste und überladenste Werk des Euripides, voller neuartiger theatralischer Effekte und in seinen Schlußszenen angefüllt mit Gewalttätigkeiten und Verbrechen. Im Altertum übertraf es alle anderen Tragödien an Beliebtheit. Die traditionelle Mythologie wird auf den Kopf gestellt, und es zeigt sich uns eine Welt voller menschlicher Schwächen, Käuflichkeit und erbarmungsloser Grausamkeit, in welcher das Wechselspiel zwischen verkommenen Individuen mit ihrer Schlechtigkeit und Treulosigkeit einen bodenlosen Sumpf bildet, aus dem nur noch das Eingreifen der Götter Rettung bringen kann. Das scheinbar sinnlose Böse fügt sich zu einem sinnvollen Ganzen, in dem das Prinzip der Vergeltung nicht aufgegeben, sondern in eine höhere Ordnung integriert wird.

*Iphigeneia in Aulis* (aufgeführt 406/405, nach dem Tod des Dramatikers) behandelt das Thema der Opferung Iphigeneias durch ihren Vater Agamemnon, den König von Argos (Mykenai), in Aulis in Boiotien, um den Zorn der Götter zu besänftigen und der griechischen Flotte die Weiterfahrt nach Troja zu ermöglichen – eine Geschichte, die Euripides selbst in seiner *Iphigeneia bei den Taurern* als Legende bezeichnet hatte.

In diesem neuen Stück nun hat Agamemnon an seine Gemahlin Klytaimnestra geschrieben und ihr befohlen, seine Tochter zu ihm nach Aulis zu senden. Aber dann hat er seinen Entschluß geändert und ist zu der Auffassung gelangt, daß die Opferung der Jungfrau unerträglich wäre. An diesem Punkt trifft Iphigeneia jedoch mit ihrer Mutter in Aulis ein. Klytaimnestra ist natürlich entsetzt, als sie von dem Plan erfährt. Aber Agamemnon erklärt, daß der Tod der Tochter unumgänglich sei, da die Heeresversammlung darauf bestehe. So geht Iphigeneia beherzt in den Tod. Der Bote, der über das Ereignis berichtet, erklärt jedoch, daß sie im entscheidenden Augenblick nicht mehr zu sehen gewesen sei: auf dem Opferaltar sei lediglich eine verblutende Hirschkuh zurückgeblieben.

Obwohl *Iphigeneia in Aulis* ein kunstvoll gebautes Schauspiel ist, erscheint es dennoch als kompliziert und verwirrend. Epischer Heroismus ist bunt vermischt mit moderner, menschlicher Ratlosigkeit, in die alle Figuren einbezogen sind. Eine verwirrende Folge von Zweifeln und Meinungsumschwüngen ist verbunden mit dem Wechsel zwischen rührendem Pathos und fröhlicher Unterhaltsamkeit. Das bestärkt den Eindruck des Lesers, der schon durch frühere Werke des Euripides erweckt wurde, daß die Tragödie als Gattung ihrem Ende entgegengeht. Obwohl sie den Tadel des Aristoteles[10] auf sich gezogen hat, ist die Gestalt der Iphigeneia kunstvoll gezeichnet. Der Chor des Stückes wird von Frauen aus Chalkis auf Euboia gebildet, die nach Aulis gekommen sind, um das Heer und die Flotte zu besichtigen.

Die Bakchen aus der gleichnamigen Tragödie (aufgeführt 405, nach dem Tode des Dichters) sind lydische Mainaden und bilden den Chor des Stückes. Sie sind Anhängerinnen des Gottes Dionysos (Bakchos), der aus Asien in seine Heimatstadt Theben zurückgekehrt ist. Agaue, die Mutter König Pentheus' und ihre Schwestern hatten sich zunächst geweigert, seiner Gottheit zu huldigen, aber dann sind sie durch die rauschhafte Begeisterung, die von ihm ausgeht, überwältigt worden und haben sich zu ihm bekehrt. Nun sind sie ins Kithairongebirge aufgebrochen, wo der Gott selbst zu ihnen stoßen will. Vorher jedoch treten noch zwei alte Männer auf, die einen eher komischen Eindruck hinterlassen: Es sind Kadmos, der Gründer Thebens, und der Seher Teiresias, die beide zu dem Schluß gelangen, daß es unklug wäre, Dionysos die Verehrung zu verweigern.

Nun trifft ein Diener des Pentheus mit einem Manne ein, den er gefangengenommen hat und bei dem es sich um Dionysos handelt, ohne daß dies jemand erkennt. Pentheus befiehlt, den Gefangenen in einen Stall einzusperren. Aber plötzlich bricht der ganze Palast, wie von einem Erdbeben erschüttert, zusammen, und der Gefangene kehrt zurück und begegnet den weiteren Drohungen des Pentheus mit höhnischer Verachtung. Allerdings ist der Geist des Königs bereits verwirrt, und Dionysos kann ihn überreden, sich zu verkleiden und die Frauen zu belauschen, um auf diese Weise Klarheit über die seltsamen Vorgänge zu erhalten, die vom Kithairon gemeldet werden. Als Pentheus jedoch dort angelangt ist, ergreifen ihn die Mainaden und reißen seinen Körper in Stücke. Angeführt werden sie von seiner eigenen Mutter Agaue, deren Geist umnachtet ist und die den Kopf ihres Sohnes in dem Glauben, es handele sich um das Haupt eines Löwen, auf die Bühne trägt. Kadmos führt sie zu klarem Bewußtsein zurück, und in ihrer beider Klagen hinein erscheint Dionysos, gibt sich zu erkennen und erklärt und rechtfertigt seine Rache an denjenigen, die sich geweigert haben, ihn anzuerkennen.

*Bakchen*, ein außerordentlich poetisches, dramatisches und inhaltsschweres Werk, hat als Thema den altehrwürdigen Dionysoskult, der die Anfänge der griechischen Tragödie begründet hat. Dieses oft behandelte Thema ist hier zu dem gewaltigsten und erregendsten Schauspiel umgeformt worden, das uns die Antike hinterlassen hat und das auch für uns Heutige noch von größter Aktualität ist.

Euripides ergreift weder für noch gegen Dionysos Partei: Der Gott ist teuflisch und heilig zugleich, jenseits von Gut und Böse, die Verkörperung der unbegreiflichen, undurchschaubaren Natur selbst. Aber das Stück enthält eine Warnung an den zivilisierten Menschen, daß er die dunklen orgiastischen Kräfte seiner Natur nicht ohne Gefahr für das eigene Leben vernachlässigen darf. Und er wird weiterhin daran erinnert, daß die ekstatische, religiöse Empfindung eine ungeheuer mächtige und gefährliche Kraft ist – eine Urgewalt, mit der der Mensch leben muß, die aber die gesellschaftlichen Bindungen bedroht und auflöst und eine Gefahr für die Ordnung der *polis* darstellt. König Pentheus werden für seine Begegnung mit dem Gott eine Reihe von Verkleidungen vorgeschlagen. Aber sein realistischer Sinn hindert ihn daran, diesen Sprung in das Reich der Phantasie zu vollziehen und eine angemessene Entscheidung zu treffen, wodurch die schicksalshafte Unfähigkeit des Menschen, mit dem Irrationalen fertig zu werden, deutlich zutage tritt.

Die Mainaden des Chores (wie sie auf den Vasen des Malers von Brygos dargestellt werden; s. Kap. 10) nehmen aktiv am Geschehen teil. Die ekstatische Verantwortungslosigkeit, die der Dionysoskult den Frauen gewährte, war einzigartig in der griechischen Religion, und sie bestätigte die Überzeugung vieler Griechen, Frauen seien flatterhafte, unzuverlässige Wesen und es sei gefährlich, ihnen den Ausbruch aus dem beschränkten Kreise ihrer häuslichen Wirksamkeit zu gestatten (vgl. Anhang II).

Inmitten der umwälzenden Ereignisse jener Epoche, in der Euripides schrieb, wurden die tradierten Werte der Gemeinschaft zunehmend in Frage gestellt, vor allem von der zweiten Generation der Sophisten, deren haarspalterische, gekünstelte Argumentation und antithetische Polaritäten Euripides so sehr faszinierten, obwohl er eine seiner Figuren ausdrücklich vor der Gefahr der »überklugen Redekunst«[11] warnen läßt. Das Infragestellen und der Zusammenbruch sozialer Normen, die durch derartige dialektische Kunstgriffe begünstigt wurden, bedeuteten, daß sich die Stellung des Individuums gegenüber früheren Zeiten verstärkte; und hier war nun ein Dramatiker, der auf neuartige Weise das Wesen der Persönlichkeit erforschte.

Er kannte nur allzugut die tödlichen Kräfte, die den menschlichen Geist jederzeit zu überwältigen drohen, und die Kämpfe von Männern und Frauen regten ihn zu analytischer, klinischer Beobachtung an, die nicht frei von Mitgefühl war. Glückliche Ausgänge wechseln mit furchtbaren und trostlosen Dramenschlüssen, die das Ergebnis chaotischer Ereignisfolgen sind, bei denen weder ein moralisches noch ein rationales Ordnungsprinzip zu erkennen ist. Mythische oder legendäre »Helden« werden von Euripides oft in einem ungünstigen Licht gezeigt, auf menschliches Niveau reduziert und in jene Art niederträchtiger Charaktere umgeformt, wie man sie während der düsteren Jahre des Peloponnesischen Krieges, in denen viele Dramen des Euripides aufgeführt wurden, im politischen Alltagsleben so häufig treffen konnte.

Seine Charaktere sind deshalb modernem, psychologischem Denken wohlvertraut, ebenso wie seine Darstellung der Liebe, die er mehr als alle anderen Tragödiendichter zum zentralen Thema seiner Dramen gemacht hat. Die dramatischen Situationen, die wir in seinen Werken antreffen, sind manchmal bewußt farcenhaft, aber häufiger noch voller Gewalt und Leidenschaft, und ihre Gestaltung ist in hohem Maße realistisch, auch wenn sich der Dichter überlieferter stilistischer Formen bedient. Immer wieder begegnen wir einem ausgeprägten athenischen Patriotismus, und dennoch spiegeln die Werke des Dichters eine tiefverwurzelte Abneigung gegen den Krieg und ein Entsetzen vor dessen Grausamkeiten wider. Am meisten hatten die Frauen unter seinen Begleiterscheinungen zu leiden, wie wir in *Hekabe* und in den *Troerinnen* sehen konnten, und Euripides empfand tiefes Mitleid mit ihnen und bewunderte ihre Opferbereitschaft, was ihn jedoch nicht hinderte, häufiger noch mörderische und furchteinflößende Frauengestalten darzustellen, wodurch er in den Geruch eines Weiberfeindes geriet – eine grundlose Abqualifizierung, denn viele seiner männlichen Figuren sind ebenfalls durchaus problematische Charaktere.

Seine Götter und Göttinnen erweisen sich als dämonische, psychische Kräfte, gegen welche sich die menschliche Vernunft als ohnmächtig erweist, oder als schändliche Verführer oder auch als komische Figuren. Es ist deshalb nicht erstaunlich, daß der Dramatiker der Gottlosigkeit bezichtigt wurde; und in der Tat zerbrach unter seinen scharfsinnigen Untersuchungen der einfache Volksglaube zu Trümmern. Aber zunächst einmal sind es die Figuren und nicht der Dichter selbst, die in seinen Stücken zu Wort kommen, und wenn in ihren Äußerungen einmal die Anschauungen des Dichters selbst zutage treten, dann erscheint er nicht als Atheist, sondern als fragender Agnostiker, der allzu einfachen Antworten mißtraut, da ihre Gültigkeit durch die bitteren Erfahrungen des Krieges nur zu oft erschüttert wurden.

Ein eigenartiges Charakteristikum einiger Tragödien des Euripides, das vielleicht eine gewisse grundlegende religiöse Unsicherheit widerspiegelt, ist der *deus ex machina*, der Gott oder die Göttin, die am Schluß des Stückes erscheinen und in den Verlauf der Handlung eingreifen, wobei sie die losen Enden der Handlung zusammenfügen und dem Dichter Gelegenheit geben, seine große religionshistorische Bildung zu demonstrieren und gleichzeitig jene theatralischen Effekte zu produzieren, für die er berühmt war. Am Eingang seiner Dramen finden sich regelmäßig erklärende Prologe oder Einleitungen, die dazu dienen, die innere Struktur des Dramas zu vernetzen, die im übrigen locker und stärker episodisch angelegt ist als etwa bei Sophokles.

Seine Ausdrucksweise ist klar und natürlich, voll geistreicher Ideen in zitierbarer Form, dem alltäglichen Leben entnommen, aber durchsetzt mit lebhaft kontrastierten, zunehmend verwirrenden und phantasiereichen Chor- und Sologesängen – die gemäß der Überlieferung durch die modernste und originellste Musik zu stärkster Wirkung gelangten.

Trotz unzureichender öffentlicher Anerkennung war Euripides bereits zu Lebzeiten ein berühmter Dichter. Sokrates fand seine technische Meisterschaft und seinen psychologischen Tiefblick höchst eindrucksvoll; Aristoteles hielt ihn für »den größten Tragödiendichter«,[12] und er wurde zum meistbewunderten Dramatiker des Altertums, dessen Stücke man immer wieder aufführte.

8 Euripides, *Hippolytos*, 612; Aristophanes, *Thesmophoriazusen*, 275f.
9 Ibid., *Die Troerinnen*, 885f.
10 Aristoteles, *Poetik*, 15, 1454a.
11 Euripides, *Hekabe*, 1187–91.
12 Aristoteles, *Poetik*, 13, 1453a.

# 19 ARISTOPHANES: DIE KOMÖDIE DES PROTESTES

Die Ursprünge der attischen Alten Komödie liegen so weit zurück und sind so vielfältig wie diejenigen der Tragödie; verkleidete oder maskierte Figuren auf attischen Gefäßen aus der Zeit um 500 geben schon eine grobe Vorform des Lustspiels wieder. Aber die Aufnahme der Komödie in die alljährlichen städtischen Dionysien erfolgte erst 488/487 oder 487/486, und in die Lenaia wurde sie erst in den 440ern eingegliedert. Vor dem Peloponnesischen Krieg wurden vom obersten Archon jeweils fünf Komödien für jedes Festspiel zugelassen, später veränderte sich diese Zahl.

Die bekanntesten Autoren der attischen Komödie waren Kratinos, der jüngere Eupolis und Aristophanes (457/445 – vor 385). Von den Komödien des Kratinos und des Eupolis sind uns nur Fragmente erhalten; von Aristophanes kennen wir 43 Werktitel und verfügen über elf vollständige Stücke. Er wurde als der größte der drei angesehen, und in seiner Dichtung finden wir ausgiebige Informationen über viele Aspekte des Lebens im Athen des fünften Jahrhunderts.

*Die Acharner* (425) haben ihren Namen von Acharnai, dem volkreichsten Bezirk Attikas, wo Dikaiopolis (»gerechte Regierung«) versucht, die Volksversammlung zur Einleitung von Verhandlungen mit den Spartanern zu bewegen, um den Peloponnesischen Krieg zu beenden. Amphiteos erhält keine Vollmacht, nach Sparta zu ziehen und über einen Friedensvertrag zu verhandeln, aber Dikaiopolis beauftragt ihn nichtsdestoweniger, für ihn persönlich und seine Familie einen Separatfrieden zu schließen.

Nachdem Amphiteos mit verschiedenen Vorschlägen zurückgekehrt ist, entscheidet sich Dikaiopolis für den Abschluß eines dreißigjährigen Waffenstillstands und ist schon im Begriff, sein privates Dionysosfest zu feiern, als er von acharnischen Köhlern (dem Chor des Stückes) attackiert wird, die für eine Fortsetzung des Krieges eintreten. Er überzeugt einige von ihnen, daß sie im Unrecht sind, aber die übrigen engagieren den General Lamachos, damit er sie gegen ihn führe. Dikaiopolis bietet allen ehemaligen Feinden Athens die Wiederaufnahme der Handelsbeziehungen an, und ein Megarer und ein Boioter erklären sich dazu bereit (der erste mit zwei hungrigen Töchtern, die er, als Schweine getarnt, verkaufen will). Dann treten Herolde auf, die dem Lamachos befehlen, auszurücken und gegen die Boioter zu kämpfen; wir sehen ihn wenig später verwundet aus dem Kampf zurückhumpeln. Dikaiopolis seinerseits, der Mann des Friedens, geht zu einem fröhlichen Gelage, das er glücklich schwankend, gestützt auf zwei Dirnen, wieder verläßt.

*Die Acharner*, die den ersten Preis bei den Lenaia gewannen, zeigen schon die für Aristophanes charakteristische, gemäßigte politische Einstellung: seine Vorliebe für das einfache Landvolk und den Frieden und seine Abneigung gegen aalglatte Kriegstreiber und »Falken«. Das war eine scharfe politische Stellungnahme auf der Höhe des Peloponnesischen Krieges, der nach Auffassung des Dramatikers niemals hätte stattfinden dürfen und der jetzt zu günstigen Bedingungen beendet werden könnte. Das ist die Botschaft, die Aristophanes, bei all seinem überschäumenden Talent für das Groteske und Phantastische, zu vermitteln versuchte.

*Die Ritter* haben ihren Namen von dem Chor der Komödie, die im Jahre 424 aufgeführt wurde. Der grantige, alte Demos (»das Volk«) hat zwei Sklaven, welche die beiden Generale Nikias und Demosthenes verkörpern sollen (s. Kap. 16). Diese protestieren gegen das unerträgliche Benehmen des neuen Lieblingssklaven des Demos, eines paphlagonischen Gerbers (der den Politiker Kleon darstellt, den angesehensten unter den Nachfolgern des Perikles). Aber ein Orakel hat den Generalen enthüllt, daß ein Blutwursthändler den Gerber bald stürzen werde, und so unterstützen sie den Agorakritos (»Gewählter des Marktplatzes«), der unwissend und unverfroren genug erscheint, um die Staatsangelegenheiten zu leiten.

Er und der Gerber versuchen, sich in gegenseitigen Beschimpfungen zu übertreffen, wobei der Gerber an seine Rolle bei dem jüngsten athenischen Sieg bei Sphakteria (Pylos) erinnert, aber Agorakritos trägt den Sieg davon. Er steckt Demos in einen Kessel mit kochendem Wasser, um ihm seine Jugend wiederzugeben, und als der Alte aus dem Kessel steigt, kündigt er an, daß er alle politischen Reformen rückgängig machen und die alten Zustände wieder einführen werde, unter denen es keine betrügerischen Politiker gab, die das Volk mit falschen Versprechungen verführten.

*Die Ritter* waren das erste Stück des Aristophanes, das unter seinem Namen aufgeführt wurde, und sie brachten ihm einen seiner größten Erfolge, indem sie ihm den ersten Preis bei den Lenaia eintrugen. Seine zentrale Botschaft fand jedoch kein Gehör. Denn obwohl der zornige, junge Dramatiker ohne den bei ihm sonst üblichen Handlungsreichtum und Lyrismus einen heftigen Kampf gegen Kleon richtet – der für ihn den Typus des verhaßten, ehrgeizigen Politikers (Demagogen) verkörperte –, wurde der Politiker noch im selben Jahr als einer der athenischen Strategen wiedergewählt.

Kleon hatte Aristophanes kurz vorher wegen Hochverrats vor Gericht gebracht, weil er ihn in dem Stück *Die Babylonier* (das uns nicht erhalten ist) kritisiert hatte. Der Dramatiker schlägt nun hart zurück und unterzieht dabei gleichzeitig die gesamte athenische Demokratie einer schneidenden Kritik. Denn nach Kleon, so sagt er, wird mit Sicherheit noch ein Schlimmerer an die Macht kommen – im Stück ist dies der Blutwursthändler. Wir stoßen hier auf seine ins Komische gewendete Version von der zyklischen Aufeinanderfolge verschiedener Zeitalter, von denen ein jegliches schlechter ist als das vorhergehende, bis die Dinge auf dem absoluten Tiefpunkt angelangen und man erneut auf ein goldenes Zeitalter hoffen darf.

In *Die Wolken* (423) hat der alte Strepsiades (»Rechtsverdreher«) sein gesamtes Vermögen durch die Leidenschaft seines Sohnes Pheidippides für Pferderennen verloren. Deshalb möchte er Pheidippides in das Phrontisterion (»Denkschule«) schicken, das von Sokrates und Chairephon in unmittelbarer Nachbarschaft betrieben wird. Unter den verschiedenen Fächern, die in der Schule unterrichtet werden, ist auch die sophistische Redekunst, die falsche und schlechte Gedanken einsichtiger als die Wahrheit erscheinen lassen kann (s. Kap. 12).

Der Sohn weigert sich zunächst, dem Ansinnen des Vaters zu folgen, und so begibt sich der Alte selbst zur »Denkerei« des Sokrates, um die neue Kunst zu lernen, durch die er seinen Gläubigern zu entgehen hofft. Sokrates, der aus einer hoch aufgespannten Hängematte steigt, schreibt ihn als Studenten ein, wobei er feierlich die Luft (Äther) und die Wolken (den Chor des Stückes) anruft, die er als einzige Gottheiten anzuerkennen bereit ist. Der Alte erweist sich jedoch als wenig gelehrig, und so muß schließlich doch der Sohn dazu gebracht werden, in die »Denkerei« einzutreten. Es bewerben sich die Gerechte und die Ungerechte Rede in persona um den Lehrauftrag, und aus ihrer beider Rededuell geht die Ungerechte Rede als Siegerin hervor. Sie unterweist nun Pheidippides, und mit ihren Lehren ausgerüstet verprügelt dieser seinen Vater auf der Grundlage der »Logik«. Daraufhin überfällt Strepsiades mit seinen Sklaven die Ausbildungsstätte und brennt sie nieder.

Der hier geschilderte Handlungsverlauf entstammt einer überarbeiteten Version der *Wolken*; die erste Fassung hatte bei den großen Dionysien nur den dritten Platz errungen, ein Mißerfolg, über den sich Aristophanes voller Enttäuschung ausläßt und für den er dem Publikum die Schuld zuweist, das nicht in der Lage gewesen sei, seine intelligenteste Komödie zu begreifen. Bemerkenswert an dem Stück ist vor allem der Angriff auf Sokrates, dem all die Fehler der neuen, sophistischen Erziehung angelastet werden, welche Aristophanes verabscheute, da sie in seinen Augen eine unverantwortliche Bedrohung der überlieferten Religion und der gesellschaftlichen Moral darstellte.

Das Ergebnis ist eine beleidigende Parodie, in der Sokrates mit allen möglichen seltsamen und lächerlichen Charakterzügen ausgestattet wird, ohne daß der Versuch unternommen würde, ihn von den Sophisten zu unterscheiden – worum sich Platon später so sehr bemüht hat (s. Kap. 31) –, außer daß er als ein erbärmlicher Hungerleider dargestellt wird, während diese sich außerordentlichen Reichtum erwerben. Sokrates wurde von den Komikern hauptsächlich deswegen als Sündenbock auserwählt, weil er als einziger dem einfachen Volk bekannt war, bei dem man immer davon ausgehen konnte, daß es sich bereit zeigte, den Intellektuellen zu mißtrauen und sie zu verhöhnen. Die Auseinandersetzung zwischen der Gerechten und der Ungerechten Rede ist das glänzendste jener Streitgespräche *(agones)*, die für den Dramenaufbau des Aristophanes charakteristisch sind, und die Chorlieder des Werkes enthalten einige der schönsten Stücke seiner Dichtkunst.

In *Die Wespen* (422) ist der alte Athener Philokleon (»Freund des Kleon«) so versessen darauf, im Geschworenenkollegium zu sitzen, daß sein Sohn Bdelykleon (»Gegner des Kleon«) ihn eingesperrt hat, damit er nicht mehr zur Gerichtsverhandlung gehen kann. Aber Philokleon gelingt es dennoch, sich einer Gruppe alter Geschworener anzuschließen, die als Wespen kostümiert auftreten (sie sind der Chor des Stückes) und Bdelykleon als Gottesleugner und Verbündeten der Spartaner anklagen.

Nachdem Vater und Sohn in grotesker Weise über die Rolle der Geschworenen gestritten haben, stellt Philokleon voller Entsetzen fest, daß er zum ersten Mal in seinem Leben für einen Freispruch plädiert hat. Fortan soll er sich nach dem Willen seines Sohnes ausschließlich geselligen Zerstreuungen widmen. Aber Philokleon betrinkt sich auf einer Gesellschaft und benimmt sich gründlich daneben, indem er die Mitgäste beschimpft und auf dem Heimweg mit Passanten Streit anfängt. Sein Sohn stößt ihn ins Haus, aber der Alte kommt wieder heraus und schließt sich tanzend dem Chore an.

*Die Wespen* gewannen den zweiten Preis bei den Lenaia. Das formal gelungenste Stück des Aristophanes ist eine Satire auf das Rechtswesen, das im demokratischen Athen zu einer wahren Prozeßepidemie führte (s. Kap. 36). *Die Wespen* griffen auch noch einmal das bereits aus den *Wolken* bekannte Thema des Generationenkonfliktes auf – offenbar ein ernstes Problem im Athen des fünften Jahrhunderts –, wobei Philokleon, der sich vom streitsüchtigen Geschworenen zum zügellosen Partygänger wandelt, einer der gelungensten literarischen Bösewichter ist.

In *Der Friede*, aufgeführt 421, füttern zwei Sklaven einen riesigen Käfer mit Mistklößen. Ihr Herr Trygaios beschließt, auf dem Rücken des Käfers in den Himmel zu fliegen und Zeus um Frieden zu bitten. Dort angelangt, erfährt Trygaios von Hermes, daß die Götter sich nicht mehr für die Griechen interessieren, da diese schon wiederholt Friedensmöglichkeiten ungenutzt gelassen haben.

Der Kriegsgott hat die Friedensgöttin und ihre Zofen, die Festtagsgöttin (Theoria, d. h. die Beschützerin der Spiele und Festtage) und die Erntegöttin (Opora) in einer Höhle eingesperrt. Aber nun gelingt es einer Gruppe von Bauern (dem Chor des Stückes) unter Anleitung von Trygaios, sie zu befreien. Trygaios kehrt mit der Erntegöttin, die ihm als Gemahlin versprochen wird, auf die Erde zurück. Das Friedensopfer vor der Hochzeit wird jedoch durch einen Wahrsager in Frage gestellt, der erklärt, daß die Zeit für den Frieden noch nicht gekommen sei. Nachdem er sich etwas Fleisch erbettelt hat, wird der Wahrsager schließlich davongejagt, und dasselbe geschieht mit einem Waffenschmied, wohingegen ein friedlicher Werkzeugmacher an dem nachfolgenden Hochzeitsmahl teilnehmen darf.

*Der Friede*, der den zweiten Preis bei den Dionysien gewann, zeigt eine optimistische Haltung – die sonst für Aristophanes ungewöhnlich ist –, denn damals standen Athen und Sparta gerade im Begriff, den Nikiasfrieden zu schließen, der den Peloponnesischen Krieg eine Zeitlang unterbrechen sollte. Vielleicht wurde das Stück auch zunächst geschrieben, um für eine derartige Einigung zu plädieren, und dann später vollendet, um den Friedensabschluß zu feiern. Aristophanes hat, wie es scheint, später dieses Thema noch einmal in einer zweiten und noch enthusiastischeren Fassung aufgegriffen, sofern es sich dabei nicht um ein ganz neues Stück handelte. In diesem verlorenen Stück trat Georgia, die Landwirtschaft, als Person auf. Die Bauern, die in *Der Friede* den Chor bilden, zeugen von Aristophanes' Sympathie für die Landbevölkerung, die unter dem Krieg so sehr zu leiden hatte; an einer Stelle stimmen sie gemeinsam mit Trygaios einen Lobgesang auf das Land und seine Segnungen an. Das Stück zeigt auch an verschiedenen Stellen das Mitgefühl des

Dichters für die athenischen Bundesgenossen, die von den Vertretern der Stadt oft schäbig behandelt wurden.

*Die Vögel* haben ihren Namen von dem Chor aus Dohlen und Raben, welcher Peithetairos (»Ratefreund«) und Enelpides (»Hoffender«) von Attika wegführt, wo das Leben unerträglich geworden ist, um sie in ein besseres Land zu bringen. Peithetairos hat die Idee, einen utopischen Vogelstaat in der Mitte des Himmels zu gründen, Nephelococcygia (»Wolkenkuckucksburg«), die sowohl für die Götter als auch für die Menschen uneinnehmbar sein soll. Ein Dichter sowie einige Bürokraten und andere unerwünschte Zeitgenossen werden aus der Stadt vertrieben, aber als Poseidon, Herakles und Triballos (die Karikatur eines Barbaren) als Gesandte der Götterwelt eintreffen, erklärt sich Peithetairos bereit, freundschaftliche Beziehungen zu den etablierten Mächten zu unterhalten, sofern man ihm Basileia (»Souveränität«) zur Frau gebe; dies geschieht, und ein feierlicher Hochzeitszug bildet den glanzvollen Abschluß.

Das Stück wird häufig als Aristophanes' Meisterwerk angesehen, obwohl es nur einen zweiten Preis errang. Es ist das umfangreichste und spektakulärste Werk des Dichters, aus einer Vielzahl dichter Szenen zusammengesetzt und vollgepackt mit komischen Einfällen und zauberhaften lyrischen Passagen. Es ist eine Satire auf die Utopie, aber eine Satire, die nicht frei von einer gewissen Wehmut ist, denn Wolkenkuckucksburg dient dazu, über den Kontrast die Fehler und Modetorheiten des zeitgenössischen Athens anzuprangern. Sie scheinen zahlreich und verhängnisvoll gewesen zu sein, und das Stück wurde bei all seiner Fröhlichkeit in einer schwierigen und beunruhigenden Zeit im Leben der Stadt geschrieben, nachdem die gefährliche sizilische Expedition begonnen hatte, deren Ausgang ungewiß erschien und die sich tatsächlich als katastrophal erweisen sollte (s. Kap. 16). Es ist gleichzeitig ein überzeugender Beweis für die Freiheit, die die attische Komödie genoß, da Aristophanes die Götter erniedrigen und verspotten konnte, während zur gleichen Zeit Todesurteile für die Verstümmelung der Hermen und die Profanierung von Mysterien verhängt wurden.

In *Lysistrate* (»Heerlöserin«) (411) ruft die Titelheldin aus ganz Griechenland die Frauen zusammen, die den Krieg beenden wollen, denn sie hat einen Plan erdacht, um dem Land den Frieden wiederzugeben. Die Frauen sollen sich ihren Männern verweigern, bis das Kriegführen ein Ende hat.

Einige der Frauen besetzen die Akropolis, wo die alten Männer sie auszuräuchern versuchen. Dieses Vorhaben wird jedoch von den alten Frauen verhindert, die ihren belagerten Geschlechtsgenossinnen mit Wasser zu Hilfe kommen (beide Gruppen bilden den Chor der *Lysistrate*). Ein Beamter, der sich bemüht, mit Hilfe von vier skythischen Bütteln Geld aus dem Schatzhaus zu holen, um Ruderer für die Flotte anwerben zu können, wird vertrieben, und Myrrhine weist spöttisch die Annäherungsversuche ihres Gatten Kinesias zurück, während männliche Abgesandte aus Sparta von ähnlich unerfreulichen Erfahrungen berichten. Lysistrate tadelt Spartaner und Athener in gleicher Weise, weil sie sich gegenseitig bekämpfen, während die Streitkräfte der Feinde Griechenlands (Persiens) marschbereit stehen, und sie lädt alle auf die Akropolis ein, um mit den Frauen ein Fest zu feiern. Nachdem man ausgiebig gegessen und getrunken hat, tanzen die Athener und Spartaner miteinander, um das Ende des Krieges zu feiern.

Das Stück, das unter dem Namen von Aristophanes' Freund Lysistratos aufgeführt wurde, war in einer Zeit noch größerer Bedrängnis entstanden als *Die Vögel*. Als es geschrieben wurde, war die sizilische Expedition schon mit einer verheerenden Niederlage zu Ende gegangen, und die athenische Verfassung war von revolutionären oligarchischen Kräften aufgehoben worden (s. Kap. 16, 24). Eines der Hauptanliegen des Dramatikers ist die Ermahnung zur inneren Einigkeit in Athen. Aber diese Notwendigkeit wird in einen panhellenischen Zusammenhang gestellt, und Aristophanes warnt, daß nur die Perser von einer Verlängerung des Krieges profitieren könnten (obwohl die historische Wirklichkeit so aussah, daß schließlich die Spartaner mit Hilfe des persischen Goldes den Sieg davontrugen).

Der Gedanke, daß die Frauen, die so sehr unter dem Krieg litten, den Frieden herbeiführen könnten, indem sie sich ihren

Männern verweigerten, muß die Athener, die weit davon entfernt waren, sich Frauen in beherrschenden Stellungen oder Regierungsämtern vorzustellen, mit amüsierter Überraschung erfüllt haben (s. Anhang II). Die Vorstellung ist dramatisch geschickt umgesetzt, aber trotz der zugrundeliegenden Ernsthaftigkeit ist es vor allem die ungehemmte Freizügigkeit und Obszönität, welche die andauernde Beliebtheit dieses Stückes begründet hat.

*Die Thesmophoriazusen* (sie bilden den Chor des Stückes) sind die Teilnehmerinnen an den Thesmophoren, dem herbstlichen Fest der Demeter und der Persephone, das von Frauen begründet worden ist. Sie wollen sich an Euripides für seine angebliche Weiberfeindlichkeit (s. Kap. 18) rächen; doch wird ihr Vorhaben von einem anderen Dichter, Agathon, dem Schwiegervater des Euripides, Mnesilochos, hinterbracht.

Euripides wünscht, daß Agathon, der durch seine effeminierte Erscheinung dazu prädestiniert erscheint, sich unerkannt unter die Frauen mische, um ihre Pläne auszuspionieren, aber Agathon ist für dieses Unternehmen zu ängstlich. Deshalb muß Mnesilochos als Frau verkleidet diese Rolle übernehmen und sich zu den Frauen begeben, wo er jedoch entdeckt wird. Daraufhin erscheint Euripides selbst (wodurch sich die Gelegenheit ergibt, eine Reihe seiner dramatischen Techniken zu parodieren), und es gelingt ihm schließlich, mit Hilfe einer Tänzerin und Flötenspielerin den wachhabenden Polizisten abzulenken. Euripides, der sich inzwischen verpflichtet hat, seine frauenfeindliche Haltung aufzugeben, entflieht hastig mit Mnesilochos, aber da kehrt der Polizist zurück, der entdeckt hat, daß er getäuscht worden ist. Der Chor schickt ihn jedoch in die falsche Richtung, wodurch deutlich wird, daß die Frauen ihre feindselige Haltung gegenüber Euripides aufgegeben haben.

In den *Thesmophoriazusen* spielen die Frauen also wieder einmal die Hauptrolle, aber dieses Mal im Zusammenhang mit ihren religiösen Aktivitäten, die die einzige Form der Teilnahme am öffentlichen Leben – und somit ein Sicherheitsventil – darstellen, welche die männlichen Athener ihnen gestatteten (s. Anhang II). Aber der Hauptzweck der Komödie ist die Verspottung des Euripides, der zu dieser Zeit an jenen Stücken arbeitete, die zwischen Illusionismus und Realismus schwankten, nämlich *Iphigeneia bei den Taurern* und *Helena*. Euripides wollte die Athener glauben machen, daß sie sich von der elenden Realität des Krieges lösen könnten, zumindest in ihrer Phantasie; aber Aristophanes kommt in seiner glänzenden literarischen Parodie zu dem Schluß, daß dies nicht möglich sei, da er und seine kriegsmüden Landsleute gezwungen waren, ihr Leben in einer realen Welt zu führen, die es zu verbessern galt, anstatt sie zu ignorieren.

In *Die Frösche* (Frühjahr 405) begibt sich der Gott Dionysos ins Totenreich, begleitet von seinem Sklaven Xanthias, der das Gepäck auf seinen Schultern trägt und auf einem Esel reitet. Dionysos, der Gott des Theaters, teilt Herakles, den er nach dem Wege fragt, mit, daß das Ziel seiner Reise die Rückführung des soeben verstorbenen Euripides auf die Erde sei.

Der Fährmann Charon bringt Dionysos über den Großen See (wobei er ihn selbst rudern läßt), während der Sklave Xanthias den Weg zum anderen Ufer zu Fuß zurücklegen muß. Die Frösche, die den Chor bilden, quaken »Brekekekex koax koax!« und hören erst auf, als Dionysos sie mit demselben Ruf laut schreiend übertönt. Nach einer Reihe von Zwischenfällen kommen die beiden Reisenden vor Plutos' Palast in der Unterwelt, wo sie von dem Türhüter Aiakos Prügel beziehen. Dann halten Aischylos und Euripides, der seinem Vorgänger den Thron des besten Tragödiendichters streitig macht, einen poetischen Wettbewerb ab, der von Pluto geleitet wird. Schließlich entscheidet Dionysos, daß er anstelle von Euripides Aischylos in die Oberwelt mitnehmen wird – und Aischylos ernennt Sophokles zu seinem Nachfolger als König der Tragödiendichter.

Aristophanes schrieb *Die Frösche* zu einem Zeitpunkt, als die militärische und politische Macht Athens vor dem Zusammenbruch stand, und er zog es vor, seinen Dionysos von dieser Welt in die Unterwelt zu versetzen, womit er resigniert in denselben Eskapismus verfiel, den die Thesmophoriazusen bei Euripides getadelt hatten. Allerdings wird die reale Welt nicht völlig ausgeschaltet, denn die Aufgabe des Gottes ist es, einen Dichter zurückzubringen, der die athenische Gesellschaft reformieren soll.

Das ist der Hintergrund des Wettstreits zwischen den beiden Dramatikern im Hades. Während der Auseinandersetzung klagt Aischylos den Euripides wegen seines Skeptizismus an, der die Moral und die Zukunftsaussichten des athenischen Stadtstaates untergrabe. Aristophanes bewundert jedoch beide Dramatiker und gestattet dem Euripides, Aischylos wegen billiger theatralischer Effekte und hohler Phrasen zu kritisieren. Doch er neigt offenkundig der Meinung zu, daß der Einfluß des Euripides in dieser kritischen Phase der athenischen Geschichte verderblich sei, denn schließlich läßt er den konservativeren und prinzipientreueren Aischylos auf die Erde zurückkehren, um den Staat zu retten.

Das Stück trug dem Dichter den ersten Preis ein, wobei wir nicht wissen, ob dies auf Grund seiner politischen Aussage oder auf Grund des amüsanten literarischen Wettstreits oder auf Grund beider Elemente der Fall war.

In *Die Ekklesiazusen* (Weibervolksversammlung; sie bildet den Chor des Stückes) steht erneut das weibliche Geschlecht im Vordergrund. Die Frauen haben sich mit Hilfe der Kleider ihrer Männer und mit angeklebten Bärten in die Volksversammlung eingeschlichen, wo Praxagora den Antrag stellt, die Regierungsgewalt den Frauen zu übertragen. Dieser Gesetzesvorschlag gewinnt eine Stimmenmehrheit.

Ihr Ehegemahl Blepyros (er ist als Frau gekleidet, da er seine eigenen Gewänder nicht finden kann) erfährt von diesem Ereignis, und als er Praxagora – die er erwischt, als sie ins Haus zurückschleicht – zur Rede stellt, entwickelt sie ihm kühn ihre Reformpläne. Danach sollen alle Besitztümer – einschließlich der Ehefrauen – Gemeineigentum werden, und sowohl Männer als auch Frauen sollen verpflichtet werden, mit älteren, unattraktiven Partnern Geschlechtsbeziehungen zu unterhalten, bevor sie sich angenehmeren Liebesverhältnissen zuwenden dürfen. In Ausführung dieser neuen Regelung streiten sich drei alte Weiber um einen jungen Mann und reißen ihn schließlich von seinem

Mädchen weg. Am Schluß des Stückes begeben sich alle zu einem Festmahl, zu dem ein weiblicher Herold geladen hat, und unter Musik und Tanz erfolgt der Auszug aus dem Theater.

Das zentrale Thema der *Ekklesiazusen* ist zunächst wieder einmal die Herrschaft der Frauen, von der schon *Lysistrate* gehandelt hatte; aber im Verlauf des Stückes verlagert sich das Interesse zunehmend auf Praxagoras Utopie, die an die Wolkenkuckucksburg aus *Die Vögel* erinnert, hier allerdings mit stark kommunistischem Einschlag. Es ist dies eine launige Parodie auf die Art von Staat, wie wir ihn später in dem gleichnamigen Werk Platons finden werden (s. Kap. 31), der aber schon damals zweifellos ein modisches Gesprächsthema war.

Aristophanes selbst vermittelt einen erschöpften Eindruck (das Stück hat einen schwachen Schluß), aber sowohl er als auch Athen sind zwanzig Jahre älter geworden, seit er seine ersten Stücke zu diesen Themen verfaßt hat.

In *Plutos* (388) ist Chremylos in Begleitung seines Sklaven Kario nach Delphi gezogen, um das Orakel Apollons zu befragen, wie er aus seinem Sohn einen Schurken machen könne, damit dieser in Athen zu Reichtum gelangen kann.

Das Orakel befiehlt ihm, sich mit der ersten Person, die er nach dem Verlassen des Heiligtums treffen werde, anzufreunden. Er gehorcht dieser Weisung und spricht einen zerlumpten, blinden Greis an, der ihm als erster über den Weg läuft und der sich bald als Plutos, der Gott des Reichtums, zu erkennen gibt. Chremylos führt Plutos zum Tempel des Gottes der Heilkunst, Asklepios, nicht ohne vorher die gewaltige, fürchterliche Penia (Armut) vertrieben zu haben. Plutos erlangt sein Augenlicht wieder, erklärt, daß er nie wieder die rechtschaffenen Leute im Stich lassen werde, und geht in Chremylos' Haus, das er mit Kostbarkeiten anfüllt.

Nun treten fünf Personen auf, deren Leben durch den plötzlichen Reichtum grundlegend verändert worden ist. Ein Gerechter bringt ein Dankopfer dar, ein Sykophant beklagt sich, daß er seine Existenzgrundlage verloren habe, eine lüsterne Alte bejammert den Verlust ihres Liebhabers (der reich geworden ist und sie verlassen hat), und Hermes (der Glücksgott) und ein Priester schimpfen darüber, daß sie verhungern, weil ihnen niemand mehr Opfer darbringen will. Chremylos verspricht, Abhilfe zu schaffen, und das Stück endet mit einer Prozession zu Athens Schatzkammer in der Cella des Panthenon, wo Plutos künftig residieren wird.

Die Komödie scheint die überarbeitete Fassung eines Stückes zu sein, das zwei Jahrzehnte früher entstanden ist (wobei die beiden Versionen möglicherweise grundverschieden sind). In den gewandelten Zeiten, sechzehn Jahre nach Beendigung des Peloponnesischen Krieges, hat sich Aristophanes von den politischen Themen abgewandt und beschäftigt sich jetzt mit den sozialen Fragen von Armut und Reichtum. Was an Satire übriggeblieben ist, erscheint dürftig, und die ehemals langen Chorlieder des Dramatikers sind bloßen Einlagen gewichen (deren ursprüngliche Stellung im Text wir nur noch durch Zeichen angedeutet finden), die aus Gesang und Tanz bestehen. Das heißt, daß wir die Alte Komödie bereits hinter uns gelassen haben und uns in der Epoche der etwas unbestimmten, aber sehr vielseitigen Mittleren Komödie befinden, die schließlich zur Neuen Komödie (s. u.) überleitet und von der uns sonst kaum Beispiele erhalten sind. Trotz ihrer nicht sehr interessanten Charaktere hatte die Komödie *Plutos* eine lange Lebensdauer als beliebtes Schulbuch, denn sie ist amüsant, einfach und frei von Obszönitäten.

Aristophanes' Stil zeigt eine unerschöpfliche, glänzende Erfindungsgabe, die allen Aspekten des Lebens reichhaltige Bilder, Gleichnisse und Metaphern abgewinnt. Seine Figuren bieten meist wenig Handlung; sie symbolisieren statt dessen häufig den einen oder anderen der widersprüchlichen weltanschaulichen oder politischen Standpunkte, die der Dramatiker darstellen möchte – oft in Form einer bloßen, schamlosen Karikatur. Man muß allerdings im Auge behalten, daß seine Gestalten auf Zuschauer wirken sollten und nicht auf Leser, die sie in Ruhe hätten studieren können. Häufig sind diese Figuren auch dem Zeitgeschehen entnommen und stellen wirkliche, bekannte Persönlichkeiten dar, die Aristophanes mit grenzenlosem Hohn und Spott überhäuft.

Eine der bemerkenswertesten Eigenheiten seiner Stücke besteht darin, daß sie heftige Angriffe auf führende Mitglieder der athenischen Regierung und beredte Plädoyers für den Frieden vortragen – und das, obwohl die meisten von ihnen bei staatlichen Festen während des Peloponnesischen Krieges aufgeführt wurden. Der Kriegstreiber Kleon war ein bevorzugtes Ziel von Aristophanes' satirischen Angriffen, und er reagierte darauf, wie wir im Zusammenhang mit *Die Ritter* sahen, indem er den Dichter vor Gericht brachte. Davon unbeeindruckt und ohne Zweifel durch die Reaktion des Publikums ermutigt – welches seine Angriffe goutierte, auch wenn es sich in seinem Wahlverhalten nicht danach richtete –, fuhr der Dramatiker mit seiner überschäumenden Satire fort und überlebte zwei oligarchische Staatsstreiche sowie die demokratischen Revolutionen, die diesen folgten.

Er war offensichtlich ein Mann fester, solider und altmodischer Überzeugungen, die auf einer Mischung aus gesundem Menschenverstand, Humanität, Mäßigung und Konservatismus beruhten. Dichter (Euripides), Philosophen (Sokrates), Naturwissenschaftler und Musiker waren das Ziel seines bissigen Spottes und seiner Parodien. Kulturelle Neuerer – auch wenn er selbst einer war – werden als eingebildete Scharlatane und Pseudoreformer dargestellt, während diejenigen Menschen, die er am meisten schätzt, unter den einfachen Athenern zu finden sind, die lediglich in hergebrachter Weise ein ruhiges und angenehmes Leben führen wollen. Zu diesen Menschen zählen vor allem die intelligenten, derben und unbeirrbaren »kleinen Leute« der attischen Landbevölkerung. Hauptsächlich wegen ihrer Kriegslasten – zu denen die jährlichen Invasionen der Spartaner gehörten – hat Aristophanes trotz seines Patriotismus derart ausgeprägt pazifistische Anschauungen vertreten, wie sie in heutiger Zeit wohl von keinem Lande, das sich im Kriegszustand befindet, geduldet würden.

Sind die Götter in der Lage und willens, den Menschen Hilfe zu bringen? Auch in dieser Frage ist Aristophanes' Haltung für moderne Leser schwer verständlich. Denn einerseits vertritt er ohne Frage die Auffassung, daß die Götter von den Staatsbürgern verehrt werden sollten, andererseits stellt er dieselben Gottheiten oft als lächerlich und unehrenhaft dar. Seine Zuschauer betrachteten diese Respektlosigkeiten offenbar als akzeptabel und unterhaltsam – obwohl seine Stücke im Rahmen religiöser Feierlichkeiten aufgeführt wurden.

Die weiblichen Rollen in Aristophanes' Komödien wurden ebenso, wie das in der Tragödie üblich war, von Männern gespielt. In der Regel gab es vier Schauspieler, obwohl auch weitere Personen auftreten konnten. Sie trugen Masken und ausgepolsterte Kleider, zu denen dicke Bäuche und übergroße Penes für Männer gehörten. Der Chor umfaßte vierundzwanzig Mitglieder, und außer beim Tanz und beim Chor- und Sololied, die wesentliche Bestandteile des Theaterstückes waren, erfüllte er eine wichtige Rolle im Ablauf des Geschehens, wobei er manchmal als Sprachrohr des Dramatikers wirkte – gelegentlich aber auch den Standpunkt des »Helden« vertrat. Die Chorlieder zeigen oft einen angenehm leichten, lyrischen Charakter im Gegensatz zu der aufdringlichen Pornographie, die man sonst häufig in der Komödie antraf.

In ihrer Gestaltung zeigen Aristophanes' Komödien eine mehr oder weniger konventionelle Struktur; Einzug des Chores *(parodos)*; Auseinandersetzung zwischen zwei Figuren *(agon)*, welche den Kern der Handlung enthält; große Ansprache des Chores an die Zuschauer; weitere Episoden, die von Chorliedern eingefaßt werden; fröhliche Schlußszene *(exodus)*, die mit einem Festgelage, einer Hochzeit oder mit beidem endet. Wie wir feststellten, verzichteten seine letzten Stücke, *Ekklesiazusen* und vor allem *Plutos*, auf viele traditionelle Bestandteile der Alten Komödie. Das betraf sowohl ihren Aufbau als auch ihren Inhalt. Denn in der Mittleren Komödie, die mit diesen Stücken ihren Anfang nahm, verschwand die *parabasis*, und die eigenen Chorlieder des Dramatikers wurden durch Einlagen ersetzt, die man bei anderen Schriftstellern entlehnte.

Die Komödie des Aristophanes war in der gesamten Antike ein Gegenstand unermüdlicher Forschertätigkeit und Bewunderung, und es wurden umfangreiche Kommentare zu ihr verfaßt. Über die Tradition der Neuen Komödie des Menandros und ihre lateinischen Vertreter Plautus und Terentius geht die gesamte europäische Komödiendichtung auf die Kunst des Aristophanes zurück.

# 20 HIPPOKRATES: DER ARZT ALS WISSENSCHAFTLER

Obwohl der Fortschritt der griechischen Naturwissenschaften nur langsam vonstatten ging, da die empirische Beobachtung im allgemeinen hinter der Theorie zurückblieb, hatte sich die Medizin nach und nach zu einer Ausnahmeerscheinung entwickelt, indem sie sich an der Vorliebe der frühen, ionischen Naturphilosophen für beobachtbare Fakten orientierte. Während des sechsten Jahrhunderts, als die Beliebtheit des Sports zu einem besseren Verständnis des menschlichen Körpers führte, entstanden Ärzteschulen in Kroton, Kos, Knidos, Rhodos und Kyrene.

Die Idee der Gerechtigkeit *(dike)* – auf welche die Philosophen den Ursprung der *polis* zurückführten – beherrschte auch das Denken der Ärzte, die das »gerechte Gesetz« mit den natürlichen Funktionen des Körpers gleichsetzten. So definierte Alkmaion von Kroton (ca. 500?), möglicherweise der Begründer der medizinischen Schule in diesem Stadtstaat, die körperliche Befindlichkeit als das Ergebnis des Zusammenspiels von gegensätzlichen Kräften. Tatsächlich scheint Alkmaion, der sich stark für die Natur und besonders die Natur des menschlichen Körpers interessierte, der erste Denker gewesen zu sein, welcher derartige Antithesen in die medizinische Theorie einführte, indem er behauptete, daß die Gesundheit auf den »gleichen Rechten« (*isonomia*, ein ebenfalls aus dem politischen Denken bekannter Begriff) von gegensätzlichen Kräften beruhe, im Gegensatz zur *monarchia* oder Tyrannei der Krankheit.

Solche Theorien, die Analogien zwischen dem menschlichen Körper und der politischen Gemeinschaft herstellten, waren von den Philosophen entlehnt, besonders von Pythagoras (s. Anhang I), für dessen Anhängerschaft Alkmaion, der ein jüngerer Zeitgenosse des Pythagoras gewesen sein soll, sein Buch geschrieben hatte. Aber Alkmaion ging pragmatisch vor, indem er diese Abstraktionen nicht nur aus dem theoretischen, schlußfolgernden Denken gewann, das die griechischen Philosophen so sehr schätzten, sondern auch aus seinen in der Chirurgie erlangten Erfahrungen – womit er die Medizin in die Nähe einer naturwissenschaftlichen Disziplin führte.

Nach unseren Erkenntnissen wurde jedoch der entscheidende Schritt nach vorn, der die Medizin weit über die sonstigen Naturwissenschaften der Griechen hinaushob, von dem Arzt Hippokrates aus Kos getan, der ein Zeitgenosse des Sokrates (469–399) oder nur wenig jünger war. Obwohl er der Sohn eines Arztes war, der zur Asklepiadenfamilie gehörte, spielte der religiöse Kult des Asklepios – des Gottes der Heilkunst – wohl keine allzu große Rolle in seiner Ausbildung, denn dieser Kult kam in Kos erst später zur vollen Entfaltung (mit der Begründung der Tempel-Medizin in der Mitte des vierten Jahrhunderts). Er war vielmehr ein Erbe der griechischen Naturphilosophen, und zu seinen Lehrern zählten gemäß der Überlieferung der ionische Philosoph Demokritos ebenso wie die Sophisten Prodikos und Gorgias.

Hippokrates unternahm ausgedehnte Reisen und praktizierte in verschiedenen griechischen Städten; er starb in Larissa in Thessalien, nachdem er sich außerordentlichen Ruhm erworben hatte. Die schlechte Quellenlage macht es schwer, um nicht zu sagen unmöglich, zu ermitteln, was er selbst gedacht und gelehrt hat. Aber wenn wir die entsprechende Stelle bei Platon richtig interpretieren, scheint er den menschlichen Organismus als ein vernetztes System interpretiert und seine medizinische Theorie und Praxis auf eine ganzheitliche Betrachtung dieses Systems gegründet zu haben.[13]

Das mag durchaus zutreffen, aber wenn wir uns den 58 Abhandlungen (in 73 Büchern) zuwenden, die unter dem Namen *Corpus Hippocraticum* bekannt geworden sind, so stehen wir vor neuen Problemen. Das *Corpus* enthält trotz aller unvermeidlichen Begrenztheiten den schärfsten Angriff im griechischen Kulturkreis gegen alle vorrationalen und irrationalen Denkweisen. Doch es ist außerordentlich schwierig, eines dieser Werke auf Hippokrates selbst zurückzuführen – wie man übrigens schon im Altertum erkannt hat.

Die Abhandlungen reichen von sorgfältig komponierten medizinischen Vorträgen bis hin zu weniger technischen Darstellungen, die den Methoden der Sophisten verpflichtet sind (u. a. des Gorgias, dessen Bruder Arzt war), und sie decken eine sehr große Bandbreite von medizinischen Themen und Fragestellungen ab. Auch stammen die Verfasser dieser Studien keineswegs alle aus Kos, der Heimat des Hippokrates, sondern gehören auch zu anderen ostgriechischen Medizinerschulen, vor allem zu derjenigen von Knidos, von der gesagt wird, daß sie mehr Wert auf die Naturwissenschaften legte, während Kos stärker humanistisch orientiert war. Schließlich kann die Zusammenfassung dieser Abhandlungen in einem geschlossenen »hippokratischen« Corpus nur bis ins dritte oder vierte Jahrhundert v. Chr. zurückverfolgt werden, als die Kompilation – wahrscheinlich in Alexandrien – vorgenommen wurde.

Auf Grund der Sprache und des Stils muß man jedoch davon ausgehen, daß gewisse Teile des Corpus bis in die Lebenszeit des Hippokrates zurückreichen. Eine von diesen Schriften trägt den Titel *Klima, Wasser und örtliche Verhältnisse* – heute erscheint sie oft unter der Bezeichnung *Über die Umwelt*. Diese Abhandlung besteht aus zwei Teilen. Der erste legt in sehr origineller Weise dar, in welcher Hinsicht verschiedene Umweltbedingungen den menschlichen Körper beeinflussen. Der zweite Teil, der stark von den frühen ionischen Naturphilosophen inspiriert ist, zeigt die verschiedenen gegensätzlichen geographischen, klimatischen und demographischen Verhältnisse in Europa und Asien auf.

Eine andere, frühe »hippokratische« Abhandlung ist betitelt *Über die Heilige Krankheit*, womit die Epilepsie gemeint ist. Der Verfasser ist bereit zuzugestehen, daß letztlich alles auf einen göttlichen Ursprung zurückzuführen sei. Aber er zeigt, daß die Epilepsie nicht »heiliger« ist als irgendeine andere Krankheit – und das gibt ihm die Gelegenheit, gegen Dämonenbeschwörung und Aberglauben anzugehen, die damals bei Scharlatanen hoch im Kurse standen.

Auch bei einer anderen Gruppe von Schriften kann man davon

ausgehen, daß sie im späten fünften oder frühen vierten Jahrhundert entstanden sind; dazu gehören *Über die Ernährung* sowie *Seuchen* (Bücher I und III, voller systematischer, empirischer Beobachtungen), *Über die Alte Medizin* (wo aus einer praktischen, handwerklich und technisch orientierten Haltung heraus gegen alle hypothetischen und philosophischen Methoden argumentiert wird) und das *Prognostikum* (das die Bevorzugung der Prognose gegenüber der Therapie durch die Schule von Kos verdeutlicht). Keines dieser Werke kann Hippokrates selbst zugeschrieben werden, aber einige von ihnen könnten wohl von Medizinern verfaßt sein, die ihn kannten und durch seine Lehren beeinflußt waren.

Der berühmte medizinische Eid, der mit seinem Namen verbunden ist und ebenfalls einen Fortschritt in der Geschichte der Medizin darstellt, ist in seiner gegenwärtigen Form nicht vor dem vierten vorchristlichen Jahrhundert entstanden. Darüber hinaus war er möglicherweise nur für eine kleine Gruppe von Ärzten bestimmt, die einer pythagoreischen Bruderschaft angehörten (s. Anhang I). Das würde einige seiner Wesensmerkmale erklären, für die es Entsprechungen im pythagoreischen Denken gibt, so z. B. das Verbot des Selbstmordes und der Abtreibung und die Vorschrift, daß Ärzte keine Chirurgie betreiben sollten (die nicht eigentlich verurteilt, aber als berufsfremd angesehen wird).

Bemerkenswert an dem Eid ist die Verpflichtung, die Angehörigen des Ärztestandes zu achten und, falls notwendig, zu unterweisen, wobei großer Wert auf die enge Verbindung zwischen Lehrer und Schüler, Vater und Sohn gelegt wird, die möglicherweise schon bei Hippokrates selbst vorgezeichnet war, und wohl in gleicher Weise wie der Eidestext die Medizin als ein Handwerk betrachtet hat, das durch Unterweisung innerhalb der Familie weitervermittelt wird. Der Eid wird geschworen bei »Apollon, Asklepios, Hygieia (Gesundheit) und allen anderen Heilkräften«, was ein Übergangsstadium deutlich werden läßt zwischen der Verehrung dieser Gestalten als Götter und ihrer Interpretation als abstrakte Naturgewalten. Aber das bedeutendste und zeitlos gültige Element des Eides ist sein hohes medizinisches Ethos und seine Betonung der Verantwortung des Arztes gegenüber seinen Patienten und deren Familien sowie gegenüber der staatlichen Gemeinschaft, in der er tätig ist.

Es dauerte nicht lange, bis der Ruf des Hippokrates derartige Dimensionen erreicht hatte, daß sich um sein Leben – ebenso wie um dasjenige des Pythagoras oder des Sokrates – eine Vielzahl nicht beglaubigter Legenden rankte. Gleichzeitig wurde er als der eigentliche Begründer der medizinischen Wissenschaft angesehen. Galenos, der berühmte Arzt des zweiten nachchristlichen Jahrhunderts, hat ihn sowohl als praktizierenden Arzt wie auch als medizinischen und biologischen Theoretiker verehrt. Etwa seit 800 studierten, übersetzten und bearbeiteten arabische Gelehrte das *Corpus hippocraticum*, und nach der Jahrtausendwende entstanden lateinische Übersetzungen (die auf das Arabische und teilweise wohl auch auf die authentischen, griechischen Texte zurückgingen), die später in das Lehrprogramm der europäischen Universitäten aufgenommen wurden.

Aber trotz alledem ist der Beitrag, den Hippokrates selbst erbracht hat, schwer zu ermitteln, obwohl er einiges geleistet haben muß, um sein gewaltiges Ansehen zu begründen – wobei sich diese Leistung wohl nicht allein auf die Grundlegung der medizinischen Kenntnisse erstreckte, sondern vor allem auf die Schaffung der *Geisteshaltung*, aus der spätere medizinische Forschungen erwuchsen.

13 Platon, *Phaidros*, 270c–d.

# 21 SOKRATES: DER IRONISCHE FRAGENDE

Sokrates (ca. 470–399) übte einen gewaltigen Einfluß auf die jüngeren athenischen Denker und auf die Philosophen späterer Zeiten aus. Und doch wissen wir praktisch nichts von ihm, denn er selbst hinterließ keine schriftlichen Zeugnisse, und die historische Zuverlässigkeit derjenigen, die über ihn schrieben, ist sehr umstritten. Diese Autoren wären allerdings sehr überrascht, wenn man ihnen dies zum Vorwurf machte, denn sie zielten auf etwas ganz anderes ab: auf die Darstellung einer exemplarischen Persönlichkeit, aus deren Leben und Laufbahn, welche mit literarischer Phantasie und Freizügigkeit dargestellt wurden, die Menschheit lernen sollte.

In den *Wolken* des Aristophanes, die noch zu Sokrates' Lebzeiten verfaßt wurden, wird der Philosoph allerdings als eine Witzfigur dargestellt, in der unfairer und willkürlicher Weise alle diejenigen Eigenarten der höheren Erziehung durch Sophisten und Naturphilosophen verkörpert sind, die der Komödiendichter so sehr verachtete. Aber daß er gerade Sokrates für diese Rolle auswählte, zeigt, wie berühmt der Philosoph bereits kurz vor 420 war. Dann wiederum erscheint er in den *Fröschen* (405) des Aristophanes als eine sehr gefährliche Gestalt, und auch ein anderer Komiker, Eupolis, attackierte ihn als einen schäbigen, armseligen Schwätzer.

Nach seinem Tode, der die Phantasie der Menschen noch mehr beschäftigte als sein Leben, wurde er dann zum Gegenstand einer Flut von Streitschriften, in denen er sowohl angegriffen als auch verteidigt wurde. Die gegen ihn gerichteten Schriften sind nicht mehr erhalten, aber von seinen Schülern Xenophon und Platon existieren umfangreiche Verteidigungsschriften (s. Kap. 30 u. 31). Die beiden Schriftsteller unterscheiden sich jedoch stark in dem, was sie über Sokrates sagen und denken. Xenophon macht ihn zu einem lebensklugen Allerweltsheiligen, der brauchbare Daseinsrezepte und weise Aussprüche lieferte, während Platon ihn in einer Reihe von Dialogen als den Begründer seiner eigenen, hochentwickelten, idealistischen Philosophie erscheinen läßt.

Nur wenige Gelehrte sind der Auffassung, daß Xenophon über Teilaspekte des wahren Bildes hinausgekommen sei, aber andererseits ist auch Platons Darstellung des Sokrates zu allen Zeiten umstritten gewesen. Sicherlich kann die Schilderung des Denkers durch Platon nur dort historische Zuverlässigkeit beanspruchen, wo sie von anderer Seite bestätigt wird; ansonsten handelt es sich um eine Darstellung von Platons eigenen Denkprozessen, die durch die Erinnerung an die außergewöhnliche und anregende Persönlichkeit des Sokrates in Gang gesetzt wurden. Platon selbst legt uns nahe, diese vorsichtige Betrachtungsweise anzuwenden, wenn er offensichtlich Anachronismen in einen Dialog oder dessen Rahmenhandlung einfügt.

Sokrates' Vater war ein athenischer Bildhauer oder Steinmetz, und er war wirtschaftlich offenbar nicht schlecht gestellt. Sokrates selbst heiratete in fortgeschrittenem Alter, wohl zum zweiten Male. Sein Weib, Xanthippe, wurde für ihr zänkisches Wesen berühmt, wir wissen nicht, ob zu Recht oder zu Unrecht. Er diente in mehreren Kriegszügen als schwerbewaffneter Fußsoldat (Hoplit).

Offenbar unterhielt er enge Beziehungen zu den Mitgliedern des inneren Kreises um Perikles (s. Kap. 11), und er scheint in seiner Jugend ein Gefährte des Archelaos, eines athenischen Schülers des Naturphilosophen Anaxagoras (s. Kap. 8), gewesen zu sein. Aber mit der Begründung, daß der *nus* des Anaxagoras »nicht zum allgemeinen Besten wirke«, wandte er sich in der Folgezeit von diesen kosmologischen Spekulationen ab und verbrachte den Rest seines Lebens damit, der Frage nach Recht und Unrecht im menschlichen Handeln nachzugehen.

Seine wichtigste Lehrmeinung beruhte auf der Überzeugung, daß es ein ewiges und unwandelbares, *absolutes Sittengesetz* gebe. Diesem nachzustreben und es zum Herrn über Leib und

Seele zu machen, sollte nach Sokrates' Auffassung das Ziel *(telos)* aller menschlichen Bemühungen sein. Sokrates erscheint insofern als der Begründer der »teleologischen« Denkweise, jener Auffassung, daß alles in der Natur einem bestimmten Ziele zustrebe. Diese Auffassung findet sich später bei Platon wieder und sollte eine große Bedeutung für die Philosophie des Aristoteles erlangen (s. Kap. 37).

Sokrates' Festhalten an einem absoluten Sittengesetz bedeutete, daß er die Auffassung der Sophisten von der Relativität moralischer Werte ablehnte (s. Kap. 12; dennoch wurde er oft mit diesen gleichgestellt). Sokrates war auch der Auffassung, daß es großer Anstrengungen bedürfe, um zu erkennen, was gut und was böse sei – mit anderen Worten galt es, Kenntnisse zu erwerben, *Tugend ist Wissen*, wobei wir nicht sagen können, ob er dies wirklich so prononciert formulierte. Weiter behauptete Sokrates, daß Wissen in erster Linie *Selbsterkenntnis* bedeute (»erkenne dich selbst«) und daß *niemand willentlich Unrecht tue*, eine eigenwillige und zunächst paradox erscheinende Idee. Seine Wertschätzung des Wissens, sein bahnbrechendes Eintreten für die Überlegenheit des Intellekts, steht in Einklang mit Aristoteles' weiterer Feststellung, daß er der Begründer der Begriffsbestimmung gewesen sei: obwohl er selbst stets behauptete, daß er nichts wisse – daß er nur die »Hebamme« sei, die bei der Geburt des Wissens in anderen Geistern Beistand leiste.[14]

Diese Behauptung war zweifelsohne zum großen Teil nur moralisches Understatement, aber sie entsprach auch seiner philosophischen Methode. Denn anstatt zu schreiben oder Vorträge zu halten (angeblich bestritt er, jemals irgend jemanden unterrichtet oder überhaupt Kenntnisse vermittelt zu haben), entwickelte er die berühmte »Sokratische Methode«, nach der er jeden befragte, der ihm über den Weg lief, vor allem jedoch die athenischen Jünglinge, wie Aristophanes berichtet.[15] Unter seiner Anleitung hoffte er, seine jungen Freunde durch rationales Fragen zur Wahrheit zu führen, da „ein unreflektiertes Leben wertlos sei«[16] – wobei seine Fragestellungen aufreizend gewesen sein müssen, vor allem, wenn er seine Gesprächspartner aufs Glatteis führte, was ihm großen Spaß bereitet zu haben scheint.

Seine religiöse Haltung war nach außen hin orthodox, denn Sokrates folgte sorgfältig den religiösen Bräuchen, »wie sie in der Stadt geübt wurden«. Nichtsdestoweniger wandte er ebenso wie Euripides seine kritischen Methoden auf einige der überlieferten Glaubensinhalte seiner Zeit an, vor allem auf lächerliche oder unmoralische Mythen über die Götter (wie Platon in seinem *Euthyphron* schildert). Darüber hinaus behauptete er gelegentlich, von einer inneren Macht oder Stimme geleitet zu werden *(daimonion)*. Ob man diese nun als sein Gewissen oder als Eingebung deutete (wie Platon nahelegt) oder als ein mystisches Phänomen (denn Sokrates versank manchmal in einen Zustand wortloser Trance), es war jedenfalls dieses Moment, das ihn immer wieder zum Philosophieren drängte. Diese Erscheinung bedeutete auch, daß er zu den unbequemen Menschen gehörte, die Gott auf ihrer Seite zu wissen glauben, so daß er bei aller ironischen Bescheidenheit von der Richtigkeit seines Denkens und Handelns fest überzeugt war.

Sein äußeres Erscheinungsbild glauben wir gut zu kennen, obwohl dies sehr wohl eine falsche Überzeugung sein kann, denn seine zahlreichen, launigen Porträtbüsten spiegeln wohl eher wider, wie sich spätere Zeiten das Aussehen eines solchen Menschen vorgestellt haben – wobei der Typus des Satyr-Silen aus der Alten Komödie sicher einen bedeutenden Einfluß ausgeübt hat. Seine physische Belastbarkeit war außergewöhnlich, und das gleiche gilt von seiner Intelligenz und seiner Menschenfreundlichkeit (trotz seiner Vorliebe für ironische Späße); zu seinen weiteren Charaktereigenschaften zählten Selbstbeherrschung, Aufgeschlossenheit und Liebenswürdigkeit. Diese Kombination von Charaktereigenschaften gewann ihm bald einen ergebenen Kreis von Anhängern verschiedenster Herkunft, von angesehenen, ernsthaften Denkern über fragwürdigere Berühmtheiten wie Alkibiades bis hin zu dem zynischen Intellektuellen Kritias.

Kritias war auch einer der fanatischsten Extremisten unter den Führern, die nach der endgültigen Niederlage Athens im Jahre 404 eine erfolgreiche Revolution durchführten (die praktisch einer Wiederholung des Staatsstreichs von 411 gleichkam), bei der sie mit Hilfe des siegreichen spartanischen Feldherrn Lysandros (s. Kap. 24) die oligarchische Herrschaft der »Dreißig« errichteten. Aber als der politische Einfluß Lysandros' im folgenden Jahre durch Pausanias, den spartanischen König aus dem Hause der Agiaden, beschränkt wurde, kam es zur Wiederherstellung der Demokratie in Athen, wobei die heroischen Aktionen des im Kriege ausgezeichneten Admirals Thrasybulos eine zentrale Rolle spielten. Die wiederhergestellte Demokratie erhielt (zum ersten Male) eine ausgearbeitete Verfassung, und eine weitere Errungenschaft war eine umfassende und ebenfalls erstmalige (von Pausanias gebilligte) Amnestie. Nur die überlebenden Führer der oligarchischen Partei wurden davon ausgenommen; für alle anderen galt Straffreiheit, die noch durch die Strafandrohung für private Fehden zusätzlich gesichert wurde. Aber man war von einer Aussöhnung noch weit entfernt, wie die Berichte über Gerichtsverfahren aus dieser Zeit beweisen.

Das bei weitem berühmteste dieser Gerichtsverfahren war der Prozeß gegen Sokrates (399). Sokrates, der keinen Hehl daraus machte, daß viele seiner Anhänger zur Oberschicht gehörten,[17] hatte niemals eine hohe Meinung von der athenischen Demokratie gehabt, da er beispielsweise das Lossystem für töricht hielt – und da er miterleben mußte, daß die meisten Möchtegernpolitiker keine Ahnung von den Dingen hatten, über die sie redeten. Außerdem hatte er sich im Jahre 406 dem Volkswillen entgegengestellt, indem er als ein Mitglied des Rates der Fünfhundert vergeblich versuchte, die Hinrichtung der Generale nach der Arginusenschlacht zu verhindern.

Im Jahre 404 zählten ihn die Dreißig, die von seinem Freund und Schüler Kritias angeführt wurden, zu ihren Anhängern und ernannten ihn zum Mitglied der oligarchischen Dreitausend, die sie als ihre politische Eliteformation ansahen; dann befahlen sie ihm, in ihrem Namen eine Verhaftung vornehmen zu lassen, was er allerdings verweigerte. Dennoch kann die in der Folge wiederhergestellte Demokratie ihn kaum als ihren Freund betrachtet haben – und das zu einer Zeit, als ein geeintes, von destruktiven und subversiven »Freidenkern« gesäubertes Athen als eine Notwendigkeit erschien, um den Spartanern jeden Vorwand für ein erneutes Eingreifen zu nehmen.

Und so brachte der ansonsten verantwortungsbewußte, gemäßigte, demokratische Stratege Anytos Sokrates vor Gericht – wobei er sich eines gewissen Meletos, »eines Jünglings mit schwachem Bart und Habichtnase«,[18] der wahrscheinlich ein religiöser Eiferer war, bediente, um die Anklagen vorbringen zu lassen. Diese lauteten: »Sokrates versündigt sich durch Ableugnung der vom Staate anerkannten Götter sowie durch Einführung neuer göttlicher Wesen; auch vergeht er sich an der Jugend, indem er sie verführt.«[19]

Wie ist der erste Anklagepunkt, der auf Gottlosigkeit lautet, zu verstehen? Er kann kaum die Einführung fremder Gottheiten zum Gegenstand gehabt haben, denn solche wurden oft in Athen eingeführt, ohne daß dies strafbar gewesen wäre – und jedenfalls gibt es keine Hinweise, daß Sokrates jemals mit derartigen Vorgängen zu tun gehabt hätte. Bezog sich die Anklage etwa auf seine »göttliche Stimme«, wie einige seiner Freunde glaubten? Diese konnte wohl kaum als eine neue Gottheit angesehen werden, obwohl die Reden der Anhänger des Sokrates dies vielleicht so erscheinen ließen, oder doch zumindest den Eindruck erweckten, als handele es sich um einen Schutzgeist, den man als Gottheit betrachten könne. Aristophanes hatte über Sokrates gespottet, daß er den Wirbel anstelle von Zeus zur obersten Gottheit erklärt habe und daß er ein Sterngucker gewesen sei – so daß er möglicherweise mit der religionsfeindlichen Astronomie des Naturphilosophen Anaxagoras in Verbindung gebracht wurde, mit dessen Schüler Archelaos er befreundet gewesen war; aber das lag lange zurück und erscheint außerdem weit hergeholt. Vermutlich liegt der springende Punkt woanders. Sokrates war ein frommer Mann, aber seine Fragemethode machte vor religiösen Einrichtungen und mythischen Überlieferungen nicht halt – und Anytos mag den Eindruck erweckt haben, daß derartige Infragestellungen gotteslästerlich waren.

Aber die Hauptgefahr der Anklage lag in der zweiten Beschuldigung, daß Sokrates »die Jugend verderbe«. Denn einige seiner jüngeren Freunde und Schüler erschienen der gegenwärtigen

Regierung in hohem Maße als lasterhaft: der unberechenbare Alkibiades (gest. 404) und vor allem Kritias und Charmides, die beide zu den »Dreißig« zählten und die beide bei der gewaltsamen Wiederherstellung der Demokratie gefallen waren.

Außerdem hatte Sokrates niemals viel Sympathie für das demokratische System verspürt. Allerdings machte es die Amnestie unmöglich, ihn als Anhänger der Oligarchie zu verklagen; vielleicht rührt daher die seltsame Formulierung der Anklage. Darüber hinaus ist es aber auch gut möglich, daß seine berühmte Fragemethode dem ungefestigten und daher überempfindlichen neuen System als umstürzlerisch erschien. Außerdem berichtet uns Xenophon, daß Anytos selbst einen Sohn hatte, der nach dem Rat des Sokrates eine höhere Ausbildung hätte erhalten sollen. Anytos war über dieses Ansinnen sehr erzürnt, denn er bestand darauf, daß sein Sohn praktische Aufgaben übernahm (woraufhin der Jüngling sich dem Trunk ergab).[20]

Die Berichte über den Prozeß und die Plädoyers sind fiktiv, fest steht jedoch, daß Sokrates mit 281 gegen 220 Stimmen für schuldig befunden wurde. Noch zu diesem Zeitpunkt – wie auch früher schon – hätte er aus Athen fliehen können. Aber er erklärte, daß ein derartiger Schritt mit seinen Pflichten als Staatsbürger nicht zu vereinbaren sei. Wenn die Strafe, wie im vorliegenden Falle, nicht durch das Gesetz festgelegt war, so hatte der Angeklagte das Recht, jede beliebige Alternative zur Forderung der Ankläger in Vorschlag zu bringen. Im vorliegenden Falle hatten die Ankläger die Todesstrafe gefordert, aber wenn Sokrates als Alternative die Verbannung vorgeschlagen hätte, wären dagegen wohl kaum Einwände erhoben worden – ja wahrscheinlich hätte das jetzt, wo der Ostrakismos abgeschafft war, sogar den Wünschen der Ankläger entsprochen, da sie ihn eigentlich nur mundtot machen wollten. Aber Sokrates weigerte sich, einen derartigen Vorschlag zu unterbreiten, statt dessen hielt er eine Rede, in der er forderte, er solle für den Rest seines Lebens als öffentlicher Wohltäter vom Staate unterhalten werden, äußerstenfalls solle man ihm eine Geldstrafe auferlegen. Die Geschworenen fühlten sich durch diese scheinbare Verhöhnung des Gerichts beleidigt und verurteilten ihn mit einer Stimmenmehrheit zum Tode, die noch größer war als diejenige, mit der sie ihn für schuldig befunden hatten. Dreißig Tage nach dem Urteil starb er, nachdem er gelassen den Schierlingsbecher geleert hatte.

Durch seinen Tod begründete er die sokratische Legende, die ihn in die Höhe der zeitlos großen Geister erhob, da er für die Gewissensfreiheit des Menschen sein Leben geopfert hatte. Zwar gab es auch Stimmen, die seine Verurteilung rechtfertigten, aber ihnen stand eine Flut von Apologien gegenüber, welche sie beklagten und damit den Gefühlen all jener »Sokratiker« Ausdruck verliehen, die ihn verteidigten und seine letzten Tage für alle Zeiten in lebendiger Erinnerung erhielten. Unter seinen Anhängern ragte vor allem die Gestalt Platons heraus, und zwar so sehr, daß inmitten der Szenen und Doktrinen seiner Dialoge die Persönlichkeit des Sokrates bis zur Unkenntlichkeit von der glänzenden Gestalt seines Anhängers Platon verdeckt wird.

Obwohl die Auffassung der Spätantike, daß Sokrates der erste Philosoph gewesen sei, der die Menschen zum Nachdenken über ethische Fragen und über ihr Handeln gebracht habe, seinen Vorgängern in keiner Weise gerecht wird, hat er diese Probleme in ungewohnter Schärfe und auf einem bis dahin unerreichten Niveau analysiert. Auf diese Weise stellte er den Menschen in den Mittelpunkt philosophischer Forschung und erweiterte seinen Bewußtseinshorizont in einem Ausmaß, wie dies vor oder nach ihm nur wenigen gelungen ist. Auch seine sorgfältige Untersuchung der Grundlagen und der definitorischen Aspekte derartiger Analysen sind von einer bedeutungsvollen Originalität.

Er war natürlich nicht der erste Fragende in der griechischen Geistesgeschichte, und selbst zu seiner Zeit gab es bedeutende Erforscher der menschlichen Seele – etwa Euripides oder Protagoras und andere Sophisten. Aber der tiefgründigste Denker unter ihnen, auch wenn sein Ton zumeist leicht ist, war offensichtlich Sokrates. Sein Fragen hatte zudem einen eigenartig drängenden Charakter, und obwohl er nichts schriftlich niedergelegt hat, führte es in späterer Zeit zu nie endenden Interpretationen und Neubewertungen. Wie wir bereits anmerkten, konnte er sich mit dem Relativismus der Sophisten nicht zufriedengeben, sondern glaubte, daß man zu absoluten Wahrheiten vorstoßen

)er »Poseidon-Tempel« – tatsächlich war er
Hera geweiht – in Poseidonia (Paestum), einer
hterstadt der achäischen Kolonie Sybaris im
'westlichen Italien, ca. 450 v. Chr.; es ist der
ɜtzt erbaute von insgesamt drei erhaltenen
ɪpeln.

2 Der »Concordia-Tempel« (sein ursprünglicher Name ist ungewiß), ca. 430 v. Chr., eines der bemerkenswerten Heiligtümer aus der rhodischen und kretischen Kolonie Akragas (Agrigento) im südlichen Sizilien, der Heimat des Empedokles.

3 Die Propyläen, der monumentale Torbau der athenischen Akropolis, der in den Jahren 437 bis 432 von dem Architekten Mnesikles erbaut wurde.

3

4

4 Der Parthenon, der Tempel der jungfräulichen Athena auf der Akropolis von Athen, der zwischen 447 und 438 v. Chr. erbaut wurde. Der Architekt war Iktinos und sein Baumeister Kallikrates, d beide im Rahmen der Gesamtplanung des Phe dias arbeiteten.

5 Tempel in der elymischen Stadt Segesta (im Nordwesten Siziliens). Die Arbeit an dem Bauwerk begann vermutlich nach dem Abschluß des Bündnisses der Stadt mit Athen im Jahre 426 v. Chr. Sie wurde noch vor Vollendung des Tempels eingestellt, als Segesta im Jahre 416 gegen Selinus Krieg führte.

6 Der ionische Tempel der Athena Nike (Siegesgöttin) auf der Akropolis von Athen wurde noch in der Nähe der Propyläen zwischen 430 und 420 auf einer Bastion rechts vom Aufgang errichtet. Es scheint, daß Pheidias schon früher für diese Stelle ein Bauwerk geplant hatte.

7 Die Korenhalle des komplexen, asymmetrischen Erechtheion, der um 420 und von ca. 409–408 v. Chr. erbaut wurde, wobei auch hier, wie im Falle des Nike-Tempels, bereits in Pheidias' ursprünglicher Planung ein Bauwerk für diese heilige Stelle vorgesehen war.

8

9

8 Die letzte von vielen in Vorschlag gebrachten Rekonstruktionen des Mausoleums in Halikarnassos (Bodrum), des Grabmals von Maussollos (gest. 353 v. Chr.), des Satrapen und unabhängigen Herrschers von Karia (im südwestlichen Kleinasien). Das Mausoleum galt als eines der Sieben Weltwunder.

9 Herakles als Bogenschütze. Das Relief befand sich in einem Winkel des Ostgiebels des Tempels von Aphaia (Aigina), der zu Beginn der Epoche des frühklassischen, strengen Stils entstand (490–480 v. Chr.).

10

11

13

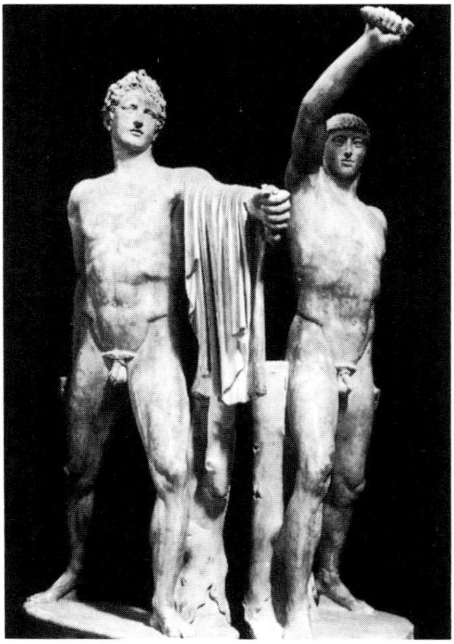

10 *Kore* (Jungfrau), die von Euthydikos gestiftet worden ist. Marmorstatue von der athenischen Akropolis (480 v. Chr.). Ein frühklassisches Beispiel, das aus der langen Reihe der archaischen *Korai* hervorgegangen ist. »Anmut, Eleganz, Virtuosität sind nun nicht mehr gefragt« (C. M. Robertson).

11 Der »Blonde Jüngling« (480 v. Chr.). Der feierliche, nachdenkliche Ausdruck dieses Antlitzes unterscheidet sich deutlich von dem archaischen Lächeln früherer Bildwerke. Der Kopf stammt möglicherweise von dem Schöpfer der Euthydikos-*Kore* (s. Nr. 10). Auf dem Haar sind noch Reste gelber Farbe erkennbar.

12 Der bronzene Wagenlenker aus Delphi. Er gehörte zu einer Gruppe, die Polyzalos, der Bruder Hierons I. von Syrakusai, gestiftet hatte, um einen Sieg bei den Pythischen Spielen von 478 oder 474 zu feiern.

13 Römische Kopien der Statuen der »Tyrannenmörder« Harmodios und Aristogeiton, die Hipparchos, einen der beiden Tyrannen Athens, im Jahre 514 v. Chr. erschlugen. Diese Gruppe wurde 477/476 von Kritios und Neisotes geschaffen, um eine frühere Fassung zu ersetzen, die 480 von den Persern geraubt worden war.

14

15

16

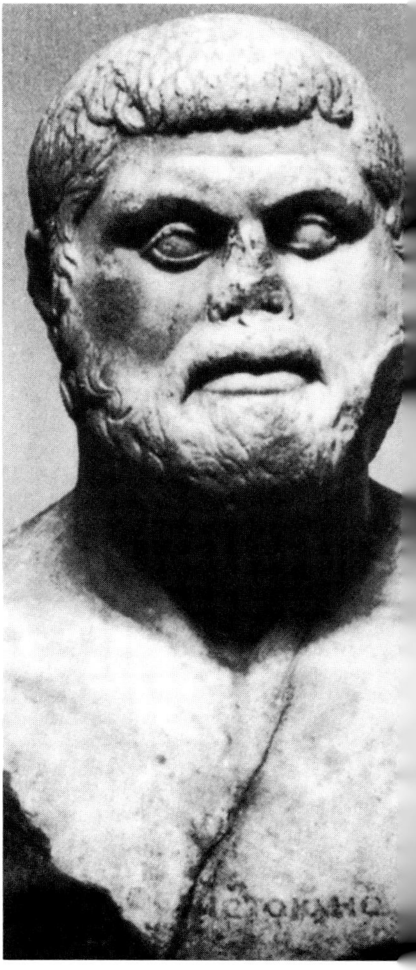

14 Vorderansicht des »Ludovisischen Throns«, bei dem es sich um die Einfassung des heiligen Weihebeckens der Persephone in Lokroi Epizephyrioi in Süditalien handeln könnte (ca. 475–450). Zwei Nymphen helfen Aphrodite, dem Meer zu entsteigen.

15 Metope vom Zeus-Tempel in Olympia. Sie zeigt Herakles, der das Himmelsgewölbe für Atlas hält, welcher ihm die Äpfel der Hesperiden bringt. Hinter Herakles steht Athena (ca. 470–457 v. Chr.).

16 Kopie eines Kopfes des Themistokles. In Griechenland wäre zu seinen Lebzeiten ein derart realistisches Porträt unmöglich gewesen. Der Originalkopf ist wahrscheinlich in Kleinasien entstanden, wo die Perser dem verbannten Athener einige Jahre vor seinem Tod (459 v. Chr.) ein Fürstentum überlassen hatten.

19

Eine zurückgelehnte Götterfigur vom Ostgiebel Zeus-Tempels in Olympia, die eine Giebelecke üllt. Der Körper der Figur zeigt deutlich Spudes Alters.

Bronzestatue des Zeus, die in einem Schiffsck vor Artemision gefunden wurde. Die Aubrauen und die Lippen waren ursprünglich agen aus einem anderen Metall, und auch die en waren eingesetzt. Die überlebensgroße Gescheint ursprünglich einen Blitz geschleudert aben (ca. 460 v. Chr.).

Perikles. Römische Kopie des Originals von silas aus Kydonia auf Kreta (ca. 450–430 r.), bei dem es sich nicht um ein realistisches rät, sondern um die idealisierte Darstellung s weisen Soldatenherrschers handelte. »Das derbare seiner Kunst«, sagte Plinius d. Ä., t in seiner Veredelung des Menschen.«

20b

20a

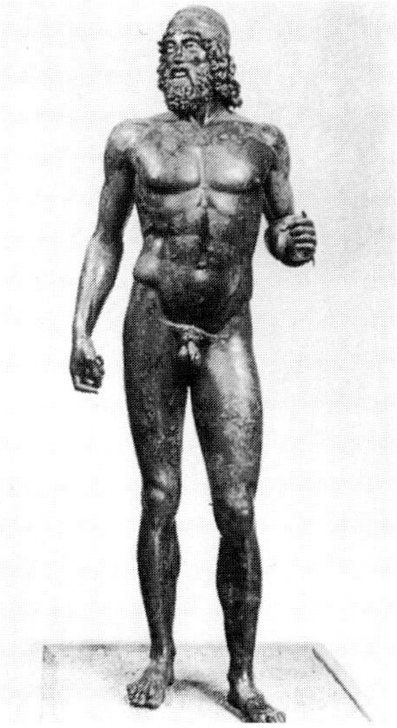

21

20a und 20b Bronzestatuen von zwei Kriegern, ca. 450 v. Chr., die bei Riace im südwestlichen Italien gefunden wurden. Diese Meisterwerke zeigen beispielhaft die Veränderungen des hochklassischen gegenüber dem frühklassischen Stil.

21 Moderne Rekonstruktion anhand unvollkommener Kopien des bronzenen Diskuswerfers *(diskobolos)* des Myron, jenes herausragenden, experimentierfreudigen Bildhauers aus der Mitte des fünften Jahrhunderts, der bereits auf »der Schwelle zum Realismus« (Plinius) stand. Die Zeit steht still in dem spannungsgeladenen Augenblick, bevor der Diskus geworfen wird.

22 Römische Marmorkopie des bronzenen Speerträgers *(doryphoros)* von Polykleitos von Argos (ca. 440 v. Chr.). Die Statue verkörpert die Theorien seines *Kanon,* da sie die von ihm als ideal erachteten Proportionen aufweist. Das Gewicht ruht auf einem Bein (der stützende Baumstumpf ist eine Hinzufügung des Kopisten).

23 Marmorkopie des bronzenen Jünglings, der sich die Siegerbinde anlegt *(diadumenos),* von Polykleitos, eine Arbeit, die zu seinen Spätwerken zählt (ca. 420 v. Chr.).

24 Metope vom Parthenon-Tempel, die den Kampf zwischen Lapithen und Kentauren zeigt (ca. 447–438 v. Chr.). Die umfangreichen und vielgestaltigen Bildhauerarbeiten am Parthenon wurden von einer Gruppe von Künstlern unter der Leitung des Pheidias ausgeführt.

25 Teil des Parthenonfrieses, der einen Umzug auf dem Fest der Großen Panathenaien zeigt, die in jedem Sommer am Geburtstag der Göttin Athena gefeiert wurden (ca. 440 v. Chr.).

24

26

27

26 Göttinnen vom Ostgiebel des Parthenon (ca. 438–432), die auf die Geburt der Athena warten. Die Figuren tragen weite Gewänder, die in tief-umschattete Falten aufgeworfen sind.

27 Die »Varvakion Statuette«, eine römische Nachbildung der gewaltigen Athena Parthenos des Pheidias. Das Original aus dem Parthenon bestand aus Gold und Elfenbein, d. h., es handelte sich um eine Holzfigur, die mit einer Goldschicht überzogen war und einen Kopf aus Elfenbein hatte (der demjenigen der Kopie künstlerisch siche weit überlegen war).

28 Eine gelungene römische Marmorkopie des Kopfes der Athena Lemnia des Pheidias, einer Bronzestatue, die von Kolonisten vor ihrer Abre se nach der Insel Lemnos gestiftet worden war.

29 Römische Kopie der Aphrodite von Knidos Praxiteles, die beim Verlassen des Bades gezeig wird. Das Original (ca. 340 v. Chr.) leitete eine

30

32

ue Ära der erotischen Darstellung des nackten
auenkörpers ein – was anhand dieser miß-
ıgenen Kopie kaum erkennbar ist.

Die Hermesfigur mit dem Knaben Dionysios
n Praxiteles. Dieses epochale Standbild ist ent-
eder das Original des Praxiteles (ca. 343 v. Chr.)
er eine außerordentlich gelungene zeitgenös-
sche oder hellenistische Kopie.

Römische Kopie einer der Darstellungen des Sokrates aus dem vierten Jahrhundert (ca. 300 v. Chr.), in der sich die Erinnerung an seine satyrhafte Erscheinung mit der Vorstellung von einem schlichten Philosophen verband.

32 Römische Kopie eines Kopfes des Aristoteles (gest. 322 v. Chr.). »Porträtbüsten« von Philosophen repräsentieren im allgemeinen einen Typus und sind nicht individuell gestaltet, aber einige Büsten des Aristoteles geben möglicherweise durchaus persönliche Merkmale wieder.

35

34

33 Statue des Demosthenes, die mehr als vier Jahrzehnte nach seinem Tode von Polyeuktos geschaffen wurde (280–279 v. Chr.). Die Darstellung ist wahrscheinlich teilweise oder im ganzen fiktiv gewesen. Sie sollte zeigen, wie der grimmige und nachdenkliche Redner ausgesehen haben müßte.

34 Miniaturkopf aus Elfenbein, der Philippos II. von Makedonien darstellt. Er wurde im »Königsgrab von Aigai« (Vergina) gefunden.

35 Teil eines Frieses vom Mausoleum in Halikarnassos. Dargestellt ist ein Kampf zwischen Griechen und Amazonen.

36b

36a und 36b Antike Kopie und moderne Rekonstruktion des Jünglings des Lysippos; ein Athlet, der mit dem Schabeisen das Öl von seinem Unterarm entfernt *(apoxyomenos)*. Das Original (ca. 320 v. Chr.) kennzeichnete den Übergang vom spätklassischen zum hellenistischen Stil.

37 Rotfiguriger Ölkrug, der dem Midias-Maler zugeschrieben wird und aus den letzten Jahrzehnten des fünften Jahrhunderts v. Chr. stammt, als diese athenische Kunst einen manierierten, theatralischen Stil entwickelte.

38 Rotfigurige, apulische Amphore aus Taras (Tarent) in Süditalien, einem der führenden Zentren dieser Kunst im vierten Jahrhundert v. Chr.

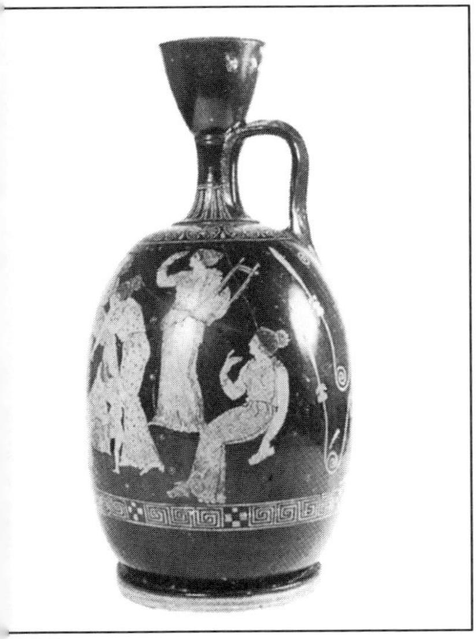

38

39

40

39 Ein athenisches Gastmahl, gemalt von dem schaffensfreudigen Duris, der seine Gefäße durchgängig signierte. Das Werk stammt aus dem ersten Viertel des fünften Jahrhunderts v. Chr.

40 Weißgrundiger Ölkrug *(lekythos)* von der Hand des Achilles-Malers, der eine Muse zeigt, die auf dem Helikon die Lyra spielt. Eine Nachtigall sitzt ihr zur Seite. Die Inschrift auf dem oberen Teil des Kruges preist die Schönheit des Jünglings Axiopeithes (ca. 440 v. Chr.).

41 Rotfigurige Amphore, die dem »Berliner Maler« zugeschrieben wird. Sie zeigt Herakles mit dem Dreibein. (Auf der anderen Seite des Gefäßes ist Apollon abgebildet, der ihn verfolgt.) Das Werk stammt aus dem frühen fünften Jahrhundert v. Chr.

42a Skarabäus aus Jaspis (zum Siegeln) aus Ka (Attika) von dem berühmten Meister Dexameno aus Chios (aus dem späten fünften Jahrhundert v. Chr.). Wir haben es hier mit einer porträtähnlichen Darstellung zu tun, wie sie in den andere Kunstgattungen damals noch selten war.
42b Kamee aus Chalzedon von der Hand des Dexamenos, die eine Dame und ihre Zofe zeigt.

2 a

42 b

44

45

Inschrift mit Namen gefallener Athener aus
n Peloponnesischen Krieg 425/24 oder 424/23
hr. Derartige Inschriften bilden eine der
uptquellen, mit deren Hilfe die Aussagen der
tiken Historiker ergänzt und überprüft werden
nnen.

Kollier aus dem vierten Jahrhundert v. Chr.
s Taras (Tarent), einem der wichtigsten Zentren
griechische Goldschmiedearbeiten.

Etruskischer Bronzehelm, der in Olympia ge-
den wurde und von Hieron I. von Syrakusai ge-
tet worden war, um seinen Seesieg über eine
tte etruskischer Stadtstaaten im Jahre 474
hr. bei Kyme (Kampanien) zu feiern.

46
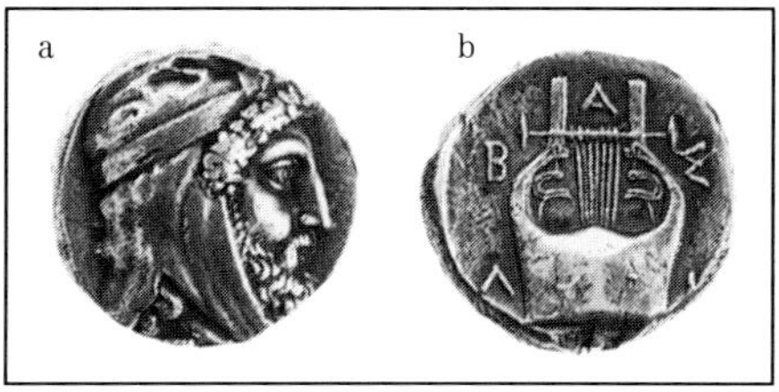


47

48
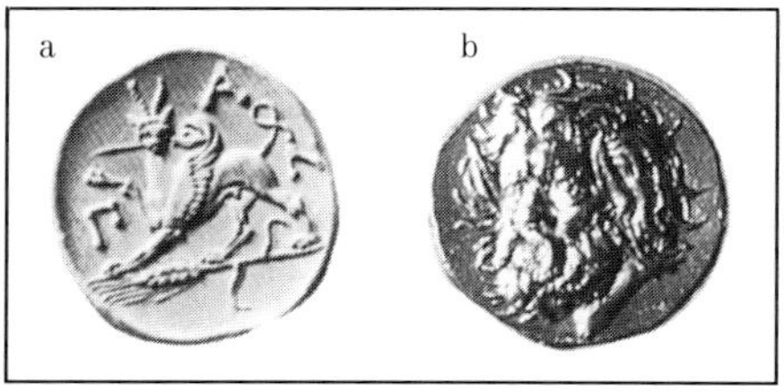


49
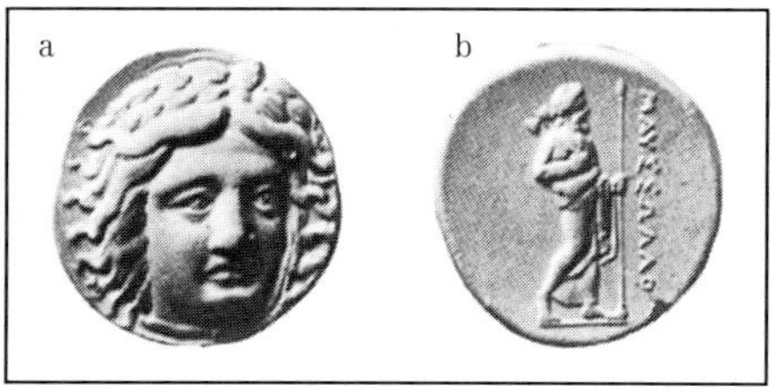


50
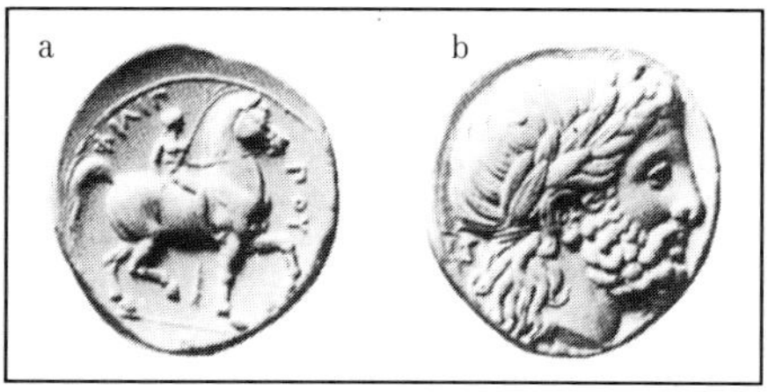


46a und 46b Silberne Tetradrachme aus dem westlichen Kleinasien; griechisch. Bildnis des Tissaphernes, persischer Satrap von Sardes. Die Münze entspricht dem attischen Standard, war jedoch zur Bezahlung spartanischer Truppen bestimmt (ca. 412–408 v. Chr.).

47a und 47b Silberne Dekadrachmen aus Syrakusai, die von Kimon (a) und Euainetos (b) signiert sind. Sie stellen die Wassernymphe Arethusa mit Delphinen und ein Viergespann, unter dem die Trophäen abgebildet sind, dar. Die Münzen sind vermutlich von Dionysios I. (405–367 v. Chr.) in Umlauf gesetzt worden, um an die Assinarischen Spiele zu erinnern, mit denen der Sieg über das athenische Expeditionskorps (413) gefei ert wurde.

48a und 48b Goldmünzen aus Pantikapaion (Kertsch/Krim) der Hauptstadt des Bosporanischen Reiches, das über reiche Goldvorräte verfügte und Athen den größte Teil seiner Getreideimporte lieferte. Dies Münze, die einen iran schen Greif mit Hörnern und Löwenkopf zeigt, ist stilistisch außerordentlich vollendet.

49a und 49b Silbermünze des Maussollo (377–353 v. Chr.), de seinem Vater als Herr scher von Karia nach folgte (vgl. sein Maus leum; Rekonstruktion unter Nr. 8) und der die Aufstände schürte die zur Auflösung des Zweiten Attischen Se bundes führten (357–354). Die Münz zeigt einen Kopf des Apollon und die Gest des Zeus Stratios (He reslenker).

50a und 50b Tetradrachme Philippos I. von Makedonien (359–336 v. Chr.). Di se Serien – aus Silber vom eroberten Pangaion-Gebirge – war sehr weit verbreitet.

könne, wenn man nur intensiv und konsequent genug Fragen stellte: Und das allein war für ihn von Bedeutung.

14 Aristoteles, *Metaphysik*, XIII, 4, 1078b, 3; *Über sophistische Trugschlüsse und deren Auflösung*, 34, 183b; Platon, *Theaitetos*, 149a.
15 Aristophanes, *Die Frösche*, 1491–99: cf. Platon, *Gorgias*, 485d.
16 Platon, *Apologie*, 31d, 38a.
17 Ibid., 23c.
18 Ibid., *Euthyphron*, 2b.
19 Xenophon, *Memorabilien*, 1, 1, Favorinus in Diogenes Laertios, II, 40.
20 Xenophon, *Apologie*, 30f.

# 22 ZEUXIS UND PARRHASIOS: EINE NEUE KUNSTRICHTUNG

In den Jahren nach 450 v. Chr. erleben wir eine zweite technische Revolution in der Freskenmalerei – jener Kunst, in der Polygnotos eine führende Rolle gespielt hatte (s. Kap. 10) –, aber auch hier ist uns kein einziges Werk dieser neuen Kunstrichtung erhalten.

Um diese Zeit scheint Agatharchos von Samos der erste Maler gewesen zu sein, der die Perspektive als ein wichtiges Element in seine Maltechnik einfügte. Das heißt, er entwickelte bei der Darstellung von Gebäuden ein System perspektivischer Verkürzung, um die räumliche Tiefe zum Ausdruck zu bringen, die schon einige Vorgänger darzustellen versucht hatten. Dabei zeigte seine Technik ebenso wie die ihrige noch erhebliche Beschränkungen, denn die griechischen und römischen Künstler erreichten nie, selbst wenn sie einzelne Gegenstände verkürzten, eine Zentralperspektive für das gesamte Bild. Wahrscheinlich tat jedoch Agatharchos wenigstens den ersten Schritt, um das Bild auf einen einheitlichen Fluchtpunkt hin auszurichten. Darüber hinaus basierten seine Neuerungen auf ausdrücklichen, theoretischen Überlegungen, denn er war der Verfasser eines Werkes über »Bühnenmalerei« *(skenographia)*, welches die Philosophen Anaxagoras und Demokritos zu ihren wissenschaftlichen Abhandlungen über die optischen Grundlagen der Perspektive angeregt haben soll.

Die neue Malweise des Agatharchos war vermutlich durch die Erfordernisse der Bühnenmalerei zustande gekommen, denn er entwarf das Bühnenbild für eine Tragödie des Aischylos – vermutlich handelte es sich um eine Wiederaufführung in den späten 430ern oder frühen 420ern. Auch beschritt er Neuland mit der Ausmalung eines Privathauses, der Villa des Alkibiades, dem diese luxuriöse Extravaganz von seinen athenischen Mitbürgern sicherlich übel vermerkt wurde.

Die zweite entscheidende Persönlichkeit in der künstlerischen Revolution jener Jahre war Apollodoros von Athen, der die Neuerungen des Agatharchos weiterzuführen versuchte. Über ihn schreibt Plinius d. Ä.: »Er war der erste, der es unternahm, die schöne Gestalt darzustellen, und brachte zuerst mit Recht dem Pinsel Ansehen. Von ihm stammt ein betender Priester und ein vom Blitz getroffener Aiax, ein Gemälde, das noch heute zu Pergamon zu sehen ist. Aus der Zeit vor ihm wird kein Bild eines Künstlers gezeigt, daß die Aufmerksamkeit auf sich ziehen könnte.«[21]

Diese Darstellung ist voll des Lobes, bleibt aber als kunsthistorische Wertung verhältnismäßig vage. Aus anderen Quellen wissen wir jedoch, worin die künstlerische Leistung des Apollodoros bestand. Er war der erste, der sich sowohl auf dem Gebiet der Tafelmalerei als auf demjenigen der Wandmalerei auszeichnete. Man nannte ihn *skiagraphos*, Schattenmaler, weil er in Fortführung der Ansätze seiner Vorgänger realistische Schattierungen entwickelte, d. h. mit Hell-Dunkel-Kontrasten arbeitete. Das bedingte neue Wege in der Abstufung und im Auftragen der Farben, um den Eindruck von Plastizität zu erwecken. In gewissem Sinne läßt sich deshalb sagen, daß Apollodoros die Malkunst neubegründet oder ihr zumindest eine entscheidende Wendung gegeben hat, da man früher eigentlich nur Umrißzeichnungen gekannt hatte, die eine Kolorierung aufwiesen.

Der Gebrauch der Schattierung führte zu lebhaften theoretischen Diskussionen. Die Dinge konnten jetzt so dargestellt werden, wie sie das Auge des Künstlers sah, weshalb Apollodoros als der erste Maler angesehen wurde, der »äußere Erscheinungen« darstellte, das heißt die äußere Erscheinung der Wirklichkeit – und Platon benutzte den Begriff *skiagraphia*, um damit die illusionistische Malerei zu bezeichnen.[22] (Aber sollten wir nicht lieber – so gab er in diesem Zusammenhang zu bedenken – die Angelegenheit aus philosophischer Sicht betrachten: die Dinge nicht unter dem Einfluß dieser illusionistischen Kunstübung sehen, sondern so, wie sie wirklich sind?)

Plinius erwähnt im Zusammenhang mit Apollodoros' Schaffen das Jahr 408 v. Chr., aber er muß schon um 430 gemalt haben, wenn Zeuxis, wie unser Schriftsteller gleichfalls anmerkt, »die von Apollodoros aufgestoßenen Tore der Kunst durchschritt«.[23]

Zeuxis und Parrhasios werden der »asiatischen Schule« zugerechnet, da zumindest Parrhasios aus Kleinasien (Ephesos) stammte, während Zeuxis als seinen Herkunftsort Herakleia (Lukania, in Südostitalien) nennt. Beide wirkten vorwiegend in Athen, wo sie mit dem Status von Metoiken (s. Anhang III) zur Zeit des Peloponnesischen Krieges lebten. Beide auch wurden sie Gegenstand von Anekdoten, die ihren kunstvollen Trompe-l'œil-Illusionismus verdeutlichten, der die Malerei zum Tagesgespräch jener Zeit machte.

Zeuxis, der in Platons *Protagoras* (unter der Zeitangabe von ca. 430) als junger Mann geschildert wird, der gerade in Athen eingetroffen ist, war nicht nur, wie Plinius bemerkte, eine Klasse besser als Apollodoros, sondern wurde auch von diesem selbst großherzig als ein Künstler anerkannt, der seinen Lehrern »die Kunst entwendet habe und sie nun bei sich trage«.[24] Wir haben Kenntnis von einem Großteil der Werke des Zeuxis, in denen teilweise sehr ungewöhnliche Szenen dargestellt waren; bei seinen Bildern handelte es sich oft um kleine Kompositionen, die häufig nur eine einzige Gestalt zur Darstellung brachten. Während er die Schattierungstechnik des Apollodoros übernahm und verfeinerte, bestand seine eigene, hauptsächliche Neuerung darin, den Figuren zusätzliche Lebendigkeit zu verleihen, indem er Glanzlichter aufsetzte, die den Eindruck der Dreidimensionalität entstehen ließen. Auch spezialisierte er sich auf die Darstellung starker Empfindungen, vor allem in den Porträts des weinenden Menelaos und des wilden Boreas. Sein berühmtestes Bild aber war die nackte Helena, die er für die Stadt Kroton schuf: eine idealisierte Gestalt, die er mit Hilfe verschiedener menschlicher Modelle gemalt hatte.

Auch Zeuxis blieb nicht von Kritik verschont; so wurde ihm beispielsweise angelastet, seine Gestalten mit zu großen Köpfen versehen zu haben und auch mit zu langen Fingern und Zehen (wenn denn *articuli* diese Bedeutung haben sollte). Auf der anderen Seite ist es ihm zu verdanken, daß die Maler zu neuem Ansehen und einer verbesserten sozialen Stellung gelangten. Das erreichte er einmal dadurch, daß er den Palast König Archelaos' von Makedonien (ca. 413–399) in Pella ausschmücken konnte (s. Kap. 35) – und zum anderen durch den Erwerb eines ungeheuren Vermögens. »Diesen Reichtum«, berichtete Plinius der Ältere, »stellte er in Olympia zur Schau, wo er seinen Namen in Goldbuchstaben auf dem karierten Muster seiner Gewänder präsentierte.« Später begann er damit, seine Arbeiten zu verschenken, wobei er erklärte, daß sie so kostbar seien, daß ihr Wert nicht in Geld ausgedrückt werden könne[25] – ein Gedanke, den er auch in einem Epigramm niederlegte.

Seine Rivalität zu seinem Zeitgenossen Parrhasios war allgemein bekannt, wobei es vor allem darum ging, wer die realistische Malweise in größerer Vollkommenheit vertrete. Aus Plinius' Versuch, die besonderen Stärken des Parrhasios darzustellen, geht hervor, daß dieser vor allem ein genialer Zeichner war, dessen Ruhm mehr auf der Feinheit der Linienführung und der Umrisse als auf der Kunst der Schattierung beruhte. Er bediente sich dieser Techniken, »um hinter der Kontur auch das zu zeigen, was sie verbirgt«,[26] und um den Gesichtsausdruck lebhafter, die Mundlinien schöner und die Haarfrisur anmutiger zu gestalten. Er war ein schaffensfroher Künstler, und durchaus nicht abgeneigt, hin und wieder auch ein obszönes Bild zu malen. Besonderen Ruhm erwarben ihm sein farbenprächtiger »Theseus« (der später auf dem römischen Kapitol zu bewundern war) und sein »Demos«, eine tiefgründige, psychologische Studie des attischen Staatsvolkes. An großsprecherischer Überheblichkeit stellte Parrhasios selbst Zeuxis in den Schatten, indem er sich zum größten Malerfürsten von göttlichem Ursprung erklärte.

Die Bemühungen, Elemente einiger dieser verlorenen Fresken von der Vasenmalerei her zu rekonstruieren, waren nicht sehr erfolgreich. Bestenfalls läßt sich sagen, daß am Ausgang des Jahrhunderts Versuche mit der Perspektive auch in der Vasenmalerei festzustellen sind und daß einige weißgrundige Grabgefäße *(lekythoi)* schattenlose Figuren mit spannungsvollen und ausdrucksstarken Konturen zeigen, die die Neuerungen des Parrhasios widerzuspiegeln scheinen, ja möglicherweise sogar von ihm selbst gefertigt wurden. Zu dieser Zeit hatte die Wand- und Staffelmalerei mit ihrem wachsenden Vorrang jedoch schon viel von dem künstlerischen Potential an sich gezogen, das früher der Vasenmalerei zugute gekommen war, welche nunmehr ins zweite Glied zurücktrat und zu einem bloßen Kunsthandwerk absank.

Bestenfalls spiegeln große Schaustücke oder häusliche Boudoir-Szenen auf ihre Weise die weltflüchtigen Tagträumereien wider, die die Menschen in diesen letzten Phasen des Peloponnesischen Krieges zu schätzen schienen. Der Meidias-Maler ist der auffallendste Vertreter dieser neuen Stilrichtung. Er gebraucht die Linie, um Plastizität zu evozieren. Dieser Stil – der im achtzehnten Jahrhundert Winckelmann stark beeindruckte – vermittelt lebhafte Empfindungen durch eine neue, sich ausgestaltende Ornamentik, die mit einer sinnlichen Darstellung der Körper einhergeht. Diese Gestalten posieren theatralisch in idyllischen, nostalgischen Haltungen inmitten elysischer Gärten voll süßer Köstlichkeiten; und ihre durchsichtigen Gewänder sind sorgfältig und kunstvoll dargestellt.

Diese Vasenmaler brachten auf eine übertriebene Weise, die durch ihr Medium ermöglicht wurde, bestimmte Tendenzen zum Ausdruck, die nicht nur bereits in der griechischen Freskenmalerei zutage getreten waren (obwohl Zeuxis und Parrhasios mit Sicherheit bedeutendere Künstler waren als der Meidias-Maler), sondern sich auch schon in der Bildhauerei im letzten Viertel des fünften vorchristlichen Jahrhunderts offenbart hatten. Denn die Bildhauer dieser Epoche hatten schon begonnen, sich von dem heiteren Klassizismus der voraufgehenden Periode zu lösen, und auch sie hatten angefangen, mit enganliegenden, vom Wind bewegten Frauenkleidern in einer Weise zu experimentieren, die über die gleichartigen Bemühungen des Pheidias (s. Kap. 15) weit hinausging. Wenn wir unbedingt Etikettierungen vornehmen wollen, können wir sagen, daß es sich noch um Künstler der klassischen Periode handelt, aber daß sie bereits die Spätphase dieser Stilrichtung vertreten.

Eine der frühesten erhaltenen Statuen der neuen Stilrichtung ist eine beschädigte Nike (Siegesgöttin) von Paionios aus Mende (die sich gegenwärtig im Museum von Olympia befindet). Sie wurde von den Messeniern und Naupaktiern gestiftet, um an ihren Beitrag zum athenischen Sieg über die Spartaner auf Sphakteria (Pylos, 425) zu erinnern. Das dünne Gewand der Göttin, das die linke Brust bloß läßt, wird vom Wind an den Körper gepreßt, so daß dessen Formen wie nackt durchscheinen, während sich das Tuch in schwungvoll bewegten Faltenbögen hinter dem Körper aufbauscht.

Weitere Beispiele für diese Stilrichtung finden sich auf den Reliefplatten der niedrigen Steinbalustrade um den Tempel der Athena Nike auf der Akropolis. Dieses Gebäude war vermutlich von Pheidias (s. Kap. 15) als Teil seiner Gesamtplanung für die Akropolis in den 440ern konzipiert worden – als Kallikrates, der eigentliche Baumeister des Heiligtums, noch mit Iktinos am Parthenon arbeitete –, wurde aber erst in den 420ern ausgeführt und in der Zeit von 410–407 mit der Balustrade versehen. Auf diesen Platten, die sich heute im Akropolis-Museum befinden, wurden von mindestens einem halben Dutzend Künstlern sitzende Athena-Figuren und geflügelte Niken dargestellt, wobei die neuen Möglichkeiten der bewegten Gewänder und des umlaufenden Faltenwurfs voll ausgeschöpft wurden.

Solche Arbeiten, sowohl auf dem Gebiet der Plastik als auch in der Malerei, haben zu der These geführt, daß diese letzten Jahre des fünften Jahrhunderts zur Spätklassik hinüberführten, die sich von der klassischen Strenge der staatlich geprägten Themen zu einer weicheren, psychologischen Introspektion hin entwickelte, die den Menschen nicht mehr ausschließlich als Bestandteil der staatlichen Gesamtordnung betrachtete.

Ein weiteres Symptom dieser Hinwendung zu einer zarteren Anmut ist der Verzicht dieses Tempels auf die kräftige dorische Ordnung zugunsten der schlankeren ionischen Bauweise, ungeachtet der Zusammenarbeit des Kallikrates mit dem dorisch orientierten Baumeister Iktinos. Diese Wende war sicherlich auch teilweise durch den Peloponnesischen Krieg bedingt, in dem »dorisch« mit Sparta und »ionisch« mit Athen assoziiert wurde.

Aus dem gleichen Grunde wurde die Ionische Ordnung für

den Erechtheion gewählt, der anscheinend gleichfalls in der Ursprungsplanung des Pheidias vorgesehen war, aber dann erst später im Detail gezeichnet und gebaut wurde (ca. 420 und nach Unterbrechungen 409/408). Die Ost- und die Nordseite des Gebäudes haben ionische Säulengänge, die von Kennern hochgeschätzt werden. Nach Süden zu ist dem Tempel die einzigartige Korenhalle mit den »Karyathiden« vorgelagert, Jungfrauengestalten in stark drapierten Gewändern, die als Säulen dienen und das Marmorgebälk stützen.

Als Bauwerk ist der Erechtheion unsymmetrisch und irrational gestaltet, dabei höchst originell, das genaue Gegenteil des nahe gelegenen, streng einheitlich und rechteckig konzipierten Parthenon-Tempels. Die reichen Verzierungen des Erechtheion, bei denen Basis und Bekrönung der Säulen ursprünglich vergoldet und mit farbigem Glas ausgelegt waren, verleihen dem Tempel den Charakter eines Schmuckkästchens oder Reliquienschreins, was ebenfalls im Gegensatz zur strengen Pracht des Parthenon steht.

21 Plinius d. Ä., *Naturkunde*, XXXV, 60.
22 Platon, *Der Staat*, II, 365c;
Kritias, 407c; Phaidon, 69b.
23 Plinius d. Ä., *Naturkunde*, XXXV, 61.
24 Ibid., XXXV, 62.
25 Ibid., XXXV, 63.
26 Ibid., XXXV, 68.

# 23 THUKYDIDES: DER GESCHICHTSSCHREIBER DES PELOPONNESISCHEN KRIEGES

Der Historiker Thukydides (ca. 460/455 – ca. 400) war der Sohn eines Atheners, der den thrakischen Namen Oloros trug. Dieser Name legt die Vermutung nahe, daß Thukydides mit Kimon, dem Staatsmann aus dem frühen fünften Jahrhundert (s. Kap. 5), verwandt gewesen sein könnte, da dessen Großvater ebenfalls den Namen Oloros getragen hatte. Thukydides besaß ein Landgut und Anteile an den Goldbergwerken in Skapte Hyle im thrakischen Pangaiongebirge. Sicherlich wurde er wegen dieser Beziehung zu Thrakien nach seiner Wahl zum Strategen im Jahr 424 an die Spitze der athenischen Flotte in der nördlichen Aegaeis gestellt. Sein Scheitern bei dem Versuch, Amphipolis vor der Einnahme durch den spartanischen Feldherrn Brasidas zu bewahren, führte jedoch zu seiner Verbannung, die erst nach der endgültigen Niederlage Athens im Jahr 404 endete.

Seine *Geschichte des Peloponnesischen Krieges* (431–404), oder genauer der ersten beiden Jahrzehnte bis 411, ist heute in acht Bücher unterteilt. Das erste Buch enthält nach der Einleitung, in welcher die Gründe für die Abfassung des Werkes dargelegt werden, einen Abschnitt über die früheste griechische Geschichte *(Archailogia)* sowie Darlegungen zur Vorgeschichte des Peloponnesischen Krieges, die zur Geschichte der fünfzig Jahre von 480–431 (der sogen. Pentekontaëtie) in Beziehung gesetzt wird. Dann folgen die hauptsächlichen Geschehnisse des ersten Kriegsabschnittes, der unter dem Namen Archidamischer Krieg (431–421) bekannt ist, einschließlich der Pest und der Leichenrede des Perikles (II, 11), die Erhebung von Mytilene und ihre Unterdrückung durch die Athener (III), die Eroberung der spartanischen Garnison auf Sphakteria (Pylos, 425) und der Verlust von Amphipolis (IV), der Tod von Brasidas und Kleon auf dem

Schlachtfeld und der Nikiasfrieden (V). Buch V fährt fort mit den verworrenen Ereignissen nach dem Friedensschluß bis hin zu Athens brutaler Unterwerfung der aufständischen Bundesgenossen von Melos (416). Die Bücher VI und VII beschreiben die verhängnisvolle sizilische Expedition der Athener (415–413), und Buch VIII berichtet vom Abfall der athenischen Bundesgenossen, gefolgt von der oligarchischen Revolution im Stadtstaat selber (411).

Dieses letzte Buch ist unvollendet, und die Geschichte der verbleibenden sieben Kriegsjahre, die mit der Niederlage und Kapitulation Athens endeten, ist nicht mehr ausgeführt. Vermutlich starb Thukydides, bevor er sein Werk vollenden konnte. Zur Zeit der endgültigen Niederlage Athens arbeitete er noch daran, wie wir erkennen können, und der Anfang des Werkes liegt nach seiner eigenen Aussage bei Ausbruch des Krieges, also siebenundzwanzig Jahre vor diesem Zeitpunkt.

Ebenso wie Herodotos (s. Kap. 13) wählte er einen Krieg als Gegenstand seiner Monographie, aber erstmals – und das war eine weitreichende Neuerung – behandelte er einen Krieg aus seiner eigenen Lebensperiode, schrieb also Zeitgeschichte, oder vielleicht sollte man besser sagen Neuere Geschichte, denn Ereignisse, die ein oder zwei Jahrzehnte zurücklagen, waren damals schon schwer zu rekonstruieren. Er rechtfertigte diesen Entschluß mit dem Argument, daß es sich bei dem Peloponnesischen Krieg um das größte Ereignis aller Zeiten gehandelt habe[27] – womit er Herodotos übertreffen wollte, der die Persischen Kriege in einem ähnlichen Licht gesehen hatte.

Diese These des Thukydides kann man unter dem Gesichtspunkt kritisieren, daß die militärischen Operationen des Peloponnesischen Krieges nicht nur von geringem Umfang waren, sondern auch nicht in zusammenhängender Folge abliefen – er selbst benötigte eine gewisse Zeit, um zu erkennen, daß es sich bei dem Krieg um einen einheitlichen Vorgang handelte und nicht um eine Abfolge verschiedenartiger, kleinerer Einzelkriege. Wenn wir heute den Krieg als »groß« bezeichnen, dann unter anderem deshalb, weil er von einem so bedeutenden Historiker wie Thukydides dargestellt wurde. Aber dennoch kann seine Schlußfolgerung aus einer größeren historischen Perspektive durchaus gerechtfertigt werden, denn der Krieg und der allgemeine Niedergang, der ihn begleitete, ruinierten die Stadtstaaten so gründlich, daß sie den endgültigen Verlust ihrer Unabhängigkeit und die Zerstörung ihrer hochentwickelten Zivilisation bewirkten.

Sobald die verschiedenen Teile seines Geschichtswerkes fertiggestellt waren, (wobei die Zeitpunkte im einzelnen sehr umstritten sind), wurden sie zweifellos in Athen vor ausgewählten Zuhörern öffentlich vorgetragen, so wie das früher mit den Werken Herodotos' geschehen war, wobei allerdings Thukydides erstmals auch für ein Leserpublikum schrieb. Er räumt ein, daß sein Verzicht auf den Gebrauch phantastischer Erfindungen (die bei Herodotos eine große Rolle gespielt hatten) seine *Geschichte* für die Zuhörerschaft weniger interessant gemacht haben könnte, aber er betont, daß die Darstellung »zum dauernden Besitz, nicht als Prunkstück fürs einmalige Hören verfaßt sei«.[28]

Die Arbeit ist das Werk eines großen Geistes, vielleicht des größten, der sich jemals mit Geschichtsschreibung beschäftigt hat. Es ist deshalb nicht erstaunlich, daß ihn bei den Gestalten, die er beschreibt, in erster Linie deren vorhandene oder mangelnde geistige Kompetenz interessiert. Das Wort *gnome*, das soviel wie Verstand oder Urteilskraft bedeutet, kommt im Verlauf seiner *Geschichte* mehr als dreihundertmal vor, und intelligente Männer werden in der Darstellung besonders mit Lob überhäuft, so vor allem Themistokles (den er sonst nicht so positiv beurteilt hätte), und Perikles (für den der Historiker trotz gewisser Vorbehalte eine nostalgische Schwäche hatte) und schließlich ein Politiker aus späterer Zeit, Theramenes (der zwar höchst opportunistisch, aber auch unbestreitbar clever war).

Die unvergleichliche Schärfe seines eigenen Intellekts wirkt sich auf Thukydides' Werk sowohl positiv als auch negativ aus. Um mit den Vorzügen zu beginnen, so kommt wohl niemand umhin, von der eisernen, intellektuellen Objektivität beeindruckt zu sein, mit der er seine eigene Bestrafung durch die Athener wegen militärischen Versagens beschreibt. Allgemeiner formuliert kann man sagen, daß sich seine geistige Kraft in dem leidenschaftlichen Bemühen niederschlägt, über die einzelne Begebenheit hinauszugelangen und allgemeingültige Gesetzmäßigkeiten zu erfassen, indem er die Oberfläche der Geschehnisse durchdringt, um die zugrundeliegenden Ursachen zu ermitteln.

Hier wird zum ersten Male die Methode des zeitgenössischen Mediziners Hippokrates (s. Kap. 20) in der Geschichtswissenschaft angewendet. (Dessen Bemühen, Ursachen und Wirkungen ausfindig zu machen, findet sich übrigens auch in Thukydides' Analyse der großen Pestseuche wieder.) Die Erklärungen des Historikers zu den Ursachen des Peloponnesischen Krieges zerfallen in zwei Teile: die unmittelbaren Streitpunkte zwischen beiden Seiten (die sich auf Korkyra und Poteidaia beziehen) und die eigentlich zugrundeliegende Kriegsursache, die er in der Furcht Spartas vor dem athenischen Expansionismus erblickt. Diese Unterscheidung zwischen den unmittelbaren »Anlässen« oder Streitpunkten und den wahren, dahinterliegenden machtpolitischen Gegebenheiten stellt einen Fortschritt im politischen Denken dar. Und in der Tat muß Thukydides wegen dieser Leistung als der Begründer der politischen Geschichtsschreibung angesehen werden – im Guten wie im Schlechten, denn ihm hat es die westliche Zivilisation weitgehend zu verdanken, daß sie in der Politik stets das zentrale Anliegen und Erkenntnisinteresse der Menschheit erblickt hat, was ihr sicherlich nicht immer zum Vorteil gereichte.

Nicht weniger bedeutsam war seine hartnäckige Weigerung – im Gegensatz zu Herodotos –, menschliches Versagen auf göttliches Einwirken zurückzuführen. Gewiß wird den Orakeln noch eine gewisse Bedeutung eingeräumt, da das Verhalten der Menschen von ihnen beeinflußt wird, aber die Ursachen und Folgen menschlichen Denkens und Handelns werden im wesentlichen als Ergebnis der menschlichen Natur angesehen. Ob man nun vom Wirken des Schicksals oder der Notwendigkeit spricht, beides sind nur Namen für die unvermeidlichen Ergebnisse menschlichen Handelns, Ergebnisse, die die Menschen selbst zu verantworten haben. Das ist jedoch nicht durchgängig so, denn auch dem Irrationalen muß Raum gegeben werden, und einige Dinge sind das Ergebnis des Zufalls, eines unerklärlichen Zusammentreffens von Umständen, des Unberechenbaren in einer ansonsten berechenbaren Welt. Sicherlich ist es eine Schwäche des Denkens, wenn man den Zufall überall als ausreichende Erklärung ansieht, denn wie der Historiker durch den Mund des Perikles sagt: »Wir machen im allgemeinen den Zufall für alles verantwortlich, was unsere Berechnungen zuschanden werden läßt.«[29] Aber der Zufall kann verheerende Folgen haben, vor allem im Kriege, und die Pest, die in Athen ausbrach, ließ sein Wirken nur allzu offenbar werden.

Diese geschichtsphilosophische Botschaft wird in einer Sprache vermittelt, die im Gegensatz zu der entspannten Ausführlichkeit Herodotos' ernst, gedrängt und bedeutungsschwer ist. Thukydides' Sprache ist geeignet, die schärfsten Analysen der wechselnden Haltung von Staaten, gesetzgebenden Körperschaften und kriegführenden Armeen zu vermitteln, innenpolitische Auseinandersetzungen mit schonungsloser Gründlichkeit zu erforschen (etwa die *stasis*, am Beispiel Korkyras) und Schlachtszenen zu zeichnen (etwa vom Kampf um Syrakus), die uns noch anschaulicher als Tolstoi die kollektive Psychologie sowie Glanz und Elend des Soldatenstandes vor Augen führen.

Bevor wir uns den negativen Auswirkungen der ungewöhnlichen Geistesschärfe des Thukydides zuwenden, wollen wir noch zwei Faktoren erwähnen, die unserer Ansicht nach keine negative Kritik verdienen. Der erste Faktor ist seine Haltung gegenüber wirtschaftlichen Gegebenheiten. Er weiß um ihre Wichtigkeit (z. B. erwähnt er die frühe Bedeutung von Schiffahrt und Handel), aber er führt weniger darüber aus, als manchem Leser vom heutigen Standpunkt her wünschenswert erscheint. Das ist teilweise auf das Fehlen von Statistiken zurückzuführen, obwohl er selbst dort, wo solche vorhanden waren (etwa in Form der athenischen Tributlisten), kaum Gebrauch davon machte, da er die wahren Ursachen und die Bedeutung des Krieges als wesentlich politische Faktoren ansah, wobei er den ökonomischen Motiven nur eine untergeordnete Bedeutung zuerkannte.

Der zweite Punkt, der nicht gegen den Historiker ins Feld

geführt werden sollte, ist seine erzieherische, didaktische Zielsetzung. Er schrieb nach seinen eigenen Worten für diejenigen, »die das Gewesene klar erkennen wollen und damit auch das Künftige, das wieder einmal, nach der menschlichen Natur, gleich oder ähnlich sein wird«:[30] Die Kenntnis der Vergangenheit soll also eine verläßliche Führerin in die Zukunft sein. Dies Programm erscheint uns heutzutage unzeitgemäß, da wir davon ausgehen, daß sich die Geschichte nicht wiederholt und wir sie deswegen um ihrer selbst willen studieren sollten und nicht wegen möglicher Analogien zu Gegenwart oder Zukunft. Gewiß wiederholt sich die Geschichte nicht, und Thukydides war sich dessen wohl bewußt, dennoch bestand er darauf, daß die Geschichte über das selbstgenügsame Interesse an der Vergangenheit hinaus wegen der Lehren studiert werden sollte, die sie für unser Leben und unsere Gegenwart bereithält. Wollten wir diese Möglichkeit gänzlich ausschließen, würden wir damit auf eine äußerst wertvolle Quelle der Erkenntnis verzichten.

Es gibt jedoch schwerwiegendere Vorwürfe, die man gegen Thukydides in seiner Eigenschaft als Historiker erheben kann, wenn man unser heutiges Verständnis der Geschichtswissenschaft zugrunde legt. Seine kurzgefaßte Geschichte der griechischen Frühzeit, *Archailogia*, bei der es sich um eine Zusammenfassung handelt, die eine neue Art der unsentimentalen, rationalen und kontinuierlichen Erforschung der Vergangenheit begründet, krankt nichtsdestoweniger an dem Mangel, daß sie glaubt, den Mythos durch rationale Kritik zur Geschichtsschreibung umfunktionieren zu können, nach dem Motto: man nehme das Element des Wunderbaren heraus, und übrig bleibt die historische Wahrheit. Als es dann zur Darstellung der fünfzig Jahre vor Ausbruch des Peloponnesischen Krieges *(Pentekontaëtaia)* kommt, läßt er vieles aus, was uns aus heutiger Sicht interessieren würde – u. a. auch Daten –, weil er mit seinem Überblick keine ausgewogene Darstellung des Geschichtsverlaufs geben will, sondern ein Bild vom Anwachsen der athenischen Machtstellung, das schließlich zum Peloponnesischen Krieg führte.

Und diese Schilderung verfährt in der Tat hochgradig selektiv.

Auf jeder Stufe wählt Thukydides souverän dasjenige aus, was ihm geeignet erscheint, und stützt seine Aussage durch die Hinzuziehung einiger weniger Quellen. Er bietet zu seiner Auswahl der Fakten keine Alternativen an, ebensowenig wie zu seinen voreingenommenen Charakterbildern oder seinen sonstigen Werturteilen – und es ist für uns oft nicht möglich, durch das Studium anderer Autoren weiteren Aufschluß zu erhalten.

Ein Beispiel ist seine übermäßige Herabsetzung des persischen Einflusses. Der Kalliasfrieden (449/448, s. Kap. 11) wird völlig übergangen (wodurch Zweifel entstanden sind, ob er überhaupt jemals abgeschlossen wurde). Thukydides, so hieß es in der Auseinandersetzung darüber, läßt zumindest indirekt erkennen, daß er von diesem Friedensvertrag wußte. Aber ob dem nun so ist oder nicht, auf jeden Fall war der Friedensschluß ein zu bedeutendes Ereignis, als daß es einfach hätte unerwähnt bleiben dürfen. Auch über den Vertrag von Epilykos zwischen Athen und Persien vom Jahre 424/423 verliert er kein Wort. Des weiteren wird der athenischen Hilfe für den persischen Rebellen Amorges nicht die angemessene Bewertung zuteil, obwohl dieses Ereignis mehr als jedes andere dazu führte, daß Persien auf der Seite der Gegner Athens in den Peloponnesischen Krieg eingriff (s. Kap. 24). Ist eine derartige Behandlung des Themas darauf zurückzuführen, daß Thukydides zur Zeit der Abfassung seines Berichtes diese athenische Entscheidung für den Verlauf des Krieges nicht als bedeutsam ansah – obwohl er sich schließlich als kriegsentscheidend erweisen sollte? Oder haben wir es hier mit einer Eigenart des griechischen Nationalismus zu tun, der es ihm untersagte, die auch weiterhin entscheidende Rolle Persiens anzuerkennen? Oder war es vielleicht nur die Furcht, nachträglich den Standpunkt Herodotos' zu rechtfertigen, der in seiner Darstellung des Persischen Krieges die Bedeutung der Perser so hoch eingeschätzt hatte?

Was uns jedoch am meisten zur Vorsicht nötigt, ist die Art, wie Thukydides mit der Wiedergabe von Reden verfährt. Auch Herodotos hatte Reden in seinen Bericht eingefügt, aber Thukydides bietet uns insgesamt vierzig, was etwa ein Viertel seines Geschichtswerkes ausmacht. Das dürfte bei seinen athenischen

Zuhörern oder Lesern kaum Verwunderung erregt haben, da sie große Liebhaber öffentlicher Reden waren. Aber Thukydides räumt ein, daß diese »Reden« nur annähernd vermitteln, was der jeweilige Sprecher sagte und nicht seine tatsächlichen Worte wiedergeben.[31] Das wird in der Tat auch schon durch ihren einheitlichen, unverkennbar Thukydideischen Redestil deutlich (eine besondere, stets gleichbleibende Variante seines normalen Stils); und dann waren diese Reden ja auch nicht schriftlich fixiert, bevor sie gehalten wurden, und man muß davon ausgehen, daß niemand den gesamten Text im Gedächtnis behalten konnte.

Darüber war sich natürlich auch Thukydides völlig im klaren – denn niemand wußte besser als er, wie schnell und leicht die Wahrheit durch einander widersprechende Zeugen verzerrt wird; und wenn er seine angeblichen Reden wiedergibt, erklärt er ausdrücklich, daß es sich nicht um ein wörtliches Protokoll handelt, sondern daß er den Redner dasjenige sagen läßt, was seiner Meinung nach von der Situation her gefordert war. Die Reden erfüllen somit psychologische und philosophische Zwecke, indem sie allgemeingültige Wahrheiten vermitteln und Vermutungen über das Zustandekommen von Entscheidungen anstellen. Sie dürfen deshalb nicht mit den tatsächlichen Worten irgendeines Redners verwechselt werden. Oft genug ist die »Grabrede« des Perikles so behandelt worden, als habe Perikles sie tatsächlich gehalten. Das war nicht der Fall; es handelt sich vielmehr um Thukydides' ganz persönliche Interpretation, Rekonstruktion und um seine Grabinschrift für den Perikleischen Staat – einen Staat, der imperialistisch war und dennoch eine hochstehende Kultur hervorgebracht hatte; zwar handelte es sich nur um eine »Scheindemokratie«, aber Thukydides hielt ohnehin nicht viel von der Demokratie. An seiner Annahme, daß in der griechischen und athenischen Geschichte Reden ebenso wichtig waren wie Fakten, ist nichts auszusetzen; aber die Reden in seinem Werk bestanden aus seinen eigenen Worten, nicht aus denjenigen der angeblichen Sprecher.

Ihr Stil und ihre reiche, antithetische Gliederung offenbaren den Einfluß der Sophisten (speziell des Gorgias, s. Kap. 12), deren

Methoden auf diese Weise in die rhetorische Gestaltung der Thukydideischen Geschichtsschreibung Eingang fanden.

Der ausgiebige Gebrauch dieser Reden als einer indirekten Form seines eigenen Mitteilungsbedürfnisses erinnert darüber hinaus an die Tragödiendichter, die ebenfalls seine Darstellungsweise stark beeinflußt haben. So inspirierten sie zum Beispiel seine Auffassung vom athenischen Imperialismus, wie sich an seiner Darstellung der sizilischen Expedition zeigt, welche all die Elemente der hochmütigen, unwissenden Arroganz (Hybris), der Peripetien, der Nemesis und der Ironie enthält, die wir aus der Tragödie kennen. Das ergibt eine glänzende Darstellung, kann aber kaum als wissenschaftliche Historiographie angesehen werden. Das gleiche gilt für die dramatische Dialogform, in der die Debatte über das Schicksal des aufständischen Melos dargestellt wird. Diese Darstellungsweise erinnert an die zeitgenössischen Tragödien des Euripides, aber auch hier handelt es sich nicht eigentlich um Geschichtsschreibung.

Obwohl also Athen im fünften Jahrhundert eine der bedeutendsten Kulturen der Weltgeschichte hervorgebracht hat, sind wir für weite Teile der Geschichte dieses Zeitraumes fast ausschließlich auf die sehr persönlichen und nicht nachprüfbaren Urteile und Auswahlkriterien des großen Thukydides angewiesen. Das ist eine der quälendsten Beschränkungen, die uns diese Epoche auferlegt. Denn Thukydides war trotz all seiner wissenschaftlichen Fortschrittlichkeit und trotz seiner überragenden Intelligenz nicht, wie Macaulay glaubte, »der größte Historiker aller Zeiten«, weil er zuviel Wert darauf legte, uns seine eigene Sicht der Dinge nahezubringen.

27 Thukydides, I, I.
28 Ibid., I, 22.
29 Ibid., II, 61, 64.
30 Ibid., I, 22.
31 Ibid.

# 24 LYSANDROS: DER BEZWINGER ATHENS

Bevor das attische Expeditionskorps in Sizilien vernichtet wurde, hatten Sparta und seine Verbündeten den Krieg gegen Athen wiederaufgenommen (414). Auf den verräterischen Vorschlag des Alkibiades hin – der den athenischen Beamten entkommen war, die ihn von Sizilien zurückbringen und wegen Gotteslästerung vor Gericht stellen sollten – errichteten die Spartaner, bei denen er Zuflucht gefunden hatte, eine Festung in Dekeleia im Norden Attikas. Dadurch schnitten sie die Athener von ihren Silberbergwerken in Laurion ab (aus denen Scharen von Sklaven desertierten), und sie erhöhten gleichzeitig die damals schon gefährliche Abhängigkeit Athens von importiertem Getreide. Dann gab die Katastrophe, die über die Athener in Sizilien hereinbrach, den Spartanern zum ersten Mal die Hoffnung, daß sie möglicherweise den Krieg zur See gewinnen könnten. Deshalb ließen sie so viele neue Schiffe bauen, wie sie bekommen konnten. Allerdings gaben auch die Athener trotz der Niederlage in Sizilien nicht sofort auf, sondern begannen trotz des Mangels an ausgebildeten Mannschaften, ihre Flotte erneut aufzubauen.

Die Hoffnungen der Spartaner wurden durch die unvorsichtige Politik der Athener verstärkt, die den persischen Rebellen Amorges (den Bastard des ebenfalls aufrührerischen Satrapen Pissuthnes von Sardes) in Karien unterstützten, als er um 414/412 einen Aufstand gegen den Großkönig Dareios II. Ochos unternahm. Diese athenische Entscheidung war zugleich nutzlos und selbstmörderisch, denn wenn auch Thukydides – vielleicht aus griechischem Nationalstolz – nichts von diesem politischen Schachzug wissen will und auch zu wenig über die Gestalt des Amorges berichtet (s. Kap. 23), so hing doch der Ausgang des Peloponnesischen Krieges wesentlich von der Haltung der Perser ab, die sowohl der von ihnen bevorzugten Seite finanzielle Unterstützung für den Flottenbau gewähren, als auch Athen von den lebenswichtigen Getreidelieferungen aus dem Schwarzmeergebiet abschneiden konnten.

Während der früheren Phasen des Krieges hatten sowohl die Athener als auch die Spartaner Annäherungsversuche in Richtung Persien unternommen – allerdings ohne dauerhaften Erfolg, da sowohl Artaxerxes I. als auch Dareios II. es vorzogen, sich nicht einzumischen und statt dessen zuzusehen, wie sich die beiden streitenden Parteien gegenseitig schwächten und vernichteten. Jetzt aber, im Jahre 412, schloß Sparta mit Hilfe des Alkibiades ein Abkommen mit Tissaphernes und Pharnabazos. Der erstere hatte die Nachfolge von Pissuthnes als Satrap von Sardes angetreten, während Pharnabazos als Satrap in Daskyleion im Nordwesten von Kleinasien herrschte. Die Spartaner hatten die Unterstützung der Perser nur zu einem unehrenhaften Preis erlangt, nämlich indem sie auf die von ihnen stets proklamierte »Befreiung« der griechischen Städte auf dem asiatischen Festland verzichteten (obwohl ihnen das womöglich erst später klar geworden ist). Nichtsdestoweniger erfolgte die neue persische Unterstützung ihrer Kriegsführung anfänglich nur halbherzig und sporadisch, denn die Satrapen hofften immer noch auf die gegenseitige Schwächung beider Kriegsparteien.

Dennoch war die Unterstützung der Spartaner durch Persien ausreichend, um Byzanz, Chios, Milet und andere von Athen abhängige Bundesgenossen zu ermutigen, sich gegen dessen Vorherrschaft aufzulehnen (413, 412). Dabei half ihnen eine kleine peloponnesische Flotte, die in der Aegaeis kreuzte und Milet als Stützpunkt wählte. Die athenische Getreideversorgung aus dem Schwarzmeergebiet (ebenso wie diejenige aus Ägypten) war nun ernstlich bedroht, und die Gefahr wurde noch größer, als sich Abydos am Hellespont, unterstützt von den Spartanern und Persern, dem Aufstand anschloß und die Stadtstaaten auf Euboia diesem Beispiel folgten.

In Athen führte zur gleichen Zeit eine oligarchische Gruppe einen Staatsstreich durch und errichtete die »Herrschaft der Vierhundert«, die unter der Bevölkerung Schrecken verbreitete und nach außen hin versuchte, mit Hilfe des Alkibiades von Persien finanzielle Unterstützung zu bekommen, während sie gleichzeitig mit Sparta über einen Friedensvertrag verhandelte. Aber als diese Versuche beide fehlschlugen, wurde das oligarchische Regime gestürzt und durch eine gemäßigtere Regierung ersetzt, die einen Kompromiß zwischen Oligarchie und Demokratie darstellte. Diese »Herrschaft der Fünftausend« arrangierte sich mit der athenischen Flotte in Samos, die unter dem Kommando des Alkibiades (welcher verschiedentlich die Seiten gewechselt hatte) zu einem Bollwerk der Demokratie geworden war.

Dann gelang es den Athenern im Herbst des Jahres 411, die Flotte des glücklosen spartanischen Nauarchen* Mindaros bei Kynossema zu schlagen, und im folgenden Jahr errangen sie unter Führung dreier Generale – darunter auch Alkibiades – einen Sieg bei Kyzikos, so daß der Seeweg zum Schwarzen Meer nun wieder frei war, die feindliche Flotte für die nächsten zwei Jahre keine Gefahr mehr darstellte und die aufständischen Verbündeten wieder in die Botmäßigkeit zurückkehrten. Die »Herrschaft der Fünftausend« wurde durch eine wiederbelebte, volle Demokratie ersetzt, der athenische Politiker Kleophon wies alle offiziellen und inoffiziellen Friedensangebote der Spartaner zurück, und Alkibiades zog im Triumph in Athen ein, wo er zum Strategen und Oberbefehlshaber gewählt wurde (407).

Da ereignete sich nun, als Ergebnis eines unvorhersehbaren Zufalls, einer der größten Wechselfälle in der griechischen Geschichte.

Dieser Zufall bestand in dem engen persönlichen Kontakt, der zwischen dem jungen persischen Königssohn Kyros dem Jüngeren, dem Sohne Dareios' II., der gerade den Oberbefehl in Kleinasien übernommen hatte, und dem spartanischen Feldherrn Lysandros zustandekam.

Lysandros' Vater war ein gewisser Aristokritos; über seine frühere Laufbahn wissen wir nichts – Berichte über eine beschei-

* Flottenbefehlshaber

dene Herkunft sind mit Vorsicht zu behandeln –, aber im Jahre 408/407 ernannten ihn die Spartaner zum Befehlshaber ihrer Flotte: endlich der richtige Mann zur richtigen Zeit an der richtigen Stelle, wie man gesagt hat. Seine schnell geschlossene Freundschaft mit Kyros, die jede spartanische Kritik an der Zusammenarbeit mit Persien verstummen ließ, hatte zur Folge, daß zum ersten Mal in ausreichendem Maße persisches Geld vorhanden war, um die spartanische Flotte auszurüsten und zu unterhalten. Und das erwies sich als entscheidend für den Ausgang des Peloponnesischen Krieges, der sicher schon früher mit Hilfe persischer Unterstützung hätte gewonnen werden können, wenn nur einer der Kontrahenten sie im erwünschten Umfang erhalten hätte.

Mit Hilfe dieser Gelder rüstete Lysandros 90 Schiffe aus und besiegte eine athenische Flotte bei Notion (407). Alkibiades nahm an der Schlacht nicht teil – einer seiner Untergebenen, ein gewisser Antiochis, der lediglich ein fähiger Steuermann war, führte das Kommando. Dennoch wurde Alkibiades als Folge der Niederlage von seinen politischen Gegnern gestürzt und mußte sich auf seine befestigten Landsitze in Thrakien zurückziehen. Es war dies eine für die Athener verhängnisvolle Entscheidung, denn trotz aller Fehler war Alkibiades für sie der letzte Hoffnungsträger.

Athen raffte sich noch einmal auf, bemannte weitere 150 Schiffe und gewann eine verlustreiche Seeschlacht bei den Arginusen (406). Völlig sinnloser Weise wurden im Anschluß an die Schlacht sechs Generale von der Volksversammlung zum Tode verurteilt, weil sie angeblich versäumt hatten, ertrinkende Soldaten aus der stürmischen See zu retten. Der keineswegs persienfreundliche General Kallikratidas, der Lysandros abgelöst hatte, kam in der Schlacht ebenfalls ums Leben, und die Anhänger Lysandros' verlangten seine Wiedereinsetzung an Stelle des toten Generals. Eine zweite Amtszeit als Oberbefehlshaber war jedoch nach der spartanischen Verfassung nicht gestattet; so daß Lysandros im Jahre 405 die Aegaeis in der nominellen Position eines Flaggoffiziers *(epistoleus)* durchquerte, obwohl er auf Grund seiner bewährten Marineerfahrung als der eigentliche Oberbefehlshaber angesehen wurde.

Kyros gab ihm das Geld, um 200 neue Schiffe bauen zu lassen, und jetzt nahte der entscheidende Augenblick. Lysandros segelte mit der Flotte zum Hellespont und eroberte Lampsakos, das er zu seinem Stützpunkt machte. Diese erneute Bedrohung ihrer Getreideroute aus dem Schwarzen Meer veranlaßte die Athener, eine geringfügig kleinere Flotte, die mit großer Mühe aufgestellt worden war, in diese Gegend zu entsenden. Sie bezog bei Aigospotamoi auf der anderen Seite der Straße von Lampsakos Stellung. Um die Griechen dieser Gegend daran zu hindern, in den gutbezahlten Einheiten Lysandros' Dienst zu tun, erließ die athenische Volksversammlung eine Verordnung, nach welcher jedem gefangenen Soldaten der Gegenseite eine Hand abgeschlagen werden sollte.

Die Athener waren entschlossen, Lysandros zum Kampf zu zwingen, und segelten jeden Tag nach Lampsakos hinüber, um ihm die Schlacht anzubieten. Jedesmal, nachdem ihre Herausforderung unbeantwortet geblieben war, fuhren sie nach Aigospotamoi zurück, wo sie auf dem unbefestigten Strand landeten und auf der Suche nach Nahrungsmitteln plündernd das Hinterland durchstreiften. Am fünften Tage (vermutlich dem 1. September) wartete Lysandros, bis die Athener im Anschluß an ihre gewöhnliche Herausforderung nach Aigospotamoi zurückgekehrt waren, und griff dann überraschend ihre Schiffe an. Es entwickelten sich kaum Kampfhandlungen, da fast alle athenischen Soldaten und Seeleute zum Fouragieren unterwegs waren. Einige der Triremen konnten entkommen, aber infolge der unglaublichen Fahrlässigkeit der Athener wurden 170 Schiffe erobert, und die drei- oder viertausend athenischen Gefangenen, die die Spartaner an Bord machten, ließen sie kaltblütig über die Klinge springen. Nur ein athenischer General erreichte die Heimat, wo er sogleich wegen Verrats angeklagt wurde. Die Schwarzmeerroute war für die Athener verloren, und ihre Nahrungsmittelversorgung brach zusammen.

Lysandros hatte eine der herausragenden Großtaten in der griechischen Geschichte vollbracht; mit Hilfe des persischen Geldes und dank seiner eigenen Fähigkeiten als Marinebefehlshaber sowie durch die Tüchtigkeit der spartanischen Soldaten, deren Regierung zwar einfallslos sein mochte, aber weniger militärische Fehler beging als ihre Gegner, hatte er den Peloponnesischen Krieg gewonnen. Obwohl Thukydides die Bedeutung des Krieges übertrieben haben mag, stellte sein Ende dennoch einen gravierenden Einschnitt für die griechische Geschichte dar, denn die Zivilisation der *Poleis* erlangte niemals wieder ihre alte Bedeutung. Unter dem Druck des Krieges hatten viele von ihnen bedrohliche innere Schwächen gezeigt – im Verlauf des Krieges hatte es mindestens siebenundzwanzig Fälle von Verrat aus dem Inneren einzelner Stadtstaaten heraus gegeben –, und was ihre auswärtigen Beziehungen anbetraf, so war, wie sich bald zeigen sollte, an die Stelle eines einfachen Kräftegleichgewichts ein kompliziertes und instabiles System getreten, das voller Unwägbarkeiten war und sich schließlich für die Existenz der Stadtstaaten als tödlich erweisen sollte.

Aber zunächst einmal war Sparta am Zuge. Lysandros drohte, alle Athener zu töten, die außerhalb der Stadt gefangengenommen wurden, und die Flüchtlinge strömten nur so in die Stadt, wo die Nahrungsmittel bald knapp wurden. Doch auch dann noch widerstanden die Bürger der Belagerung, da sie dieselben Grausamkeiten befürchteten, die sie ihrerseits den Feinden und Abtrünnigen zugefügt hatten. Darüber hinaus versuchten sie verzweifelt, doch ohne Erfolg, Friedensbedingungen zu erlangen, die ihnen zwar nicht ihr Reich und ihre Flotte, aber doch wenigstens die Stadtbefestigung der Langen Mauern belassen sollten. Im Frühling des Jahres 404 waren ihre Lebensmittelvorräte jedoch endgültig erschöpft, und sie boten die bedingungslose Kapitulation an.

Ihr Angebot wurde akzeptiert, und Lysandros hielt Einzug in Athen. Er weigerte sich aber, den Forderungen der spartanischen Verbündeten Korinth und Theben nachzukommen, die die Stadt zerstören und ihre Einwohner töten wollten. Vielmehr wollte er sie als loyale Verbündete und als Vorhut gegen das Expansionsstreben Thebens am Leben erhalten. In dieser Absicht setzte er in Athen die oligarchische Regierung der »Dreißig« ein, die noch vor Ablauf des Jahres 404 1500 Athener hinrichten ließ und weitere 5000 in die Verbannung schickte. Unterstützt durch die Anwesenheit einer spartanischen Garnison wurde diese Terrorherrschaft von dem intelligenten, aber bösartigen Kritias geleitet, der seinen gemäßigteren, opportunistischen Mitstreiter Theramenes ebenfalls hinrichten ließ, weil dieser das Blutbad hatte verhindern wollen.

In der Folge setzte Lysandros ähnliche Zehnerausschüsse (Dekarchien) auch in anderen Städten ein, die bisher abhängige Verbündete Athens gewesen waren. Diese Ausschüsse waren mit seinen Anhängern besetzt und wurden außerdem häufig von spartanischen Truppen unter einem Militärgouverneur *(harmostaies)* an der Macht gehalten. Das Ganze war ein Versuch, das attische Reich durch ein straff organisiertes, spartanisches Gegenstück zu ersetzen, doch erwies sich diese Politik als ein kläglicher Fehlschlag. Dennoch war Lysandros ein fähiger Mann, der sich vorher nicht nur durch militärische Leistungen, sondern auch durch eine geschickte Diplomatie und durch Organisationstalent ausgezeichnet hatte und dessen Entscheidung, Athen nicht zu zerstören, von Klugheit, zumindest aber von Menschlichkeit zeugt. Doch als er schließlich wirkliche Macht in Händen hielt – mehr Macht, als je einem Spartaner vor ihm zuteil geworden war, was auch darin zum Ausdruck kam, daß man ihm in Samos als dem ersten lebenden Helden religiöse Verehrung entgegenbrachte – da zeigte sich ein Zug selbstsüchtiger Überheblichkeit und Brutalität in seinem Wesen und führte dazu, daß seine politischen Pläne schließlich scheiterten.

Das Versagen lag jedoch auch bei seinem Heimatland Sparta. Denn die nachfolgenden imperialistischen Anstrengungen des spartanischen Staates, der plötzlich von einer rückständigen, isolationistischen Militärgemeinschaft zu einer Weltmacht geworden war, wurden nicht nur durch die sinkende Zahl der Vollbürger beeinträchtigt, sondern offenbarten auch Unfähigkeit und Korruption – letztere als Folge des plötzlich einströmenden Reichtums, mit dem die Spartaner nicht fertig wurden.

Zunächst einmal zeigte sich die spartanische Regierung jedoch einsichtig genug, Lysandros' erfolglose Regelungen in Athen rückgängig zu machen, indem Pausanias, der König aus dem

Hause der Agiaden, eine Mehrheit der Ephoren (die nun mächtiger waren als je zuvor) dazu bewegte, die Wiederherstellung der Demokratie in dieser Stadt zuzulassen. Auch in anderen griechischen Stadtstaaten erwiesen sich die Dekarchien als nicht regierungsfähig und mußten beseitigt oder umgestaltet werden (ca. 403/402). Dadurch wurde Lysandros' Stellung geschwächt, und es ist gut möglich, daß er um diese Zeit den Plan zu einem Staatsstreich faßte, der aus Sparta eine Wahlmonarchie gemacht und damit die Stellung der beiden Könige zu seinen Gunsten geschwächt hätte.[32] Sollte dies der Fall gewesen sein, so gelang es ihm nicht, seine Pläne zu verwirklichen.

Anläßlich des Todes von Pausanias' Mitregenten, König Agis II. (427–399) aus dem Königshaus der Eurypontidai, sah Lysandros jedoch eine Gelegenheit, seine alte Stellung wiederzuerlangen, indem er die Ansprüche des Halbbruders des verstorbenen Königs, Agesilaos II., auf den Thron unterstützte. Zu dieser Zeit war Spartas Verhältnis zu dem neuen persischen Monarchen Artaxerxes II. Mnemon (405/404–359/358) bereits denkbar schlecht, da es inoffiziell einen erfolglosen Aufstand von Lysandros' Freund, Kyros d. Jüngeren, unterstützt hatte (der das Thema von Xenophons *Anabasis* ist, s. Kap. 30). Im Jahre 395 fiel Agesilaos in Anbetracht der Feindseligkeit der Perser in deren Besitzungen in Kleinasien ein. Lysandros stand an der Spitze der dreißig spartanischen Offiziere, die ihn begleiteten, und er machte kein Hehl aus seiner Absicht, wieder zum eigentlichen Entscheidungsträger des Staates zu werden. Aber Agesilaos war nicht willens, einem seiner Untergebenen eine derartige Stellung einzuräumen, und er enthob Lysandros seines Kommandos, der daraufhin in die Heimat zurückkehrte.

Im gleichen Jahr entfesselten Korinth und Theben mit Unterstützung von Argos und dem erst unlängst besiegten Athen (das sich bereits wieder erholt haben mußte) den »Korinthischen Krieg« gegen die tyrannische Herrschaft Spartas. Lysandros führte eine Streitmacht der Verbündeten Spartas gegen die Koalition, wobei sein Zug von Phokis nach Boiotien führte, wo er die Stadt Orchomenos einnahm. Dann marschierte er weiter nach Haliatos, wo er sich mit Pausanias und dem spartanischen Hauptheer vereinigen sollte. Aber bevor dies eintraf, griff er die Stadt allein mit seinen Einheiten an und fand bei dieser Unternehmung den Tod.

32 Diodoros von Sizilien, XIV, 13, 2.

# FÜNFTER TEIL

# DIE ERSTE HÄLFTE DES VIERTEN JAHRHUNDERTS: DER WESTEN UND DER OSTEN

# CHRONOLOGIE

| | |
|---|---|
| | Dionysios I. *strategos autokrator* (Oberbefehlshaber): |
| 405 | Er schließt Frieden mit dem Karthager Hannibal |
| 403 | Er erobert die sizilischen Städte Aetna, Naxos, Katana und Leontinoi |
| 398/397–396 | Der Erste Karthagische Krieg gegen Himilkos Expeditionskorps |
| 394/393 | Eine athenische Inschrift bezeichnet ihn als »Archon von Sizilien« (ebenfalls 369/368 und 368/367) |
| 392 | Der Zweite Karthagische Krieg, gegen Mago I. |
| 390–387/386 | Er fällt in Unteritalien ein; besiegt ein griechisches Koalitionsheer am Elleporos-Fluß (388) und zerstört Rhegion (387/386) |
| 388 | Eine syrakusanische Delegation unter seinem Bruder Thearidas besucht die Olympischen Spiele |
| 387 | Platons erster Besuch in Syrakus (zweiter und dritter Besuch in den Jahren 367 und 361) |
| ca. 387 | Expeditionen in den Nordosten Italiens, in das Adriatische Meer und auf den Balkan |
| 383 | Dritter Karthagischer Krieg; Niederlage bei Kronion (ca. 378 oder ca. 375) |
| 368/367 | Vierter Karthagischer Krieg |
| 368/367 | Bündnis mit Athen; Dionysios' Tragödie *Der Freikauf Hektors* gewinnt den ersten Preis bei den Lenäen |
| 367 | Sein Todesjahr; sein Nachfolger ist Dionysios II. (vertrieben 357/356 von Dion [gest. 354] und 343/342 von Timoleon) |

# 25 DIONYSIOS I.: DER REICHSGRÜNDER

Der Syrakusaner Hermokrates, der eine so entscheidende Rolle bei der erfolgreichen Abwehr der athenischen Expedition (415–413; s. Kap. 16) gespielt hatte, war von den radikalen Demokraten seiner Heimatstadt unter Führung des Diokles zur Verbannung verurteilt worden, während er in der Fremde für Sparta kämpfte. Bei dem Versuch, widerrechtlich und mit Gewalt in seine Heimat zurückzukehren, verlor er sein Leben.

Währenddessen hatten die Karthager, nachdem es seit 480 (s.Kap. 4) längere Zeit ruhig geblieben war, beschlossen, in Sizilien einzufallen. Sie hatten seinerzeit darauf verzichtet, sich die athenische Expedition zunutze zu machen, aber nun, nach innenpolitischen Veränderungen in ihrem eigenen Lande, schritten sie zum Angriff. Sie wurden zweifelsohne ermuntert durch die Kriegsmüdigkeit und die inneren Streitigkeiten der Syrakusaner und darüber hinaus motiviert durch die Furcht, die Syrakusaner könnten nach Beendigung der athenischen Bedrohung auf die Idee kommen, den Westen Siziliens zu erobern, der von den Phöniziern kolonisiert worden war und nun von Karthago beherrscht wurde.

Das erste karthagische Heer unter Führung eines gewissen Hannibal fiel im Jahre 409 in Sizilien ein, und eine zweite Streitmacht – wieder unter Hannibal, mit seinem jungen Verwandten Himilko als Stellvertreter – traf im Jahre 406 ein. Als es den Syrakusanern nicht gelang, Akragas zu entsetzen, nutzte Dionysios, der ein Anhänger des Hermokrates – seines Schwiegervaters – war, die Gunst der Stunde, um von der Volksversammlung der Stadt ein neues Strategenkollegium wählen zu lassen, dem er selbst angehörte, obwohl er für die vorangegangene militärische Niederlage eine Mitverantwortung trug. Wenig später entledigte er sich jedoch seiner Mitstrategen und ließ sich, gestützt auf seine Leibwache und im Einvernehmen mit Sparta, zum Oberbefehlshaber *(strategos autokrator)* mit diktatorischen Vollmachten wählen. Und so leitete Dionysios eine zweite Welle von Militärdiktaturen in Sizilien ein, wie es sie unter Gelon und Hieron I. (s. Kap. 4) schon einmal in Syrakus gegeben hatte.

Es gelang Dionysios jedoch nicht, den Vormarsch der Karthager aufzuhalten, und als er sich dann noch mit einem Aufstand des Adels und der früher herrschenden Schicht *(gamoroi)* in Syrakus selbst konfrontiert sah, hielt er es für geraten, mit Karthago Frieden zu schließen. Die Vertragsbedingungen waren nicht vorteilhaft, da sie erstmals offiziell von einem karthagischen Herrschaftsgebiet *(epikrateia)* in Sizilien ausgingen – das immerhin drei Fünftel der Insel umfaßte. Trotzdem gab ihm das Abkommen Gelegenheit, die heimische Opposition zu unterdrücken und seine Machtposition auszubauen.

Ebenso wie Gelon und Hieron I. nahm er nicht den Königstitel an, sondern zog es vor, ein scheindemokratisches System beizubehalten – wobei er die einflußreichen Ämter jedoch unter Familienangehörigen und Freunden verteilte. (Ob es allerdings wahr ist, daß er sich später wie der persische Großkönig kleidete und sich als Gott Dionysos verehren ließ, müssen wir offenlassen.)

Seine Machtstellung beruhte im wesentlichen auf den Söldnern, die er aus allen Teilen Griechenlands anwarb. Diese Art Soldaten stellten schon seit langem einen Teil der sizilischen Heere, aber nie zuvor hatten sie so große, geschlossene Verbände gebildet, die mehrere tausend Männer umfaßten, unter denen sich ehemalige Sklaven befanden. Auch Waffenschmiede *(technitai)* waren aus verschiedenen Mittelmeerländern nach Syrakus geholt worden, und mit ihrer Hilfe entwickelte Dionysios das Katapult, mit dem er die Belagerungstechnik revolutionierte, die er von seinen karthagischen Gegnern gelernt hatte. Auch vergrößerte er die Flotte von 100 auf 300 Kriegsschiffe, wobei er erstmals Vierruderer und Fünfruderer bauen ließ, bei denen vier oder fünf Mann ein einzelnes Ruder bedienten – auch dies eine Technik, die er von den Karthagern übernahm (und die in der übrigen griechischen Welt erst ein halbes Jahrhundert später eingeführt werden sollte).

Dionysios war ein neuer Typ des berufsmäßigen Feldherrn, der den Krieg als eine Wissenschaft betrachtete. Seine besondere Stärke waren amphibische Operationen und der koordinierte Einsatz spezialisierter Waffengattungen. Er erkannte die dringende Notwendigkeit, die Stadt Syrakus selbst zu sichern, und zu diesem Zweck verwandelte er die vorgelagerte Insel Ortygia in eine uneinnehmbare Festung. Durch die athenische Expedition gewarnt, ließ er außerdem die angrenzenden Höhen von Epipolai durch 60 000 Arbeiter befestigen; die von ihnen errichteten Mauern standen noch nach Jahrhunderten unzerstört an dieser Stelle.

Nun war er bereit, gegen die anderen griechischen Stadtstaaten auf Sizilien vorzugehen. Aetna, Naxos, Katana und Leontinoi wurden rücksichtslos erobert und ihre Bürger massenhaft nach Syrakus verpflanzt, während an ihrer Stelle systematisch Söldner und eingeborene Sikeler angesiedelt wurden.

So war Dionysios vorbereitet, als im Jahre 398/397 eine neue karthagische Invasion unter Himilko stattfand. Dieser erste karthagische Krieg des Dionysios, der die Unterstützung seines Volkes fand, das über den Angriff sehr schockiert war,[1] wurde durch ein blutiges Massaker an den karthagischen Söldnern der Insel eingeleitet. Bald darauf folgte ein denkwürdiger Sieg der Syrakusaner, denn Dionysios setzte seine neuen Belagerungsmaschinen und -techniken mit spektakulärem Erfolg ein, um Motye, die Hauptfestung des Feindes im Westen der Insel, zu belagern und zu erstürmen.

Im folgenden Jahr jedoch eroberte Himilko die ganze Nordküste Siziliens zurück, fügte Dionysios' Bruder Leptines bei Katana eine schwere Niederlage zu und legte einen Belagerungsring um Syrakus. Doch die Stadt konnte gerettet werden, teils durch spartanische Hilfstruppen, teils durch die Auswirkungen einer Seuche, die unter den Belagerern ausbrach und dazu führte, daß diese demoralisiert und schließlich völlig besiegt wurden. Allerdings gelang es Himilko, das Leben der ihm verbliebenen Soldaten zu retten – offensichtlich durch ein Abkommen mit Dionysios, der wohl die völlige Auslöschung der karthagischen Machtposition auf der Insel nicht wünschte, da diese »Bedrohung von außen« nicht nur die öffentliche Meinung in Syrakus auf seine Seite brachte, sondern ihm auch einen Vorwand lieferte, seine Herrschaft über andere sizilische Stadtstaaten auszudehnen.

Trotz dieser Rettung seiner Soldaten wurde Himilko bei seiner Rückkehr nach Karthago von seinen Landsleuten so unfreundlich empfangen, daß er anläßlich eines Aufstandes Selbstmord beging. Im Jahre 392 erhielt der ehemalige Stellvertreter Himilkos und jetzige Oberbefehlshaber in Sizilien, Mago, Anweisung, erneut den griechischen Teil der Insel anzugreifen. Aber auch dieser Zweite Karthagische Krieg des Dionysios endete mit einem für ihn günstigen Friedensvertrag. Darin wurde der karthagische Einfluß auf ein relativ kleines Gebiet westlich des Mazaraflusses beschränkt, und Karthago erkannte die Herrschaft des Dionysios über die anderen Griechen und über die eingeborenen Sikeler an.

Die daraus resultierende Stärkung seiner regionalen Machtposition ermunterte Dionysios, nach neuen Zielen Ausschau zu halten, und im Jahr 390 intervenierte er in Unteritalien gegen Rhegion und seine griechischen Verbündeten. Gemeinsam mit den eingeborenen Lukanern verwüstete er das Gebiet des Gegners, besiegte ein Heer der Verbündeten am Elleporosfluß (388) und griff Rhegion selbst an (387), das er nach elfmonatiger Belagerung eroberte und zerstörte, wodurch seine Macht einen neuen Höhepunkt erreichte.

Diese Erfolge und die freundschaftlichen Beziehungen zu Tarent machten Syrakus zur stärksten politischen Macht in Unteritalien und in Sizilien selbst. Damit noch nicht zufrieden, sandte Dionysios eine Flotte in das Adriatische Meer, wo er an der Po-Mündung einen Kanal *(fossa Philistina)* bauen ließ und nicht nur in den italischen Gebieten von Ancona und Adria, sondern auch jenseits des Meeres in Issa und Pharos Kolonisten ansiedelte und den Molosserkönig Alketas in Epirus zum abhängigen Verbündeten machte.

Dieses Vordringen auf dem Balkan weckte die Furcht der griechischen Stadtstaaten – die sich sehr wohl bewußt waren, daß sie ebenfalls zu Zielen des offenbar grenzenlosen Machtstrebens des sizilischen Tyrannen werden konnten. In Athen erregte seine expansionistische Politik – ganz zu schweigen von seiner häufig bezeugten Sympathie für Sparta – höchste Besorgnis, die weder durch politische Verhandlungen noch durch Platons ersten Besuch in Syrakus (387), der sich übrigens als ein kläglicher Fehlschlag erwies, beschwichtigt werden konnte. Im voraufgegangenen Jahr (so scheint es) hatte Dionysios eine großartige Delegation unter Führung seines Bruders Theoridas zu den Olympischen Spielen entsandt. Dort griff ihn der athenische Redner Lysias in seiner Olympischen Rede *(Olympiakos)* – die teilweise erhalten ist – scharf an, und die Zelte seiner Abgesandten wurden von der Menge verwüstet.

Im Jahre 383 brach der Dritte Karthagische Krieg des Dionysios aus, den er selbst provoziert hatte. Zwar gewann er eine Schlacht, in der Mago (I.) getötet wurde, aber nach der vernichtenden Niederlage, die ihm Magos Sohn bei Kronion in der Nähe von Panormos (ca. 378 oder 375?) beibrachte, mußte er hohe Kriegsentschädigungen zahlen und war gezwungen, seine Grenze so weit zurückzuverlegen, daß alle Gebiete westlich des Halykosflusses an die Karthager fielen.

Im Jahre 373 ließ er Sparta noch einmai seine Unterstützung zuteil werden, aber in der nachfolgenden Zeit verbesserten sich seine Beziehungen zu Athen. Wir wissen nicht, wann ihm Isokrates (s. Kap. 32) einen offenen Brief schrieb, in welchem er seine Führungsrolle innerhalb der hellenischen Welt pries,[2] aber athenische Inschriften aus den Jahren 369/368 und 368/367, in denen er »Herrscher von Sizilien« genannt wird – ein Titel, von dem man nicht weiß, ob er ihn selbst für sich beansprucht hat –, berichten von einem Bündnisvertrag zwischen den beiden Staaten.[3]

Trotz des Widerstandes der radikalen athenischen Demokraten, die solche Kontakte etwas schwierig gestalteten, ermöglichten diese offiziellen Verbindungen mit Athen es Dionysios, sich einen seiner glühendsten Wünsche zu erfüllen, Anerkennung als Tragödiendichter zu finden. Der Besitz des Schreibtisches des Aischylos sowie des Griffels, der Harfe und der Schreibtafeln des Euripides hatten dazu nämlich bisher nicht ausgereicht. Im

Jahre 367 gewann jedoch sein Stück *Der Freikauf Hektors* den ersten Preis bei den athenischen Lenäen. Dieser Triumph soll ihn so erregt haben, daß er sich bei den anschließenden Feierlichkeiten zu Tode trank.

Zu dieser Zeit stand er mitten in seinem Vierten Karthagischen Krieg, den er wiederum selbst vom Zaun gebrochen hatte und der auf beiden Seiten mit großen Truppenkontingenten geführt wurde. Dionysios hatte Selinus und Eryx erobert, aber es war ihm nicht gelungen, die Stadt Lilybaion einzunehmen (die Motye als Karthagos bedeutendste Festung in Westsizilien abgelöst hatte). Nach seinem Tode schloß sein Sohn Dionysios II. den Frieden zu den gleichen Bedingungen, unter denen der dritte Krieg seines Vaters beendet worden war.

Dionysios I. hatte einen großen Teil seiner Regierungszeit der Kriegführung gegen die Karthager gewidmet (offenbar, um den Ruhm des Gelon aus der Schlacht bei Himera in den Schatten zu stellen), so daß seine Lebensleistung im wesentlichen an den Ergebnissen dieser Kriege gemessen werden muß. Einerseits hatte er den Karthagern verwehrt, ihre Herrschaft über die gesamte Insel auszudehnen – und ein langfristiges Resultat seiner Bemühungen bestand darin, daß sie auch in Zukunft niemals dazu in der Lage waren. Auf der anderen Seite hatten seine militärischen und organisatorischen Fähigkeiten nicht ausgereicht, die Karthager gänzlich aus Sizilien zu vertreiben (das sollte erst anderthalb Jahrhunderte später den Römern gelingen), und seine Kritiker im Altertum haben ihm dies Versagen stets angelastet.

Wenn man versucht, die anderen Aspekte der langjährigen Herrschaft des Dionysios zu beurteilen – wohl einer der langlebigsten und härtesten Diktaturen der Geschichte –, so läßt sich keine so klare Bewertung mit einem gewissen Grad von Bestimmtheit vornehmen. Der Grund dafür liegt in der vornehmlich feindseligen Haltung, die ihm von der historischen Überlieferung entgegengebracht worden ist. Diese Feindseligkeit geht teilweise auf die Vorwürfe zurück, die sich aus Platons gescheiterter Mission ergaben (der machtgierige Diktator im neunten Buch des *Staates* ist möglicherweise ein Abbild des Dionysios), aber mehr noch ist sie der Haltung des einflußreichen und volkstümlichen Historikers Timaios von Tauromenion (ca. 356–260) zuzuschreiben. Sein Werk, welches Sizilien und Großgriechenland in den Mittelpunkt des historischen Geschehens stellte, ist nur bruchstückhaft erhalsten, aber es hatte eine Welle antiker, moralisierender Werke über die Laster der Tyrannen zur Folge – ein volkstümliches, schon von Herodotos behandeltes Thema, das aber nun von Timaios durch Angriffe auf Dionysios aktualisiert und durch zahlreiche erfundene Anekdoten illustriert wurde.

Auf der anderen Seite hielt sich Dionysios selbst Propagandaschriftsteller an seinem Hofe, darunter den Historiker Philistos, einen seiner engsten Berater. Jedoch sind die Werke des Philistos fast vollständig verlorengegangen, und das gleiche Schicksal erfuhren diejenigen des Theopompos von Chios, der ungeachtet seiner moralisierenden Tendenzen an der Herrschaft des Dionysios nicht viel auszusetzen fand, außer vielleicht den übertriebenen Luxus an seinem Hofe.

Wie ist also die Gestalt des Dionysios zu beurteilen? Er ist der Typ des Militärdiktators in einer Größenordnung, wie sie die Griechen bis dahin nicht gekannt hatten, und als solcher eine der grandiosesten Gestalten ihrer Geschichte. Unter seiner Herrschaft wuchs Syrakus zu einer Stadt von knapp einer halben Million Einwohnern und wurde die Hauptstadt eines der mächtigsten griechischen Staaten. Als Erbe Gelons und Hierons I. war Dionysios gleichzeitig der Vorläufer der hellenischen Monarchen, die ihre Reiche auf ihre militärische Macht gründeten und – ebenso wie er – die unabhängigen Stadtstaaten verachteten.

Abgesehen von seinem literarischen und dramatischen Ehrgeiz, zeigte er nur wenige anziehende oder menschenfreundliche Charakterzüge. Anekdoten berichten von seiner übertriebenen Sorge um seine persönliche Sicherheit – die allerdings wohl nicht unbegründet war. Denn viele haßten ihn als Herrscher wegen seiner rücksichtslosen und despotischen Maßnahmen – Mord, Zerstörung, Angriffskrieg, Verschwörung, Umsiedlung ganzer Völker, Zwangsarbeit, Ausbeutung und Enteignungen (um seine

Söldner bezahlen zu können), ganz zu schweigen von einer Heiratspolitik und Vielweiberei der anmaßendsten Art. Es konnte nicht ausbleiben, daß er sich auf diese Weise viele Feinde schuf, und ihr Haß machte es ihm unmöglich, das menschliche Potential seines Reiches in optimaler Weise auszuschöpfen.

Auf der anderen Seite wurde unter seiner intelligenten, unerschütterlichen und starken Herrschaft nicht nur das Staatsgebiet von Syrakus ausgeweitet, sondern es wurden zur Finanzierung seiner Söldner auch die wirtschaftlichen Aktivitäten des Landes erheblich gesteigert – mit Hilfe der stärksten Währung in Westgriechenland, deren Münzen von so hervorragenden Münzstempelschneidern wie Kimon und Euainetos gestaltet wurden.

Obwohl Dionysios durchaus bereit war, die sozialen Gegensätze zu fördern, wenn sie ihm von Nutzen waren, hat er wohl den Syrakusanern aller Volksschichten zu Wohlstand verholfen, sofern sie nicht gegen ihn opponierten. Zu diesen Nutznießern und Anhängern gehörten nicht nur die Mitglieder der Aristokratie, die ihn an die Macht gebracht hatte und mit der er durch eine äußerst geschickte Heiratspolitik verbunden war, sondern auch (wie Aristoteles und andere betonen) die Masse des einfachen Volkes von Syrakus und dazu noch viele Griechen und Nichtgriechen in den syrakusanischen Kolonien, über die wir allerdings keine direkten Informationen haben.

Auch spricht unter einer weitgefaßten Perspektive einiges für seine Versuche, die Stadtstaaten Siziliens und Unteritaliens zu einer zusammenhängenden politischen Einheit zu verschmelzen, um so die letztlich verhängnisvollen Streitigkeiten zwischen den einzelnen Poleis zu vermeiden, die auf dem griechischen Festland an der Tagesordnung waren. Aber Dionysios' diktatorische Methoden führten nicht zu den erwünschten Resultaten; im Endergebnis trug er mehr dazu bei, die hellenische Welt zu zerstören, als sie zu festigen. Denn die neuen Bürgerschaften und sozialen Klassen, die er durch seine gewaltsamen demographischen Veränderungen schuf, bildeten eine Gesellschaft, die noch stärker gespalten war als je zuvor. Deshalb entwickelte sich die künftige Geschichte Siziliens zu einer Folge tödlicher Bürgerkriege, Verschwörungen und dynastischer Massaker, bei denen die Einwohner der Städte von einem skrupellosen Abenteurer nach dem anderen samt seiner ihn stützenden Soldateska hin und her geschoben wurden.

1 Diodoros von Sizilien, XIV, 41, 46.
2 Isokrates, *Briefe*, 2, 3.
3 M. N. Tod, *Greek Historical Inscriptions*, 108 (393 v. Chr.), 133 (368 v. Chr.), 136 (367 v. Chr.).

# 26 ARCHYTAS: DER PHILOSOPH ALS STAATSMANN

Die Gebiete Unteritaliens, die von den Griechen besiedelt waren, wurden als Großgriechenland (Magna Graecia) bezeichnet. Der Grund dafür war wohl der, daß die heißen, trockenen Sommer, die milden Winter und das Zusammenspiel von Land, See und Vegetation der Küstengebiete eine vertraute und fruchtbare Umgebung boten. Die Siedler konnten ihre landwirtschaftlichen oder sonstigen Aktivitäten ohne große Umstellung aufnehmen – allerdings häufig in einem größeren Rahmen, als sie es aus ihrer alten Heimat gewohnt waren.

Bevor das achte vorchristliche Jahrhundert zu Ende ging, hatten die Griechen in zwei Regionen Süditaliens Kolonien gegründet, zunächst in Kampanien (Kyme ca. 730/725, dem eine Handelsniederlassung sowie eine frühere Niederlassung in Ischia vorausgegangen waren) und dann auf dem »Fuß des Stiefels«, an den Küsten des Ionischen Meeres.

In dieser letzten Region hatte der Golf von Tarent seinen Namen von einer Stadt, die nach Eusebios im Jahre 706 v. Chr. gegründet worden war. Die Kolonisten, geführt von Phalanthos, waren Spartaner, bekannt als *partheniai* (Söhne unverheirateter Frauen), da sie angeblich die illegitimen Kinder spartiatischer Mütter waren, die diese mit Heloten (s. Anhang IV) gezeugt hatten, während ihre Ehemänner im Kriege waren; allerdings ist man gegenüber dieser Überlieferung immer skeptisch gewesen.

Die ersten dieser Einwanderer wählten einen Platz sieben Meilen südöstlich des späteren Tarent, wohin sie ihre Siedlung aber bald verlegten, nachdem sie die Bevölkerung der eingeborenen Iapygier unterworfen hatten. Die befestigte Stadt Tarent, die nun gegründet wurde, stand auf einem Vorgebirge, das nur über eine schmale Landbrücke vom Festland zu erreichen war und das von einer beinahe uneinnehmbaren Akropolis überragt wurde, von der man nach Osten auf den inneren Hafen der Lagune blickte und nach Westen auf den äußeren Hafen, welcher durch zwei kleine Inseln zur See hin geschützt war und den größten und sichersten Ankerplatz der italischen Halbinsel bildete.

Um ca. 500 wurde Tarent von dem Monarchen Aristophilides regiert, dessen Königtum, wie Herodotos berichtet, sich an dem spartanischen Vorbild orientierte.[4] Das Land und die Ernteerträge des Stadtstaates wurden durch Eingeborenenstämme im Hinterland bedroht, aber zu Beginn des fünften Jahrhunderts errangen die Tarenter eine Reihe militärischer Erfolge gegen diese Völkerschaften, wofür sie zwei Siegessäulen in Delphi stifteten. Um 475/473 erlitten sie jedoch gemeinsam mit Rhegion eine schwere Niederlage durch das Bündnis der angrenzenden Iapygier. Als Folge davon wurde die aristokratische Regierung des Stadtstaates gestürzt und durch eine relativ stabile, aber etwas undisziplinierte Demokratie ersetzt, unter der sich Tarent nach dem Niedergang des benachbarten Kroton zum bedeutendsten griechischen Zentrum in Unteritalien entwickelte.

Seine Bürger führten einen erfolgreichen Krieg gegen die neue, von Athen unterstützte, panhellenische Kolonie von Thurioi um den Besitz von Siris und gründeten dann ihrerseits die Kolonie Heraklea in Lukanien, die zum Versammlungsort des unteritalischen Städtebundes wurde, der gegründet worden war, um die Griechen gegen die Stämme aus dem Landesinneren zu schützen. Dieser Städtebund wurde von Tarent beherrscht, das die größte Flotte besaß und über eine Armee von fünfzehntausend Soldaten verfügte.

Die Wirtschaftskraft Tarents beruhte auf der Wolle (die von Kennern der berühmten milesischen vorgezogen wurde), auf *murex* (einer Purpurfarbe, die aus einer Seemuschel gewonnen wurde und dazu diente, ein weibliches Kleidungsstück mit der Bezeichnung *tarantinon* einzufärben), des weiteren auf Landwirtschaftsprodukten, auf der Pferdezucht sowie auf dem Seehandel (der sich bis in die nördliche Adria hinein erstreckte). Der Wohlstand, der aus diesen wirtschaftlichen Unternehmungen resultierte, spiegelte sich in der Prägung einer berühmten Silbermünze wider, die das Bild eines Reiters zeigte und zur verbreitetsten Währung der Region wurde, wobei ihr eine zweihundertjährige Lebensdauer beschieden sein sollte. Während des Peloponnesischen Krieges bekämpfte der Stadtstaat, der konsequent jede Einmischung vom griechischen Festland her ablehnte, die athenische Expedition gegen die Syrakusaner (415–413), denen man Schiffe zur Hilfe sandte.

Basierend auf einer langen künstlerischen Tradition war Tarent jetzt berühmt für seine eigene Schule apulischer Töpferkunst und seine Goldschmiedearbeiten, die so hervorragend und vielseitig waren wie sonst nirgends in der griechischen Welt; und auch das volkstümliche Theatergenre *(hilaro tragoedia)*, für das die Stadt berühmt wurde, war damals schon anerkannt.

Unter der Führung von Archytas (ca. 380 – ca. 345?) erreichte der Stadtstaat den Gipfel seiner Macht und seines Reichtums. Dabei wurde seine regionale Vormachtstellung durch die Niederlagen befestigt, die Dionysios I. von Syrakus den anderen unteritalischen Stadtstaaten beibrachte (s. Kap. 25).

Obwohl die Verfassung von Tarent nur zwei Amtsperioden als Stratege gestattete, wurde Archytas nicht weniger als siebenmal in dieses Amt gewählt – in welchem er nach Aussage seines Biographen Aristoxenos niemals eine Schlacht verlor;[5] außerdem muß er die beherrschende Figur im politischen Leben des unteritalischen Städtebundes gewesen sein. Um seine Laufbahn ranken sich zahlreiche Legenden, die sich auf seine moralische Integrität, seine Freundlichkeit, seine Selbstbeherrschung und seine einfache Lebensführung (inmitten des Luxus, der ihn umgab) beziehen. Aber selbst unter diesem etwas idyllischen Bild stoßen wir auf eine ungewöhnlich vielseitige Persönlichkeit, wie sie nur wenige Geschichtsepochen hervorgebracht haben; und auf das Bild eines Mannes, dessen ungewöhnliche Geistesgaben uns deutlich machen, wie falsch es wäre, unsere Beschäftigung mit dem klassischen Griechenland auf das griechische Mutterland zu beschränken, ohne die anderen griechischen Siedlungsgebiete mit ins Auge zu fassen.

Vor allem gehörte er zu den bekanntesten und begabtesten

Führern der philosophischen Schule, die auf Pythagoras zurückging, jenen halblegendären Weisen, der ca. 531 von Samos nach Kroton ausgewandert war (s. Anhang I). Archytas, der die Schule wiederbelebte und reformierte, schrieb eine Biographie ihres Begründers, und indem er philosophische Betätigung und politische Führerschaft miteinander verband, folgte er einer Tradition, die auf Pythagoras selbst zurückging und die ein charakteristisches Merkmal auch anderer unteritalischer Stadtstaaten darstellte, welche unter den Einfluß pythagoreischer Geheimbünde geraten waren.

Archytas war ferner ein Mathematiker von hohen Graden – er wird als der Begründer der mathematischen Mechanik bezeichnet und unterrichtete den berühmten Eudoxos von Knidos: allein die Mathematik, soll Archytas im Sinne der pythagoreischen Philosophie gesagt haben, ist in der Lage, zwischen den Menschen Vertrauen zu schaffen und Streit zu verhindern. Auch zur Theorie der Akustik und der Musik leistete er bedeutende Beiträge, die in der Biographie des Aristoxenos, der selbst ein bedeutender Musiktheoretiker war, sicherlich besonders erwähnt wurden.

Am stärksten wurde Archytas' Ruhm jedoch durch die tiefe Bewunderung begründet, die ihm Platon entgegenbrachte, dessen Einführung beim syrakusanischen Hof er vermittelte – jedenfalls nach Aussage des *Siebenten Briefes*, dessen Abfassung durch Platon jedoch zweifelhaft ist; nichtsdestoweniger spricht vieles für einen derartigen Verlauf der Ereignisse, ob der Brief nun authentisch ist oder nicht (s. Kap. 31). Aus Anlaß von Platons erstem Besuch im Westen, bei dem er Dionysios I. traf (387), besuchte er auch Archytas – vielleicht war dies sogar der Hauptzweck der ganzen Reise –, und später war es wiederum Archytas, der Platons dritte Reise veranlaßte und der interveniert haben soll, als dieser von Dionysios II. schlecht behandelt wurde, wodurch er ihm die Rückkehr in die Heimat ermöglichte.

Platon studierte aufmerksam die mathematischen Schriften des Archytas und wandte sie mit Gewinn auf die Ethik und die Staatstheorie an; auch die übrigen Spuren der pythagoreischen

Lehre, die sich im Werke Platons finden (vor allem im Hinblick auf die Unsterblichkeit der Seele) gehen mit großer Wahrscheinlichkeit auf den Einfluß des Archytas zurück (s. Anhang I). Es ist auch gut möglich, daß der Tarentiner Philosoph ihn zur Gründung seiner Akademie angeregt hat. Darüber hinaus hatte der ideale Herrscher in Platons *Staat*, der »Philosoph auf dem Königsthron«, wahrscheinlich Archytas zum Vorbild (so wie sich die Gestalt des »Tyrannen« an Dionysios I. von Syrakus orientierte). Auch Aristoteles hat verschiedentlich in seinen Werken über Archytas geschrieben.

Nach Archytas' Tod behauptete und vergrößerte Tarent seine kulturelle Ausstrahlung. Auf politisch-militärischem Gebiet jedoch veranlaßte der erneute Druck der Ureinwohner die Tarentiner, denen eine wirksame Unterstützung durch den unteritalischen Städtebund fehlte, zur Anwerbung von Söldnern aus anderen griechischen Staaten, wovon ihnen Archytas immer abgeraten hatte.

4 Herodotos, III, 136.
5 Diogenes Laertios, VIII, 82.

# 27 LEUKON I.: DER GETREIDEHANDEL

Das nördliche (skythische) Hinterland des Schwarzen Meeres erzeugte große Mengen an Exportgütern, die die angrenzenden Küstenregionen zu einem wichtigen Teil der griechischen Welt machten. Aber dadurch, daß die antiken Schriftsteller sich lieber auf das griechische Mutterland konzentrierten und daß die jüngsten archäologischen Berichte über die Region in russischer Sprache verfaßt sind, wird das gesamte Gebiet trotz seiner Bedeutung von den Freunden der klassischen Altertumswissenschaft häufig vernachlässigt.

Wir wissen jedoch von den umfangreichen Getreidelieferungen, die schon sehr früh aus den unerschöpflich fruchtbaren Schwarzmeergebieten der ukrainischen, moldauischen und taurischen Ebenen und Flußdeltas exportiert wurden. Wie wir aus schriftlichen Zeugnissen späterer Epochen rückschließen können, gab es auch eine blühende Fischereiwirtschaft, die Hering, Stör und Thunfisch produzierte und die zunehmend örtliche Verarbeitungseinrichtungen erforderte. Pökelfleisch, Honig, Bienenwachs und Pelze gehörten ebenfalls zu den Exportgütern, der Sklavenhandel fand in der Region eine große Anzahl von Männern und Frauen, die zum Verkauf angeboten wurden.

Holz wurde aus den Waldgebieten im Landesinneren herbeigeschafft, und Metalle (vor allem Eisen) wurden im Schwarzmeergebiet selbst gewonnen oder über Fluß und Meer aus Transsylvanien importiert. Alle diese Güter wurden dann an die Stadtstaaten der Mittelmeerregion weitergeleitet, im Austausch für Wein (der das minderwertige Produkt vom Bosporos ersetzte), Olivenöl, Keramik, Werkzeuge, Waffen, Medikamente und Luxusgüter. Dieser Handel setzte voraus, daß Griechen, die solche Geschäfte durchführen konnten, an der Schwarzmeerküste siedelten.

Die erste Initiative zu einer derartigen Besiedlung wurde von Seefahrern aus Milet ergriffen. Nur zehn Jahre, nachdem sie die erste Siedlung an der Westküste des Schwarzen Meeres, in Istros in der heutigen rumänischen Dobrudscha, errichtet hatten, verbanden sie sich mit gleichermaßen kühnen Abenteurern aus anderen Teilen der griechischen Welt und gründeten eine Kolonie am äußersten Ende dieses Meeres in Olbia am Mündungsdelta des Hypanis, 35 Kilometer westlich der Dnjeprmündung. Diese Bewohner Olbias, die ein Gebiet von 3000 Quadratkilometern kontrollierten, gewannen die Herrschaft über andere griechische Siedlungen und Handelsstationen und erfreuten sich auf Grund ihrer Exporttätigkeit einer langen Wohlstandsperiode.

Der Skythische Feldzug des persischen Königs Dareios' I. (ca. 513–512) versetzte die Olbianer in Sorge, da er ihre Verbindungen zu den transsylvanischen Bergwerken unterbrach und zur Folge hatte, daß der persische Herrschaftsbereich ihrem Territorium gefährlich nahe rückte. Als Herodotos die Stadt in der Mitte des folgenden Jahrhunderts besuchte, fand er nichtsdestoweniger eine blühende Ortschaft vor, und er erfuhr, daß ein griechenfreundlicher skythischer König mit Namen Skyles häufig in Olbia residierte. Vielleicht dürfen wir daraus schließen, daß die Stadt nur unter dem Schutz der Skythen existieren und gedeihen konnte. Diese waren ein Volk, dessen Reichtum und erlesener künstlerischer Geschmack an Goldschmiedearbeiten zutage treten, wie sie in der griechischen Welt nicht ihresgleichen haben (wo dieses Metall allerdings auch viel seltener war). Die skythischen Kunstwerke wurden hauptsächlich von Griechen gefertigt, wobei jedoch die Motive häufig einheimischer Herkunft waren.

Um von der Nachbarschaft oder dem beherrschenden Einfluß der Skythen loszukommen, verlagerten die Griechen das Hauptzentrum ihres Lebens im nördlichen Schwarzmeergebiet an einen anderen und weiter entfernt liegenden Punkt. Südöstlich von Olbia lag die Halbinsel der Taurischen Chersonesos.* Obwohl ihr Inneres, das von potentiell feindlichen Stämmen bewohnt war,

* Die Halbinsel Krim.

für die Griechen erhebliche Gefahren barg, schienen den Seefahrern und Kolonisten das Ostende von Tauris, das am Kimmerischen Bosporos* lag, sowie das Ufer auf der gegenüberliegenden Seite der Meerenge für eine Ansiedlung verlockend zu sein. Das lag daran, daß die Meerenge in den Maiotischen See** führte, auf dem zwar oft Stürme aufzogen, der aber auch reiche Fischgründe aufwies. So entstand denn auf beiden Seiten des Bosporos eine Reihe griechischer Kolonien.

Die wichtigste dieser Siedlungen war Pantikapaion*** auf dem Westufer der Meerenge, das ca. 600 v. Chr. von Milesiern an der Stelle einer alten skythischen Siedlung gegründet wurde. Geschützt durch eine starke Akropolis, verdankte Pantikapaion seine Bedeutung zwei natürlichen Vorzügen seiner geographischen Lage: seinem Zugang über See zu den reichen Fischgründen des Bosporos und seiner Landverbindung zu den ausgedehnten Getreideanbaugebieten im Südosten der Taurischen Chersonesos.

Gute Beziehungen zu Pantikapaion waren für die Athener lebenswichtig, deren Wohlstand und Existenzgrundlage von den Getreideimporten aus dem Schwarzmeergebiet abhingen, da die Versorgung aus den anderen Quellen (aus Ägypten und dem Westen) sehr unsicher war. Diese Abhängigkeit wird durch die zahllosen Versuche der Athener seit dem siebenten oder sogar schon seit dem achten Jahrhundert bestätigt, die Kontrolle über den Hellespont zu gewinnen, der durch die Propontis zum Schwarzen Meer führt. Zwischen diesen beiden Gewässern lag eine weitere Meerenge, der Thrakische Bosporos, der von Byzantion beherrscht wurde, und es muß eine große Erleichterung für die Athener gewesen sein, als es ihnen gelang, den spartanischen Kommandanten Pausanias aus der Stadt zu vertreiben (s. Kap. 3) und diese dem Attisch-Delischen Seebund einzuverleiben (478). Damit hatten sie endlich den Zugang zum Schwarzmeergetreide ausreichend gesichert, welches sie zu dieser Zeit auf Grund ihrer positiven Handelsbilanz mühelos in den gewaltigen Mengen importieren konnten, die sie so dringend benötigten.

* Die Meerenge von Kerč.

** Das Asovsche Meer.

*** Heute Kerč.

Kontinuierlich verfolgten die Athener die Entwicklung in Pantikapaion und seinen Nachbargebieten, aus denen ihr Getreide importiert wurde. Ein wichtiges Stadium in den Beziehungen war um 480 erreicht, als eine neue Herrscherdynastie von Pantikapaion – die Archeanaktiden, die aus Milet oder Mytilene stammen mochten – die griechischen Staaten auf beiden Ufern des Kimmerischen Bosporos zusammenschlossen. Das gewährte ihnen Schutz vor ihren nichtgriechischen Nachbarn, von denen sie einige annektierten und in die Gründung des Bosporanischen Staates einbrachten. Das halbe Jahrhundert der Herrschaft der Archeanaktiden bleibt im großen und ganzen für uns ein unbeschriebenes Blatt, wobei wir jedoch wissen, daß sie in guten wie in schlechten Zeiten freundliche Beziehungen zu den Athenern unterhielten, die nach wie vor ein lebhaftes Interesse an Pantikapaion und seiner Fähigkeit und Bereitschaft zum Getreideexport zeigten.

Im Jahre 438/437 schuf dann Spartokos I., ein Söldnergeneral, einen zweiten, noch mächtigeren und wohlhabenderen Staat am Bosporos, der sich als sehr dauerhaft erweisen sollte. Spartokos war wohl Thraker, oder aber halb Thraker, halb Maioter (vom Ufer der Maiotischen See). Die führende Schicht, welche die eingeborene Bevölkerung beherrschte, setzte sich aus Thrakern, Griechen, Skythen und Sindern zusammen (die Sinder waren ein maiotischer Stamm, der die Tamanhalbinsel und die benachbarte Schwarzmeerküste bewohnte).

Die Spartokidendynastie herrschte in Form einer autokratischen Erbmonarchie, gestützt auf ein Heer und eine Flotte, die hauptsächlich aus Söldnern bestanden. Die Söldner, zu denen auch einheimische »Verbündete« gehörten, waren zwar kostspielig, aber der Bosporanische Staat konnte sie sich leisten – und benötigte sie, um die Schwarzmeerpiraten niederzuhalten. Man versicherte sich auch mit Erfolg der Hilfe ausländischer Kaufleute. Bronzegießereien und Goldschmiedewerkstätten zeigen, daß man die skythischen Fertigkeiten in der Metallverarbeitung übernahm und weiterentwickelte. Der Staat war immer noch in gewissem Umfang auf den Fischfang angewiesen, aber mehr noch auf die Ausfuhr von Getreide, das teilweise von seinen eigenen umfangreichen und immer wieder erweiterten Besitzungen kam, teilweise auch von den Ländereien seiner untergebenen und abhängigen Verbündeten, während der Rest durch Kauf oder Beschlagnahme von der Bevölkerung des Hinterlandes erworben wurde.

Das athenische Interesse an diesem Getreide nahm in den ersten Regierungsjahren des Spartokos noch weiter zu, da die Bevölkerung Attikas ständig wuchs und die militärischen Unternehmungen Athens es unumgänglich machten, für eine ausreichende Nahrungsmittelzufuhr zu sorgen. Es ist umstritten, ob Spartokos seine Herrschaft am Kimmerischen Bosporos mit oder ohne Zustimmung Athens errichtete, auf jeden Fall aber wird die Schwarzmeerexpedition des Perikles in den 430er Jahren nicht nur zum Ziel gehabt haben, Kolonien an der Südküste zu gründen, wie offiziell verkündet wurde, sondern dieses Unternehmen dürfte auch dazu gedient haben, Spartokos zu einem willfährigen Vertreter der athenischen Handelsinteressen zu machen.

In diesen Zusammenhang gehören zweifelsohne auch Berichte über militärische Festungen und Kolonien der Athener in unmittelbarer Nachbarschaft von Pantikapaion.[6] Eine Reihe von Erlassen, die sog. »Kallias-Dekrete« (ca. 437)[7], zeigen, wie streng Athen den Handelsweg des Schwarzmeergetreides kontrollierte. Zu diesem Zweck wurde sogar eine besondere Kommission von Aufsichtsbeamten eingerichtet, die man die Wächter des Hellespont *(hellespontophylakes)* nannte. Die Athener beanspruchten das Handelsmonopol über die Schwarzmeergüter, die zuerst nach Athen geschafft werden mußten, von wo sie dann nach Belieben an die Verbündeten der Stadt weitergeleitet werden konnten.

Trotz seines regen Außenhandels erfreute sich der Bosporanische Staat unter Spartokos I. und während der ersten Regierungsjahre von Satyros I. (ca. 433–389), keines übermäßigen Wohlstandes, da das streng gehandhabte athenische Monopol über den Weizen die ökonomische Entwicklung behinderte. Der letztere der genannten Potentaten scheint die drei sindischen Stämme der Taman-Halbinsel überredet oder gezwungen zu haben, seine Oberherrschaft zu akzeptieren und ihn vielleicht sogar als »König« anzuerkennen.

Nach der Niederlage der Athener im Peloponnesischen Krieg – die letztlich darauf beruhte, daß die verlorene Schlacht bei Aigospotamoi sie von der Getreidezufuhr aus dem Schwarzmeergebiet abschnitt – konnten die Bosporaner die umliegenden Städte, die früher zu Athen gehört hatten, zu ihren eigenen Handelsplätzen machen. Aber ihr größter Erfolg war die Annexion der Stadt Theodosia auf der Chersonesos mit einem natürlichen Hafen für den Getreideexport, welche sie trotz der Unterstützung durch Herakleia Pontica, den Hauptfeind des Bosporanischen Reiches, eroberten und zu ihrem wichtigsten Umschlagplatz für Getreide machten. Die engen Beziehungen des Bosporos zum Hafen von Piräus blieben trotz der athenischen Niederlage bestehen, denn Satyros I. war vorausschauend, und obwohl er den Athenern mißtraute, arbeitete er weiterhin mit ihnen zusammen und räumte ihnen sogar von Zeit zu Zeit günstigere Handelsbedingungen ein, bis er schließlich nach dem Wiederaufleben der athenischen Seemacht (394) einen Vertrag mit ihnen schloß. Auf Grund dieses Abkommens wurden die Lieferungen nach Athen nicht mit Ausfuhrzöllen belegt, und soweit Privilegien dieser Art schon früher bestanden hatten, wurden sie jetzt noch einmal bestätigt.

Die neuen Abkommen wurden noch erweitert durch Leukon I. (ca. 389 – ca. 349/346), von dem einige glauben, daß er, und nicht Satyros, die Königsherrschaft über die Sinder ausübte und Theodosia unterwarf (sofern er es nicht nach einem zweiten Krieg mit Herakleia im Jahre 364 erneut unter seine Herrschaft bringen mußte). Auf jeden Fall war Leukon Archon des Kimmerischen Bosporos und der Stadt Theodosia sowie König der Sinder, und er dehnte das Bosporanische Reich nach Osten und Norden aus, so daß es vom Kaukasus bis zum Tanaïs-Fluß reichte. Auch entwikkelte er mit Hilfe von Sklavenarbeit die Landwirtschaft in den riesigen russischen Tiefebenen, wodurch diese sich noch stärker zur Kornkammer Griechenlands entwickelten, als sie es ohnehin schon gewesen waren. Inschriften aus dem vierten Jahrhundert belegen die Exporte vom Bosporos in viele griechische Stadtstaaten, und diese wirtschaftlichen Aktivitäten spiegeln sich auch in dem bemerkenswerten Münzwesen des Königreichs wider. Die Münzen waren aus Gold – was innerhalb der griechischen Staaten eine Ausnahme darstellte –, so daß man annehmen muß, daß Pantikapaion, dessen Name auf den Münzen erschien, die Endstation für Goldbarren aus dem Ural oder aus sibirischen Bergwerken war, die dann zu Münzen verarbeitet wurden.

Die bildnerische Gestaltung dieser Münzen ist hervorragend und bestätigt die Überlieferung, derzufolge Leukon die Künste förderte. Viele andere Anekdoten sind von ihm überliefert: sie berichten von seinen erfolgreichen Mitteln, Verschwörungen zu unterdrücken, oder von seiner Praxis, den Soldaten den Sold zu streichen, wenn diese dem Laster oder der Spielleidenschaft verfielen. Das Bosporanische Reich war zu dieser Zeit der größte Staat in der gesamten griechischen Welt, und Leukon war ein bemerkenswerter König. Er wird als ein aufgeklärter Monarch beschrieben, als der »tugendhafte Tyrann«, menschlich von solchen Qualitäten, wie sie ein Alleinherrscher überhaupt nur verkörpern kann, und wert, in das Pantheon der griechischen Geschichte aufgenommen zu werden.

Diese vorteilhafte Charakterisierung geht nicht nur auf seine eigenen Propagandisten zurück, sondern auch auf das Lob der Athener, mit denen er in Fortführung der Politik Satyros' I. enge Beziehungen unterhielt. Das war nicht nur für ihn selbst von Vorteil, sondern auch für die Athener, wie Demosthenes seinen Mitbürgern im Jahre 355/354 erklärte.[8] Deshalb wurde Leukon das athenische Bürgerrecht verliehen, dazu eine Goldkrone und die Befreiung von allen bürgerlichen Abgabepflichten; diese Sonderrechte wurden in Athen in einem Dekret in dreifacher Ausfertigung niedergelegt.[9] Die Athener, die gerade zu dieser Zeit viele ihrer Bundesgenossen verloren, benötigten das Schwarzmeergetreide dringender als je zuvor. Sie waren gezwungen, ungefähr achtzig Prozent ihres Bedarfs einzuführen, während zur gleichen Zeit überall in der griechischen Welt Getreidemangel herrschte. Deshalb wurden strenge Gesetze und Vorschriften erlassen, die den ungehinderten Fluß dieser Importe sichern sollten.

Etwa um 349/346 schickten Leukons Söhne, Spartokos II. und Pairisades I., Gesandte nach Athen, um den Tod ihres Vaters zu melden.[10] Daraufhin erkannte Athen den beiden jungen Regenten dieselben Ehren zu wie ihrem Vater; auch in diesem Fall wieder als Gegenleistung für Privilegien, die das Bosporanische Reich den Athenern gewährt hatte oder noch gewähren sollte – wobei die Athener zu dieser Zeit schließlich einsehen mußten, daß sie die geschwundene imperialistische Macht durch Diplomatie zu ersetzen hatten und deshalb gezwungen waren, auf das ausschließliche Abnehmermonopol für das Getreide vom Bosporos zu verzichten.

Die beiden Brüder regierten fünf Jahre lang gemeinsam, dann starb Spartokos II., und Pairisades amtierte weiter als Archon bis 311/309. Man nimmt an, daß zumindest die ersten Jahre der Herrschaft des Pairisades durch ein Maß an Wohlstand gekennzeichnet waren, wie ihn der Bosporos bis dahin nicht gekannt hatte; Pairisades selbst soll – vielleicht sogar schon vor seinem Tode – als Gott verehrt worden sein.[11]

Er war ein milder und befähigter Herrscher und, wie sein Vater, ein Förderer der Künste – so beherbergte er beispielsweise an seinem Hofe den athenischen Harfenspieler Stratonikos. Pairisades gewann die Sinder für sich, indem er Komosarye, die Tochter ihres Fürsten Gorgippos, zur Frau nahm. Gegen die Skythen führte er hingegen einen langdauernden Krieg, der dem Handel seines Landes schwer geschadet haben muß. Nach einer Zeit machtvoller Selbstbehauptung zogen sich die skythischen Stämme auf der Taurischen Chersonesos unter dem Druck anderer Völker (der Sarmatae) ins Innere der Halbinsel zurück, und es ist gut möglich, daß sie eine Zeitlang gezwungen waren, die Oberherrschaft des Pairisades anzuerkennen. Dieser nahm auch für sich in Anspruch, »König aller Maioter« zu sein.

Das Bosporanische Reich war ein bemerkenswertes Beispiel für einen Vielvölkerstaat und zeigte die Begabung der Griechen, sich gegebenenfalls ungewohnten Verhältnissen anzupassen, indem sie etwa, wie im vorliegenden Falle, mit großem Erfolg einheimische Elemente in den Staat eingliederten. Ungeachtet aller Höhen und Tiefen wurde das Bosporanische Reich im allgemeinen von starken und lange amtierenden Herrschern regiert, und es hatte noch eine lange und stabile politische Zukunft vor sich, wie die Münzprägungen zeigen, die bis ins vierte nachchristliche Jahrhundert reichen.

6 Aischines, *Rede gegen Ktesiphon*, 171; Krateros in F. Jacoby, *Fragmente der Griechischen Historiker*, 342 f, 8.
7 *Inscriptiones Graecae*, 1. u. 2. Ausgabe, 91; W. Dittenberger, *Sylloge Inscriptionum Graecarum*, 3. Ausgabe, 91.
8 Demosthenes, *Rede gegen Leptines*, 32–35.
9 Ibid., 36.
10 E. L. Hicks and G. F. Hill, *Manual of Greek Historical Inscriptions*, 111.
11 Strabon, VII, 10.

# 28 MAUSSOLLOS UND PYTHIOS: DAS MAUSOLEUM

Karien war eine Region im äußersten Südwesten Kleinasiens. Es wurde von einem Volk bewohnt, das behauptete, seit Urzeiten dort zu leben, und das seine nicht-indoeuropäische Sprache (die unlängst entschlüsselt wurde) während des gesamten Altertums beibehielt, obwohl die Griechen seit etwa 900 v. Chr. bedeutende Kolonien an seiner Küste gründeten, vor allem Halikarnassos und Knidos, die jeweils von den dorischen Städten Troizen und Sparta angelegt wurden.

Die Karier wurden König Kroisos von Lydien (gest. 546) und dann Kyros II. dem Großen, dem König von Persien, untertan, aber viele der männlichen Einwohner gingen in die Fremde (vor allem nach Ägypten), um als Söldner zu dienen. Unter der persischen Oberherrschaft – die nach dem Scheitern des ionischen Aufstandes gegen Dareios I., an dem auch die Karier teilgenommen hatten, wiederhergestellt wurde – diente Halikarnassos als Residenz eines Fürstenhauses, zu dessen Herrschern auch die halblegendäre königliche Regentin Artemisia I. gehörte, die damit eine Position bekleidete, von der griechische Frauen nur träumen konnten. Sie selbst nahm auf der Seite der Perser an der Schlacht von Salamis teil, und nach der Darstellung Herodotos' (der nicht unbefangen war, da er aus Halikarnassos stammte und ihr Enkel war) genoß sie das besondere Wohlwollen des Xerxes.[12]

Ein späteres Mitglied ihrer Dynastie wurde jedoch zugunsten einer republikanischen Regierung vertrieben, mit Unterstützung von Herodotos selbst, wie berichtet wird. Halikarnassos war zu dieser Zeit Mitglied des Attisch-Delischen Seebundes und gehörte damit zum athenischen Reich, dem es während des Peloponnesischen Krieges als Flottenstützpunkt diente. Im Verlauf des Krieges unterstützten die Athener unvorsichtigerweise einen Aufstand gegen die Perser in Karien, der von Amorges angeführt wurde (s. Kap. 16). – Der Vater dieses Amorges, der ebenfalls rebellische Satrap Pissuthnes, hatte als erster deutlich gemacht, daß Karien eine eigenständige Region war und nicht lediglich ein Anhängsel von Lydien. – Amorges wurde von Tissaphernes, dem Vizekönig der Küstenprovinzen Kleinasiens, vernichtend geschlagen. Im Jahre 408 wurde das Herrschaftsgebiet des Tissaphernes, der in Ungnade gefallen war, durch Dareios II. auf Karien beschränkt, und im Jahre 395 wurde er auf Befehl des Großkönigs ermordet.

Sein Nachfolger, mit Namen Hekatomnos, der den neugeschaffenen Rang eines Satrapen von Karien erhielt (ca. 392/391), entstammte einem ortsansässigen Fürstengeschlecht und wurde bald darauf Oberkommandierender der persischen Flotte im Kampf gegen König Euagoras von Salamis auf Zypern (390). Er errichtete eine Residenz in seiner Heimatstadt Mylasa – dem religiösen Versammlungsort des lose organisierten Karischen Bundes – und erreichte eine größere Autonomie für die karische Bevölkerung. Hekatomnos wurde zum Begründer einer Dynastie, welche sowohl die griechische als auch die iranische und anatolische Kultur förderte und über eine aus diesen drei Nationalitäten zusammengesetzte Beamtenschaft gebot.

Hekatomnos' Sohn Maussollos (ca. 377–353) verlegte seine Residenz nach Halikarnassos, wo er als ein vollkommen unabhängiger Souverän herrschte, der zwar formal dem persischen Hof in Susa unterstand, aber die Aufstände gegen Artaxerxes II. Mnemon (gest. 358) zu seinem Vorteil nutzte und schließlich von Artaxerxes III. Ochos (gest. 338) die Anerkennung seiner Unabhängigkeit erzwang.

Mit Hilfe eines stehenden Heeres und einer Flotte von einhundert Schiffen verschaffte er Karien eine zentrale Rolle im politischen und militärischen Leben des östlichen Mittelmeergebietes, wobei er Teile der benachbarten Territorien Lydien und Lykien annektierte und sich die Kontrolle über griechische Stadtstaaten an der Küste und auf den vorgelagerten Inseln verschaffte (vor allem über Rhodos, um so die athenische Getreideversorgung aus

Ägypten zu erschweren). Gleichzeitig verfolgte er eine Politik verstärkter Hellenisierung, die sich wirtschaftlich auf einen ertragreichen Ackerbau und ein reges Handwerk stützte sowie auf ausgedehnte Handelsbeziehungen, einschließlich eines blühenden Sklavenhandels.

Maussollos war ein eifriger Gründer neuer Städte, die er meist durch die zwangsweise Zusammenlegung einheimischer Gemeinden schuf; auf diese Weise gestaltete er auch Halikarnassos neu, wobei er die Bevölkerung von sechs oder acht karischen Städten und Dörfern in die neu gebaute Stadt umsiedelte (ca. 367). Vitruvius beschrieb die Anlage der Stadt, die ein herausragendes Beispiel zeitgenössischen Städtebaus war, mit folgenden Worten: »Die Wasserfront von Halikarnassos hat die gebogene Form eines Theaters. In der ersten Sitzreihe vom Hafen aus befindet sich der Marktplatz. Auf halber Höhe des konkaven Runds, dort, wo im Theater der Haupteingang ist, liegt ein weiträumiger Platz, in dessen Mitte das Mausoleum errichtet worden ist ... Oben auf dem Hügel befindet sich in der Mitte der Tempel des Mars (Ares), auf der äußersten Rechten der Tempel der Venus (Aphrodite) und des Merkur (Hermes) ... und in entsprechender Höhe auf der äußersten Linken der königliche Palast, den Maussollos nach seinen eigenen Plänen hat errichten lassen. Zur Rechten überschaut man von dort den Marktplatz, den Hafen und die gesamte Linie der Stadtbefestigung, während sich zur Linken unmittelbar unterhalb des Palastes ein verborgener Hafen befindet, der von den Mauern in einer Weise verdeckt wird, daß niemand in Erfahrung bringen kann, was dort vor sich geht. Nur der König kann bei Bedarf von seinem Palast aus Befehle an die Ruderer und Soldaten geben, ohne daß irgend jemand etwas davon bemerkt.«[13] Der festungsähnliche Palast, der aus Materialien verschiedensten Ursprungs erbaut war und dessen Fassaden aus dem Marmor der Insel Prokonnesos bestanden, die im Hellespont lag, spiegelte den Stil der persischen Achämenidenpaläste wider und nahm vieles von den Residenzen der hellenistischen Monarchen vorweg.

Was das Mausoleum betrifft, so verherrlichte es den Herrscher, wie Lukianos mit Recht bemerkte, in einem Ausmaß, wie es die Welt niemals zuvor gesehen hatte, obwohl es keine Kultstätte *(heroon)* im eigentlichen Sinne war.[14] Mit seiner verzierten Fassade aus leuchtendweißem Marmor war es das sichtbare Zentrum der Wasserfront von Halikarnassos und beherrschte das gesamte Stadtbild; in späteren Zeiten wurde es als eines der sieben Weltwunder gepriesen. Nach Darstellung von Plinius d. Ä. wurde das Mausoleum nach Maussollos' Tod im Jahre 353 von seiner Schwester, Witwe und Nachfolgerin Artemisia II. erbaut. Aber der Bericht des Vitruvius, der von anderen Schriftstellern bestätigt wird, weist darauf hin, daß es bereits Bestandteil der ursprünglichen Stadtplanung war, die zu Lebzeiten von Maussollos entworfen wurde – wahrscheinlich zu der Zeit, als er den Entschluß zur Neugründung von Halikarnassos faßte.

Plinius' Beschreibung des Bauwerks enthält eine Anzahl von Unklarheiten, was in unseren Tagen zu verschiedenartigen Rekonstruktionsversuchen geführt hat. Auf Grund der Ausgrabungen können wir jedoch davon ausgehen, daß es sich um ein rechteckiges Gebäude handelte, das 49 m in der Höhe und nach heutigen Rekonstruktionsversuchen etwa 32 × 38 m im Grundriß maß und dessen Cella von einer Ringhalle mit 36 ionischen Säulen umgeben war. Der hohe Unterbau des Mausoleums scheint in drei mächtigen Stufen vom Boden bis zum Fuß der Säulenreihen aufgestiegen zu sein, weshalb Plinius das Bauwerk als pyramidenförmig bezeichnet.[15] Sein Dach hatte die Form eines weiteren »pyramidenförmigen« oder gestuften Kegels; es wurde gekrönt von einer riesigen Marmorquadriga, deren Lenker Apollon, in seiner Eigenschaft als Sonnengott Helios, war – ein Symbol für die Vergänglichkeit des Lebens, das wir auch von früheren griechischen Grabmälern kennen.

Diese Quadriga war laut Plinius das Werk des Pytheos, des Architekten der gesamten Anlage, der auch den Athena-Tempel in seiner Heimatstadt Priene entworfen hat. Die sorgfältig geplante, zweigeschossige Struktur des Mausoleums erinnert daran, daß sich Pytheos intensiv mit architektonischer Theorie befaßt hatte, so daß er sogar Bücher über seine Bauwerke verfaßte. Diese Arbeiten sind nicht erhalten, aber wie uns von anderer Seite mitgeteilt wird, führte er darin aus, daß die Architekten in allen Künsten bewandert sein müßten, und pries gleichzeitig die Vorzüge der ionischen Ordnung gegenüber der dorischen, da die letztere Schwierigkeiten bei der Gestaltung des Frieses verursache.

Vitruvius nennt als weiteren Architekten des Mausoleums und als Mitverfasser des Buches Satyros von Paros, der wahrscheinlich mit dem gleichnamigen Bildhauer identisch ist. Es ist nicht möglich, den jeweiligen Anteil der beiden Männer bei der Planung des Bauwerks anzugeben, obwohl Pytheos offenbar die bedeutendere Rolle spielte, da ein Papyrus in diesem Zusammenhang nur seinen Namen erwähnt.[16]

Auf jeden Fall war das Mausoleum ein völlig neuartiges Bauwerk, das Architektur und Bildhauerei in einer hochgradig künstlerischen und komplexen Weise miteinander verband. Auch trug es multikulturelle Züge, insofern es griechische Motive und Stilelemente mit nichtgriechischen vereinigte, geht doch der gewaltige Unterbau auf persische oder lykische Vorbilder zurück, während das pyramidenförmige Dach wohl ägyptischen Ursprungs gewesen zu sein scheint.

Teile des Wagens, mit dem Pytheos die Dachpyramide gekrönt hatte, sowie Fragmente der riesigen Pferdefiguren sind gefunden worden, ebenso Löwen, die – als Grabwächter – in doppelten Reihen über dem Sims angebracht waren. Daneben gab es zahlreiche andere plastische Figuren, die insgesamt mehr als dreihundert ausmachten (was normalerweise für zehn Tempel ausgereicht hätte). Unter diesen Figuren befanden sich Statuen, die zwischen den Säulen oder auch als Kampfgruppen auf den verschiedenen Stufen des Unterbaus aufgestellt waren.

Einige dieser zahlreichen Skulpturen, die zwischen 2,70 und 3,00 m groß waren und in unterschiedlichem Zustand erhalten sind, können im British Museum besichtigt werden. Die am besten erhaltene Figur, die einen Mann darstellt, weist ein individuelles Antlitz auf, das trotz einer gewissen Idealisierung wohl als Abbild einer Persönlichkeit gedacht war und damit in die hellenistische Zeit vorausweist. Man hat vermutet, daß sie Maussollos selbst darstellt, und da sie eine gewisse Ähnlichkeit zu den Herasköpfen der Münzen von Kos erkennen läßt, genauer gesagt zur Darstellung des Maussollos als Herakles auf diesen Münzen, spricht einiges für diese Annahme. Noch wahrscheinlicher ist jedoch, daß einer seiner wirklichen oder vermeintlichen Vorfahren dargestellt werden soll. Die Riesengestalt trug ursprünglich ein Schwert oder eine Opferschale und ein Messer. Auch das Standbild einer Frau, dem allerdings der Kopf fehlt, ist uns erhalten; man hat vermutet, daß es Artemisia II. darstellen soll, aber auch das bleibt zweifelhaft.

Bedeutende Reste plastischer Friese sind ebenfalls bei Grabungen gefunden worden. Sie waren ursprünglich farbig – mit blauem Hintergrund und rotbraun ausgemalten männlichen Körpern – und stammen nach der Überlieferung von den bedeutendsten Künstlern der damaligen Zeit. Wer diese aber im einzelnen waren, und wem von ihnen die einzelnen Abschnitte zuzurechnen sind, bleibt problematisch. Plinius nennt Skopas, Bryaxis, Timotheos und Leochares,[17] zu denen später »ein fünfter Künstler« hinzugetreten sei, während Vitruvius eine etwas andere Namensliste anbietet, in der Timotheos nur als eine Möglichkeit genannt wird (»einige glauben«, daß er beteiligt gewesen sei), dafür aber der Name Praxiteles auftaucht.

Alle diese Bildhauer waren Berühmtheiten, aber, abgesehen von Praxiteles (s. Kap. 33), war die herausragende Gestalt unter ihnen Skopas von Paros, der auch für andere Städte Statuen geschaffen hatte und der Architekt des Tempels der Athena Alea in Tegea war (360/340), von dessen Statuen ebenfalls zwei von seiner Hand stammten. Er war vermutlich auch verantwortlich für die lebensnahen Reliefs am Unterbau dieses Tempels, denn die Köpfe, die von diesen Gruppen erhalten sind, zeigen ruhelos leidenschaftliche, wie auch schmerzvoll bewegte Züge – sie sind gekennzeichnet durch tiefliegende Augenhöhlen und niedrige, in düstere Falten gelegte Stirnen an massigen, viereckigen Schädeln –, was man als charakteristische und bewußt »antiklassische« Stilelemente der Arbeit des Skopas erkannt hat: und dieselben Stilelemente tauchen wieder in den leidenschaftlich unbeherrschten Posen an den Friesen des Mausoleums auf, wo sie die hellenistische Stilrichtung kommender Zeiten ankündigten. Skopas war in dieser Region kein Fremder, denn er führte auch Aufträge für andere Städte in Karien und Ionien aus.[18] Auch war eine seiner Skulpturen aus Tegea der Schwester des Maussollos, Ada, und ihrem Gatten Idrieus[19] gewidmet.

Plinius erklärt, daß von den erwähnten vier Bildhauern jeweils einer die östliche, nördliche, südliche und westliche Seite des Mausoleums gestaltet habe. Aber die vier (und eventuell auch Praxiteles) können unmöglich *alle* diese Arbeiten ausgeführt haben, da diese für vier oder fünf Künstler viel zu umfangreich waren (und außerdem erweisen sich einige der erhaltenen Stücke als Arbeiten von weit geringerem künstlerischen Rang). Vitruvius schreibt, daß die Bildhauer im Wettbewerb miteinander »ausschmückten und ihre Zustimmung gaben«,[20] was wahrscheinlich bedeutet, daß jeder den Gesamtentwurf für seine Seite erstellte und die bildhauerische Ausführung einer Gruppe von Hilfskräften überließ, deren Arbeiten er dann überwachte und zu verantworten hatte. Die Gesamtentwürfe müssen schon sehr früh entstanden sein, d. h., etwa zu der Zeit, als Maussollos die Neuanlage von Halikarnassos plante, mit dem Mausoleum als wesentlichem Bestandteil seiner Planung.

Drei der Friese des Mausoleums sind teilweise erhalten. Sie stellen ein Wagenrennen dar sowie den Kampf zwischen Lapithen und Kentauren und denjenigen zwischen Griechen und Amazonen.

Die Szenen des Wagenrennens waren möglicherweise hoch oben im Säulenumgang angebracht, wie die Friese des Parthenon-Tempels, und es ist gut möglich, daß Plinius und Vitruvius sich auf diesen Fries beziehen, wenn sie den verschiedenen Bildhauern jeweils eine Tempelseite zuweisen. Die Pferde werden beim Galopp nicht so gezeigt, wie sie sich wirklich bewegen, sondern wie das Auge ihre Bewegung wahrnimmt. Der erhaltene Kopf eines Wagenlenkers ist mit ungewöhnlicher Feinfühligkeit ausgeführt. Der Fries mit der Darstellung des Kampfes zwischen Kentauren und Lapithen, dessen schwere Platten nur in schlechtem Zustand erhalten sind, diente wahrscheinlich als Unterstützung für die Quadriga auf dem Abschluß des Daches.

Der Amazonenkampf, der von allen drei Reliefs am besten

erhalten ist, scheint sich dagegen um den obersten Rand des Unterbaus (Podium) gezogen zu haben, d. h. in einer Höhe von etwa neun Metern über dem Erdboden; und seine Figuren, die sowohl im Hoch- als auch im Tiefrelief ausgeführt sind, werden großflächig gestaltet, um dieser weiten Entfernung vom Betrachter gerecht zu werden. Die Komposition der Darstellung ist kühn und rhythmisch bewegt, und vor allem der Torso einer sterbenden Amazone hat große Bewunderung erregt.

Die Darstellungen dieses Frieses behandelten, ebenso wie diejenigen des Kampfes zwischen Lapithen und Kentauren, das traditionelle Thema der Auseinandersetzung zivilisierter Völker mit ihren barbarischen Gegnern. Dieses Thema konnte nur mit einem propagandistischen Kraftakt zu den Kriegen des Maussollos in Beziehung gesetzt werden, da er als Nichtgrieche – obzwar überzeugter Philhellene – viele seiner Schlachten auch gegen griechische Städte focht. Die Wahl des Amazonenthemas könnte jedoch noch durch eine andere Überlegung motiviert gewesen sein, denn Halikarnassos hatte in seiner Geschichte zwei außerordentlich kriegerische Königinnen, die eine anatolische Tradition verkörperten, welche vielleicht auf die Hethiter zurückging – es war dies Artemisia I., die auch bei Salamis mitgefochten hatte und die gleichermaßen eindrucksvolle Artemisia II., die nun das Grabmal ihres verstorbenen Gemahls Maussollos vollendete. (Aber auch dieser Vergleich hat seine Schwächen, denn die mythischen Amazonen waren nicht siegreich gewesen.)

Artemisia II. starb im Jahre 351/350, und ihr Nachfolger als Herrscher von Karien und Lykien wurde ihr Bruder Idrieus, der die Herrschaft mit ihrer beider Schwester Ada teilte und sie auch heiratete. Idrieus starb 344/343, und 341/340 wurde Ada von Pixodaros abgesetzt und vertrieben; er regierte seinerseits gemeinsam mit dem persischen Satrapen Orontobates. Als Alexander »der Große« jedoch nach einer heftigen und verheerenden Belagerung Halikarnassos eroberte, setzte er Ada wieder als Herrscherin ein. Aber die kurze Periode karischer Machtentfaltung war nun vorüber, und von jetzt an blieben das Land und die Stadt – unterbrochen von kurzen Perioden der Unabhängigkeit – den verschiedenen hellenistischen Reichen und schließlich dem Römerreich untertan.

12 Herodotos, VIII, 87f.
13 Vitruvius, II, 8, 11.
14 Lukianos, *Totengespräche*, 24.
15 Plinius d. Ä., *Naturkunde*, XXXVI, 31.
16 H. Diels, *Abhandlungen der Preussischen Akademie der Wissenschaften zu Berlin*, 1904, 7f.
17 Plinius d. Ä., *Naturkunde*.
18 Pausanias, VIII, 45.
19 *Inscriptiones Graecae*, V, 2, 89.
20 Vitruvius, VII, Proömium 13.

# SECHSTER TEIL

# DIE ERSTE HÄLFTE DES VIERTEN JAHRHUNDERTS: DAS GRIECHISCHE MUTTERLAND

# CHRONOLOGIE

| | |
|---|---|
| 399 | Gerichtsverfahren und Tod des Sokrates |
| 396–394 | Feldzüge König Agesilaos' II. von Sparta gegen das Persische Reich |
| 395–387 | »Korinthischer Krieg«: Athen, Boiotischer Bund, Korinth und Argos gegen Sparta: Schlachten von Knidos, Koroneia (394), Lechaion (390) |
| ca. 390 | Isokrates: *Wider die Sophisten*; er gründet seine Schule |
| 387 | Platons erste Reise nach Syrakus (die anderen erfolgen 367 und 361) |
| 387/368 | Antalkidas- oder Königsfrieden, der von Persien oktroyiert wird |
| ca. 386 | Platons Akademie |
| ca. 385 | Iason Tyrann von Pherai (Herrscher über Thessalien 374, gest. 370) |
| ca. 384 | Platons *Symposion*, Xenophons *Apologie*; 380er/370er Platons *Der Staat* |
| 382 | Der Spartaner Phoibidas erobert Theben (379 von Pelopidas wieder befreit) |
| 382–380 | Die Spartaner belagern und besiegen Olynthos auf der Chalkidike (Makedonien) |
| 380 | Isokrates: *Panegyrikos* |
| 378 | Der Spartaner Sphodrias verwüstet Attika, und Agesilaos II. fällt in Boiotien ein (das nun mit Athen verbündet ist) |
| 377 | Zweiter Attischer Seebund |
| ca. 377 | Xenophons *Anabasis* |
| 374 | Friede zwischen Athen und Sparta |

| | |
|---|---|
| 373 | Theben erobert Plataiai (was von Isokrates im *Plataikos* gegeißelt wird) |
| vor 370 | Xenophons *Erziehung des Kyros (Kyrupädie)* |
| 371 | Gescheiterter (zweiter) »Kallias-Friede«, der mit persischer Unterstützung geschlossen wird |
| | Die Thebaner unter Epameinondas besiegen die Spartaner bei Leuktra |
| | Die Athener bemühen sich mit persischer Unterstützung erneut um einen Allgemeinen Frieden |
| 370 | Epameinondas' erster Einfall in die Peloponnes: Die Arkader und Messenier werden von der spartanischen Vorherrschaft befreit (weitere Einfälle 369 und 366) |
| ca. 370 | Platons *Parmenides* (ca. 368 *Theaitetos)* |
| 367/366 | Pelopidas und Abgesandte von anderen griechischen Staaten suchen den persischen König Artaxerxes II. Mnemon in Susa auf |
| 366 | Auflösung des Peloponnesischen Bundes |
| ca. 365 | Isokrates: *Euagoras* |
| ca. 365 | Xenophon kehrt nach Athen zurück |
| 364 | Epameinondas nimmt den Athenern Byzantion |
| 364/361 (?) | Praxiteles' Statue der Aphrodite von Knidos (des Hermes von Olympia ca. 343?) |
| 362 | Die Schlacht von Mantineia zwischen den Thebanern (mit ihren Verbündeten) und den Spartanern: Epameinondas findet den Tod |
| 360 | Tod Agesilaos' II. auf dem Rückweg vom Kriegsdienst in Ägypten |
| 359 | Thronbesteigung König Philippos' II. von Makedonien; er erobert Amphipolis (357, s. Kap. 35) |
| 357–355 | Aufstände innerhalb des Zweiten Attischen Seebundes: der sog. »Bundesgenossenkrieg«, ausgelöst durch Maussollos von Karien (s. Kap. 28) |

# 29 EPAMEINONDAS: DAS ENDE DES POLITISCHEN WEGES

Nachdem der persische Vizekönig in Kleinasien, Kyros der Jüngere, die Gelder zur Verfügung gestellt hatte, die es Sparta ermöglichten, den Peloponnesischen Krieg gegen Athen zu gewinnen (404; s. Kap. 24), beschloß er, seinem Bruder Artaxerxes II. Mnemon den persischen Thron streitig zu machen, und warb zu diesem Zweck 13 000 griechische Söldner an.

Er ersuchte auch die Spartaner um Hilfe, und Sparta sandte ihm Schiffe sowie den Heerführer Klearchos. Diese Hilfe war nur inoffiziell; dennoch handelte es sich um einen schwerwiegenden und unbesonnenen Schritt, da die Spartaner hierdurch das Bündnis mit Persien gefährdeten – das ihnen den Sieg im Peloponnesischen Krieg ermöglicht hatte –, während ihre Kontrolle über das neuerworbene »Reich« noch unzulänglich und gefährdet war. Hinter diesem Eingreifen kann man zwar den Einfluß des siegreichen Feldherrn Lysandros vermuten, denn er war Kyros' persönlicher Freund, und dieses Bewußtsein überwog schließlich bei ihm das Widerstreben, mit dem Großkönig zu brechen. Außerdem hatte man in Sparta ein schlechtes Gewissen und war sich des Ansehensverlustes bewußt, den man wegen der Überlassung der Griechenstädte Kleinasiens an die Perser erlitten hatte.

Kyros wurde bei Kunaxa getötet, wie Xenophon in seiner *Anabasis* so glänzend schildert (s. Kap. 30), aber Sparta schloß nichtsdestoweniger ein Bündnis mit Ägypten (das sich im Aufstand gegen Persien befand) und überfiel persisches Territorium. Im Jahre 399 herrschte der offene Kriegszustand zwischen Sparta und Persien, und im Jahre 396 traf unter starker panhellenischer Propaganda (wenn das nicht eine spätere Schönfärberei ist) der neue spartanische König Agesilaos II. mit militärischer Verstärkung in Kleinasien ein. Trotz zweier erfolgreicher Feldzüge gelang es ihm nicht, der wachsenden Bedrohung durch die persische Flotte Einhalt zu gebieten.

Inzwischen rebellierte in der Heimat eine Koalition aus dem Boiotischen Bund (Theben), Athen, Korinth und Argos gegen die bedrückende spartanische Herrschaft und löste damit den »Korinthischen Krieg« (395) aus. Persien leistete den Verbündeten gerne finanzielle Hilfe, und im folgenden Jahre siegte der Athener Konon gemeinsam mit Pharnabazos, dem Satrapen von Daskylion, über die Spartaner in einer Seeschlacht bei Knidos. Inzwischen war Agesilaos zurückgerufen worden und zog auf dem Landweg nach Boiotien. Doch obwohl er in der Schlacht bei Koroneia (394) siegte, mußte er sich auf die Peloponnes zurückziehen.

Die Perser gestatteten Konon, die Langen Mauern in Athen wieder aufzubauen – woraufhin sich die Stadt vom Peloponnesischen Krieg schnell wieder erholte. Zu dieser Entwicklung trugen auch die Reformen bei, die Iphikrates im militärischen Bereich mit der Einführung leichtbewaffneter Truppen, der sog. Peltasten, durchführte. Weil das derart wiedererstarkte Athen dem aufständischen Euagoras von Salamis in Zypern Unterstützung gewährte, wechselte Persien jedoch schnell die Seiten und unterstützte von nun an bedingungslos die Spartaner. Im Jahre 387/386 zwang es schließlich die streitenden Griechen, den Königsfrieden oder Antalkidas-Frieden zu akzeptieren, eine allgemeine Friedensregelung von der Art, wie sie in Zukunft in regelmäßigen Abständen immer wieder getroffen werden sollte.

Athen fand sich zu dem Frieden bereit, weil seine Getreidezufuhr bedroht war (die von einer Flotte spartanischer, persischer und syrakusanischer Schiffe blockiert wurde), und die Vorherrschaft Spartas wurde bestätigt; allerdings nur unter der Bedingung, daß die griechischen Städte in Kleinasien und Kypros dem Großkönig untertan sein sollten, während den übrigen griechischen Städten ihre »Autonomie« garantiert wurde. Das war keine wirklich neue Regelung, aber ihre förmliche Aufnahme in den Vertrag bedeutete, daß die Unterordnung der griechischen Stadtstaaten in Kleinasien unter die persische Herrschaft mit beschämender Klarheit offenbar wurde – so als ob die Perserkriege (s. Kap. 1–3) niemals stattgefunden hätten.

Im Vertrauen auf die persische Unterstützung mischte sich Sparta jedoch ungeniert in die inneren Angelegenheiten anderer Stadtstaaten des griechischen Mutterlandes ein. Phoibidas wurde ausgesandt, um Theben mit Hilfe von Verrätern einzunehmen und ein oligarchisches Regime zu installieren. Diese neue Regierung wurde durch eine spartanische Garnison gestützt, und weitere oligarchische Regierungen wurden in Thespiai, Plataiai und Herakleia in Trachis eingesetzt. Theben schlug jedoch im Jahre 379 zurück, als sieben Exilthebaner unter Führung des Pelopidas nachts in die Stadt eindrangen und einen erfolgreichen Aufstand gegen die spartanische Garnison organisierten. Dieses Ereignis kann man im Rückblick als eine historische Wende bezeichnen, die das nahende Ende der spartanischen Vorherrschaft einleitete und gleichzeitig den Beginn einer kurzen Zeitspanne, in der der Boiotische Bund unter Führung Thebens in Zentralgriechenland die Stellung der bedeutendsten Landmacht einnahm.

Das strategisch günstig gelegene, relativ fruchtbare boiotische Kernland bestand aus der Ebene um Theben und Orchomenos (an dem inzwischen verlandeten See Kopais), wo Getreide und Oliven angebaut und Pferde gezüchtet wurden. In klassischer Zeit betrug die Zahl der selbständigen boiotischen Stadtstaaten ungefähr ein Dutzend, die jedoch alle in unterschiedlichem Grade von Theben abhängig waren, das sich bis ca. 550 zum Verwaltungszentrum eines regionalen Bundes entwickelt hatte. Um diese Zeit begannen die Münzen der Stadtstaaten ein einheitliches Erscheinungsbild zu zeigen – den runden oder ovalen boiotischen Schild –, was eindeutig auf eine Bündnisorganisation hinweist. Während der Perserkriege ergab sich dieser Boiotische Bund (mit Ausnahme von Plataiai und Thespiae) wegen seines Gegensatzes zum benachbarten Athen (der schon durch die räumliche Nähe bedingt war) den persischen Invasoren: was später seine Auflösung zur Folge hatte.

Der Bund wurde jedoch im Jahre 447/446 auf oligarchischer Basis neu gegründet. Es gab kein Bürgerrecht des Bundes, aber ein System proportionaler Repräsentation, bei dem die Stadtstaaten in sieben Bezirke aufgeteilt waren, von denen jeder sechzig Vertreter in einen souveränen Bundesrat entsandte. Dieser boiotische Einigungsversuch war ein bedeutsamer Versuch, zu größeren staatlichen Einheiten zu kommen, wie sie den Griechen der klassischen Zeit im allgemeinen fremd blieben, was sich schließlich für sie verhängnisvoll auswirken sollte. Aber der neue Bund konnte nur rein theoretisch als eine Vereinigung gleichberechtigter Städte betrachtet werden, denn die Thebaner, die nach dem Peloponnesischen Krieg noch wohlhabender und bevölkerungsreicher geworden waren, beanspruchten stets die Führungsrolle. Nach dem Königsfrieden von 387/386 führte die spartanische Furcht vor der Machtstellung Thebens dazu, daß auch dieser Bund, wie sein Vorgänger, zeitweilig aufgelöst wurde.

Bald darauf, nach Spartas Schlag gegen Theben (382) und nach der Vertreibung seiner Garnison drei Jahre später, entschloß man sich jedoch, den Bund wieder ins Leben zu rufen. Und auch das Wiedererstehen der athenischen Macht nach dem Peloponnesischen Krieg nahm bald konkrete Formen an. Zunächst einmal versuchten die Spartaner eine ähnliche Aktion wie diejenige gegen Theben, indem sie Sphodrias aussandten, um einen Handstreich gegen Athen zu führen, was jedoch mißlang (378). Obwohl die Athener nicht mehr die Führungsmacht in der griechischen Welt waren, hatten sie immer noch eine bedeutende Position inne (zum Beispiel war ihre Stadt das griechische Bankenzentrum: s. Anhang III). Und nun versetzte der unkluge Überfall des Sphodrias sie derart in Sorge, daß sie einen Zweiten Attischen Seebund gründeten, wobei sie den übrigen Seemächten weitaus bessere Bedingungen boten als in ihrem ersten Seebund aus dem vorhergehenden Jahrhundert. Außerdem taten sie den ungewöhnlichen Schritt, ein Bündnis mit den Boiotern einzugehen, das allerdings die Einfälle des Agesilaos in Boiotien in diesem und im folgenden Jahr nicht verhindern konnte.

Als sie sahen, daß die Athener ihre Seestreitkräfte erneuerten und ausbauten, beeilten sich die Spartaner, das gleiche zu tun. Das Bündnis zwischen Athen und Theben war jedoch nicht von langer Dauer, und bald gewannen die Gegensätze zwischen den Bündnispartnern wieder die Oberhand. Griechenland befand sich nun in einer völlig ausweglosen Situation, und die Perser sahen eine Gelegenheit, erneut zu intervenieren. Im Jahre 371 kamen ihre Abgesandten deshalb nach Sparta und trafen sich mit den Delegierten der kriegführenden griechischen Staaten, wobei als Ergebnis dieses Treffens der sog. »Kalliasfrieden« geschlossen wurde (ein irreführender Name, da es wahrscheinlich sechzig Jahre vorher schon einmal einen Friedensvertrag unter diesem Namen gegeben hatte). Der neue Friede wurde auf der Grundlage der »Unabhängigkeit« geschlossen, was besagte, daß kein Stadtstaat auf dem Boden eines anderen eine Garnison unterhalten durfte und daß sich alle zur Abrüstung verpflichteten.

Die Spartaner legten den Eid für sich und für ihre Verbündeten ab, aber die Gesandten Athens und der anderen Staaten schworen jeder für sich getrennte Eide. Auch Theben verhielt sich zunächst in dieser Weise, aber dann beanspruchten die thebanischen Delegierten unter Führung von Epameinondas, im Namen des gesamten Boiotischen Bundes zu handeln; das aber wollten die Spartaner nicht gestatten. Daraufhin zogen sich die Thebaner von den Verhandlungen zurück, und der zweite »Kalliasfrieden« war praktisch gescheitert.

Der Rückzug der Thebaner, der die Verhandlungen scheitern ließ, war das Werk des Epameinondas, des bedeutendsten Staatsmannes, den Theben je hervorbrachte und der bei dieser Gelegenheit zum ersten Mal als politischer Führer seiner Heimatstadt in Erscheinung trat. Er wurde hochgelobt, denn alle waren sich im Urteil über seine herausragenden Fähigkeiten einig. Der Adel und die Aufrichtigkeit seines bescheidenen, anspruchslosen Charakters waren eindrucksvoll, und selbst die Athener konnten nicht umhin, seine Bildung und Beredsamkeit zu bewundern, die er als Schüler des Lysis, eines exilierten pythargoreischen Philosophen, erworben hatte.

Epameinondas soll im Jahre 385 bei der Belagerung von Mantineia auf seiten der Spartaner gekämpft haben (was allerdings zweifelhaft ist) und desgleichen sechs Jahre später an der Wiederherstellung der thebanischen Macht mitgewirkt haben. Jetzt, im Jahre 371, war er einer der Strategen (Boiotarch), die als Führer des Boiotischen Bundes gewählt wurden. In seiner neuen Form hatte der Boiotische Bund das alte, indirekte Regierungssystem der proportionalen Repräsentation zugunsten einer weitgehend demokratischen Bundesversammlung aufgegeben, die in Theben zusammentrat und durch Direktwahl zustande kam. Drei der »Bezirke« (die von elf auf sieben verringert worden waren) wurden jedoch immer noch von Theben beherrscht, und es war dieses Übergewicht, welches Epameinondas zu seiner Forderung veranlaßte, Theben solle im Namen des Bundes handeln.

Das Ergebnis, das er wahrscheinlich gewollt und vorhergesehen hatte, war der unmittelbare Krieg gegen Sparta. Das spartanische Heer unter Führung des agiadischen Herrschers Kleombrotos I. stand bereits im benachbarten Phokis, und es setzte sich nun in Bewegung – bevor Theben seine Verbündeten zu Hilfe holen konnte – und zog in Eilmärschen durch die Schluchten des Helikongebirges, wo es bei Leuktra die Entscheidungsschlacht erzwang. Die Spartaner verfügten über einen zahlenmäßigen Vorteil, da sie 10 000 Hopliten – einschließlich 700 Spartiaten – gegen insgesamt 6000 Thebaner aufbieten konnten (wobei allerdings die thebanische Reiterei leicht in der Überzahl war).

Aber der entscheidende Faktor war Epameinondas selbst, der als einer der thebanischen Strategen an der Schlacht teilnahm – und sich den Invasoren mehr als ebenbürtig erwies. Hinter der spartanischen Reiterei – die ebenso wie diejenige ihrer Gegner in der ersten Reihe aufgestellt war – standen zwölf Reihen der Hoplitenphalanx. Auf thebanischer Seite jedoch ordnete Epameinondas auf dem linken Flügel die Hopliten in einer Tiefe von fünfzig Reihen, die nicht in der üblichen Weise frontal und in einer Linie mit den übrigen Soldaten vorrückten, sondern vor den anderen Einheiten in einer schiefen Schlachtordnung zum Angriff schritten. Dann, nachdem die thebanische Reiterei die gegnerische Kavallerie auf ihre eigene Phalanx zurückgedrängt hatte, griff dieser verstärkte linke Flügel, geführt von der Heiligen Schar (einer Gruppe aus kampfbegeisterten homoerotischen Paaren) unter Leitung des Pelopidas – des engsten Mitstreiters des Epameinondas – im Laufschritt an. König Kleombrotos, der versuchte, den Angriff aufzufangen, wurde niedergemacht und getötet, und mit ihm starben vierhundert Spartiaten. Der Rest seiner Landsleute suchte in wilder Flucht das Weite, und die übrigen

Teile des Heeres taten das gleiche, wobei sie beinahe tausend Gefallene auf dem Schlachtfeld zurückließen.

»Der größte Sieg, den je Griechen über Griechen errangen«[1] bewies ein für allemal, daß die spartanische Phalanx nicht unbesiegbar war. Die imperialistische Großmachtpolitik der Spartaner war durch Ungeschicklichkeit und Brutalität gekennzeichnet gewesen und hatte schon stark unter dem verhängnisvollen Bevölkerungsrückgang in Sparta gelitten; und nun kündigte der erstaunliche Verlust ihres militärischen Ansehens das Ende ihrer dreiunddreißigjährigen Vorherrschaft in Griechenland an.

Die Schlacht bei Leuktra hatte gezeigt, daß Epameinondas, der bis dahin keine Erfahrung als Oberkommandierender gehabt hatte, ein meisterhafter taktischer und strategischer Planer und ein fähiger Heerführer war. Zwar hatten die Thebaner die Technik des verstärkten Flügels schon vorher ausprobiert, vor allem in Delion im Jahre 424 (und auch bei Koroneia hatte 394 eine tiefgestaffelte Phalanx mit Erfolg gekämpft), so daß der spartanische König eigentlich nicht sonderlich hätte überrascht sein dürfen, aber wie viele seiner Landsleute war er auf militärischem Gebiet traditionellem Denken verhaftet, und außerdem war diese Taktik noch niemals vorher in so großem Maßstabe realisiert worden. Epameinondas hatte sich darüber hinaus als geschickter Koordinator von Heer und Reiterei erwiesen; desgleichen war es ihm gelungen, die Truppen, die ihm die verschiedenen Staaten zur Verfügung gestellt hatten, unter seiner Führung wirkungsvoll zu vereinigen. Er ist in die Geschichte als das größte militärische Genie eingegangen, das die Stadtstaaten des griechischen Mutterlandes je hervorgebracht haben, und als eines der Vorbilder Philippos II. und Alexanders d. Gr.

Theben war nun die führende Landmacht in Griechenland, aber es mußte Iason von Pherai in Thessalien sorgfältig im Auge behalten, einen möglichen Rivalen, der unlängst alle übrigen thessalischen Staaten unter seine Kontrolle gebracht hatte. Nach der Schlacht bei Leuktra lud ihn Epameinondas ein, mit seinen Truppen zu den thebanischen Streitkräften zu stoßen, aber Iason wollte seine gutausgebildeten Söldner für diesen Zweck nicht zur

Verfügung stellen und vermittelte statt dessen einen Waffenstillstand zwischen den Thebanern und den Spartanern. Athen, das von Epameinondas ebenfalls um Hilfe angegangen worden war, berief eine Konferenz ein, die einen neuen Allgemeinen Frieden unter dem Schutz des Zweiten Attischen Seebundes beschließen sollte, und Persien förderte dieses Vorhaben.

Diese Entwicklung hinderte Epameinondas jedoch nicht daran, mit seiner Zerstörung der spartanischen Hegemonialstellung fortzufahren, während gleichzeitig in zahlreichen Stadtstaaten chaotische Parteikämpfe aufflammten. Im Jahr 370/369 drang er in die Peloponnes ein, half den Arkadern, das spartanische Joch abzuschütteln (wobei er Megalopolis als ihre neue Hauptstadt gründete), und unternahm die erste historisch überlieferte Invasion in das Eurotastal, in deren Verlauf er bis in die verbarrikadierten Straßen der ansonsten nicht befestigten Hauptstadt der Spartaner selbst eindrang. Als nächstes befreite er Messenien – wo viele Spartaner ihre reichen Landgüter hatten – und gründete die neue, befestigte Stadt Messene neben dem alten Ithome. Bald darauf (366) hörte der altehrwürdige Peloponnesische Bund auf zu existieren. Inzwischen waren die Gesandten verschiedener griechischer Staaten zu Verhandlungen mit dem Perserkönig Artaxerxes II. Mnemon an den Hof zu Susa gezogen; aber auch hier hatte der thebanische Gesandte Pelopidas mehr Erfolg als die anderen.

Während dieser Zeit wurde Epameinondas' Stellung durch seine politischen Gegner in Theben selbst bedroht. Er überstand jedoch diese Herausforderung und zog nach Norden, wo er Alexandros, Iasons Neffen und Nachfolger in der Herrschaft von Pherai, besiegte. In dieser Schlacht fiel allerdings Pelopidas, der den Einfall in Thessalien diplomatisch und militärisch vorbereitet hatte.

Im Jahre 364 traf Epameinondas dann die für Theben unerhörte Entscheidung, trotz der wenigen brauchbaren Häfen Boiotiens die athenische Seemacht herauszufordern, wobei er eine Flotte bis nach Byzantion führte.

Als er jedoch erfuhr, daß die arkadische Liga aus seiner Koalition ausgeschert war, kehrte er umgehend auf die Peloponnes zurück, wo seine Streitmacht, die Truppen aus Argos, Sikyon und Messenien sowie arkadische Oppositionelle umfaßte, sich einer Koalition von Spartanern, Athenern, Eleern und Achaiern gegenübersah. In der Schlacht von Mantineia (362), die nun folgte – der größten Schlacht, die je zwischen zwei griechischen Heeren ausgefochten wurde –, war Epameinondas, der eine ähnliche Taktik wie bei Leuktra anwandte, auf dem Weg, einen überwältigenden Sieg zu erringen, als er tödlich verwundet wurde.

Nach seinem Tode stellten die Boiotier und ihre Verbündeten die Kampfhandlungen ein und schlossen Frieden. Denn die griechischen Festlandstaaten waren erschöpft: Und obwohl man noch einmal und mit weitgehenden Zielsetzungen versuchte, einen Allgemeinen Frieden (von dem nur Sparta ausgeschlossen sein sollte) zustandezubringen, bemerkte Xenophon voller Schwermut, daß von nun an das Durcheinander noch hoffnungsloser wurde als je zuvor (s. Kap. 30).[2] Er schrieb zugegebenermaßen als ein enttäuschter Sympathisant der Spartaner, aber was er sagte, war nicht weit von der Wahrheit entfernt.

Auch der römische Schriftsteller Cornelius Nepos hatte recht mit der Feststellung, daß die Bedeutung des Epameinondas größer gewesen sei als die seines Landes. Denn Theben und Boiotien hatten nach seinem Tode keinen Rückhalt mehr. Gewiß waren auch seine Erfolge nicht unbegrenzt gewesen: Trotz seiner militärischen Begabung hatte er keine weitreichenden, positiven Ergebnisse in politischer Hinsicht erzielen können. Zwar hatte er die unfähige spartanische Vormacht ausgeschaltet, aber die »panhellenische« Befreiung, die er offensichtlich an deren Stelle setzen wollte[3] und die eine utopisch anmutende Koalition selbständiger Staatenbünde vorsah (die irgendwie mit einem neuartigen überregionalen Boiotischen Bund verknüpft werden sollten), kam nicht zustande – vielleicht war sie überhaupt nur eine spätere Wunschvorstellung.

So war denn an die Stelle der spartanischen Hegemonie lediglich ein Vakuum getreten, das der Boiotische Bund nicht mehr ausfüllen konnte. Gewiß war die boiotische Landwirtschaft sehr ertragreich, aber die Bevölkerungsstärke des Gebietes war unzureichend, und seine Berufsarmee erreichte nach dem Tod des

Pelopidas und des Epameinondas nicht mehr das Niveau der Spartaner. Auch hatte Theben (außer in der Mythologie) – anders als Athen oder Sparta – keine ruhmreiche Vergangenheit, auf die es sich ideologisch hätte stützen können. Sparta seinerseits lag am Boden, und auch der Zweite Attische Seebund war nicht stark genug, um zu überleben. So gab es nun keinen Festlandstaat mehr, der die Führung hätte übernehmen können – und ohne Führungsmacht waren die griechischen Staaten zu unterschiedlich und zu zerstritten, um untereinander ein stabiles Gleichgewicht aufrechterhalten und einer Bedrohung von außen gemeinsam widerstehen zu können. Eine solche Bedrohung sollte schon sehr bald mit fürchterlicher Gewalt in Erscheinung treten, diesmal nicht von Seiten Persiens, sondern in der Gestalt Philippos II., der drei Jahre nach dem Tode des Epameinondas bei Mantineia den makedonischen Thron bestieg.

1 Pausanias, XI, 13, 3ff.
2 Xenophon, *Hellenika*, VII, 23.
3 Pausanias, XI, 15, 4 etc.

# 30 XENOPHON: DER GUTSHERR UND SCHRIFTSTELLER

Als Sohn eines Atheners der Oberschicht diente Xenophon (ca. 428 – ca. 354) während der letzten Jahre des Peloponnesischen Krieges als junger Mann in der Reiterei, und es ist möglich, daß er auch bei den Arginusen (406; s. Kap. 24) mitgekämpft hat. Er wurde während dieser Zeit ein Freund und Bewunderer des Sokrates (s. Kap. 21), dessen konservative, oligarchische Anschauungen er teilte. Das war auch der Grund, weshalb er Athen verlassen mußte, als die Regierung der Dreißig gestürzt und die Demokratie wiederhergestellt wurde.

Im Jahre 401 veranlaßte ihn sein boiotischer Freund Proxenos, sich dem Aufstand des jüngeren Kyros gegen dessen Bruder, König Artaxerxes II. Mnemon von Persien, anzuschließen. Nach Kyros' Tod bei Kunaxa spielte er eine wesentliche Rolle bei der Rückführung der griechischen Söldnertruppe nach Trapezus im nordöstlichen Kleinasien, einem Unternehmen, das schließlich fast ganz unter seiner Leitung stand. Danach diente er unter dem thrakischen (odrysischen) König Seuthes II. und unter zwei spartanischen Strategen, die gegen Persien Krieg führten (399–397).

Zur Zeit der Hinrichtung des Sokrates geriet Xenophon wegen seiner oligarchischen Anschauungen in seiner Heimatstadt politisch in Schwierigkeiten, und die Athener verurteilten ihn *in absentia* zur Verbannung und konfiszierten sein Vermögen. Von 396–394 diente er als hochrangiger Offizier unter König Agesilaos II. von Sparta, den er sehr bewunderte, in dessen Feldzug gegen Pharnabazos, den persischen Satrapen von Daskylion, und er kämpfte auch unter Agesilaos in der Schlacht bei Koroneia (394) gegen seine eigenen athenischen Landsleute.

Dann ließ er sich in Sparta nieder, bis die Spartaner ihm ein Landgut in Skillus in Elis (in der nordwestlichen Peloponnes) verliehen, wo er sich viele Jahre lang der Jagd und der Schriftstellerei widmete. Doch als infolge der Schlacht von Leuktra (371) Skillus nicht mehr zum spartanischen Einflußbereich gehörte, siedelte er mit seiner Familie auf den Isthmos von Korinth über.

Nachdem sich im Jahre 365 die Beziehungen zwischen Sparta und Athen jedoch verbessert hatten, konnte Xenophon in seine Heimatstadt zurückkehren, wo man inzwischen das Verbannungsurteil aufgehoben hatte. Im Jahre 362 dienten seine beiden Söhne in einem athenischen Hilfskorps, das auf seiten der Spartaner bei Mantineia gegen die Thebaner kämpfte, wobei sein Sohn Gryllos ums Leben kam. Als ihn selbst ungefähr acht Jahre später der Tod ereilte, befand er sich offenbar gerade zu einem Besuch in Korinth.

Innerhalb seiner Schriften bilden vier Werke, die von Sokrates (s. Kap. 21) handeln, eine eigene Gruppe. Die *Apologie* (ca. 384) beschreibt Sokrates' Verhalten vor, während und nach seinem Gerichtsverfahren und bemüht sich zu zeigen, daß er ein wertvoller Mensch war, der niemals hätte zum Tode verurteilt werden dürfen. Das *Symposion* referiert die Gespräche bei einem erfundenen Gastgelage im Haus des jüngeren Kallias um 422, an welchem auch Sokrates teilgenommen haben soll. Im Jahre 371 schloß Kallias, der damals schon im fortgeschrittenen Alter stand, den Frieden zwischen Athen und Sparta, welcher seinen Namen trägt (s. Kap. 29), und Xenophons *Symposion* könnte ein Versuch gewesen sein, sich den greisen Politiker zu Dank zu verpflichten.

Die Abhandlung mit dem Titel *Oikonomikos* (ca. 362/361?) behauptet, Gespräche wiederzugeben, in denen Sokrates sich zur Haushaltsführung und zum Verhalten der Ehefrauen äußerte; der Essay soll zeigen, wie das vorbildliche Leben eines Landedelmannes auszusehen hätte. Ein Werk, das seit der Renaissance unter dem Titel *Memorabilien* bekannt ist und vermutlich in zwei Abschnitten ca. 381 (oder später?) und ca. 355/354 verfaßt wurde, verbindet eigenartigerweise die Verteidigung des Sokrates mit der Wiedergabe von Gesprächen über solche Themen wie Erziehung, Reichtum und Hauswirtschaft, mit denen sich der Philosoph höchstwahrscheinlich niemals theoretisch auseinandergesetzt hat.

Xenophon war sehr stolz darauf, Sokrates persönlich gekannt zu haben, doch da seine philosophischen Fähigkeiten weit hinter seinem Ehrgeiz zurückblieben, war er wohl eher einer der mehr oder weniger laienhaften Anhänger und gelegentlichen Zuhörer als ein ernsthafter Schüler des großen Denkers. Was er später über sein Idol zu sagen hatte, ist deshalb in erster Linie ein Sammelsurium aus Hörensagen, Lektüre und Erfindung. Wir gewinnen daraus das Bild eines gütigen, schlichten, klugen, lebenstüchtigen Sokrates, der allzu oft nur die bekannten Vorlieben und Begrenztheiten von Xenophon selber reflektiert. Voller Eifer stürzt sich Xenophon auch in die schon üppig wuchernde literarische Kontroverse über den Prozeß und das Ende des Sokrates, wobei er sich bemüht, einen gewissen Polykrates zu widerlegen, der die gegen Sokrates verhängte Todesstrafe als gerechtfertigt ansah.

Die erste erhaltene Schrift des Xenophon, die nicht zu den sokratischen zählt, scheint *Der Staat der Lakedaimonier* (ca. 388) gewesen zu sein, in dem der Verfasser seiner Bewunderung für das stabile Regierungssystem der Spartaner, denen er sein Landgut in Skillus verdankt, Ausdruck verleiht, nicht ohne im Schlußkapitel auf die zu seiner Zeit deutlich werdenden Niedergangserscheinungen der spartanischen Verfassung einzugehen. *Über die Jagd (Kynegetikos)* stammt aus dem gleichen Zeitraum und enthält u. a. einen Angriff auf die moralische Verderbnis der Sophistik (s. Kap. 12); wobei nicht sicher ist, ob die Schrift wirklich von Xenophon stammt.

Die *Anabasis*, die 377 vollendet wurde und in ihrer heutigen Form sieben Bücher umfaßt, ist ein lebendiger und spannender Bericht über den Rückzug der griechischen Söldner, die dem jüngeren Kyros hatten helfen sollen, seinen Bruder Artaxerxes II. Mnemon (401–399) zu entthronen. Um sich vor seinen Kritikern zu rechtfertigen, die sich im Expeditionskorps ebenso fanden wie in der spartanischen Regierung, übertreibt Xenophon die Bedeutung seiner eigenen Rolle, womit er gelegentlich den Anteil der anderen Strategen ungebührlich verkürzt.

Bei der *Erziehung des Kyros (Kyrupädie*, 370er), die heute in acht Bücher unterteilt ist, handelt es sich um einen der frühesten griechischen »Fürstenspiegel«. Es ist eine Art historischer Roman mit Kyros II. dem Großen von Persien (559–529) als vorbildlichem Helden. Xenophon verleiht seiner Bewunderung für den Monarchen und für seinen gleichnamigen Nachfahren Kyros den Jüngeren, unter dem er gedient hat, Ausdruck und legt gleichzeitig seine Anschauungen über Herrschaft, Organisation, Moral und Familie dar. Jahrhundertelang wurden diese Erörterungen als sein Meisterwerk angesehen, und Edmund Spenser zog sie Platons *Staat* vor, während Gibbon das Werk als »unpräzise und schwach« bezeichnete und Macaulay es für eine »wenig gelungene Übung« hielt.

Der *Hieron* scheint eine Nachschrift zur Kyrupädie gewesen zu sein. Er hat die Form eines Dialogs zwischen Hieron I. von Syrakus (478–467/466) und dem Dichter Simonides von Keos, der an seinem Hof weilte (s. Kap. 4, 6); die beiden Männer unterhalten sich darüber, ob ein Tyrann ein glückliches Leben führen und sich die Liebe seiner Untertanen erwerben könne. Es wird dargelegt, daß dies zwar möglich sei, daß aber die Untertanen eines Tyrannen um so gehorsamer seien, je weniger Besitztümer sie hätten.[4]

Xenophons Werk *Hellenika* ist eine griechische Geschichte in sieben Büchern, die die Zeit von 411–362 umspannt und das Ziel verfolgt, das Werk des Thukydides (s. Kap. 23) fortzusetzen. Die Schrift wurde in Intervallen zwischen 403 und den Jahren nach 362 verfaßt, und ihr Inhalt spiegelt die verschiedenen Aufenthaltsorte des Verfassers zu den jeweiligen Entstehungszeiten wider. Obwohl er insgesamt keine Propaganda für Sparta macht (der Königsfriede und seine Folgen entsetzten ihn), lassen seine Quellen und seine Bewertungen eine spartafreundliche Haltung erkennen. Den Zweiten Attischen Seebund zum Beispiel übergeht er vollständig; und die Wehmut am Ende über die hoffnungslose Situation nach der Schlacht von Mantineia – die durchaus gerechtfertigt ist – wird vor allem durch den Niedergang Spartas ausgelöst. Auch vernachlässigt er die Gestalt des Epameinondas stark zugunsten des Agesilaos II. (gest. 360), wobei seine uneingeschränkte Bewunderung für den letzteren erst im *Enkomion auf*

*Agesilaos* vollen Ausdruck findet, in welchem er ihn als einen Helden der panhellenischen Sache porträtiert.

In *Staatseinkünfte der Athener* schlägt er praktische Methoden zur Steigerung der athenischen Staatseinkünfte vor, wobei er die Förderung von Handel und Handwerk anregt (z. B. durch eine Steigerung der Anzahl der Metoiken, s. Anhang III), in Anlehnung an die vernünftige, friedensorientierte Politik des Finanziers und Politikers Eubulos (s. Kap. 36). Das Werk scheint auf den Dritten Heiligen Krieg zurückzugehen, der im Jahre 356 ausbrach. Xenophon (oder jemand, der ihn imitierte) hatte früher *Über die Jagd* geschrieben und veröffentlichte nun *Über die Reitkunst* (das erste erhaltene Fachbuch zu diesem Thema) und den *Hipparchikos (Über die Aufgaben des Reiterobersten).* Beide Abhandlungen sind fachkundige Beiträge zur militärischen Theorie, geschrieben zu einem Zeitpunkt, als diese Wissenschaft einen großen Aufschwung nahm und derartige fachwissenschaftliche Abhandlungen in Mode kamen.

Xenophons Vielseitigkeit ist eindrucksvoll – vielleicht müßte man sogar sagen, daß er sich zu vielen Dingen gleichzeitig widmete. Als ein Mann von zutiefst reaktionären politischen Anschauungen (so daß er in Athen nicht leben konnte und Niebuhr ihn einen »sehr schlechten Bürger« nannte) glaubte er an die Vorzüge einer starken Führung, woraus sich auch die verschiedenen Schriften erklären, in denen er mächtige Führergestalten verherrlicht. Was das Militärwesen betrifft, so war er kein Berufssoldat, hatte sich aber beträchtliche Fachkenntnisse in der Kavallerietaktik erworben, die in die oben erwähnten Schriften Eingang gefunden haben. Zur Truppendisziplin hatte er, wie man erwarten kann, sehr strenge Ansichten, aber er verband sie mit starken Sympathien (zu starken, wie manche meinen)[5] für die einfachen Soldaten, deren täglichen Beschwernissen er sorgfältige Aufmerksamkeit widmete.

Nach seiner Militärdienstzeit führt er das Leben eines wohlhabenden Gutsbesitzers, und die ländlichen Aktivitäten, die mit einem solchen Dasein verbunden waren, absorbierten den größten Teil seiner Interessen. Als Historiker und Fortsetzer des

Thukydides zeigt er in den *Hellenika* nur allzu deutlich seine Unzulänglichkeiten, besonders in der Erfassung der tieferliegenden Ursachen von Ereignissen – wohingegen man ihm den Blick für eine gelungene Szene und eine gute Erzählung nicht absprechen kann, was besonders klar in seiner *Anabasis* zutage tritt. Im Gegensatz zu seiner mittelmäßigen Leistung als Historiker zeigt sein Werk über *Die Staatseinkünfte der Athener*, auch wenn es in seiner Interpretation der Politik des Eubolos nicht immer brauchbar erscheint, eine vernünftige Darlegung dessen, was zu dieser Zeit in Athen hätte geschehen müssen.

Auch wenn er ein Egozentriker gewesen zu sein scheint, so zeigt sich Xenophon doch auch als großzügiger, philanthropischer Mensch mit einer zutiefst optimistischen Lebensauffassung, wobei allerdings seine häufigen, ernsthaften Moralpredigten meistenteils ein oberflächliches Gemisch aus simplen Vorurteilen und frommem Aberglauben widerspiegeln. Allerdings machte diese volkstümliche, moralische Überhöhung, die über eine klare, intelligente Prosa und eine packende Erzählkunst vermittelt wurde, seine Werke gut lesbar, und viele Römer waren von der Verbindung eines aktiven öffentlichen Lebens mit einer großen literarischen Leistung derart angetan, daß er bei ihnen zum beliebtesten athenischen Prosaschriftsteller wurde.

4 Xenophon, *Hieron*, 5, 4.
5 Arrianos, *Kynegetikos*, 5, 6.

# 31 PLATON: DIE EWIGEN WAHRHEITEN

Platon (ca. 429–347) stammte sowohl väterlicher- wie mütterlicherseits aus athenischen Adelsfamilien. Nachdem er zunächst hatte Dichter werden wollen, führte ihn die Begegnung mit Sokrates (ca. 407?, s. Kap. 21) zur Philosophie, der er fortan sein Leben widmete. Es scheint, daß er während der oligarchischen Revolution der Dreißig (404) – zu deren Führern auch Mitglieder seiner Familie gehörten – für kurze Zeit eine Rolle im politischen Leben spielte. Aber die nachfolgende demokratische Restauration und die traumatische Erfahrung der Hinrichtung des Sokrates erfüllten ihn mit Abscheu vor der Demokratie und vor der Politik im allgemeinen. Deshalb verließ er mit einigen anderen Anhängern des Sokrates Athen und suchte Zuflucht bei dem Philosophen Eukleides von Megara.

Im Jahre 387 besuchte Platon den pythagoreischen Philosophen, Mathematiker und Politiker Archytas in Tarent in Unteritalien und Dionysios I. von Syrakus in Sizilien (s. Kap. 26, 25). Auf dem Rückweg nach Griechenland soll er in Aigina festgehalten und nur nach Zahlung eines Lösegeldes freigelassen worden sein. Nach seiner Heimkehr errichtete er vor den Toren Athens seine Akademie (benannt nach dem Grabmal des Heros Akademos) und verbrachte den Rest seines Lebens mit der Lehrtätigkeit an dieser Institution. Allerdings unternahm er noch eine zweite und dritte Reise nach Sizilien.

Die zweite Reise erfolgte nach dem Tode Dionysios' I. (367), als dessen Schwager und Schwiegersohn Dion (mit dem Platon anläßlich seiner ersten Reise Freundschaft geschlossen hatte) den Philosophen einlud, damit dieser Dionysios' Neffen und Nachfolger Dionysios II. zum idealen Philosophen-Herrscher heranbilden sollte – jedenfalls wird uns das so berichtet, wobei allerdings einige diese Überlieferung als Erfindung abtun. Der junge Dionysios II., obwohl er selbst ein Schriftsteller war und weitere Gelehrte an seinen Hof holte, soll über diesen Versuch, ihn zu leiten, verärgert gewesen sein, und vor allem wandte er sich gegen die von Platon mit Beharrlichkeit vorgetragene Auffassung, daß die Geometrie die Grundlage der Staatskunst sei. Auf jeden Fall sah sich Platon gezwungen, nach Hause zurückzukehren.

Dennoch nahm er im Jahre 361 das Risiko eines dritten Besuches auf sich, der zum Ziel hatte, die Rückberufung Dions zu bewirken, der damals in der Verbannung lebte und den Platon mit Dionysios II. zu versöhnen hoffte. Der einzige Erfolg dieses Versuches war jedoch, daß Platon von dem feindseligen Dionysios ins Gefängnis geworfen wurde, bis dieser ihn schließlich auf Vermittlung des Archytas von Tarent wieder freiließ. Dennoch versuchten Anhänger der Akademie weiterhin, ihren Einfluß zugunsten Dions geltend zu machen, der übrigens die Akademie gut kannte, da er dort früher einmal Zuflucht gesucht hatte; und es waren dann auch Mitglieder der Akademie, die ihn unterstützten, als er im Jahre 357 nach Sizilien zurückkehrte. Drei Jahre später jedoch heuerte einer von ihnen, Kallipos, der sich von Dions zunehmend despotischem Betragen abgestoßen fühlte, Mörder aus Zakynthos an, welche ihn umbrachten (woraufhin der Mörder selbst für ein Jahr die Macht ergriff).

Der wortreiche, schwülstige *Siebente Brief*, der Platon zugeschrieben wird und eine Reihe deprimierender Eingeständnisse hinsichtlich der syrakusanischen Wirren enthält, ist möglicherweise später (zusammen mit dem kaum weniger wirklichkeitsnahen *Achten Brief*) von Mitgliedern der Akademie verfaßt worden, um die Verwicklung der Lehranstalt in diese unerquicklichen Vorgänge zu erklären und das Scheitern von Platons Versuchen zu rechtfertigen, die philosophische Theorie auf die politische Praxis anzuwenden. Einige glauben allerdings immer noch, daß diese Briefe mit derselben Zielsetzung von ihm persönlich verfaßt worden seien, was jedoch wenig wahrscheinlich ist.

Platons *Apologie* ist kein Dialog, sondern eine idealisierte und größtenteils literarische Darstellung der Verteidigungsreden des

Sokrates in dem gegen ihn angestrengten Gerichtsverfahren. Die einzelnen Anklagepunkte werden mit satirischem, verächtlichem Spott abgetan, denn anstatt eine juristisch stringente Verteidigung vorzubringen, möchte Sokrates in Wirklichkeit deutlich machen – so jedenfalls wird es uns erklärt –, daß er einen göttlichen Auftrag habe zu philosophieren, seine Seele so weit wie möglich zu bessern und andere anzuleiten, das gleiche zu tun. Die *Apologie* möchte demnach eine grundlegende und umfassende Rechtfertigung des sokratischen Lebenswerkes sein.

In *Kriton* – der nach einem seiner engen Freunde, einem liebenswürdigen, lebensklugen Mann benannt ist – fragt die Titelgestalt den Sokrates, weshalb er sein Leben willentlich wegwerfe, indem er sich weigere, aus dem Gefängnis zu fliehen. Dieser antwortet, daß die Todesstrafe, auch wenn sie nicht gerechtfertigt sei, von einem ordentlichen Gerichtshof verhängt wurde, so daß ihre Vereitelung das athenische Rechtssystem in Frage stellen würde, was nicht gut wäre. Die Ablehnung des zivilen Ungehorsams gegenüber den höherwertigen Anforderungen der staatsbürgerlichen Pflicht ist Platons erster Versuch, die Frage von Recht und Unrecht im Hinblick auf die Polis zu behandeln.

In *Euthyphron*, in dem Sokrates einen religiösen Seher (mit fundamentalistischen Anschauungen) befragt, soll seine Haltung zur überlieferten Religion dargestellt werden – dies war einer der Anklagepunkte in dem Gerichtsverfahren gegen ihn. Aus seinen Reden geht hervor, daß er jede unmoralische Mythologie ablehnt und daß er die Erfüllung einer willkürlichen Zusammenstellung von Geboten nicht für wahre Religiosität erachtet. Wirklicher Gottesdienst, so wird uns gesagt, bedeutet Mitarbeit an einem edlen Werk, nämlich an der Pflege der Seele.

*Phaidon* verteidigt als eine rationale, wenn auch unwahrscheinlich anmutende Hypothese die Lehre der Unsterblichkeit, oder vielmehr der Göttlichkeit der Seele, durch die ihr Weiterleben nach dem Tode garantiert wird. Dieses erfolgt durch die Befreiung der Seele aus ihrem Gefängnis, dem Körper – eine Lehre, die Platon von Archytas und den Pythagoreern übernommen hat (s. Anhang I). Sokrates diskutiert das Thema mit einigen

Freunden am Tag vor seinem Tode, und er schließt mit einem eindrucksvollen Mythos über das Weiterleben der Seele nach dem Tode. Diese Lehre von der unsterblichen Seele ist eng mit der Ideenlehre verbunden, auf die wir später noch zurückkommen werden. *Phaidon* ist ein Meisterwerk von ergreifender Empfindsamkeit und eine umfassende Verherrlichung des Sokrates und all dessen, was Platon durch ihn verkörpert gesehen hatte.

Bei den Dialogen, die nicht direkt von Sokrates' Verurteilung und Tod handeln, sondern ihn mit dramatischer Vorstellungskraft als Gesprächspartner auftreten lassen, ist die früheste Gruppe stärker mit Fragen als mit Antworten befaßt: sie ist »aporematisch«, voller Widersprüche.

*Charmides* ist ein typisches Beispiel dafür. Er versucht, den Begriff der Mäßigung oder Selbstbeherrschung *(sophrosyne)* zu definieren, wobei das Thema der Selbsterkenntnis (»erkenne dich selbst«) aufgeworfen wird, auf welches Sokrates so großen Wert legte. Er wird in dem Dialog gezeigt, wie er zu einem vielversprechenden, aber schüchternen Jüngling namens Charmides spricht, so daß Platon ihn indirekt gegen den Vorwurf verteidigen kann, er verderbe die Jugend. (Kritias dagegen, für dessen schlimme Taten während der oligarchischen Revolution der Dreißig [404–403] Sokrates als sein Lehrer teilweise verantwortlich gemacht worden war, wird als eine aggressive, selbstbewußte Persönlichkeit gezeigt, die sich eindeutig dem Einfluß des Lehrers entzieht.)

*Laches*, der mit Hilfe eines Dialogs über die Erziehung (so wie später der Dialog *Lysis* mit einem solchen über die Freundschaft) die gleichen apologetischen Ziele verfolgt, versucht, eine andere Tugend zu definieren, nämlich die Tapferkeit. Es ist ein lebensvolles, fröhliches, gut lesbares, literarisches Kabinettstück. Der Versuch scheitert jedoch, woraus gefolgert werden muß, daß der normale, ehrenhafte Mann noch nicht automatisch die Qualifikation zum Lehrer besitzt. Das gleiche gilt übrigens nach Aussage des *Ion* auch für den Dichter oder Sänger (Rhapsoden), denn beide Künstler verfahren nicht nach rationalen Methoden, so daß die Lebensführung – das Aufgabengebiet des Erziehers – nicht in ihre Zuständigkeit fällt.

Der Dialog *Protagoras*, der voller Leben, Bewegung und feiner Charakterzeichnungen ist, stellt die Hauptprinzipien der Moralität des Sokrates dar, der im Dialog den berühmten Sophisten (s. Kap. 12) im Hause des Jüngeren Kallias trifft. Wenn auch Platon (wie Sokrates) offensichtlich eine Haßliebe mit den Sophisten verbindet, so gibt er doch dem Protagoras jede Gelegenheit, für die Fähigkeit des einfachen Bürgers zu argumentieren, in öffentlichen, nicht fachspezifischen Angelegenheiten mitzubestimmen. Aber Sokrates legt dar, daß es zweifelhaft sei, ob die hierfür erforderlichen Fähigkeiten überhaupt gelehrt werden können, da die Lebensführung nicht lehrbar sei. (Platon hielt es für gefährlich demokratisch, etwa anderes zu behaupten.) Doch dann beschließt Sokrates den Dialog mit einer gewundenen, humorvollen Kehrtwendung – er täuscht und parodiert in diesem Dialog überhaupt mit außergewöhnlicher Intensität – und nimmt die Position des Protagoras ein, indem er sich zu der These bekennt – wie er es offensichtlich im wirklichen Leben auch getan hat –, daß Tugend *identisch* mit Wissen sei und daß niemand willentlich Unrecht tue.

In *Hippias Minor*, der das gleiche Paradoxon zu klären versucht, wird der universalgelehrte Sophist gleichen Namens mit sehr viel weniger Achtung behandelt, als das bei Protagoras der Fall ist; tatsächlich scheint es ihm beinahe schwerzufallen, den Feinheiten der sokratischen Argumentation zu folgen. Das gleiche wiederholt sich im *Hippias Maior* und zwar in einem solchen Ausmaß, daß einige in diesem Dialog eine unbeholfene Karikatur gesehen haben, die ihnen nicht von Platon verfaßt zu sein schien. Eine moderne Untersuchung des Textes mit Hilfe des Computers scheint jedoch die Verfasserschaft Platons zu bestätigen, deutet allerdings darauf hin, daß der Text nach dem *Hippias Minor* entstanden ist und zu einer späteren Gruppe von Dialogen gehört. Das Thema des *Hippias Maior* lautet: »Was ist das Gute *(kalon)*?« Diese Frage erscheint als zu anspruchsvoll, und es gibt darauf keine bündige Antwort, außer daß »gut« nicht dasselbe ist wie »angenehm« oder »nützlich«.

In *Menon*, in dem er mit Anytos spricht, der später sein Ankläger wurde, kehrt Sokrates mit Hilfe einer Reihe von Fangfragen zum Thema der Lehrbarkeit der Tugend zurück, das bereits in *Protagoras* diskutiert worden war – und wieder kommt er zu dem Schluß, daß es für diese Lehrbarkeit keinen sicheren Beweis gebe: Vielleicht könne die Tugend nur durch göttliche Vorsehung erreicht werden, es sei denn, es gelänge einem großen Staatsmann, durch Schulung einen anderen großen Staatsmann heranzubilden (s. u. *Der Staat*). Das Kernstück des Dialogs ist die schwierige Lehre von der Wiedererinnerung eines früheren Zustandes der Seele *(anamnesis)*, durch die alles Wissen erworben wird, wie Platon durch Archytas von den Pythagoreern (s. Anhang I) gelernt hat. Der Dialog *Euthydemos* andererseits, der Platon einmal mehr als einen hervorragenden Pädagogen ausweist, zeigt die schädlichen Wirkungen des Bemühens, Wissen durch die Art von Erziehung zu erwerben, wie sie die Sophisten vertraten, welche mit einer Frivolität disputierten, die nach Platons Auffassung in krassem Gegensatz zu der heiligen Mission des Sokrates stand; und darin liegt vielleicht eine Möglichkeit, *Menon* und *Protagoras* in Einklang zu bringen.

*Menexenos* (385), der amüsanteste (und zugleich schneidendste) dieser Dialoge, beginnt mit einem philosophischen Teil, der die Fragen der Tugend und Freiheit anspricht, wendet sich dann aber einer Begräbnisrede zu, die angeblich von der Geliebten des Perikles, Aspasia, gehalten worden ist: Platons Zielsetzung ist es, das »Goldene Zeitalter« des Perikles satirisch zu betrachten und sich über all die patriotischen Gemeinplätze, Unwahrheiten und Geschichtsfälschungen lustig zu machen, die dieses glorreiche Regime hervorgebracht hatte. Obwohl der Dialog hervorragend aufgebaut ist, enthält er einen offensichtlichen Anachronismus, denn Sokrates und Aspasia diskutieren Ereignisse aus dem Korinthischen Krieg (395–387), der lange nach ihrem Tode stattgefunden hat. Hier haben wir einen direkten Hinweis Platons darauf, daß seine Szenen fiktiver Natur sind und nicht als Wiedergabe tatsächlich gehaltener Dialoge betrachtet werden dürfen.

*Gorgias* ist ein umfangreicher und eindrucksvoller Dialog mit einer positiven Grundstimmung, welche Platons früheren Analysen fehlt. Obwohl die Exzesse der opportunistischen Anhänger dieses Sophisten ins Lächerliche gezogen werden, wird er selbst mit gebührendem Respekt behandelt. Allerdings ist Sokrates nicht bereit zuzugestehen, daß die Rhetorik des Gorgias (s. Kap. 12) die Kunst ist, für welche dieser sie ausgibt. Vielmehr sieht Sokrates in ihr lediglich eine Kunstfertigkeit zur Unterhaltung der Zuhörer und einen Ausdruck von Pragmatismus, während eigentlich im öffentlichen und privaten Leben (und beide können nicht voneinander getrennt werden) *absolute Gerechtigkeit* erforderlich wäre – auf welcher der historische Sokrates in seiner Lehrtätigkeit wohl auch bestanden hatte. Vor allen Dingen muß man dem Gewissen gehorchen, und nirgendwo wird diese Forderung mit mehr Nachdruck und Leidenschaft vertreten als im *Gorgias*.

Das dramatische, feinsinnige und bisweilen humorvolle *Symposion*, das in einer stark homoerotischen Atmosphäre spielt (wobei Sokrates selbst heterosexuell veranlagt gewesen sein soll),[6] ist eine von Platons originellsten Schöpfungen. Der Dialog, der formal in der antiken Tradition der *symposia* steht, gibt die verschiedenen Reden wieder, die bei einem Gastmahl zu Ehren des Tragödiendichters Agathon auf die Liebe (Eros) gehalten werden. (Dieser Tragödiendichter, der selbst an dem Gastmahl teilnimmt, ist in einer Komödie des Aristophanes – s. Kap. 19[7] – stark karikiert worden). Ziel des Dialoges ist es zu zeigen, wie diese »platonische Liebe«, die zunächst durch einen schönen Körper erweckt wird, sich unkörperlichen Gegenständen zuwendet und schließlich in den begeisterten Wunsch mündet, »das Schöne zu zeugen«, eine Leidenschaft für die Schönheit als einer übersinnlichen, transzendentalen Form, welche nur der Geist erfassen kann. Im Widerspruch zu dem leicht angetrunkenen Alkibiades (dessen Weltlichkeit den Leser daran erinnern soll, wie unberechtigt der Vorwurf ist, daß Sokrates ihn verdorben habe) verkündet der Philosoph diese weltabgewandten Lehren, die er von der Priesterin Diotima aus Mantineia vernommen haben will; er selbst wird in dem Dialog als der Strebende dargestellt, der diese mystische Empfindung und Vereinigung erreicht hat.

Weil er sich ebenfalls mit den Themen des Mystizismus und

der Liebe befaßt, erscheint es an dieser Stelle angebracht, auf den etwas später entstandenen *Phaidros* einzugehen (der von allen Dialogen den am lebhaftesten gezeichneten Hintergrund aufweist, zu dem hier sogar eine ausgiebige Landschaftsschilderung gehört). Der Dialog selbst, der nach einem jungen Schüler des Redners Lysias benannt ist, mit welchem Sokrates sich unterhält, beschäftigt sich nicht mit dem Thema der Liebe, sondern mit den Grundsätzen der Rhetorik, wobei er neue dialektische Konzepte und Methoden entwickelt und auf die zeitgenössischen Rednerberühmtheiten eingeht. In *Gorgias* hatte Sokrates die Rhetorik als eine bloße Kunstfertigkeit abgetan, aber nun zeigt er, daß sie auf eine wissenschaftliche Basis gestellt werden könnte, wenn man nur die Gesetze der Logik sachgerecht auf sie anwenden würde – und wenn man die menschlichen Wünsche und Leidenschaften systematisch erforschte, denen hier eine substantielle Wirklichkeit zuerkannt wird, während der Philosoph Parmenides sie noch als Bestandteil der nichtrealen Erfahrungswelt materieller Phänomene angesehen hatte (s. Kap. 8). Wie im *Symposion* spricht Platon auch hier von den Ideen als den Gegenständen der mystischen Betrachtung durch die unsterbliche Seele.

Aufgrund seiner Sprache und seines Stils muß *Kratylos* (der seinen Namen von dem an dem Dialog beteiligten Anhänger des Philosophen Herakleitos hat) derselben Gruppe von Dialogen zugerechnet werden wie *Symposion*, und nicht einer späteren Gruppe, wie das gelegentlich geschehen ist, wobei allerdings die genaue zeitliche Einordnung ungewiß bleibt. Obwohl er sich etwas spielerisch und phantasievoll präsentiert, ist der Dialog *Kratylos* die erste erhaltene Abhandlung über Etymologie, wobei er eine Frage untersucht, welche die Sprachphilosophen aller Zeiten beschäftigt hat: ob die Namen ihre Bedeutung durch die Natur *(physis)* oder durch Konvention und sozialen Gebrauch *(nomos)* gewinnen, um das Problem in die Termini einer beliebten antiken Antithese (s. Kap. 12) zu fassen. Platon warnt davor, die Benennungen nur unter den Kriterien des *nomos* zu betrachten und daraus metaphysische Schlußfolgerungen zu ziehen, hatten doch beispielsweise Herakleitos und Parmenides dieselben Benennungen für ganz verschiedene Dinge gebraucht. Doch wenn wir derartige subjektive Begrenztheiten überwinden können, wird die Sprache zu einem Werkzeug des Denkens, das nach dem Grade beurteilt werden muß, in dem es wahre Gedanken mit Präzision zum Ausdruck bringt; dann auch erstehen hinter den Wörtern die wahrhaften, idealen Realitäten, die den Gegenstand der Ideenlehre bilden und die allein Objekte unserer Erkenntnis sein können.

*Parmenides* (ca. 370) ist ein gutes Beispiel für die Widersprüche *(aporiai)*, an denen Platon auch weiterhin seine Freude hatte. In diesem Dialog diskutiert der jugendliche Sokrates mit Parmenides und dessen Schüler Zenon und verteidigt einen bestimmten Aspekt seiner Ideenlehre, nämlich die These, daß die materiellen Gegenstände an den idealen Formen »teilhaben«. Parmenides erhebt gegen diese These Einwände, denn wenn auch die Vorstellung idealer Formen mit seiner eigenen Auffassung übereinstimmt, daß die einzig existente Realität unvergänglich, unteilbar, unveränderlich und immateriell sei, so kann er doch nicht gleichzeitig zugestehen, daß die materiellen Gegenstände der Erfahrungswelt, die von den Sinnen erfaßt werden, irgendeine reale Existenz haben, so daß die Frage ihrer »Teilhabe« für ihn illusorisch ist.

Parmenides kann in dem Dialog sogar darauf hinweisen, daß Sokrates gut daran täte, sich etwas gründlicher in der Logik auszubilden. Was ist der Zweck dieses vorstehend skizzierten Zugeständnisses von seiten Platons, wenn es sich denn um ein solches handelt? Will er zeigen, daß der tiefgreifende und umfassende Immaterialismus des Parmenides letztlich unsinnige Haarspalterei sei? Oder will er vielmehr andeuten, daß er nach jahrelangen, intensiven Forschungen seine eigene Ideenlehre nicht mehr als zufriedenstellend empfindet? Wir dürfen wohl davon ausgehen, daß er diese Theorie hier nicht vollständig verwirft, sondern in manchmal spielerischer Form versucht, mit ihren Schwierigkeiten fertigzuwerden: Parmenides hilft eher, die platonische Ideenlehre zu klären und neu zu formulieren, als daß er sie widerlegte – dabei zeigt er allerdings manchmal eine irritierende Folgerichtigkeit!

*Theaitetos* (ca. 368) erschien also in der Entwicklung des

platonischen Denkens gerade zur rechten Zeit, denn sein Ziel, so wie es Sokrates festlegt, ist die Erörterung der Erkenntnis – ihres Wesens, nicht ihrer Inhalte oder Gegenstände oder der Mittel, mit denen sie erworben wird. Die Abhandlung ist noch in unserem Jahrhundert als die beste Einführung in die Epistemologie, d. h. in die Wissenschaftslehre, bezeichnet worden. Der Relativismus, so wie ihn Protagoras mit der Behauptung vertrat, daß der Mensch das Maß aller Dinge sei, wird noch einmal mit genialer, gelegentlich übertriebener Heftigkeit zurückgewiesen, ebenso die Auffassung, daß die Erkenntnis mit den Sinnesempfindungen *(aisthesis)* gleichgesetzt werden könne. Aber nun taucht eine neue Schwierigkeit auf: Das Problem ist so unzugänglich und schwierig geworden, daß Platon nach der Zerstörung der genannten Theorien nichts Eigenes an ihre Stelle zu setzen hat. Diese eingestandene Unzulänglichkeit ist nichts anderes als ein Echo auf die berühmte Feststellung des Sokrates, er wisse, daß er nichts wisse. Aber der Hauptgrund für die Zurückhaltung Platons ist vermutlich darin zu sehen, daß sich die Wahrheit für ihn als eine der höchsten Ideen der Festlegung durch die Definition entzieht. Allerdings stellt er das nicht ausdrücklich fest, denn die Zeit, da er alles unter Bezugnahme auf die Ideen erklären wollte, war wohl schon vorbei – es sei denn, man wollte die Dialoge *Phaidros* und *Timaios* später datieren.

Wenn aber *Timaios* auch von »Abbild« anstelle von »Teilhabe« spricht, um die Beziehung zwischen den wahrnehmbaren, materiellen Gegenständen und den Ideen zu beschreiben, so vertritt er diese oder ähnliche Theorien doch nicht in dogmatischer Form, sondern billigt ihnen nur einen hohen Grad an Wahrscheinlichkeit zu. In diesem Dialog tritt Timaios, ein Astronom aus dem italischen Lokroi, an die Stelle von Sokrates als die zentrale Figur der Unterredung. Er unterscheidet zwischen dem ewig Seienden und seinem Abbild – der veränderlichen, substanzlosen, zeitlichen Welt. *Timaios* ist ein sehr phantasievolles, eigenwilliges und einzigartiges Werk Platons, das sich sowohl mit Kosmologie als auch mit Physik und Biologie befaßt und deshalb als die Enzyklopädie der Akademie zur zeitgenössischen Naturwissenschaft bezeichnet werden könnte.

*Timaios* beginnt mit den Ursprüngen des Lebens, erzählt den Mythos von dem sagenhaften Kontinent Atlantis und berichtet von der Niederlage der Athener bei dem Versuch, die Weltherrschaft zu erringen (eine Erzählung, die in dem unvollendet gebliebenen *Kritias* fortgeführt werden sollte). Dann führt Timaios Gott als die wirkende Ursache dieser gesamten vorherbestimmten, natürlichen und moralischen Weltordnung ein, wobei dieser jedoch manchmal durch »Zufall« oder aus »Notwendigkeit« in das Geschehen eingreift, ohne daß wir den Grund dieses Eingreifens erkennen könnten.

Auch in *Sophistes*, der als Fortsetzung des *Theaitetos* anzusehen ist, nimmt Sokrates nicht mehr die Rolle des Hauptsprechers ein; statt dessen begegnen wir in dieser Funktion einem Fremden aus der Stadt Elea in Unteritalien. Er ist ein Anhänger des Parmenides, der ebenfalls aus dieser Stadt stammte: eines der Anliegen des Dialoges ist es, Platons frühere Widerlegung der Theorie des Parmenides zu wiederholen, nach der die zeitliche, materielle Welt der Sinneserfahrung lediglich eine Illusion ist. Platons neuerliche Kritik bedient sich einer Methode, die versucht, individuelle Ideen in ein systematisches, universal anwendbares System zu bringen, wodurch die Notwendigkeit exakter Klassifikation verdeutlicht wird und die Grundlagen der nachfolgenden, logischen Schlußfolgerungen gelegt werden. Der Name des Dialogs rührt daher, daß der Fremde aus Elea in sechs aufeinanderfolgenden Anläufen darzulegen versucht, was ein Sophist eigentlich sei, wobei sich die Gelegenheit ergibt, zwischen wahren und unechten Sophisten zu unterscheiden und die unterschiedlichen Arten der moralischen Erziehung zu untersuchen, die von diesen beiden Gruppen ausgehen.

Auf den Dialog *Sophistes* folgte *Philebos*, der Platons letzte Gedanken über Moral und die rechte Lebensführung enthält. Das Problem, um das es geht und das an *Hippias Maior* erinnert, betrifft die Frage, ob das Gute identisch ist mit einem Glücksempfinden oder aber mit dem rechten Gebrauch der Vernunft. Offenbar herrschten in der Akademie zu diesem Punkte verschiedene Ansichten, wobei die hedonistische Gruppe von dem Mathematiker und Astronomen Eudoxos angeführt wurde, während ihr Hauptgegner Speusippos war, der Platon später als Haupt der Akademie nachfolgte. In dem etwas ungeordneten und schwierigen Dialog gelangt Sokrates (der hier noch einmal als Hauptsprecher auftritt) zu dem Schluß, daß ein vorbildliches Leben beide Elemente einschließe, wobei jedoch der Vernunft die wichtigere Rolle zukomme.

Die Werke *Der Staat, Der Staatsmann (Politikos)* und *Die Gesetze* können, obwohl sie zeitlich weit auseinanderliegen, als Platons größere Abhandlungen zur politischen Theorie in einer Gruppe zusammengefaßt werden.

Das monumentale, komplexe und erregende Werk, das bei den Griechen unter dem Namen *Politeia* (System der Polis oder des Staates) bekannt war und bei uns den Titel *Der Staat* trägt, wurde um 385 oder um 375 v. Chr. – oder aber auch in dieser gesamten Periode – geschrieben. Es faßt in seinen zehn Büchern einen großen Teil der Philosophie zusammen, die Platon in den anderen Dialogen entwickelt hat, und es verbindet in einer Haltung leidenschaftlichen Sendungsbewußtseins Ethik, Politik und Metaphysik miteinander. Das herausragende Thema ist die Gerechtigkeit: worin ist sie begründet, und läßt sich nachweisen, daß sie für ihren Träger immer segensreich ist? Platons Antwort lautet, daß dies möglich sei:

In Buch I führt Sokrates ein Gespräch über dieses Thema mit dem greisen Kephalos – den er auf dem Piräus besucht – und seinem Sohn Polemarchos (dem Bruder des Redners Lysias) sowie mit dem Sophisten Trasymachos aus Chalkedon. Als Trasymachos die Gerechtigkeit als den Vorteil des Stärkeren definiert, wird er widerlegt. Aber in den Büchern IV–VI nehmen Platons Brüder Glaukos und Adeimantos Trasymachos' These mit besseren Argumenten wieder auf. Platon antwortet ihnen, indem er das Bild eines imaginären Staates entwirft (es war dies zu seiner Zeit ein volkstümliches und manchmal auch recht versponnenes literarisches Genre; s. Kap. 19), der die Verkörperung der Gerechtigkeit ist und der von einer herrschenden Klasse, den Wächtern, geleitet wird, denen ein Philosoph als Regent vorsteht, der »Philosophenkönig«.

Dieser Staat, der weder übermäßig reich noch übermäßig arm sein sollte, basiert auf der hervorragenden Erziehung, die er den Mitgliedern seiner Führungsschicht zuteil werden läßt, indem er sie ständig unter dem Einfluß der Idee des Guten hält (die pessimistische Haltung des *Protagoras* und des *Menon* hinsichtlich der Lehrbarkeit der Tugend ist hier aufgegeben). Unter dem Einfluß der Pythagoreer (s. Anhang I) war Platon zu der Überzeugung gelangt, daß die Mathematik, und vor allem die Arithmetik, eine zentrale Stellung innerhalb dieser Ausbildung einnehmen sollte. Bei den anderen Fächern sollten die hergebrachten Formen der Musik, der Dichtkunst und der gymnastischen Übungen den Vorzug vor allen Neuerungen erhalten, wie sich Platon überhaupt gegen alle kulturellen Innovationen und Freiheiten zur Wehr setzte. Er war nämlich der Überzeugung, daß diese unweigerlich auch zu sozialen und politischen Freiheiten führen würden: Für ihn beinhaltete die Kunst eine Art von Nachahmung; diese Nachahmung ist nicht identisch mit der Wirklichkeit und kann ihrerseits wieder zur Nachahmung führen und damit eine schlechte Lebensführung begründen (Buch III).

Die Gerechtigkeit im Staate beruht nach Platons Auffassung darauf, daß jede der drei Klassen oder Kasten von Bürgern die ihr zukommenden Aufgaben gewissenhaft erfüllt. Zu diesen Klassen gehören – neben der ersten, herrschenden Klasse der Wächter – diejenige der Krieger (»die Hunde, die den Befehlen der Wächter gehorchen«)[8] und die Dritte Klasse, die breite Masse, die aus Bauern, Händlern, Handwerkern und allen übrigen besteht. Die Erziehung dieser letztgenannten Klasse entspricht ihrer untergeordneten Stellung, denn ihre Angehörigen sollen nur dasjenige erlernen, was sie zur Erfüllung ihrer eng umschriebenen Aufgaben wissen müssen; und um sie zur Akzeptierung ihrer untergeordneten Stellung in der Gesellschaft zu bewegen, sollen ihnen »edle« Lügen erzählt werden.

Im folgenden entwickelt Platon dann seine vertraute Analogie zwischen dem Staat und der menschlichen Seele: Der Staat ist lediglich die Seele »im Großformat«, denn wie die Seele, so setzt sich auch die staatliche Gemeinschaft aus drei Teilen zusammen, die ihrerseits jeweils die Vernunft, die Willenskraft und die Begierden verkörpern, und wie die Vernunft die Seele regieren sollte, so sollte die Klasse der Wächter den Staat regieren.

Die übrigen Bücher des *Staates* enthalten ausgiebige Analysen von Einzelproblemen. Eines der Themen, die in Buch V diskutiert werden, ist die Stellung der Frauen, denen von Platon zugebilligt wird, das Wächteramt zu bekleiden, obwohl die meisten von ihnen (wenn auch nicht alle) den Männern an Stärke nachstehen. Die Wächter sollen Frauen und Kinder gemeinsam haben, so daß die Eltern ihre eigenen Kinder nicht kennen; überhaupt sollen die Wächter über keinerlei Privateigentum verfügen.

Wir wollen uns an dieser Stelle jedoch noch einmal den ethischen Fragen zuwenden. Worin besteht das Wesen der Weisheit, und wie muß der Mensch beschaffen sein, der diese erwerben will, das heißt der Philosoph? Ihm soll die Staatsführung zufallen, und in Buch VII wird das außergewöhnliche Maß an Wissen und Wirklichkeitsbeherrschung, das er erlangen kann und erlangen muß, durch das Höhlengleichnis verdeutlicht, in welchem gezeigt wird, wie der Mensch aus der dunklen Schattenwelt der Höhle befreit und allmählich ins Licht geführt werden kann.

In Buch VIII finden wir Platons Geschichtsphilosophie, in der alle Veränderung notwendigerweise als Verschlechterung und als Symptom einer politischen Krankheit betrachtet wird (so wie Platon schon früher seine Abneigung gegen Veränderungen in den Erziehungsmethoden kundgetan hatte), weshalb auch sein Idealstaat keinen historischen Veränderungen unterliegt. In Buch IX wird diese politische Krankheit in ihren schlimmsten Formen beschrieben: Tyrannei und Willkürherrschaft durch unfähige Machthaber. Das Buch X kehrt zu einem schon früher gemachten, provokativen Vorschlag zurück: Die nachahmenden Künste werden wieder verdammt und vor allem die dichterischen Nachahmungen, die nur unser Verständnis verdunkeln und behindern. Homeros' mythologische Dichtungen sind zwar großartig, müssen aber im Interesse der Wahrheit unterdrückt werden.

Das Werk endet schließlich mit einem von Platons eigenen Mythen, dem Mythos von »Er«. »Er« ist ein Heros, der im Kampf gefallen ist und aus dem Jenseits zurückkehrt, um seine Erlebnisse kundzutun, wodurch er den Blick auf das Schicksal der Gerechten und Ungerechten im Leben nach dem Tode lenkt und ein für allemal deutlich macht, daß die Gerechtigkeit nicht nur eine willkürliche Konzeption, sondern ein fester Bestandteil der Weltordnung ist.

*Der Staatsmann (Politikos)*, der zwischen 365 und 360 entstand, bildet die Brücke zwischen dem *Staat* und den *Gesetzen*. Er ist nach *Sophistes* geschrieben, und der Fremde aus Elea aus jenem Dialog tritt auch hier wiederum als Hauptredner auf; die Technik sorgfältiger Klassifizierung, die in jenem Dialog erörtert worden war, wird nun auf praktische Probleme der Staatsführung angewandt.

*Der Staatsmann* führt detailliert aus, daß die persönliche Diktatur weniger wert sei als die Herrschaft der Gesetze, so daß diese Abhandlung die Grundlage für das spätere Rechtsstaatsdenken bildete. Platon gelangt jedoch zu dem Schluß, daß da, wo das unabhängige Recht Gültigkeit besitzt, die konstitutionelle Monarchie der Demokratie vorzuziehen sei (wo hingegen eine solche Unabhängigkeit des Rechts nicht vorliege, sei die Demokratie immer noch besser als die Willkürherrschaft eines einzelnen).

Die *Gesetze*, Platons umfangreichstes und vielleicht letztes Werk (geschrieben etwa zwischen 355 und 345 v. Chr., wobei manche Teile älteren Datums sein können), greift noch einmal seinen Plan für die beste Verfassung eines Staates auf; dabei verzichtet er auf manche seiner früheren, stark spekulativen Thesen zugunsten einer realistischeren Staatsauffassung.

In diesem Buch spricht ein Fremder aus Athen zu einem Kreter und einem Spartaner und beschreibt eine geplante neue Kolonie »Magnesia«, für die er ein ideales Regierungssystem entwirft. Die schon im *Staat* anzutreffende, hohe Wertschätzung der Erziehung wird hier bestätigt, und auch die durch Gemeineigentum erzielte Einheit bleibt als theoretisches Ideal erhalten, wird aber in der Praxis dadurch aufgegeben, daß den Familien (nicht jedoch den Individuen) Privatbesitz zugebilligt wird, allerdings unter strengen Auflagen.

Da die Extreme des Despotismus und der völligen Freiheit vermieden werden müssen, ist einer gemischten Verfassung der Vorzug zu geben. Die ideale Anzahl von Staatsbürgern beträgt 5040, wobei jeder ein möglichst gleich großes Stück Land erhalten soll und alle im Militärdienst auszubilden sind (im *Staat* waren nur die Wächter und Krieger für eine derartige Ausbildung vorgesehen). Eine Hierarchie von Kommissaren und Aufsichtsbeamten, die ein ausgeprägtes System der gegenseitigen Machtkontrolle bilden, gipfelt in 37 Wächtern des Gesetzes, die ihre Autorität jedoch mit einem Nächtlichen Rat teilen müssen.

Die Mitglieder des Rates, die ausgebildete Philosophen sind, haben die Aufgabe, Dissidenten und Kriminelle in einem Zuchthaus *(sophrontisterion)* aufzusuchen, »um ihre Seelen zu retten«;[9] wenn ihre Argumente jedoch nicht auf fruchtbaren Boden fallen, sollen die Gesetzesübertreter hingerichtet werden. Hinrichtungszentrum soll der »Platz der Bestrafung« sein, wo die Gefangenen in Einzelhaft dem Tode anheimgegeben werden und keine Bestattung erhalten sollen. Zu dieser Art von Verbrechern sollen auch die Atheisten gerechnet werden, denn in den *Gesetzen* wird großer Wert auf die strenge Verordnung einer Staatsreligion gelegt (deren Berechtigung aus der Seele des Menschen und aus den Gestirnen des Himmels – die als göttliche Wesen gelten – abgelesen werden kann). Diese Religion nimmt jetzt die Stelle der Dialektik und der Philosophie ein, die im *Staat* als Grundlagen des Gemeinwesens angesehen worden waren.

In diesem Spätwerk heißen die Wächter *Wächter des Gesetzes* (dessen verfassungsmäßigen Beschränkungen sie unterworfen sind), denn jetzt werden auch die Gesetze hoch bewertet, und es ist unabdingbar, daß sie befolgt werden: Wenn man keinen idealen Herrscher finden kann, dann ist die beste Lösung ein Staatsmann, der zumindest gleichzeitig Gesetzgeber ist.

Die staatliche Gesetzgebung, die in umfassender Weise alle grundsätzlichen Lebensverhältnisse regeln soll, verkörpert, wenn auch unvollkommen, die absoluten moralischen Werte, die zu verwirklichen sind, und die Bürger dürfen weder die moralischen Werte noch die auf ihnen basierenden Gesetze zu ändern versuchen, denn dazu fehlt ihnen die Kompetenz. Sie müssen statt dessen den Regelungen, welche die Gesetzgeber für sie erlassen, unbedingten Gehorsam entgegenbringen. Übrigens gehen diese Regeln, was das Zusammenleben der Staaten anbetrifft, von einem permanenten Zustand des unerklärten Krieges aus: »Was die meisten Menschen Frieden nennen«, bemerkt Platon, »ist ein bloßes Wort.«[10]

Platons Schriften sind berühmt für ihre Darstellung des Sokrates, obwohl keine ihrer Aussagen über ihn als authentisch betrachtet werden kann – es sei denn, es findet sich eine unabhängige Bestätigung dafür –, denn Platon versuchte nicht, historische Fakten über Sokrates zu berichten, sondern er wollte aus der Betroffenheit durch die Bekanntschaft mit diesem bemerkenswerten Mann und durch die tragischen Umstände seines Todes dessen Denken und Leben Ehre erweisen, indem er sie als Rahmen und Hintergrund für seine eigene Philosophie verwandte. Damit errichtete er ihm das größte literarische Denkmal, das je ein Schüler seinem Lehrer widmete.

Seine frühesten Dialoge waren weitgehend dazu bestimmt, die Anklagepunkte zu widerlegen, die in dem Verfahren gegen Sokrates vorgebracht worden waren, nämlich daß er neue Götter eingeführt und die athenische Jugend verdorben habe. Aber viele dieser frühen Dialoge befassen sich auch schon mit philosophischen Fragen, und zwar in einer aporematischen Art und Weise, d. h. indem sie kühne und provozierende Fragen stellen, auf die nur mehrdeutige, unvollständige oder paradoxe Antworten erteilt werden.

Die zweite Gruppe von Platons Schriften ist in ihrer Thematik weitreichender, positiver und schlüssiger und behandelt eingehender die Disziplinen der Logik und Metaphysik. In seinen letzten Werken spielt Sokrates nur noch eine geringe oder überhaupt keine Rolle mehr, und obwohl diese Abhandlungen formal die Dialogstruktur beibehalten, handelt es sich häufig eher um Monologe.

Sokrates hatte sich bemüht, mit Hilfe seiner Fragemethode das Paradoxon zu erhärten, wonach Tugend, d. h. sittliche Stärke, identisch sein soll mit Wissen: Und Platon, der sich ebenfalls exploratorischer Methoden bediente, machte es sich zur Aufgabe zu erklären, was das Gute ist und wie die Seele gut wird, indem sie diesen Erkenntnisvorgang nachzuvollziehen sucht. Die Entschiedenheit, mit der Sokrates sich zu absoluten Werken bekannte, beeindruckte Platon sehr, der seinerseits die pythagoreische Anschauung übernahm, daß es eine göttliche und unwandelbare Wirklichkeit gibt, die unsere Sinnenwelt transzendiert (und in mathematischen Begriffen ausgedrückt werden kann) und daß die Seele göttlichen Ursprungs und im Körper wie in einem Gefängnis eingeschlossen ist, nach dem Tode jedoch zu ihrem göttlichen Ursprung zurückfinden kann.

Solcher Art waren die Einflüsse, die Platons Ideenlehre zugrunde lagen, auf der sein Denken weitgehend beruhte – obwohl seine Haltung zu diesem Gedankengebäude in seinem späteren Leben weniger eindeutig und dogmatisch wird. Diese Ideen, die durch die vernunftgemäße Tätigkeit des Geistes erfaßt werden, sind ewige, unveränderliche Realitäten, im Gegensatz zu den veränderlichen, unvollkommenen Erscheinungen, die wir mit den Sinnen wahrnehmen und die an den Ideen nur »teilhaben« oder sie »nachahmen«, wie er später sagt. Jedem Allgemeinbegriff entspricht eine Idee, wobei an der Spitze die Idee Gottes steht, die höchste Wirklichkeit, welche alle anderen hervorbringt und erhält – der objektive Maßstab, durch den Erkenntnis möglich wird und der es dem Menschen ermöglicht, ein tugendhaftes Leben zu führen.

Wie wir vor allem Platons späteren Werken entnehmen können, werden die Ideen von der Seele erfaßt, die ihren Bezugspunkt sowohl im Makrokosmos hat, wo sie durch Gott als den Urheber und Erhalter des Universums repräsentiert wird, als auch im Mikrokosmos, wo sie mit der individuellen, menschlichen Seele identisch ist. Diese menschliche Seele – mit der sich, soweit wir wissen, zum ersten Male Sokrates ernsthaft beschäftigt hat – ist weitaus wirklicher als der Körper (von dem sie jetzt mit aller Schärfe getrennt wird), und sie hat, da sie unsterblich ist, immer schon existiert und wird im Gange der pythagoreischen Seelenwanderung ewig weiterexistieren.

Es ist die Seele, welche die Kluft überbrückt, die Parmenides zwischen der wahren, unveränderlichen Wirklichkeit und der veränderlichen Welt unserer Sinneswahrnehmungen entdeckt zu haben glaubte. Und Platon, der hier offenbar wieder eine Anschauung des Sokrates weiterentwickelt, behauptet, daß die Gesundheit und das Wohlergehen der Seele das natürliche Ziel *(telos)* aller Bewegung und Anstrengung seien, so daß in seinem Werk die Grundlagen der »Teleologie« gelegt werden, die eine so große Rolle bei Aristoteles (s. Kap. 37) und im späteren europäischen Denken spielen sollte.

Obwohl Platon bemüht war, eine rationale Grundlage für diese Anschauungen zu legen (indem er beispielsweise solche Kategorien wie Substanz und Qualität einführte, die unter diesen Namen ihre Gültigkeit behalten haben), war er doch vor allem der Begründer des Idealismus: jener Lehre von einer materiellen Welt, die von etwas Immateriellem geschaffen und regiert wird, so daß hinter den sichtbaren Erscheinungen die wahre, ewige, unveränderliche Wirklichkeit steht. Diese idealistische Weltanschauung hat den überwältigenden Einfluß Platons auf das philosophische und religiöse Denken der späteren westlichen Welt begründet. Mit ihm beginnt die zentrale Disziplin der Metaphysik, und er war gleichfalls der Wegbereiter der analytischen Philosophie (deren jüngste Entwicklung das Verständnis einiger seiner Spätdialoge sehr erleichtert hat).

Kein Denker vor ihm hat sich an eine so gewaltige und weitreichende Erforschung aller menschlichen und kosmologischen Fragen gewagt. Dabei legt allerdings die verwirrende Vielfalt seiner Schriften den Schluß nahe, daß er einer der am wenigsten systematischen und gleichzeitig am intensivsten suchenden Philosophen gewesen ist. Auch erscheint vieles von dem, was er sagt oder von seinen Sprechern sagen läßt (was durchaus nicht dasselbe ist) unakzeptabel oder sogar absurd; wobei man davon ausgehen muß, daß Platon, der viel von der Ironie seines Lehrers Sokrates geerbt hat, sich dessen durchaus bewußt war. Nichtsdestoweniger haben seine beredten Plädoyers, die die kostbarsten Früchte einer redebegeisterten Kultur darstellen, die Wahrheitssuchenden aller Zeitalter immer wieder veranlaßt, sich mit seinen Werken zu beschäftigen.

Diese Beliebtheit seiner Schriften wurde noch dadurch verstärkt, daß er einer der größten Meister der griechischen Prosa ist, auch wenn er von sich selbst behauptet, daß er seine tiefsten Überzeugungen niemals schriftlich niedergelegt habe. Er bediente sich der fruchtbaren und von ihm selbst zur höchsten Blüte entwickelten Dialogform, weil sie die lebendige Beziehung zwischen Lehrer und Schüler bewahrt und uns den Eindruck vermittelt, am Erkenntnisvorgang unmittelbar teilzunehmen. Dabei entwickelte er einen kraftvollen, anmutigen, vielschichtigen und flexiblen Prosastil, der mit Hilfe glänzender Metaphern alle Tonarten von humorvoller Leichtigkeit bis zu feierlichem Ernst umfaßt. Es erscheint glaubhaft, daß er in seiner Jugend hatte Dichter werden wollen, denn seine Prosa reicht bis in die höchsten Sphären poetischer Lyrik, vor allem in den phantasievollen Mythen und allegorischen Erzählungen, in welchen er uns zu den letzten Tiefen der Erkenntnis zu führen sucht, die anders nicht zu vermitteln wären.

Auch der Utilitarismus, der die Auffassung vertritt, daß alles recht sei, was das größtmögliche Wohlergehen der größtmöglichen Mehrheit befördere, reklamiert Platon als seinen geistigen Urheber, da es ihm explizit darum zu tun gewesen sei, die Wohlfahrt der staatlichen Gemeinschaft zu sichern. Seine Überzeugung, daß an der Spitze des Staates ein Philosoph stehen sollte, war weit entfernt von der politischen Wirklichkeit in den meisten griechischen Poleis, aber er glaubte, in Archytas von Tarent (s. Kap. 26) einen solchen Mann gefunden zu haben, und wahrscheinlich hatte er damit nicht einmal Unrecht. Dann folgte jedoch sein vergeblicher Versuch, Dionysios II. von Syrakus zu einem weiteren Philosophenkönig auszubilden, und wenn die Überlieferung zutreffend ist, könnte das völlige Scheitern dieses Versuchs teilweise dafür verantwortlich sein, daß er sich in den *Gesetzen* – im Gegensatz zum *Staat* – um etwas praxisnähere Lösungen bemühte, obwohl selbst die *Gesetze* Konzeptionen enthalten, die sie eher wie eine utopische Anwendung der »Logik der Ideen« erscheinen lassen denn als einen brauchbaren Entwurf für eine Staatsverfassung.

Die autoritären Anschauungen, die in diesen beiden Werken enthalten sind, entspringen Platons Wunsch, eine Gesellschaft zu konzipieren, die gegen die ständigen Bedrohungen innerer Unruhen und äußerer Angriffe geschützt sein soll. Dieser Wunsch führt ihn zu der Überzeugung, daß die Völker von der Vernunft regiert werden müßten. Da dies jedoch nicht ihrer natürlichen Neigung entspricht, müssen sie überredet und notfalls sogar gezwungen werden, die erwünschte Richtung einzuschlagen, wenn es nicht anders geht, auch mit Hilfe von Zwangsmaßnahmen, die dem heutigen Leser beklagenswert und erschreckend erscheinen (und sicher auch Sokrates so erschienen wären). Es entspricht nach Platons Erkenntnis der natürlichen Neigung der Völker, nicht den Geboten der Vernunft zu gehorchen, sondern sich statt dessen von Gefühlen beherrschen zu lassen. Darum sieht er in der Ausbildung der Gefühle eine der wichtigsten Aufgaben der Erziehung, eine Aufgabe, zu deren Erfüllung die Unterweisung in Kunst, Musik und Dichtung streng geregelt werden muß. Diese Notwendigkeit ließ ihn jene staatliche Zensur des kulturellen Lebens fordern, die so viele Leser abgestoßen hat.

Eine derart autoritäre Lenkung erscheint heute in den westlichen Zivilisationen als undemokratisch, aber Platon war kein Demokrat. Obwohl ihm alle zeitgenössischen Staatsformen (einschließlich der Oligarchie) zuwider waren – da sie nicht auf einem absoluten Wertesystem beruhten – und obwohl er menschenfreundlich und einsichtig genug war, um zu erkennen, daß ein wachsendes Wohlstandsgefälle zu sozialen Unruhen führen muß, war seine Grundhaltung *demokratiefeindlich* und zeigte eine aristokratische Mißachtung von Handwerkern, Sklaven und Barbaren.

Die Menschen sind seiner Auffassung nach von Natur aus ungleich; deshalb sollten sich die Erzieher (vielleicht mit Ausnahme der militärischen Ausbilder, wie aus den *Gesetzen* hervorgeht) um die Ausbildung einer Elite bemühen – nicht um die Schulung der Masse, welche in der Demokratie bestimmend ist. Und Platon verspürte eine heftige Abneigung gegen die seiner Meinung nach radikale Demokratie, die in Athen herrschte, jenes verderbliche System, das zur Verurteilung von Sokrates geführt hatte, das dann allerdings paradoxerweise Platon selbst die Möglichkeit gab, viele Jahrzehnte lang unbehelligt seine Lehren zu verbreiten – und zwar ausgesprochen demokratiefeindliche Lehren.

6 Aristoxenos, Fragment 55.
7 Aristophanes, *Thesmophoriazusen*.
8 Platon, *Der Staat*, IV, 440d.
9 Platon, *Die Gesetze*, X, 909a.
10 Ibid., 1, 626a.

# 32 ISOKRATES: DER ERZIEHER DER GRIECHEN

Isokrates (436–338), der Sohn eines wohlhabenden athenischen Adligen (welcher von den Komödiendichtern als Flötenfabrikant verspottet wurde), soll von dem Rhetoriker Teisias, den Rhetorikern und Sophisten Prodikos und Gorgias (s. Kap. 12) sowie dem gemäßigt oligarchischen Politiker Theramenes ausgebildet worden sein.

Einundzwanzig seiner Reden sind uns erhalten. Isokrates selbst berichtet uns, daß einige von ihnen für den Vortrag – durch andere Redner – vor privaten Zuhörerschaften gedacht waren;[11] andere zirkulierten in Form von Flugschriften. Sechs frühe Reden jedoch – obwohl dies umstritten ist – waren für den Parteienvortrag vor Gericht gedacht, denn nach dem Verlust des Familienvermögens im Peloponnesischen Krieg war Isokrates eine Zeitlang darauf angewiesen, sich auf diese Weise seinen Lebensunterhalt zu verdienen.

Etwa um das Jahr 392 konnte er jedoch diese Tätigkeit aufgeben, und er begann statt dessen seine Laufbahn als Erzieher, indem er seine eigene Schule für fortgeschrittene Rhetorikstudenten gründete, zunächst auf der Insel Chios und dann, etwa zwei Jahre später, in Athen. Dort bot seine Einrichtung einen drei- bis vierjährigen Ausbildungsgang an und stellte bald die weniger straff organisierten Schulen der Sophisten in den Schatten; dieser Tätigkeit blieb Isokrates bis an sein Lebensende treu.

In dieser langen Zeitspanne verfaßte er seine zahlreichen literarischen Reden. Einige von ihnen waren in erster Linie erzieherischen Fragen gewidmet, während andere politische Themen behandelten. Zur ersten Gruppe gehörte *Wider die Sophisten* (ca. 396); deren erster Teil (der allein erhalten ist) nicht nur die angeblichen Fachleute für Gerichtsreden angriff, sondern auch diejenigen, die für stärker improvisierte Reden eintraten, sowie die Philosophen. In der *Antidosis*-Rede, einer ausgedehnten Autobiographie, die er ca. 353 im Alter von 82 Jahren verfaßte, legte er seine eigenen Ansichten zu diesem Fragenkomplex ausführlich dar. Die üblichen Methoden der Rhetoriker und praktizierenden Redner waren seiner Meinung nach wertlos, da sie in phantasieloser Weise nach einer Handvoll einfacher Regeln verfuhren, die jeder halbwegs tüchtige Lehrer vermitteln konnte und deren erzieherischer Wert nur gering war.

Im Gegensatz dazu pries Isokrates sein eigenes, überlegenes System, das er als wahre »Philosophie« charakterisierte, da es breiter angelegt war und den Grundsätzen einer liberalen und humanistischen Erziehung entsprach; denn er bestand darauf, daß seine Schüler bei der Abfassung ihrer Reden enggefaßte und banale Themen vermieden und statt dessen Fragen von allgemeinerem Interesse und größerer Bedeutung behandelten. Sein eigener, noch späterer *Panathenaikos* – den er nach dreijähriger Arbeit im Jahre 399 als Siebenundneunzigjähriger fertigstellte – bestätigte diese Ansichten über das Schreiben und Lehren. Isokrates räumte auch der Moral große Bedeutung ein, die er im Sinne eines aufgeklärten Eigeninteresses als Rechtschaffenheit gegenüber den Göttern und Menschen interpretierte. Er zeigte jedoch wenig Interesse für die Erkenntnis der Natur – die seiner Auffassung nach den Menschen verschlossen ist.

Der Erfolg seiner Schule, der durch eine effiziente Werbung gefördert wurde, war gewaltig, und ein halbes Jahrhundert lang zog sie Schüler aus allen Teilen der griechischen Welt an, darunter zahlreiche künftige Redner, Politiker und Historiker. Seine Schule wurde kurz vor Platons Akademie gegründet, und die Konkurrenz zwischen beiden Einrichtungen ist unverkennbar. Isokrates' *Helena* (390/380) enthält eine indirekte Herabsetzung Platons, und Platons *Phaidon* übt versteckte Kritik an Isokrates. Platons Einwand gegen seinen Konkurrenten lautete, daß dessen System nicht auf einer rationalen, intellektuell vertretbaren Methode basiert; während Isokrates Platons Versuch, die Tugend zu einer Wissenschaft zu machen, für grotesk idealistisch hielt und nicht der Aufnahme in ein Lehrprogramm für wert erachtete.

Für ihn war ebenso wie für seinen Lehrer Gorgias und viele andere Griechen die Erziehung gleichbedeutend mit der Ausbildung der rednerischen Fähigkeiten. Diese Fähigkeiten unterscheiden seiner Meinung nach den Menschen vom Tiere und ermöglichen eine autonome, kreative, geistige und moralische Bildung von universeller Gültigkeit – und sie erscheinen deshalb geeignet, die geistige Elite hervorzubringen, die das Athen seiner Zeit benötigte. Um den Erfordernissen einer solchen Erziehung gerecht zu werden, entwickelte Isokrates einen ausgefeilten, flüssigen und eigenständigen Prosastil. In dem Tauziehen mit Platon behielt Isokrates im Urteil der Antike die Oberhand, denn man fand seine Prinzipien und Methoden verständlicher und praktikabler. Deshalb lieferte er das Modell für den Humanismus, den Cicero später formulierte und erweiterte und als Ideal an die Spätantike, an Pertrarca, die europäische Renaissance und an unsere eigene Gegenwart weiterreichte.

Isokrates war jedoch nicht nur ein Lehrer der Redekunst, sondern ein Gelehrter wie Platon und Aristoteles, der der Erziehung zutraute, das staatliche Leben und die zwischenstaatlichen Beziehungen zu verbessern. Zu diesen Themenbereichen hatte er klar ausgeprägte Vorstellungen, und die politischen Reden, die er dazu verfaßte, warfen einiges Licht auf die Anschauungen, die im Athen des vierten Jahrhunderts vertreten wurden.

Der *Panegyrikos* (380) – an dem er zehn Jahre gearbeitet hatte und den er als sein Meisterwerk ansah – plädierte auf gewandte und beredte, wenn auch etwas konventionelle Weise für ein vereintes Vorgehen der Griechen gegen die persische Gefahr unter der gemeinsamen Führung Athens und Spartas. An einer Stelle erklärt Isokrates, daß der Begriff »Grieche« in erster Linie einen Träger der hellenischen Kultur *(paideusis)* und Geisteshaltung *(dionoia)* bezeichne, während die blutsmäßige Zugehörigkeit *(genos)* keine so große Rolle spiele (s. Epilog, Anm. 3). Der *Plataikos* (373) enthält einen Angriff auf Theben, das Plataiai erobert und zerstört hatte (und die Kritik wird im *Archidamos* wiederholt, der vermutlich von König Archidamos III. von Sparta ca. 366 vorgetragen wurde).

Die Reden *An Nikokles* (ca. 372) und *Nikokles* (ca. 368, der Name eines Königs von Salamis auf Kypros) sowie *Euagoras* (ca. 365, der Name von Nikokles' Vater) sind traditionelle *encomia* oder Lobreden, die Isokrates' wachsende Überzeugung darlegen, daß die griechischen Stadtstaaten einen Monarchen von königlichem Pflichtbewußtsein benötigten, um zur Einheit zu finden. Die Rede *Über den Frieden* (356/355), die in der Zeit verfaßt wurde, als Athen den sog. »Bundesgenossenkrieg« verloren hatte und beinahe bankrott war (s. Kap. 36), drängte zum Verzicht auf den imperialistischen Ehrgeiz zugunsten eines panhellenischen Friedens. Die Rede mit dem Titel *Areopagitikos* (ca. 354?) artikulierte Isokrates' Sehnsucht nach einer sentimental verklärten Vergangenheit, wobei er die athenische Demokratie seiner eigenen Epoche beklagte und eine Rückkehr zum traditionellen, gemäßigten System von vor hundert oder zweihundert Jahren forderte, als der ehrwürdige Rat des Areopag noch die Geschicke der Stadt lenkte.

In der Rede *Philippos* (346), der wichtigsten politischen Äußerung des Isokrates, rief er König Philippos II. von Makedonien (s. Kap. 35) auf, die Griechen, und vor allem ihre besitzende Klasse, unter seiner Leitung zu vereinigen und sie in einem nationalen Kampf gegen Persien zu führen, in einem erneuten, aber diesmal offensiven Perserkrieg. (Philippos ist auch der Empfänger eines weiteren, panhellenisch gehaltenen Briefes, der vielleicht zu Recht Isokrates zugeschrieben wird, obwohl acht andere Briefe, die auch von ihm stammen sollen, möglicherweise nicht echt sind.) Dann wendet er sich von Philippos ab, der seine Aufforderungen ignoriert hat, und im *Panathenaikos* (339) verbindet er literarische Erörterungen mit einer ausgiebigen Lobrede auf Athen, das hier auf sehr vorteilhafte Weise mit Sparta verglichen wird.

Isokrates' politische Rolle ist – ebenso wie seine gesamte Persönlichkeit und sein Werk – unterschiedlich beurteilt worden, wobei sowohl Lob als auch Tadel geäußert wurden. Obwohl er in Athen einflußreiche Freunde hatte, scheint keine seiner Schriften großen Einfluß auf die praktische Politik gehabt zu haben. Trotz gewisser Schwankungen hielt er beharrlich an seinem panhellenischen Ideal fest, das die Vereinigung der griechischen Stadtstaaten gegen ihren gemeinsamen und, wie er glaubte, bedrohlichen und imperialistischen Feind, die Perser, beinhaltete. Diese betrachtete er als Barbaren und damit als natürliche Heloten und Sklaven – obwohl er sich ihres häufigen Einflusses auf die griechische Politik schmerzlich bewußt war.

Theoretisch war es eine hervorragende Idee, die Griechen zu ermahnen, zusammenzustehen, anstatt sich gegenseitig zu bekämpfen, obwohl es im Lichte der historischen Erfahrung unwahrscheinlich war, daß sie diese Mahnung befolgen würden. Und wenn Isokrates (ebenso wie Gorgias und der Redner Lysias) behauptete, daß die Griechen diese Einheit am besten durch eine Neuauflage der Perserkriege erreichen könnten, so stellte er eine Forderung, welche die griechischen Stadtstaaten aus eigener Kraft nicht erfüllen konnten, unabhängig davon, ob sie überhaupt sinnvoll war oder nicht. Zunächst hatte er gehofft, daß Athen und Sparta dieses Unternehmen gemeinsam anführen könnten, aber nachdem sich das als illusorisch erwiesen hatte, appellierte er in opportunistischer Weise an eine Reihe autokratischer Alleinherrscher, die Führung zu übernehmen, wobei er sich nacheinander an Agesilaos II. von Sparta, Dionysios I. von Syrakus, Alexandros von Pherai in Thessalien – und schließlich, wie wir gesehen haben, an den makedonischen Herrscher Philippos II. wandte.

Der Redner Demosthenes (s. Kap. 36), der in Philippos ein Ungeheuer sah, das die Griechen bedrohte, betrachtete diesen letzten Vorschlag nicht nur als lächerlich optimistisch, sondern geradezu als verräterische Kollaboration. Für Isokrates seinerseits war es der einzige Weg, die griechischen Stadtstaaten von ihren ewigen Auseinandersetzungen zu befreien. Die Ereignisse, die zur Schlacht von Chaironeia führten (338; in der Athen nicht an der Seite Spartas, sondern des verhaßten Thebens kämpfte) sowie der traumatische Verlauf der Schlacht selbst (in der sein Held Philippos seine athenischen Mitbürger und die anderen Griechen vernichtend schlug) müssen ihn desillusioniert haben. Ob nun ein dritter Brief, der Philippos' Sieg feiert (und die Hoffnung nicht aufgibt, er werde einen Kreuzzug gegen Persien führen), von Isokrates stammt oder nicht, jedenfalls starb Isokrates bald darauf, wobei es nicht wahrscheinlich ist, daß er sich selbst zu Tode hungerte, wie uns die Überlieferung berichtet.

11 Isokrates, *Antidosis*, Proömium.

# 33 PRAXITELES: DIE HUMANISIERUNG DER PLASTIK

Im späten fünften Jahrhundert hatten sich die Bildhauer ebenso wie die Maler, wohl um sich den Sorgen des Peloponnesischen Krieges zu entziehen, von den öffentlichen Themen abgewandt und stärker auf private Fragen konzentriert, wobei sie ihre Statuen und Reliefs mit einer neuartigen Empfindsamkeit und Eleganz erfüllten (s. Kap. 22). Man hat dies als die letzte Phase der hochklassischen Kunst bezeichnet, die dann um 370 (manche sagen auch, zwei oder drei Jahrzehnte früher) in den spätklassischen Stil überging, der zwar noch Wert auf Idealisierung legte, dieser aber durch eine stärkere Nachahmung der Natur Ausdruck zu verleihen suchte.

Diese spätklassische Epoche war auch ein zunehmend individualistisches Zeitalter, in dem charakteristischerweise immer mehr Künstler als Einzelpersönlichkeiten Erwähnung fanden und nicht mehr nur kollektiv als Mitglieder einer Schule. Sie waren weniger stark als ihre Vorgänger an einen Ort oder einige wenige Orte gebunden, sondern arbeiteten häufig in fremden Stadtstaaten. Eine der herausragenden Gestalten dieser Epoche war der Athener Praxiteles, der Sohn des Bildhauers Kephisodotos, der in den Jahren zwischen 370 und 330 v. Chr. wirkte.

Das Meisterwerk des Praxiteles war wohl die nackte Aphrodite, die er für Knidos ca. 364/361 schuf. Plinius d. Ä. hielt sie nicht nur für sein reifstes Werk, sondern für die schönste Plastik überhaupt, die jemals geschaffen worden ist.[12] Von der Figur selbst ist nur ein Bruchstück erhalten, aber literarische Beschreibungen und spätere Münzbilder haben es möglich gemacht, zahlreiche Kopien zu identifizieren.

Diese Kopien sind größtenteils nicht sehr gut, aber sie machen deutlich, daß Praxiteles die weibliche Gestalt in einer revolutionären Weise behandelte, indem er sie nackt darstellte und versuchte, einen neuen weiblichen Typus zu schaffen – was im Einklang mit einem gewachsenen und weitverbreiteten Interesse an der Frau und ihren Eigenarten stand, welches für die damalige Zeit charakteristisch war (s. Anhang II). Praxiteles' Standbild der Aphrodite, das er nach einem lebenden Modell geschaffen haben soll, war dazu bestimmt, von allen Seiten betrachtet zu werden, was trotz verschiedener früherer Versuche, von der reinen Frontalansicht wegzukommen (s. Kap. 14), eine wesentliche Neuerung gewesen zu sein scheint.

Die Knie der Göttin stehen dicht beieinander, darüber erheben sich die schwellenden Formen ihres Körpers, der in einer feinen S-Kurve gebogen ist. Sie hat ihr Gewand abgenommen und ist im Begriff, es über ein Wassergefäß an ihrer Seite zu legen, das der Marmorfigur gleichzeitig als Stütze dient. Mit der Rechten bedeckt sie ihre Scham, und ihr Blick, der ernst und ruhig ist, soll dennoch eine Spur von Koketterie vermittelt haben.[13] Die gesamte Erscheinung ist als deutlich, wenn auch nicht vulgär erotisch beschrieben worden (im Gegensatz zu den Kopien, die keine Spur von Erotik mehr erkennen lassen).

Die knidische Aphrodite wurde zur einflußreichsten bildhauerischen Schöpfung der Kunstgeschichte; um so schmerzlicher ist es, daß sie uns nicht erhalten ist. Verloren sind auch alle anderen lebensgroßen Figuren, die Praxiteles von antiken Schriftstellern zugeschrieben werden und von denen offenbar viele ebenfalls fruchtbare Abweichungen von überlieferten Mustern darstellten.

Es ist nur eine Statue erhalten, die zwar nicht unmittelbar von seiner Hand stammt – als ihr Entstehungsdatum wird die Zeit um 343 vermutet –, aber doch eine zeitgenössische oder zumindest hellenistische Kopie von ausgezeichneter Qualität ist, die im Unterschied zu den trostlosen römischen Kopien die sensible Brillanz des Originals mit erstaunlicher Genauigkeit wiedergibt (auch wenn sie sich vielleicht einige Freiheiten, vor allem im Hinblick auf das Gewand, gestattet). Es ist eine Marmorstatue des Gottes Hermes, der das Knäblein Dionysos auf dem Arme trägt. Sie wurde im Heratempel von Olympia gefunden, an der gleichen

Stelle, wo Pausanias sie sah und beschrieb.[14] Der Körper, der in einer ausgeprägt geschwungenen Linie modelliert ist, ruht auf dem Standbein. Ein Baumstumpf dient als Stütze, die in diesem Falle wegen der seitlichen Neigung des Hermes noch notwendiger war als bei der knidischen Aphrodite.

Die Augen des Gottes sehen mit einem träumerischen Blick in die Weite, und in seinem Antlitz finden wir die entfernte Andeutung eines Lächelns. Hier stoßen wir wieder auf ein neues Ideal, das auf der Verzauberung durch die physische Schönheit beruht, die niemals zuvor einen so intensiven Ausdruck gefunden hatte.

Als Material bevorzugte Praxiteles – im Gegensatz zu vielen früheren Bildhauern – den Marmor, dessen glatte, schmeichelnde und schattierte Oberfläche ihm für die Darstellung der Haut am besten geeignet erschien. Er brillierte in der Verarbeitung dieses Materials, dessen empfänglicher Oberfläche er mit Hilfe zarter Farbgebung ein glänzendes Finish verlieh, wobei er nach dem Zeugnis des Älteren Plinius für die farbliche Gestaltung Nikias, einen führenden Maler seiner Zeit, heranzog.

Der strenge Stil eines Pheidias und Polykleitos, der schon durch die Bildhauer des späten fünften Jahrhunderts eine erhebliche Weiterentwicklung erfahren hatte, wurde nun durch Praxiteles zu einer raffinierten, üppigen Kunstrichtung umgestaltet, die einen sinnenfrohen, lieblichen wie auch anmutigen Zauber entfaltete, der sich in lebhaft bewegten, beinahe lässigen Posituren und in reifen, schwellenden Formen niederschlug. Diese in sich selbst ruhenden, träumerischen Göttergestalten – die stärker als je zuvor vermenschlicht waren – versetzten den Zuschauer aus seinen Alltagssorgen in eine bessere Welt. Praxiteles wurde nachgerühmt, er verleihe den »Leidenschaften der Seele« sichtbaren Ausdruck, worunter wir nicht so sehr die seelische Erregung verstehen möchten, als vielmehr das zarte persönliche Empfinden, die Stimmung und das Temperament, wie sie in seiner Hermes-Figur deutlich werden und ebenso in ein paar ausgezeichneten Männerköpfen, die mit einiger Wahrscheinlichkeit als Originalwerke des Praxiteles identifiziert werden können.

Obwohl sein Ruhm, anders als bei seinen Vorgängern, hauptsächlich auf seinen Marmorarbeiten beruhte, fertigte er auch hervorragende Bronzeplastiken. Keine von ihnen ist erhalten, aber eine wunderbare, komplette Bronzestatue aus den 340er Jahren scheint eine Arbeit aus seiner Schule zu sein, da sie die gleiche geschwungene Haltung wie der Hermes aufweist, wobei jedoch der Kopf, das Haar und das Gesicht die Annahme einer Urheberschaft des Praxiteles ausschließen. Die Figur ist unter dem Namen des Marathon-Knaben bekannt, da sie in der Nähe dieser Stadt im Meer gefunden wurde.

Praxiteles erwarb sich zu Lebzeiten großen Reichtum (sein Sohn war ebenfalls außerordentlich wohlhabend); sein Ansehen erreichte jedoch seinen Höhepunkt im Römischen Reich, wobei allerdings einige religiös gesonnene Betrachter seine Götterdarstellungen zu naturalistisch fanden und frühere Bildhauer bevorzugten.

12 Plinius d. Ä., *Naturkunde*, XXXV, 133.
13 Pseudo-Lukianos, *Liebesgeschichten*, 13; Lukianos, *Bilder*, 4.
14 Pausanias, V, 17.

# SIEBTER TEIL

# DAS ENDE DES KLASSISCHEN GRIECHENLAND

# 34 TIMOLEON: SIZILIENS BLÜTEZEIT

Nach dem Tod Dionysios' I. im Jahr 367 (s. Kap. 25) übernahm sein Sohn Dionysios II. im Alter von etwa 30 Jahren die Herrschaft in Syrakus. Unverzüglich schloß er Frieden mit den Karthagern auf der Grundlage der schon bekannten Grenzziehung am Halykos.

Es folgte eine Dekade des Friedens. Der einflußreichste Ratgeber des jungen Mannes in dieser Zeit war anfänglich Dion (s. Kap. 31), der Schwager seines Vaters. Da aber Dions Stellung am Hof durch andere Parteien bedroht war, lud er Platon (zu dessen Akademie er enge Beziehungen unterhielt) zu einem zweiten Besuch nach Syrakus ein, in der Hoffnung, das Ansehen des Philosophen werde seiner eigenen Stellung zugute kommen. Ob Platon nun, wie behauptet wurde, wirklich hoffte, Dionysios II. werde sich zum Philosophen-König entwickeln (eine unrealistische Wunschvorstellung), oder nicht: Auf jeden Fall dürfte Dion das Bedürfnis nach Hilfe bei dem Versuch verspürt haben, die Tyrannis durch eine Regierungsform von äußerlich konstitutionellem Zuschnitt unter seiner Führung zu ersetzen. Jedoch reiste Platon wieder ab, ohne irgend etwas erreicht zu haben, und unter dem (nun bestimmenden) Einfluß des Historikers Philistos wurde Dion wegen angeblicher Konspiration mit Karthago ins Exil geschickt (366/365). Platons Bemühungen, bei einem dritten Besuch (361/360) seine Reformideen durchzusetzen, erwiesen sich erneut als erfolglos.

Eine Zeitlang hielt sich Dion in Athen auf, aber im Jahr 357 führte er, im geheimen Einvernehmen mit anderen Mitgliedern der Platonischen Akademie (und wahrscheinlich auch mit den Karthagern) eine Expedition nach Sizilien, in deren Verlauf Syrakus eingenommen wurde, obwohl sich die Inselfestung Ortygia noch zwei Jahre lang halten konnte. Dionysius II., der zu dieser Zeit in Süditalien war, blieb weiterhin als Herrscher in Lokroi, der Heimatstadt seiner Mutter. Doch führten in Syrakus Dions einschneidende Besteuerung und sein zunehmend diktatorisches Auftreten als Oberkommandierender *(strategos autokrator)* auf Betreiben des Akademie-Mitglieds Kallippos zu seiner Ermordung durch Söldner von der Insel Zakynthos (354).

Im Verlauf der folgenden Wirren wandte sich Dionysios II. wieder nach Sizilien und eroberte Syrakus zurück (347/346). Doch sah er sich selbst innerhalb von zwei Jahren auf Ortygia durch syrakusanische Aufständische eingeschlossen; diese erhielten Unterstützung von einem Landsmann, Hiketas, dem Tyrannen von Leontinoi. Hiketas wiederum stützte sich auf eine starke Söldnertruppe und außerdem auf eine karthagische Flotte, welche die unübersichtliche Lage in Sizilien auszunutzen versuchte, um die verschiedentlichen Kriegszüge aus der Zeit Dionysios' I. wiederaufzunehmen und dabei die karthagische Macht vom Westen auf den Ostteil der Insel auszudehnen.

Angesichts dieser Bedrohungen wandten sich Hiketas' ehemalige syrakusanische Parteigänger an die Mutterstadt Korinth mit der Bitte, ihnen eine Entsatzarmee zu schicken. Daraufhin entsandten die Korinther unverzüglich eine Streitmacht unter Führung von Timoleon.

Der schon über sechzigjährige Timoleon war bisher nur dadurch bekannt geworden, daß er seinen eigenen Bruder Timophanes getötet hatte: entweder (so Diodoros) erst kurz vorher oder (so Plutarchos) zwanzig Jahre früher, nachdem Timophanes sich selbst zum Diktator von Korinth aufgeschwungen hatte; ob allerdings diese vielberedete Tat Timoleon mit dauernden Gewissensbissen belastete, wie gesagt wurde, muß im ungewissen bleiben, da seine übertriebenen Lobpreisungen durch den sizilischen Historiker Timaios und den moralistischen Plutarchos (zusammen mit Timoleons eigener geschickter Öffentlichkeitsarbeit) alle Versuche, seine Laufbahn genau nachzuvollziehen, schwierig machen. Wir können nicht einmal sagen, warum Korinth sich überhaupt zur Hilfe für die Syrakusaner entschloß oder warum es – nachdem dies einmal geschehen war – einen solch obskuren Mann fortgeschrittenen Alters als Führer bestimmte, wo doch wahrscheinlich genügend tatkräftige Abenteurer für eine derartige Aufgabe bereitstanden.

Jedenfalls umging Timoleon mit neun oder zehn Schiffen und etwa 1000 Söldnern die karthagische Flotte, landete bei Tauromenion, schlug Hiketas in zwei Gefechten, belagerte Dionysios II. in Ortygia und machte ihn mit einer Kombination von kühner Taktik und geschickter Verhandlung praktisch zu seinem Gefangenen. Schließlich wurde Dionysios aus Sizilien ganz vertrieben (woraufhin er sich in Korinth niederließ).

Als nächstes übernahm Timoleon, der an diesem kritischen Punkt des Feldzugs durch 2000 Söldner und 200 korinthische Reiter Verstärkung erhielt, die völlige Herrschaft über Syrakus, machte aber deutlich, daß dies lediglich als eine zeitweise Maßnahme zu betrachten sei, nicht als Erneuerung der Tyrannis: So ließ er die Befestigung des Palastes niederreißen, die als Sinnbild der alten autokratischen Ordnung gegolten hatte. Dann führte er mit Hilfe zweier korinthischer Juristen eine Rechtsordnung ein, die als »demokratisch«-konstitutionell beschrieben wurde, wahrscheinlich aber eher als oligarchisch zu bezeichnen wäre.[1] Formelles Staatsoberhaupt war der Priester *(amphipolos)* des Olympischen Zeus, der nominell zwar gewählt, tatsächlich aber aus den Reihen dreier Familien durch Los bestimmt wurde. Außerdem rief Timoleon ein Programm sozialen Wiederaufbaus ins Leben, das nicht weniger als 60 000 Siedler aus anderen Teilen Siziliens, aus dem Süden des italischen Festlandes und aus Griechenland nach Syrakus brachte.

Zur selben Zeit unternahm er eine Reihe von Feldzügen gegen die Tyrannen der anderen sizilischen Städte. Der bekannteste unter ihnen, Hiketas, schloß sich daher den Karthagern an, als diese wiederum ihren Vorteil aus den Streitigkeiten zwischen den Insel-Griechen zu ziehen suchten und weitere Expeditionstruppen nach Sizilien sandten. Zuerst gelang es Mago (II.) aus ungeklärten Gründen nicht, die zahlenmäßig unterlegenen Truppen des Timoleon anzugreifen, und er zog sich zurück (ca. 343). Dann führten Hasdrubal und Hamilkar (II.) 70 000 Mann auf 1000

Truppentransportern und 200 Kriegsschiffen heran (ca. 341). Diese Streitmacht ging bei Lilybaion an Land, wurde aber, als sie den Krimisos bei Segesta überquerte, von Timoleons nur 12 000 Mann starkem Heer mit Hilfe einer entweder zufälligen oder künstlich herbeigeführten Überflutung des Flusses schwer geschlagen und erlitt unerhörte Verluste. Timoleon nutzte jedoch seinen Erfolg nicht aus – da er offenbar die Bedrohung von Syrakus durch griechische Gegner befürchtete. Vielmehr schloß er Frieden mit den Karthagern und vereinbarte auf der Grundlage des Status quo den Halykos als Grenze zwischen dem griechischen und karthagischen Herrschaftsgebiet.

Dieser Vertrag sicherte nicht nur die Unabhängigkeit des griechischen Siziliens, sondern gab Timoleon freie Hand, seine Offensiven gegen verschiedene Tyrannen in anderen griechischen Stadtstaaten der Insel wiederaufzunehmen, auch jene gegen Hiketas, der – nachdem er vergeblich versucht hatte, einen Ausgleich herbeizuführen – vernichtend geschlagen und mit Frau und Familie hingerichtet wurde. In gleicher Weise verfuhr Timoleon auch mit anderen örtlichen Autokraten – ein Vorgehen, das sich für seine Lobredner als peinlich erwies, waren sie doch bemüht, ihn frei von moralischen Makeln erscheinen zu lassen.

Gleichwohl trug diese blutige Säuberung zweifellos dazu bei, daß eine allgemeine Reorganisation Siziliens möglich wurde. Der wiedergewonnene Friede bewirkte ein Aufblühen der Landwirtschaft; Münzprägungen, neu entstehende Gebäude und keramische Industrie stellen uns deutlich vor Augen, daß die ausgeblutete Insel, die nach dem syrakusanischen Modell bevölkert und unter syrakusanischer Führung durch einen Städtebund geeint wurde, einen Wiederaufschwung erlebte.

Im Jahr 337 wurde Timoleons Augenlicht schwächer; er zog sich ins Privatleben zurück, wohnte Zusammenkünften der syrakusanischen Volksversammlung aber weiterhin bei, auf denen seine Meinungsäußerungen (wie uns berichtet wird) regelmäßig einstimmige Akklamationen fanden. Kurze Zeit danach starb er. Nach einer öffentlichen Totenfeier wurde er auf der Agora beigesetzt; ein Denkmal, bekannt als das Timoleonteion, wurde über seinem Grab errichtet: es umfaßte innerhalb eines säulenumstandenen Bezirks auch ein Gymnasium.

Seine Mitbürger taten recht daran, Timoleon zu ehren. Sicher täuschten seine Lobredner oft über die Doppelzüngigkeit und Gewalt hinweg, die er bisweilen für notwendig erachtete. Darüber hinaus war er von Söldnern abhängig – ebenso wie die Tyrannen, die er so unnachsichtig niederwarf. Diese Söldner jedoch befehligte er mit kühnem Geschick; er hatte ein gutes Gespür dafür, wann der Feind im Nachteil war und wann er zuschlagen konnte; außerdem war er ein energischer und kluger Staatsmann, Diplomat und Redner. Diese Talente ermöglichten ihm, Syrakus und Sizilien – für eine allzu kurze Periode – das wirkungsvollste und wohltätigste Regiment zuteil werden zu lassen, das sie jemals gehabt hatten – ein Regiment, das möglicherweise sogar Redefreiheit gewährte, wie Plutarchos jedenfalls berichtet.[2] Timoleons angeblich bescheidene, mystische Ergebenheit in sein Schicksal und den Willen der Götter trug ihm weite Bewunderung ein.[3]

Nach seinem Tode brach sein sizilischer Städtebund jedoch zusammen. Viele Mitglieder pochten wieder auf ihre Unabhängigkeit: etwa indem sie syrakusanische Münzen mit ihren eigenen Münzbildern überprägten. In Syrakus wurden um das Jahr 330 seine politischen Reformen durch einen Aufstand hinweggefegt, der 600 Oligarchen an die Macht brachte. Diese wiederum wurden im Jahr 317 durch die Gewaltherrschaft des Agathokles abgelöst.

1 Diodoros von Sizilien, XVI, 70 (vgl. 19); Plutarchos, *Timoleon*, 22 und 37.
2 Plutarchos, *Timoleon*, 37.
3 Ibid., *Anleitung zu politischer Tätigkeit*, 2, 816e; *Harmloses Eigenlob*, 2, 542e *(automatia)*.

# 35 PHILIPPOS II.: DAS ENDE DER GRIECHISCHEN POLIS

## CHRONOLOGIE

| | |
|---|---|
| 359 | Thronbesteigung König Philippos' II. von Makedonien; Erfolge gegen Paionier und Illyrier (359–358) |
| 358 | Tod des Königs Artaxerxes II. Mnemon von Persien und Thronbesteigung von Artaxerxes III. Ochos |
| 357 | Philippos II. nimmt Amphipolis ein; danach Pydna, Poteideia (356) und Methone (354) |
| 357 | Philippos II. nimmt Olympias (eine Molosserin) als weitere Frau (Alexander III., »der Große«, und Kleopatra werden 356 und 355 geboren) |
| 357–355 | Aufstand der athenischen Bundesgenossen: »Bundesgenossenkrieg«, ausgelöst durch Maussollos von Karien (s. Kap. 28) |
| 356–346 | Dritter Heiliger Krieg zwischen phokischen und thebanischen Koalitionen |
| 355 | Isokrates: *Über den Frieden* (s. Kap. 32) |
| 355–342 | Eubulos politischer Führer in Athen |
| 352 | Demosthenes: *Über die Symmorien* (Reform der Seestreitkräfte) |
| 352 | Philippos in Heraion Teichos, Hauptstadt des thrakischen (odrysischen) Königs Kersebleptes |
| ca. 351 oder 349 | Demosthenes: *Erste Philippika* |
| 349 | Demosthenes: *Olynthische Reden*; doch Philippos II. nimmt Olynthos ein (348) |

| | |
|---|---|
| 347 | Platons Tod (sein letztes Werk: *Die Gesetze*; s. Kap. 31) |
| 347–345 | Aristoteles in Assos, dann in Mytilene (345–343) |
| 346 | Friede des Philokrates mit Philippos II.: Demosthenes, *Über den Frieden*: Isokrates: *Philippos* |
| 344 | Demosthenes: *Zweite Philippika* |
| 342/341 | Philippos II. annektiert Thrakien |
| 341 | Demosthenes: *Über die Chersonesos* und *Dritte Philippika* (*Vierte Philippika*, vermutlich echt, im Jahr 340) |
| 340 | Philippos II. belagert erfolglos Perinthos und Byzantion, Athen erklärt ihm den Krieg |
| 339 | Philippos II. besiegt den skythischen König Ateas in der Dobrogeia, wendet sich dann nach Süden, um Elateia in Phokien einzunehmen |
| 339 | Isokrates: *Panathenaikos* |
| 338 | Philippos II. nimmt Amphissa ein, schlägt die Athener und Thebaner bei Chaironeia und ruft den Ersten Korinthischen Kongreß zusammen |
| 338 | Tod des Isokrates |
| 338 | Ermordung König Artaxerxes' III. Ochos von Persien und Thronbesteigung von Arses (Artaxerxes IV.?) |
| 337 | Zweiter Korinthischer Kongreß: Philippos II. kündigt einen Feldzug gegen das Persische Reich an |
| 337 | Philippos II. heiratet Kleopatra, eine Makedonierin |
| 336 | Der makedonische General Attalos landet in Kleinasien |
| 336 | Ermordung Philippos' II. und Thronbesteigung Alexanders III., »des Großen« (landet 334 in Kleinasien, stirbt 323) |

| | |
|---|---|
| 336 | Ermordung von König Arses von Persien, Thronbesteigung von Dareios III. Kodomannos |
| 335 | Aristoteles kehrt nach Athen zurück und gründet das Lykeion |
| 322 | Selbstmord des Demosthenes |

Im Norden des kontinentalen griechischen Mutterlandes, von dem es nur durch den Olymp getrennt war, erstreckte sich das Königreich Makedonien. Sein Kerngebiet war die fruchtbare makedonische Ebene, die im wesentlichen durch die Täler der drei großen Flüsse Haliakmon, Lydias und Axios gebildet wurde, welche das ganze Jahr über Wasser führten und in den Thermaeischen Golf mündeten. Die Nordgrenze des Landes bildete eine sichelförmige Gebirgskette, in der unterentwickelte und latent kriegerische Fürstentümer und Stammesverbände vermischt illyrischen, thrakischen und vielleicht auch griechischen Ursprungs die Herrschaft ausübten.

Die Könige von Makedonien, deren Stellung im Staat Erinnerungen an das heroische, homerische Zeitalter aufkommen ließ, nannten sich Argeaden, weil sie ihre Wurzeln bis auf Argos und Herakles zurückverfolgten, wodurch sie den Anspruch erhoben, rein griechischen Ursprungs zu sein. Die Griechen der Stadtstaaten äußerten sich oft ungläubig über diese Beteuerungen, die in der Tat fiktiv waren – obwohl die offizielle Religion des makedonischen Hofes hellenischer Art war und uralte griechische Einflüsse widerspiegelte. Die Oberschicht, die aus einem mächtigen Adel bestand, der von Zeit zu Zeit lautstark seine Ansichten dem jeweiligen Herrscher gegenüber zum Ausdruck brachte, sprach eine Sprache, die einige Verwandtschaft mit dem Griechischen aufwies – oder sogar eine seiner Ausprägungen darstellte, vielleicht einen ursprünglich äolischen Dialekt. Die übrige Bevölkerung jedoch, deren Volksversammlung mehr oder minder machtlos war (obwohl die Bauern-Soldaten sich einzeln oder gemeinschaftlich direkt an den König wenden durften), konnte kaum Anspruch auf einen griechischen Ursprung erheben.

Doch war die Küste zu einem frühen Zeitpunkt das Ziel der

Kolonisationspolitik griechischer Stadtstaaten geworden, die mit dem Export makedonischer Nahrungsmittel, Metalle und makedonischen Holzes für den Schiffsbau ihre Gewinne machten – zu einer Zeit, als das Königreich noch nicht weit genug entwickelt war, um diesen Handel in eigene Hände zu nehmen.

Etwa um 640 dehnte König Perdikkas I., der erste historisch nachweisbare Argeaden-König, sein Gebiet weiter aus und verlegte seine Residenz nach Aigai. Etwa um 512 jedoch – nachdem Dareios I. Thrakien vereinnahmt hatte – wurde Amyntas I. Vasall der Perser, die fortan in seinen Städten Garnisonen unterhielten. Dies war der Grund dafür, daß sein Nachfolger, Alexander I., dem Perserkönig Xerxes I. auf seinem Zug gegen Griechenland (480) Heerfolge leistete, obwohl er im nachhinein behauptete, heimlich auf griechischer Seite gestanden zu haben. Später wurde er zu den Olympischen Spielen zugelassen, womit er als Grieche anerkannt war. Er nahm die Dichter Pindaros, Simonides und Bakchylides als Gäste an seinem Hof auf. Auch organisierte Alexander I. wahrscheinlich als erster ein makedonisches Hoplitenheer.

Die kriegführenden Mächte des Peloponnesischen Krieges wurden von Perdikkas II. (ca. 450 – ca. 413) gegeneinander ausgespielt. Auf die Herrschaft seines Sohnes Archelaos I. (ca. 413–399), der eine ausgesprochen philhellenische Politik betrieb (etwa, indem er Euripides bei sich aufnahm und Zeuxis damit beauftragte, seinen Palast auszumalen), folgte eine längere Periode dynastischer Wechsel, die durch die Einflußnahme der zeitweiligen Führungsmacht Pherai in Thessalien überschattet wurde, mit der Amyntas III. (393/392–370/369) einen Vertrag schloß.

Im Jahre 359 starb sein Sohn Perdikkas III. – der sich sehr um die Verbesserung des Steuersystems in seinem Land bemüht hatte – nach einer vernichtenden Niederlage gegen die Illyrier (Dardanier, Paionier), deren Zugriff auf die makedonischen Nord-Provinzen er zu lockern versucht hatte.

Dies brachte Perdikkas' Bruder Philippos II. an die Macht, vielleicht zunächst – für eine kurze Periode – als Regent anstelle seines unmündigen Neffen (Amyntas IV.), doch bleibt diese Annahme ungesichert.

Philippos war zu dieser Zeit ein junger Mann von dreiundzwanzig Jahren. In seiner Jugendzeit hatte er drei Jahre (367–365) als Gast in Theben verbracht, wo er das militärische Genie des Epameinondas bewundert und daraus seine Lehren gezogen hatte (s. Kap. 29). Nachdem er in den ersten beiden Jahren seiner Herrschaft die Illyrier niedergekämpft hatte, die seinen Bruder getötet hatten, nahm er im Jahr 357 die Küstenkolonie Amphipolis ein: Dies alarmierte die Athener, die um den Handelsweg für ihre Getreideimporte zu fürchten begannen (s. Kap. 27). Im folgenden Jahr eroberte er Krenides (das er in Philippi umbenannte), was ihn in die Lage versetzte, die Gold- und Silberminen im und um das Pangeion-Gebirge zu kontrollieren.

Die erheblichen Einkünfte aus dieser Quelle ermöglichten ihm, Makedonien aus seiner Schwäche herauszuführen, mit der er bis dahin zu kämpfen gehabt hatte. Er war nun beispielsweise in der Lage, sich auf kühnere diplomatische Manöver einzulassen; Widerstände brach er durch massive Geschenke und Bestechungsgelder, die in einer erstklassigen Währung ausgezahlt wurden. Darüber hinaus gelang es ihm, die einfache Weidewirtschaft seines Landes zu einem ertragreichen Ackerbau weiterzuentwikkeln.

Vor allem aber kümmerte er sich persönlich um die großangelegte Entwicklung des makedonischen Heeres, das sich unter Einschluß nichtmakedonischer Kontingente zu einer nationalen Berufsarmee entwickelte und ein militärisches Niveau erreichte, wie man es vorher auf der Balkanhalbinsel nicht gekannt hatte. Die wagemutigen makedonischen Fußsoldaten – entweder kleine Landbesitzer oder Bauern – wurden zu Kriegern, die in einer neuartigen, außerordentlich verbesserten infanteristischen Phalanx kämpften und anstelle des Hopliten-Speers ca. vier bis fünf Meter lange Lanzen *(Sarissen)* trugen. Diese neue Phalanx wurde in einer mobileren und flexibleren offenen Ordnung aufgestellt; Philippos übernahm für seine infanteristische Schlachtordnung Epameinondas' Methode, tiefer und weniger tief gestaffelte Kontingente in einer Linie miteinander zu verbinden. Die Reiterei, die bereits eine schwere Eliteeinheit aus Gefährten *(hetairoi)* als Kerntruppe besaß, erhielt gleichfalls einen eindrucksvolleren Zuschnitt. Sie umfaßte Spezialeinheiten, deren vornehmliche Aufgabe darin bestand, die Flanken und den Rückraum der Infanteriephalanx in Keilformation abzusichern; das zeitlich gut abgestimmte Zusammenwirken beider Waffengattungen (auch das eine von Epameinondas erlernte Technik) gehörte zu Philippos' Spezialitäten, ebenso wie die umwälzende Entwicklung der Belagerungskunst, die sich eng an die technischen Neuerungen Dionysios' I. von Syrakus anlehnte (s. Kap. 25).

Doch verdankte diese schlagkräftige Armee ihr Entstehen letztlich nur der persönlichen Begabung Philippos'. Zwar ist es wahr, daß er zuviel trank und sich oft rüde benahm, aber er war ein vorzüglicher Truppenführer (unterstützt von seinem besten General, Parmenion). Hinzu kam, daß er großen persönlichen Mut besaß und Verwundungen zu ertragen wußte: so den Verlust eines Auges – wie uns berichtet wird –, eine gebrochene Schulter und sowohl einen verkrüppelten Arm als auch ein verkürztes Bein. Eine kleine Ebenholz-Büste aus dem »königlichen« Grabgewölbe von Aigai (zur Zeit im Museum von Saloniki/Thessalonike), die offenbar Philippos darstellt, zeigt ihn mit einem verlorenen Auge – und das Grab mit dem Tonnengewölbe, in dem sie entdeckt wurde, enthielt auch ein Paar vergoldeter Beinschienen von unterschiedlicher Länge und Form, von denen eine wohl eigens für sein verkürztes Bein angefertigt worden war. Trotz dieser Behinderungen war er unermüdlich und (was seine Gegner beklagten) zu Feldzügen in allen Jahreszeiten bereit.

Wenn er sich zu Hause aufhielt, wohnte er offenbar in dem beispiellos großräumigen Palast in Pella, den er wohl selbst hatte bauen lassen und der aus zwei architektonischen Komplexen bestand, die parallel zueinander errichtet worden waren; auch fand man in dem oben erwähnten Grab von Aigai und einer »kleinen Grab-Kammer« an derselben Stelle bedeutende Wandmalereien, die frühesten Gemälde dieser Art von Rang, die aus der klassischen Welt außerhalb Etruriens auf uns gekommen sind (s. Kap. 10 und 22).

Das Entsetzen der Athener über die Einnahme von Amphipolis war nur das erste einer Reihe ähnlicher Schockerlebnisse zu einer Zeit, da sie durch einen Aufstand ihrer Bundesgenossen arg in Bedrängnis gerieten (sog. »Bundesgenossenkrieg«, den Maussollos von Karien angezettelt hatte, s. Kap. 28). Pydna, Poteidaia und Methone fielen der Reihe nach in Philippos' Hand (356–354) und sicherten die Überlegenheit seines Königtums rund um den Thermaeischen Golf, ohne daß eine von Athen organisierte Koalition sich zu wirksamen Gegenmaßnahmen aufraffen konnte: Die wahre, gefährliche Bedeutung von Philioppos' Heeresreform wurde damals noch nicht hinreichend erkannt.

Währenddessen veranlaßte der Ausbruch des Dritten Heiligen Krieges (356) – besonders gekennzeichnet durch die Einnahme von Delphi durch phokische Separatisten, die sich gegen die thebanische Herrschaft über ihr Land wandten und den Tempelschatz benutzten, um eine neue Söldnerarmee auszurüsten – die Aleuaden von Larissa in Thessalien, sich an Philippos um Hilfe zu wenden; sie gaben ihm so einen Vorwand, seinen Einfluß südlich von Thessalien bis nach Mittelgriechenland auszudehnen.

Nach einigen anfänglichen Rückschlägen bezwang er den phokischen Führer Onomarchos und tötete ihn (obwohl die Athener den Phokern bei der Schlacht auf dem Krokus-Feld, 352, zu Hilfe eilten). Aber als eine verbündete griechische Armee Philippos bei den Thermopylen ein weiteres Vordringen verwehrte, wandte er sich nach Norden, unternahm einen vorbereitenden Angriff auf Thrakien – eines der größten und reichsten Länder der Alten Welt, das politisch allerdings zerrissen war – und unterwarf einen seiner Könige, den Odrysier Kersebleptes nach der Belagerung seiner Hauptstadt Heraion Teichos. Daraufhin wandte sich Philippos gegen die griechischen Städte auf dem Vorgebirge der Chalkidike, das an sein Herrschaftsgebiet grenzte: also gegen die Mitglieder des Chalkidischen Bundes, die, wie die Boiotische Konföderation (s. Kap. 29), das frühe Beispiel eines Bundesstaates darstellten. Das Hauptzentrum des Bundes, Olynthos – die Ausgrabungen fördern hier das einzigartige Bild einer Stadt des vierten Jahrhunderts zu Tage –, wandte sich an Athen um Hilfe. Doch trotz aller rednerischen Bemühungen des Demosthenes (s. Kap. 36) kam die athenische Hilfe zu spät und war zu geringfügig, und Olynthos fiel Philippos durch Verrat in die Hände und wurde zerstört (348).

Durch eine von Philippos geschürte Revolte auf Euboia gebunden, waren die Athener gezwungen, seinem Frieden des Philokrates (346) zuzustimmen. Dieser Friede war Gegenstand vieler späterer Streitigkeiten unter Athens Politikern, da er einmal Athens Einverständnis mit dem Verlust von Amphipolis festschrieb und zum anderen Philippos als die beherrschende politische Gestalt in Mittelgriechenland anerkannte, dem auch ein Platz in der Leitung der Amphiktionie, die über Delphi wachte, eingeräumt wurde: Diese Amphiktionie aber begrüßte Philippos gleichsam als siegreichen Kreuzfahrer und ernannte ihn zum Leiter der Pythischen Spiele im selben Jahr.

Wenn Philippos auch – was sehr wahrscheinlich ist – bereits Pläne hatte, wie er Griechenland unter seine Herrschaft bringen könnte, so spürte er doch, daß die Zeit noch nicht reif war, sie in die Tat umzusetzen. Statt dessen dehnte er seine Macht nunmehr stärker nach Norden aus, besonders nach Epeiros und Thessalien, und verwirklichte umfangreiche makedonische Projekte auf den Gebieten des Straßenbaus, der Bevölkerungsumsiedlung und der Kolonisation. Auf Isokrates' Einladung (s. Kap. 32), eine panhellenische Streitmacht gegen das Persische Reich zu führen (und so neue Gebiete für die griechische Kolonisation zu erschließen), ging er zunächst versuchsweise ein, indem er prominenten Athenern Angebote machte, bis die Opposition in der Stadt sich unter Führung des Demosthenes verstärkte.

Die Argumente des Rhetors klangen noch überzeugender, als Philippos – nachdem er Thrakien als tributpflichtige Provinz endgültig annektiert hatte (während er gleichzeitig für Unruhen unter den athenischen Söldnern auf der thrakischen Chersonesos sorgte) –, versuchte, Perinth und Byzantion am Bosporus einzunehmen (340), die lebenswichtige Stationen auf dem athenischen Getreidehandelsweg vom Schwarzen Meer darstellten – was Philippos noch schmerzlich unterstrich, indem er eine Flotte athenischer Getreideschiffe aufbrachte. Zwar gelang es ihm nicht, die beiden Städte am Bosporos einzunehmen, doch erklärte ihm

Athen nun – unterstützt durch eine von Demosthenes zusammengebrachte Koalition – den Krieg. Erstaunlicherweise gelang es dem Rhetor auch, Boiotien (Theben) zum Beitritt in das Bündnis zu überreden, nachdem Philippos (der soeben einen Angriff auf den Skythen-König Ateas in der Dobrogeia unternommen hatte) eine gewaltige Strecke südwärts marschiert war, um einen erneuten Konflikt in Delphi auszunutzen; auf diesem Marsch ließ er sich unter Mißachtung der allgemein üblichen Kriegsführungssaison auch durch den hereinbrechenden Winter nicht aufhalten (339/338).

Dann stellte Philippos das griechische Heer bei Chaironeia in Boiotien. Es umfaßte rund 30 000 Boiotier, Athener und verbündete Fußtruppen. Auf dem rechten Flügel hatten 12 000 boiotische Hopliten Aufstellung genommen, einschließlich der Heiligen Schar auf der äußersten rechten Flanke. 10 000 athenische Hopliten standen auf dem linken Flügel; verbündete Hopliten und 5000 Söldner im Zentrum. Philippos' Heer dürfte zahlenmäßig leicht überlegen gewesen sein. Da er wußte, daß es den Athenern an Erfahrung fehlte, zog er absichtlich den rechten Flügel zurück, der ihrer Streitmacht direkt gegenüber stand, um sie zur Verfolgung zu veranlassen. Als ihm dies gelungen war, formierten sich seine Truppen aufs neue und nahmen die athenischen Verbände von vorn und hinten in die Zange – mit dem Ergebnis, daß die athenischen Soldaten entweder getötet wurden oder aber gezwungen waren zu fliehen. Währenddessen gelang es auf dem makedonischen linken Flügel dem jungen Alexander (eigentlich Alexandros), der die Reiterei der Gefährten führte, die kampferfahrenen boiotischen Kontingente zu durchbrechen, und so trugen die Makedonen den Sieg davon. Er wurde errungen infolge besserer Ausbildung der Soldaten, meisterlichen Zusammenspiels zwischen Fußtruppen und Reiterei und dank der Überlegenheit der neuen makedonischen Lanzen-Phalanx über die alte Speer-Phalanx der griechischen Hopliten.

Theben wurde grausam bestraft, sein boiotischer Bund aufgelöst und eine makedonische Garnison in die Stadt gelegt, ebenso wie in andere Städte. Athen jedoch kam – obgleich seine gespaltene militärische Führung Philippos' beißenden Witz herausforderte – glimpflich davon: nicht nur weil er seine Kultur schätzte, sondern auch weil er daran dachte, daß er seine Flotte noch einmal benötigen könnte.

Er hatte nämlich inzwischen im stillen beschlossen, das Persische Reich anzugreifen, um so ein und für allemal Rache zu nehmen für die Invasionen des vorangegangenen Jahrhunderts (s. Kap. 1–3) und die damit verbundenen Freveltaten – als Führer der Griechen, zu denen er doch gehören wollte, und unter dem Druck seiner neuen Streitmacht, die sich an imperialistischer Beute zu bereichern wünschte (so, wie auch er Mittel benötigte, um sie zu bezahlen). Ungewiß ist, ob er dieses Unternehmen bereits zu der Zeit plante, als Isokrates es ihm im Jahre 346 öffentlich nahelegte –, oder ob es damals für ihn vorerst noch ein frommer propagandistischer Traum war. Aber im Jahre 341 hatte er die Beziehungen zu Artaxerxes III. Ochos abgebrochen (nachdem dieser seinen Verbündeten, Hermeias von Atarneus, hatte hinrichten lassen). Im Jahre 340 stellten sich persische Satrapen (die sich durch seine Kontrolle des europäischen Ufers von Bosporos und Hellespont bedroht fühlten) gegen seine Belagerung von Perinthos; und um 338 waren seine feindseligen Absichten gegen Persien offenkundig.

Tatsächlich war die Realisierung dieser Politik der hauptsächliche und unmittelbare Zweck des panhellenischen Kongresses *(synedria)*, der unter Führung Philippos' nach der Schlacht von Chaironeia in Korinth abgehalten wurde. Alle griechischen Städte südlich der Thermopylen – mit der einzigen bemerkenswerten Ausnahme von Sparta – sandten ihre Vertreter dorthin, weil der König in den kleineren Staaten nicht unbeliebt war, die ihn als Verteidiger gegen die größeren griechischen Gegenspieler betrachteten – oder aber unter dem Einfluß seiner Fünften Kolonnen und Bestechungsgelder standen. Ein Allgemeiner Friede wurde wie in früheren Zeiten zwischen den Stadtstaaten geschlossen, doch wies er nun besondere, neuartige Merkmale auf: So war, zunächst einmal, trotz der vorgeblichen Freiheit und Autonomie seiner Mitglieder Zugehörigkeit zum Frieden verpflichtend (um jedem Rückfall in anarchische Zeiten vorzubeugen); zum zweiten wurde der ständige Rat von einem Führer *(hegemon)* und Monarchen präsidiert – keinem anderen als Philippos, mit dessen Person die neue »Konföderation der Hellenen« verknüpft war. Zum ersten Mal auch wandte sich eine Klausel in besonderer Weise gegen alle Formen inneren Umsturzes innerhalb der Städte, so daß deren besitzende Klassen – von denen eine Revolte nicht zu befürchten war – in ihrer Herrschaft befestigt wurden.

Auf einem weiteren Kongreß im Jahr 337, kündigte Philippos den Krieg gegen Persien an, und im Frühjahr des folgenden Jahres stieß eine Vorhut von 10 000 Makedonen, unter dem Kommando des Parmenion und seines Schwiegersohns Attalos, ins nordwestliche Kleinasien vor, wo der persische Söldnerführer Memnon von Thodos ihnen zunächst erfolgreich Widerstand leistete.

Im selben Sommer starb Philippos in Aigai, ermordet von einem psychopathischen, homosexuellen Höfling. Die letzte Veranlassung und das Tatmotiv des Mörders bleiben im ungewissen. Aber die Tat könnte durchaus mit Philippos' verwickelter Heiratspolitik zu tun gehabt haben. Denn eine der Waffen seiner zwischenstaatlichen Diplomatie war die politische Polygamie, die einige schwere Auseinandersetzungen um die Macht innerhalb der königlichen Familie heraufbeschwor. Im Jahr 357 hatte Philippos die Olympias, Tochter des molossischen (epeirotischen) Königs Neoptolemos, zur Frau genommen (keineswegs zu seiner ersten), und sie hatte ihm zwei Kinder geboren: Alexander (356) und Kleopatra (355). Doch nun, im Jahre 337, hatte eine weitere Ehe (möglicherweise Philippos' sechste oder siebente – mit einer Makedonin, der Nichte seines Generals Attalos, die wie seine Tochter Kleopatra hieß), seine Beziehung zu Olympias zerrüttet, und diese verließ ihn, um mit ihrem Sohn nach Epeiros zurückzukehren.

In der Hoffnung, die wichtige königliche Familie, zu der sie gehörte, zu versöhnen, sorgte Philippos jedoch dafür, daß seine Tochter Kleopatra Olympias' Bruder Alexandros I., den regierenden molossischen König, heiratete; bei einem Fest aus Anlaß dieser Hochzeit wurde Philippos dann ermordet. Olympias war eigens zu dem Fest nach Pella zurückgekehrt. Man sagte ihr nach, sie sei eine grausame und leidenschaftliche Frau gewesen, und es ist gut möglich, daß sie den Mord veranlaßt hat, weil sie der Ansicht war, daß die Heirat ihres Bruders ihre Zurücksetzung durch Philippos' neue Frau nicht wiedergutmachen konnte. Außerdem mußte sie befürchten, daß bei der Geburt eines Sohnes (und die neue Gemahlin hatte möglicherweise schon kurz vor dem Feste ein Kind zur Welt gebracht)[4] ihr eigener Sohn Alexander von der Thronfolge ausgeschlossen würde.[5]

Wie immer es geschah: Alexander setzte noch während der Feierlichkeiten zu Philippos' Beisetzung – ein mit einem Sternenrelief verziertes goldenes Behältnis (die sog. Larnax), das in Aigai gefunden wurde (und nun im Museum von Saloniki aufbewahrt wird), enthielt Knochenreste, welche die des Philippos sein könnten – in blutigen Auseinandersetzungen seinen Anspruch auf den Thron durch, und so ging er als Alexander III., »der Große« in die Geschichte ein. Der Erfolg, mit dem er sogleich die Invasion des Persischen Reiches in Angriff nahm und durchführte, die sein Vater geplant hatte, führte zu einer der spektakulärsten Umwälzungen der Geschichte. Doch waren Philippos' vielfältige Leistungen für Europa vielleicht nicht weniger schicksalhaft als Alexandros' Erfolge in den größeren Räumen Asiens. Auf jeden Fall hatte der Historiker Theopompos genügend Grund festzustellen, daß – ungeachtet erheblicher persönlicher Defizite – Philippos der bedeutendste Mann (d. h. Mann der Tat) gewesen sei, den der Kontinent bis dahin gekannt habe.[6]

Seine herausragende Leistung bestand darin, daß er das Ende des klassischen Zeitalters der autonomen Stadtstaaten einleitete. Einige von ihnen überlebten zwar und gediehen weiter, aber im großen und ganzen war ihre Epoche abgeschlossen: sie konnten seiner professionalisierten Berufsarmee nichts entgegensetzen, ohne das aufzugeben, was sie ihrem Wesen nach auszeichnete. Ungeachtet phänomenaler Erfolge in so vielen Bereichen während der vorangegangenen Jahrhunderte beraubten sie sich durch ihre gegenseitige feindselige Vereinzelung, ihre inneren Verrätereien und ihr Unvermögen, eine stabile politische Antwort auf ökonomische und gesellschaftliche Veränderungen zu finden, jeder Möglichkeit, je eine wirkungsvolle Union oder Föderation unabhängiger Staaten aus eigener Kraft zustande zu bringen. So mußte Philippos diese Aufgabe für sie übernehmen.

Eine weniger schmerzliche Lösung wäre vielleicht eine Union oder Föderation unter Führung der Städte selbst gewesen. Jedoch hatten sich bis dahin alle Versuche Athens, Spartas und Thebens, einen solchen Zusammenschluß durch ihre eigenen Bündnissysteme zustande zu bringen, als wirkungs- und erfolglos erwiesen: und es gab keinen Grund, warum sie in Zukunft hätten erfolgreicher sein sollen. Philippos dagegen erwies sich dort als überlegen, wo sie versagt hatten; und der Kongreß von Korinth war das logische Ergebnis.

Philippos' neue Politik der griechischen Vereinigung stand – auch wenn sie bestimmte örtliche Oligarchien einseitig bevorzugte – im Gegensatz zu seiner früheren Politik der Ausnutzung innergriechischer Streitereien. Doch sie muß nicht als ganz und gar unaufrichtig und opportunistisch betrachtet werden, da die egoistischen Ambitionen, die ihn veranlaßt hatten, der nationale Führer Griechenlands zu werden, nicht notwendigerweise Ansätze von staatsmännischer Weitsicht oder sogar von Idealismus ausschlossen. Jedoch wurde dem ehrgeizigen Unternehmen, das im Korinthischen Kongreß zum Ausdruck kam, niemals eine Chance gegeben, seine Möglichkeiten voll zu entfalten, da sich die Griechen nach dem Tod Alexanders (323) untereinander wieder zerstritten, diesmal allerdings in Form großer hellenistischer Königreiche, nicht auf der Ebene von Stadtstaaten. Das Ergebnis ihrer Uneinigkeit war jedoch mit dem Resultat der früheren Streitigkeiten unter den Stadtstaaten identisch: das heißt, daß eine fremde Großmacht Nutzen aus ihrer Verwirrung zog und schließlich die Herrschaft gewann – nämlich Rom.

4 Diodoros von Sizilien, XVII, 2, 3.
5 Vgl. Aristoteles, *Politica*, VI, 1311 b.
6 Theopompos, F. Jacoby, *Fragmente der Griechischen Historiker*, 541, Nr. 115 (Fragment 27).

# 36 DEMOSTHENES: DER KONSERVATIVE REDNER

In der ersten Jahrhunderthälfte bestand Athens hauptsächliche Leistung darin, einen neuen Seebund ins Leben gerufen zu haben (377) – dies mit der Absicht, »die Spartaner zu bewegen, die Griechen allein zu lassen, damit diese Frieden in Freiheit und Selbstbestimmung genießen könnten« (s. Kap. 29). Seine Verfassung – die verbunden war mit einer Umformung des athenischen Steuerwesens – enthielt sehr viel umfangreichere Regelungen, um die Unabhängigkeit der Bundesgenossen sicherzustellen, als dies beim ersten athenischen (»delischen«) Bund im vorangegangenen Jahrhundert (s. Kap. 5) der Fall gewesen war; und nach einem athenischen Sieg zur See gegen die Spartaner vor Naxos (376) waren etwa 70 Stadtstaaten, die sich gegen die spartanische Vorherrschaft aufgelehnt hatten, froh, sich Athen und seinem neuen Bund anschließen zu können.

In der Zwischenzeit hatte auch Theben – und dies war zum Teil Grund für die athenische, konkurrierende Initiative – zu Land einen machtvollen neuen boiotischen Bund aufgebaut, der den Spartanern bei Leuktra eine historische Niederlage beibrachte (371). Der folgende athenische Vorstoß auf einer internationalen Konferenz wurde durch die Thebaner vereitelt, deren anschließende Erfolge die Athener so erschreckten, daß sie – trotz früherer Beteuerungen des Gegenteils – ihren Bund in ein athenisches Reich umzuformen versuchten, um so Theben in Schach zu halten. Bei Mantineia unterlagen sie und ihre Bundesgenossen jedoch den Thebanern (362); Epameinondas fiel in der Schlacht, und die politische Lage gestaltete sich in der Folgezeit recht verworren (s. Kap. 29).

Im »Bundesgenossenkrieg« (357–355), bei dem Maussollos von Karien die Verbündeten Athens zum Aufstand anstachelte (s.

Kap. 28), zerbrach dieser zweite athenische Bund unwiderruflich, und der Staat verlor nicht nur seine besten Feldherren, sondern lief auch Gefahr, die Kontrolle über die Getreidehandelswege einzubüßen, und stand außerdem vor dem Bankrott. In dieser Situation jedoch leitete der führende athenische Staatsmann dieser Jahre, Eubulos, eine kluge Politik der finanziellen Sanierung ein. Gelder für öffentliche Bauvorhaben und zur Verteilung an die ärmsten Bürger wurden über den Theorischen Fonds zur Verfügung gestellt (der – angeblich begründet von Perikles – nun zu einer Art Pool umstrukturiert wurde, in den alle Finanzüberschüsse des Staates in Friedenszeiten einflossen). In der Zwischenzeit wurden die militärischen Kräfte Athens auf die Verteidigung seiner wesentlichen Interessen konzentriert und nicht mehr für riskante Abenteuer verschwendet, welche die arme Mehrheit der Bevölkerung lediglich als Bedrohung ihrer theorischen Unterhaltszahlungen ansah.

Das aber warf die Frage auf, wie man gleichzeitig Mittel beschaffen könnte, um dem makedonischen König Philippos II. entgegenzutreten, der sehr bald nach seiner Thronbesteigung (359) damit begonnen hatte, strategische Plätze entlang der Küste (und damit auf dem athenischen Getreidehandelsweg) zu bedrohen und sogar einzunehmen: besonders Amphipolis, dem immer schon das vorrangige Augenmerk athenischer Politik gegolten hatte (s. Kap. 35).

Eubulos und seine Anhänger waren keine Pazifisten, veranlaßten sie doch die Volksversammlung bei verschiedenen Gelegenheiten während der späten 350er Jahre, sich diesen makedonischen Übergriffen zu widersetzen. Sie gerieten jedoch bald in Gegensatz zu Demosthenes, der ihre Beschlüsse früher zwar unterstützt hatte, doch nun eine härtere Politik auf einigen Gebieten forderte und seit etwa 352 (nicht früher, wie er selbst in der Folgezeit behauptete)[7] dazu überging, Philippos als die schwerste Bedrohung für Griechenland und seine Verbündeten zu betrachten.

Demosthenes, der kein Angehöriger einer wohlhabenden Familie war, wie die meisten früheren athenischen Staatsmänner, wurde im Jahr 384 geboren. Er verlor seinen Vater, den Inhaber einer Schwerter- und Messer-Manufaktur, im Alter von sieben Jahren. Später verklagte er seine drei Vormünder, die mit der Verwaltung seines Vermögens beauftragt waren, wegen Verschwendung, da er durch sie fast mittellos geworden war. Im Verlauf der längeren gerichtlichen Auseinandersetzungen, die sich daraus ergaben, studierte er Rhetorik und Rechtswissenschaft bei einem Spezialisten für Erbschaftsangelegenheiten, dem Rhetor Isaios, und gewann schließlich auch seinen Prozeß gegen die Vormünder, obwohl zu dieser Zeit das Vermögen bereits aufgebraucht war. Um seinen Lebensunterhalt zu verdienen, wurde er – in einer Zeit zahlloser und hart ausgefochtener Rechtsstreitigkeiten – berufsmäßiger Redenschreiber für private Prozeßgegner; nur gelegentlich erschien er selbst vor Gericht; bei nahezu der Hälfte der 61 Reden, die ihm zugeschrieben werden (und von denen etwa 41 fraglos authentisch sind), handelt es sich um Plädoyers in zivilrechtlichen Angelegenheiten.

Von 355 an wandte er sich mehr und mehr Reden von nationaler und politischer Bedeutung zu – obgleich er nicht aufhörte, auch Gerichtsreden zu verfassen. Im Jahr 352 rief er in der Rede *Über die Symmorien* (Reform der Flottenverwaltung) die Athener auf, ihre Flotte zu modernisieren, und enthüllte bei dieser Gelegenheit die finanziellen Schwierigkeiten, sie überhaupt seetüchtig zu halten. In der Rede *Gegen Aristokrates* (352), die er für einen gewissen Eurykles verfaßte, stellte er einen athenischen Politiker namens Charidemos bloß, der es ermöglicht habe, daß die Thrakische Chersonesos – eine wichtige Station auf Athens Getreidehandelsweg – in die Hände seines Schwagers, des thrakischen (odrysischen) Königs Kersebleptes fiel (der sie wenig später an Philippos verlor). *Über die Freiheit der Rhoder* brachte die Athener dazu, die demokratische Partei in Rhodos gegen dessen herrschende Oligarchen, Vasallen von Königin Artemisia II. von Karien (s. Kap. 28), zu unterstützen.

Diese Rede wurde im Jahr 352 oder 351 gehalten, und in die gleiche Zeit fällt vermutlich die *Erste Philippika*, obwohl sie eine Anspielung enthält, die besser ins Jahr 349 zu passen scheint. Das genaue Datum dieser Rede zu kennen, wäre hilfreich, da Demosthenes in ihr zum ersten Mal Philippos als den Hauptfeind hinstellte und versuchte, in den Athenern ein Bewußtsein der Gefahr zu wecken, die dieser Bandit (wie er ihn nannte) an ihrer Türschwelle für sie bedeutete. Dieser Versuch schlug fehl, da Eubulos und seine Freunde, besonders ein angesehener Kollege namens Phokion, noch an ein mögliches Gleichgewicht der Kräfte glaubten und daher darauf hinwirkten, daß Athen seine beschränkten Kräfte auf lebenswichtige Felder seiner Politik (etwa die Thrakische Chersonesos) konzentrierte und sie nicht für die präventive Beseitigung grundlegender und weitreichender Bedrohungen verschwendete: Die meisten Athener stimmten ihnen darin zu.

Aber Demosthenes, der allen Glauben an irgendein Gleichgewicht der Kräfte, das Philippos mit einbezog, hatte fahren lassen, betrachtete es als notwendig, nicht nur die Chersonesos, sondern den Getreidehandelsweg in seiner ganzen Länge zu sichern, und in seinen drei *Olynthischen Reden* drängte er die Athener, Philippos an der Einnahme der Hafenstadt Olynthos, zugleich Zentrum des Chalkidischen Bundes an der makedonischen Küste, zu hindern. Wieder einmal schlugen seine Überredungskünste fehl – und es ist fraglich, ob es der Stadt genützt hätte, wenn er erfolgreich gewesen wäre und man Athens Hauptkräfte unmittelbar an der Grenze zu Philippos' Kerngebiet gebunden hätte. Die Angriffe, die er bei dieser Gelegenheit gegen Eubulos richtete, waren jedenfalls nicht gerechtfertigt und sind nur durch die nunmehr gespannten persönlichen Beziehungen zwischen beiden Männern zu erklären.

Nachdem die Athener im Jahre 346 den Frieden des Philokrates mit Philippos geschlossen hatten, behauptete Demosthenes ohne Rücksicht auf die Wahrheit, daß er selbst diesen Vertrag immer verurteilt habe – und er bestand darauf mit noch größerem Nachdruck, als Philippos unmittelbar danach in Phokis einfiel. (Dies alles geschah vor dem Hintergrund heftiger gegenseitiger Beschimpfungen athenischer Politiker untereinander, besonders aber zwischen Demosthenes und seinem Rivalen Aischines.) Nichtsdestoweniger hatte der Rhetor in seiner Rede *Über den Frieden* den Vertrag von 346 nicht grundsätzlich abgelehnt. In seiner *Zweiten Philippika* (344) jedoch behauptete er, daß Philippos augenscheinliche Freundschaftsbeziehungen zu verschiedenen griechischen Staaten (besonders zu Theben, Messenien und Argos) nichts anderes seien als tückische Schachzüge, die darauf abzielten, sie in eine Allianz gegen Athen zusammenzubringen – und er erklärte, daß Verhandlungen mit dem König die Mühe nicht lohnten.

Demosthenes' Rede *Über die Truggesandtschaft* (343) nahm seine Angriffe gegen Eubulos und Aischines wieder auf, indem sie den ersteren anprangerte, daß er nach wie vor versuche, mit den Makedonen Frieden zu halten, und den zweiten geradezu denunzierte, er sei bestochen worden, damit er sich – wie Demosthenes behauptete – Philippos' Angriff auf Phokis nicht in den Weg stelle. Mit der Hilfe von Eubulos und Phokion wurde Aischines jedoch mit knapper Mehrheit freigesprochen. In seiner Rede *Über die Chersonesos* (341) plädierte Demosthenes dafür, den athenischen Mitbürger Diopeithes, der – in offener Herausforderung Philippos' – Kolonisten auf die strategisch wichtige thrakische Halbinsel geführt hatte, nicht zu verurteilen: Tatsächlich – so argumentierte der Rhetor – gebe es keinen Grund mehr, sich an den Buchstaben des Friedensvertrages zu halten, da Philippos' Unternehmungen bereits einer Kriegserklärung gleichkämen. Die *Dritte Philippika* desselben Jahres – die erfolgreichste Rede, die Demosthenes je hielt – wiederholte dieselben Argumente und warb um Einheit unter den griechischen Staaten und darum, daß sie der Bedrohung gemeinsam widerstehen sollten.

Auch schlug er eine Flottenreform vor, indem er die Kosten für die Ausrüstung der Schiffe auf die Gesamtheit der Bürger umlegen wollte, und zwar im Verhältnis zu den finanziellen Mitteln, die ein jeder besaß. Im Jahr 340 wurde er mit der Vorbereitung des Krieges betraut, auf den er so lange gewartet hatte, und nannte es in seiner (wohl authentischen) *Vierten Philippika* lächerlich, den Theorischen Schatz in solch einer Notlage noch länger an die Armen zu verteilen – wie auch immer die öffentliche Meinung hierüber denke. Er schlug sogar vor, Persien um Hilfe gegen Philippos II. zu bitten.

Es folgte die Schlacht von Chaironeia (338), in die Demosthenes das athenische Volk schließlich erfolgreich hineingetrieben und für die er sogar Theben – gemeinsam mit einer Gruppe anderer Bundesgenossen – zu mobilisieren gewußt hatte; doch erwies sich der Landkrieg als die falsche militärische Option für Athen. Nach der verheerenden Niederlage eilte Demosthenes nach Athen zurück, nicht um – wie Aischines behauptete – wegzulaufen, sondern um die Verteidigung der Stadt vorzubereiten. Als sich herausstellte, daß Philippos Athen gnädiger behandeln wollte, als man erwartet hatte, sah er sich zahlreichen Gerichtsverfahren wegen seiner kriegshetzerischen Politik ausgesetzt, die zur Niederlage von Chaironeia geführt hatte.

Unmittelbar nachdem Philippos gestorben war, versuchte Demosthenes – selbst unter Lebensgefahr – dessen Nachfolger Alexander Schwierigkeiten zu bereiten, und er erneuerte den Plan, Persien anzurufen, um Griechenland zu befreien, obwohl ihm das den Vorwurf zuzog, mit persischem Geld bestochen worden zu sein. Im Jahr 330 hielt er seine letzte und bedeutendste Rede *Über den Kranz*, in der er seine ganze politische Laufbahn rechtfertigte und erneut schwere, unerhörte Anwürfe gegen Aischines richtete. Zwar folgten die Geschworenen dem Antrag des Demosthenes, doch wurde er sechs Jahre später selbst angeklagt, sich Güter angeeignet zu haben, die ein (damals inhaftierter) Makedone namens Harpalos bei sich gehabt hatte und die aus Alexanders Finanzen unterschlagen worden waren. Nach Alexanders Tod versuchte Demosthenes noch einmal, eine Bewegung gegen Makedonien (323–322) zustande zu bringen. Dessen Führer Antipater veranlaßte die Athener, ihn zum Tode zu verurteilen, woraufhin er eine tödliche Dosis Gift nahm.

Obwohl Demosthenes oft zugunsten persönlicher Macht gegen seine Rivalen kämpfte, kann als der beherrschende, hervorstechende Zug seiner politischen Parteinahme doch der Haß und das Mißtrauen gegenüber Makedonien gelten, gegen die Person Philippos bis zu dessen Tod, danach gegen Alexander und Antipater. An beidem hielt er (auch wenn man ihm Inkonsequenz vorwarf)[8] von den späten 350er Jahren an, spätestens aber nach 349 entschieden fest.

Über einen längeren Zeitraum konnte er seine athenischen

Mitbürger nur mit Mühe bewegen, diese Haltung zu teilen. Noch in der Folgezeit trug sie ihm ganz unterschiedliche Beurteilungen von Leuten ein, die seine Stellung aus dem Blickwinkel ihrer eigenen, späteren Zeit sahen: bald fand er Zustimmung als beherzter und einsamer Vorkämpfer der Freiheit (vor allem bei Cicero, Kardinal Bessarion und Friedrich Jacob, auch bei modernen angelsächsischen Historikern – die sich einem Antonius, den Türken, Napoleon oder Hitler gegenübersahen), bald erfuhr er verächtlichen Tadel als ein fehlgeleiteter, rückwärtsgewandter Exzentriker, der versuchte, sich den unvermeidlichen historischen Prozessen in den Weg zu stellen.

Die Hauptfrage lautet: Tat er recht daran, Philippos als die tödliche Bedrohung Athens und der hellenischen Zivilisation anzuprangern? Sicherlich sollte, wie er es warnend vorausgesagt hatte, Philippos die Macht Athens und anderer Stadtstaaten zuletzt zerstören (obwohl er sie niemals so vollständig beherrschte wie später die hellenistischen Könige). Auf der anderen Seite könnte man sagen, daß Philippos nur deshalb zu einer Bedrohung wurde, da ihn Demosthenes als eine solche beschwor; daß der König sich nur deswegen ernsthaft gegen die Stadtstaaten wandte, weil ihn die von Demosthenes geschürte Feindschaft dazu zwang. Doch bleibt es eine Tatsache, daß Philippos – ungeachtet seiner Bewunderung der athenischen Kultur und trotz seiner beständigen Überzeugung, daß er die Stadt (als untergeordneten oder allenfalls gleichwertigen Partner) möglicherweise noch würde brauchen können – von den ersten Jahren seiner Regierung an gegen ihre Interessen handelte, indem er ihren lebenswichtigen nördlichen Getreidehandelsweg beeinträchtigte. Auch die Liste seiner späteren, gleicherweise für Athen schädlichen Unternehmungen ist lang.

Nicht nur im Rückblick scheint also Demosthenes darin gerechtfertigt, daß er Philippos' Absichten den Athenern gegenüber als eine mehr oder minder fortwährende tödliche Bedrohung darstellte – wie wenig seine Mitbürger auch bereit sein mochten, etwas derartiges wahrzunehmen. Aber der Standpunkt eines solchen historischen Rückblicks wirft andere Fragen auf. Wir, die wir dazu in der Lage sind, können auch erkennen, daß sein Kampf gegen Philippos zum Scheitern verurteilt war: Selbst wenn es ihm gelang (und er schaffte es im Fall von Chaironeia), die umliegenden griechischen Stadtstaaten gegen Philippos aufzubringen, waren beide Seiten, gemessen an Stärke, Organisation und Führung, einfach zu ungleich.

Zweifellos bedeutet es ein intellektuelles Versagen des Demosthenes, wenn er dies nicht erkannte – und ganz offensichtlich erkannte er es nicht, da er viel zu oft Tatsachen falsch bewertete. Aber welche Alternative bot sich ihm? Doch nur die, aufzugeben und sich dem vorgezeichneten Untergang der griechischen Polis zu beugen, die in Demosthenes' Augen (ebenso wie aus der Sicht Platons oder Aristoteles') die einzig denkbare und annehmbare Form politischer Ordnung darstellte, und die während der vergangenen zwei Jahrhunderte solch wunderbare Leistungen auf den vielfältigsten Gebieten hervorgebracht hatte.

Aber war ihre Zeit nun wirklich vorbei? Sollte Demosthenes, anstatt sich ihrem Untergang zu widersetzen, dieser Abdankung zustimmen oder sie gar begrüßen, wie es Isokrates implizit tat, als er Philippos aufrief, die Griechen in einer Art Kreuzzug gegen Persien zu führen? Sicherlich hatte die Uneinigkeit zwischen den griechischen Staaten (ebenso wie diejenige in ihrem Inneren) ihre katastrophale Schwäche und ihre Verletzbarkeit herbeigeführt, die – wie leicht ersichtlich war – jederzeit tödlich enden konnte. Doch müssen wir uns hier, wie bereits im letzten Kapitel angedeutet, um eine Unterscheidung bemühen. Zumindest theoretisch gab es zwei Arten von Bündnisformen zwischen föderierten oder verbündeten Staaten: einmal das Bündnis auf der Basis der Gleichwertigkeit beider Partner, in der kein Staat und keine Person vorherrschend sind – zum anderen das ungleiche Bündnis unter einem einzelnen starken Führer. Die erstere Lösung – das hatte der ganze Verlauf der griechischen Geschichte bis dahin gezeigt – war für die Griechen nicht praktikabel. So blieb es bei der zweiten, der ungleichen Lösung – und eine zweite, nachrangige war sie auch insofern, als sie entschieden nur die zweitbeste darstellte. Das Gros der griechischen Bevölkerung wäre wohl auf lange Sicht besser gefahren, wenn wenigstens diese Lösung langfristig hätte verwirklicht werden können (was nicht gelang, jedenfalls wegen der hellenistischen Teilungen nicht auf Dauer): Ihre Verwirklichung hätte den Hellenismus in die Lage versetzt, sich gegen äußere Angreifer zur Wehr zu setzen und in den nächsten Jahrhunderten insbesondere den Römern zu widerstehen. Doch hätte das bedeutet – wir müssen es wiederholen –, sich grundsätzlich von der Staatsform der Polis zu trennen, und dies schien Demosthenes ebenso wie vielen anderen ein unerträglich hoher Preis.

Der größte Ruhmestitel des Demosthenes lag jedoch auf einem ganz anderen Gebiet. Er beruhte nicht auf einer liebenswürdigen Persönlichkeit. Die Widerstände, mit denen er sich schon in seiner Jugend zwangsweise konfrontiert sah und die er überwinden mußte, hatten ihn verbittert. Er war ein engstirniger Pedant, dessen besessene, konzentrierte Entschlossenheit einherging mit schroffer und hartnäckiger Selbstgerechtigkeit. Darüber hinaus enthielt seine verbissene Ausdauer ein Element von Grausamkeit, das sich in persönlichen Angriffen auf seine politischen Gegner ausdrückte, die – selbst innerhalb der beträchtlichen Freiräume zeitgenössischer athenischer Gepflogenheiten – skurril und abseitig wirkten.

Über seine finanzielle Integrität ist schwer zu urteilen, da dieses Thema die widersprüchlichsten lautstarken Reaktionen provozierte. Seine an Persien gerichteten Aufrufe während der 330er Jahre waren angeblich durch persische Bestechungsgelder veranlaßt, und in den 320er Jahren wurde er beschuldigt, das Geld des Harpalos[9] unrechtmäßig an sich gebracht zu haben. Die üblichen politischen Intrigen der Zeit lassen solche Anschuldigungen immer in einem trüben und obskuren Licht erscheinen, aber insgesamt ist es doch wahrscheinlich, daß Demosthenes in beiden Fällen keine reine Weste hatte – unter dem Vorbehalt jedoch, daß er die Einnahmen für politische, nicht für rein persönliche Zwecke nutzen wollte.

Die einzigartige Größe des Demosthenes ist also weder in seinen politischen Leistungen noch in seiner Persönlichkeit begründet. Vielmehr lag diese Größe – was die nichtgriechische Moderne, die der Rhetorik mißtrauisch gegenübersteht, nur schwer anerkennen kann – in seiner rhetorischen Begabung. Wie immer man über die Standpunkte denken mag, die er verfocht: Er war ein Rhetor, dessen Beredsamkeit während des ganzen klassischen Altertums und vielleicht in der ganzen Geschichte nicht mehr erreicht wurde. Es gibt viele Anekdoten über die Maßnahmen, die er ergriffen hat, um physische Unzulänglichkeiten zu überwinden, die seiner Leistung im Weg standen, und er hatte auch zahlreiche exzellente rhetorische Konkurrenten. Doch waren sich spätere Kritiker im Hinblick auf seine überragende Rolle einig. Diese Rolle wird durch die Qualität seiner uns überlieferten Reden bestätigt, auch wenn ihr Wortlaut – in der Form, in der sie auf uns gekommen sind – Teile enthält, die erst später, nach den wirklichen Auseinandersetzungen, bei freier Überarbeitung darin Eingang gefunden haben müssen; so auch, wenn bisweilen verschiedene Ansprachen, zu späteren literarischen Zwecken, in eine zusammengezogen wurden.

Seine leidenschaftliche Aufrichtigkeit (Versuche, diese in Frage zu stellen, sind wenig überzeugend) trug zum Erfolg seiner Reden bei, nicht weniger aber die Sorgfalt, mit der er sie – zum Erstaunen einiger Zeitgenossen – vorbereitete. Das Ergebnis waren Expositionen von kristalliner Luzidität, dabei unendlich vielfältig und anpassungsfähig: dies reichte von ausgefeilter Oberflächenpolitur bis hin zu einer kargen, düsteren Einfachheit, die einige seiner feierlichsten und großartigsten Effekte zeitigte. Demosthenes hatte ein feines Ohr für Klang und Rhythmus (wie technische Untersuchungen seines Stils beweisen) und untersuchte die Sprache bewußt und sorgfältig auf ihre Möglichkeiten hin, die Gefühle der Zuhörer aufzupeitschen: er kannte deren Vorlieben und Schwächen und nutzte sie unerbittlich aus.

Zu seinen Methoden gehörten ungestüme und dramatische Ausbrüche, spektakuläre Crescendi, die Vorführung vorweggenommener Einwände (oft in Dialogform), unfaire und verzerrte Charakterisierung seiner Gegner, seltene, aber meisterliche Ausflüge in die Metaphorik, Wiederholung von Argumenten, die entweder vielleicht nicht verstanden oder aber zu früh wieder aus dem Bewußtsein geschwunden waren, Vermeidung argumentativer Darlegungen, die sich als zu schwierig für das Verständnis seiner Zuhörer erweisen würden, und sorgfältig geplante, wenngleich oft schneidende und gehässige Anflüge von Humor, oder von dem, was er dafür hielt.

Die Menge der Papyrus-Fragmente von Demosthenes' Reden – nur wenig geringer an Zahl als die, welche Teile der homerischen Epen enthalten – zeigt, daß trotz der Angriffe seiner Zeitgenossen die Schriftsteller bereits früh der Überlegenheit seiner Rhetorik ihren Beifall spendeten. Cicero, der ihm auf diesem Gebiet am nächsten kam, erkannte seine außerordentliche Bedeutung an und sprach von seiner Vielseitigkeit, seiner Seelengröße und seinem Scharfsinn. Daß Cicero allerdings den Namen »Philippika« für seine eigenen Reden gegen Antonius borgte, deutet darauf hin, daß eine epochale jahrhundertelange Verwechslung von Demosthenes, dem Rhetor, und Demosthenes, dem Politiker, bereits ihren Anfang genommen hatte.

Natürlich waren die beiden Rollen unlöslich miteinander verbunden. Und doch ist es notwendig, zu unterscheiden zwischen seiner politischen Rolle, die wir wohl mit Fragezeichen versehen müssen, und seiner Rhetorik, die zweifellos überragend war. Diese Rhetorik erwarb sich den Beifall einer Kultur, in der die Redekunst außerordentlich geschätzt und mit höchster kritischer Sensibilität beurteilt wurde.

7 Demosthenes, *Rede über den Kranz*, 60, 72 etc.
8 Plutarchos, *Demosthenes*, 13.
9 Ibid., 14, 20 und 25; Athenaios, VIII, 341 f., 483 e; Hypereides, *Rede gegen Demosthenes*.

# 37 ARISTOTELES: NEUE HORIZONTE DES KLASSISCHEN WISSENS

Aristoteles (384–322) wurde in der ionischen Kolonie Stageira auf der Chalkidike (Makedonien) geboren. Er war der Sohn des Nikomachos, eines Mitgliedes der medizinischen Zunft der Asklepiaden und Leibarztes des makedonischen Königs Amyntas III. (393/392–370/369); durch ihn erhielt Aristoteles' Interesse an Physik und Biologie wohl die ersten Impulse. Doch starb Nikomachos schon, als sein Sohn noch ein Knabe war; im Alter von siebzehn Jahren wurde Aristoteles nach Athen geschickt, um dort an Platons Akademie zu studieren; dort blieb er zwanzig Jahre, zunächst als Student, danach als Lehrer und Forscher.

Nach Platons Tod jedoch gingen Aristoteles und eine andere herausragende Gestalt der Akademie, Xenokrates, von Athen fort. Teilweise vielleicht deswegen, weil die Stadt sich im Krieg mit Makedonien befand, mit dem Aristoteles eng verbunden war. Doch wird auch behauptet, Aristoteles habe die Politik des Speusippos mißbilligt, der Platon als Akademiedirektor nachgefolgt war und dazu neigte, »Philosophie in Mathematik zu verkehren«.[10] Sicherlich ist die Vermutung, dies sei einer der Gründe dafür gewesen, daß Aristoteles die Stadt verließ, nicht ganz verläßlich; obwohl es – wie wir noch sehen werden – gut mit seinen Ansichten übereinstimmt.

Er und Xenokrates gingen nach Atarneus im nordwestlichen Kleinasien, das von Hermeias (ca. 355–341) regiert wurde. Dieser war ein früheres Mitglied der Akademie, außerdem ein Freund Philippos, und hatte eine Gruppe von Platonikern ermutigt, eine philosophische Gemeinschaft und Schule in Assos zu gründen. Aristoteles schloß sich dieser Gruppe an und heiratete Hermeias' Nichte und Adoptivtochter Pythias. Danach verbrachte er zwei Jahre in Mytilene auf Lesbos (345–343) und ging anschließend nach Mieza, nahe der makedonischen Hauptstadt Pella, wo er angeblich (obgleich die Belege nicht sehr stichhaltig sind), die Erziehung von König Philippos' II. dreizehnjährigem Sohn Alexander (III., »dem Großen«) übernahm.

Im Jahre 340 jedoch fand diese Tätigkeit, wenn sie überhaupt historisch ist, ein Ende, und Aristoteles kehrte wohl nach Stageira zurück. Doch ging er im Jahr 335 als ansässiger Fremder (Metoike, Anhang III) wieder nach Athen und gründete seine eigene Schule, das Lykeion, in einem Hain, der dem Apollon Lykeios und den Musen geweiht war. Hier wurde seine anfänglich wohl mehr informelle Gruppe unter dem Namen der Peripatetiker bekannt: so benannt nach dem überdachten Gang *(peripatos)* um das Gebäude herum, in welchem Unterricht und Erörterungen stattfanden. Alexanders Vizekönig Antipater war ein Freund des Aristoteles, deshalb wurde dieser nach Alexanders Tod (323), als eine anti-makedonische Politik sich in Athen durchsetzte, von den Athenern (wie vormals Sokrates) der Gottlosigkeit angeklagt; er verließ die Stadt und übergab dem Theophrastos die Leitung des Lykeions. Er selbst ließ sich in Chalkis auf Euboia nieder, wo er im folgenden Jahr an einem Magenleiden verstarb.

Seine Schriften sind unvergleichlich zahlreich und weitgespannt in ihrer Thematik: von der riesigen Anzahl von Abhandlungen sind nicht weniger als 47 erhalten.

Ihre Grundlage ist die logische Argumentation; denn obgleich Aristoteles – im Gegensatz zu anderen antiken Denkern – die Logik nicht als Wissenschaft betrachtete, bestimmte er ihren Platz doch im Vorhof der Wissenschaft: als deren unabdingbare Propädeutik.

Sein *Organon* (Instrument, Werkzeug) über dieses Thema besteht aus sechs Untersuchungen. Die *Kategorien* beschreiben und klassifizieren Begriffe und Sätze; sie zeigen zehn Grundformen der Aussage über das Seiende auf. Trotz kürzlich wieder aufgetretener Zweifel, die bis in die Antike zurückreichen, stammt der überwiegende Teil der Abhandlung wahrscheinlich von Aristoteles; dies gilt auch für die Lehre *Vom Satz*, welche die Glieder und Aussageformen des Satzes behandelt. Die acht Bücher der *Topik* liefern einen Überblick über jene Konzepte, die den Weg zu einleuchtenden Behauptungen – ohne Verwicklung in Widersprüche – aufzeigen: nämlich mittels der dialektischen Methode, wie sie die Sophisten und Platon (s. Kap. 12, 31) bereits entwickelt hatten. Doch warnt eine Fortsetzung, die *Sophistischen Widerlegungen*, vor den Trugschlüssen, zu denen die von den Sophisten gehandhabten Argumente führen können.

Aristoteles' Begriff für das Studium der Beweisführung ist *Analytik*, die Kunst der Disputation, weniger im allgemeinen als vielmehr im formal-logischen Sinn: Die bedeutendsten Teile des *Organons* sind die *Erste* und *Zweite Analytik*, von denen jede zwei Bücher enthält. Das erstere Werk führt die allgemeinen Grundsätze induktiver Schlußfolgerung (der Syllogistik) vor, während die *Zweite Analytik* diese Methoden der Beweisführung und Definitorik für die Eigenart und Tragfähigkeit des Wissens (Epistemologie) fruchtbar macht und dabei sowohl zeigt, daß es eine eigene, auf alle Wissenschaften anwendbare Methode gibt, nach der allgemeine Aussagen möglich sind, als auch erklärt, wie Sprache zu diesem Zweck angewandt werden kann und sollte.

Aristoteles betont die Neuheit seiner logischen Schriften; doch selbst wenn er – im Gegensatz zu bisweilen geäußerten Behauptungen – die Disziplin der Logik nicht *erfunden* hat (Parmenides, die Sophisten und Platon hatten den Boden dafür bereitet), so war er doch der erste, der die Tragweite nicht nur des Inhalts von Behauptungen, sondern auch ihrer Form und ihrer formalen Beziehungen untereinander verstand. Dies aber bedeutete einen wichtigen Durchbruch, denn niemand hatte bis dahin eine grundsätzliche Theorie darüber aufgestellt, was einer Beweisführung Gültigkeit verleiht und was nicht. Mit luzider Genauigkeit und Klarheit geschrieben, zugleich mit Sensibilität für die Strukturen und Beziehungen unterhalb der sprachlichen Oberfläche, stellt sein *Organon* die bei weitem bedeutendste Sammlung von Schriften über dieses Thema dar, die uns aus der Antike überkommen ist – auch wenn sie den Logikern von heute überholt erscheinen mag.

So also sah das Werkzeug aus, mit dem Aristoteles den ganzen Bereich des Wissens anging. Platon hatte geglaubt, daß die Natur von allgemeinen Gesetzmäßigkeiten beherrscht werde; Aristoteles fügte die Überzeugung hinzu, daß dieses ganze Panorama vernünftig erklärt und verstanden werden könne. Er erkannte zum ersten Mal, daß eine solch umfassende Erforschung nur möglich sei, wenn jede der verschiedenen Naturwissenschaften als ein eigenes, abgeteiltes Untersuchungsgebiet aufgefaßt werde, und er teilte diese Wissenschaften in drei Gruppen ein: die theoretische *(theoria)*, die sich um Wissen vom Wesen der Wahrheit bemüht; die praktische *(praxis)*, die sich mit dem richtigen Verhalten befaßt; die produktive *(poietike)*, die sich der Schöpfung von etwas hingibt, das dann außerhalb der Aktivität besteht, die dafür aufgewendet wird. Diese Gruppen sind nicht immer scharf voneinander getrennt, doch schrieb Aristoteles Abhandlungen von überragender Bedeutung in jeder der drei Sparten.

Er ist der früheste griechische Wissenschaftler, dessen Schriften in ihrer ursprünglichen Form angemessen studiert werden können; obwohl die Chronologie ihrer Zusammenstellung und der Entwicklung, die diese oder jene Abhandlung vom ersten Keim bis zur Vollendung durchlief, viele schwierige Probleme aufwirft, welche die Aufmerksamkeit der Wissenschaft anhaltend beschäftigen.

Auf theoretischem Gebiet ist eine Gruppe von vierzehn aristotelischen Abhandlungen als die *Metaphysik* bekannt – eine Bezeichnung, die nicht auf Aristoteles selbst zurückgeht (der den Begriff der »ersten« oder »grundlegenden« Philosophie)[11] verwendet, sondern sich späteren Autoren verdankt, welche die Sammlung hinter die *Physik (meta ta physika)* stellten. In diesen Arbeiten untersucht Aristoteles die Natur der Wirklichkeit, d. h. ihre Ursachen, die Grundlagen ihres Daseins und das Wesen des Universums. Er unterscheidet eine Hierarchie von Wesenheiten, von denen jede Form und Bewegung an die nächste, ihr untergeordnete weitergibt.

Am Anfang dieser Skala steht der »Unbewegte erste Beweger«, gleichbedeutend mit Gott, als ewige Tätigkeit des Denkens, frei von jeder materiellen Beimischung, der durch einen – der Liebe verwandten – Prozeß der Anziehung dem Universum ursächliche Bewegung mitteilt. Dies ist eine Vorstellung, die schon Platon entwickelt hatte, doch wird sie in der Gedankenwelt des Aristoteles zu einem grundlegenden Zug. Sie enthüllt seine grundsätzliche religiöse Haltung und hat den gläubigen Menschen der nachfolgenden Jahrhunderte sehr zugesagt – auch wenn sie durch die von ihm eingeführten Komplizierungen leicht irritiert gewesen sein mochten –, etwa durch die Vervielfachung des einen Bewegers um zusätzliche 55 Beweger, die für die Bewegung der Himmelskörper verantwortlich sein und eine geordnete Hierarchie bilden sollten, an deren Spitze der Erste Beweger stand. Nicht wenige denken, daß diese Vervielfachung nicht lediglich eine Anpassung an Platon bedeutet, sondern barem Unsinn gefährlich nahekommt.

Außerdem wirft die Deutung des Aristoteles vom Ersten Beweger, der an der Spitze dieser Hierarchie steht, schwierige Fragen auf, die auch sein lebenslanges Ringen mit diesen Problemen nicht zu lösen vermochte und die ihn bewogen haben dürften, die ganze Idee in späteren Jahren in den Hintergrund treten zu lassen. So erschafft zum Beispiel sein Beweger nicht das Universum, noch durchdringt (wie später der Gott der Stoiker) oder lenkt und beherrscht er es; vielmehr bleibt er seinem Bestehen gegenüber gleichgültig: das heißt, daß Aristoteles letztlich doch nicht als der »religiöser« Denker dasteht, da sein Universum nicht auf Gott hin ausgerichtet ist. Doch wie kann man das Geschehen in der Welt überhaupt erklären, wenn der Erste Beweger es nicht steuert?

Die *Physik* in acht Bänden sollte besser »Vorlesungen über die Natur« heißen, da ihre Thematik bis in die Metaphysik und in die Philosophie der Naturwissenschaft hineinreicht. Das Werk untersucht die Bestandteile der Dinge, die von Natur her bestehen – diese wird als ein »eingeborener Anstoß zur Bewegung« beschrieben und gemeinsam mit anderen grundsätzlichen Kategorien wie Zeit, Raum, Veränderung und Stoff abgehandelt.

Platons Ideen (s. Kap. 31) wurden von Aristoteles neu definiert. Diese Vorstellung (vom *eidos*) spielt eine große Rolle innerhalb eines Themas, das für anhaltend breite Diskussion und

Uneinigkeit verantwortlich ist: darüber nämlich, in welchem Maß Aristoteles von den Lehren Platons, dessen Schüler er doch war, abwich und bis zu welchem Grad diese Entfremdung sich während seines Lebens verschärfte oder aber in ihrer Intensität schwankte. Es gab tatsächlich eine beständige Spannung zwischen seiner zwanzigjährigen Verbundenheit mit Platon – der ihm tiefe Zuneigung und Ehrfurcht einflößte – und seinem eigenen, in mancher Hinsicht unplatonischen Temperament. Um ein Beispiel zu nennen, von dem schon einmal die Rede war: Aristoteles teilte nicht Platons Begeisterung für die Mathematik, die dieser von den Pythagoreern (s. Anhang I) übernommen hatte und die auch Speusippos in der nachplatonischen Akademie so sehr in den Mittelpunkt rückte. Sie schien ihm vielmehr ungeeignet als theoretische Grundlage der konkreten physischen Welt, zu weit hergeholt für eine solch praktische Aufgabe.

Um zu den Ideen zurückzukehren: Aristoteles wies Platons Lehre grundsätzlich zurück (vielleicht als Ergebnis eines Entwicklungsprozesses).[12] Vor allem mißbilligte er ihren Transzendentalismus (wobei er allerdings Platons späteren Akzentverschiebungen und Abänderungen wenig Aufmerksamkeit schenkte); d. h. die von Parmenides übernommene Unterscheidung zwischen dem, was »wirklich« in einem absoluten Sinn ist (also ewig und unveränderlich) und dem, was sich als bloßer Stoff *(hyle)*, die Ergebnisse unserer sinnlichen Perzeption umfassend, darstellt und somit als »real« nur in einem abgeleiteten und niederen Wortsinn betrachtet werden kann. Aristoteles verwarf die Ideen nicht ganz und gar, doch zog er es vor, sie als den konkreten, sinnlich erfahrbaren materiellen Gegenständen immanent zu betrachten – wodurch sie die Erkenntnis der wahren, diesen Gegenständen zugrundeliegenden Natur ermöglichten; das heißt also, er weigerte sich, den Ideen eine unabhängige, transzendentale Seinsform eigener Art zuzugestehen. Seine eigenständige Untersuchung *Über die Ideen* ist jedoch nur in Fragmenten auf uns gekommen, und das gleiche gilt für seine Abhandlung *Über die Philosophie*, in der er seine Einwände gegen die Mathematik und die Ideen anscheinend in einer einzigen, gemeinsamen Erörterung zusammengezogen hat; und zwar, indem er sich gegen die

Lehre von den Idealen Zahlen wandte, die diese beiden Theoriekomplexe miteinander in Verbindung gebracht hatte.

Damit war aber noch nicht das Problem gelöst, wie man jenes Prinzip finden und beschreiben konnte, das es den Ideen ermöglicht, im Stoff wirklich zu werden – das Prinzip sozusagen, das die Welt in Bewegung hält. Aristoteles identifizierte diesen Vorgang als *kinesis*, Bewegung, die sowohl Mengenwachstum wie Qualitätsveränderung in sich schließt: die beide gemeinsam den Übergang von der Potentialität *(dynamis)* einer Sache – die es ermöglicht, daß etwas anderes aus ihr werden kann – hin zu ihrer Aktualität *(energeia)* bewirken.

Die *Physik* des Aristoteles nennt vier Kategorien, die, etwas irreführend, als die »Vier Ursachen« bekannt sind. Von dreien dieser »Ursachen« war gerade die Rede: Stoff, Form und Bewegung. Aber er erkannte auch eine vierte »Ursache«, das *telos*: Ziel oder Zweck, zu welchen etwas überhaupt entsteht, also der Seinsgrund. Platon (und augenscheinlich vor ihm schon Sokrates) hatten schon ein gutes Stück Weges hin zu dieser »teleologischen« Betrachtungsweise zurückgelegt, indem sie behaupteten, daß jedes Ding auf ein Ziel hin existiere, und zwar auf ein gutes. Doch ist diese Vorstellung für das Denken des Aristoteles von zentraler Bedeutung, und sie verleiht seiner gesamten Philosophie erst die charakteristische Färbung.

Denn Aristoteles behauptete nicht nur, daß alle Dinge auf ein Ziel hin existieren, sondern, daß ein angeborener Antrieb sie dazu dränge, dieses Ziel so umfassend wie nur möglich zu erreichen: mit anderen Worten, daß sie angetrieben werden, nach Selbsterfüllung zu streben, die ganze Potentialität ihrer Form zu verwirklichen. Dieser natürliche Ablauf der Vorgänge (analog dem Unbewegten Beweger, dessen Beziehung zu diesem Prozeß allerdings etwas unklar bleibt) ist ein weiteres Anzeichen für das, was man als den religiösen Charakter der aristotelischen Philosophie bezeichnen könnte, der das westliche Denken bis ins 16. Jahrhundert und darüber hinaus beherrscht hat, aber immer wieder diejenigen enttäuscht, die eine ganz und gar wissenschaftliche Erklärung für das Universum suchen. Den religiösen Denkern des 19. Jahrhunderts erschien sie jedoch als nicht teleologisch *genug* – obwohl Aristoteles das Universum in einer Bewegung auf *natürliche Ziele* hin erkannte –, da er nicht der Auffassung war, daß die Natur irgendeiner nachvollziehbaren göttlichen Vorsehung folge, wobei allerdings der Unterschied zwischen diesen beiden Konzepten in seinen Darlegungen manchmal schwer zu erkennen ist.

*Über den Himmel* stellt in vier Büchern die Bewegung der himmlischen und irdischen Körper dar, indem es Platons Auffassungen beschreibt, unterscheidet und in ein System bringt. Aristoteles wußte um die Kugelgestalt der Erde, doch glaubte er noch, daß sie sich im Zentrum des Universums befände. *Über Werden und Vergehen* deutet die Evolution als zyklische Reihung von Umwandlungen. Die vier Bücher der *Meteorologie* behandeln überwiegend Erscheinungen, die mit dem Wetter in Beziehung stehen, obwohl Kometen, Meteore und die Natur des Meeres ebenso zur Sprache kommen.

Der Lebenswelt galt Aristoteles' Interesse in höchstem Maße, hier kommt seine spezifische Denkweise zu den besten Resultaten. Auf dem Gebiet der Biologie wollte er den ganzen Bereich der Natur ausmessen. Doch teilte er das Reich der Pflanzen seinem Schüler Theophrastos zu, während er selbst (vielleicht mit Unterstützung des Theophrastos) den zoologischen Anteil dieses riesigen Projektes übernahm.

Seine *Geschichte der Tiere* stellt in vier Büchern eine einführende Sammlung von Tatsachen aus dem Leben der Tiere dar und beschäftigt sich mit Anatomie, Physiologie und den Verhaltensweisen aller Arten von Tieren, Fischen und Vögeln; besonderes Gewicht legt sie auf die Anpassungsleistung und Evolution der tierischen Organe. Ebenfalls aus vier Büchern besteht die Abhandlung *Über die Teile der Tiere*. Außerdem kennen wir die Untersuchungen *Über die Erzeugung der Tiere* und *Über die Gangart der Tiere* – von denen die erstgenannte in fünf Büchern sich das Lob Darwins verdiente – sowie eine weitere Abhandlung *Über die Fortbewegung der Tiere* (bei der die Autorschaft des Aristoteles gelegentlich unnötigerweise in Zweifel gezogen wird).

So wie Platon die Mathematik, galt Aristoteles die Biologie als die Schlüsselwissenschaft, und auf diesem Gebiet errang er seine größten Triumphe. »Der einzige große Philosoph« – wie gesagt wurde –, »der aus Leidenschaft für die lebendige Natur philosophierte«, war er zugleich praktisch der erste Biologe und Zoologe, in welcher Eigenschaft er entschieden Originalität, Scharfsinn und Geduld an den Tag legte. Seine beeindruckenden Analysen von mehr als fünfhundert Arten, die das ganze Feld ausmessen und es zugleich weitgehend mit inhaltlichen Bestimmungen füllen, werden aus einem ungeheuren Reichtum sorgfältig erhobener – eigener und fremder – Daten entwickelt, zu deren Organisation er eine eigene Bibliothek gründete, die mit einer umfangreichen Museumssammlung ausgestattet war und zum Vorbild aller nachfolgenden Bibliotheken der Antike wurde.

Einige der Informationen und Interpretationen, die er liefert, haben sich in späterer Zeit (besonders vom 19. Jahrhundert an) als irrtümlich erwiesen, doch bewahrt ein großer Teil von ihnen seine Gültigkeit; Teile seiner Erörterungen eilen mit geradezu unheimlicher Treffsicherheit ihrer Zeit voraus. Aristoteles selbst hat seine biologischen und zoologischen Forschungsmethoden folgendermaßen zusammengefaßt: »Wenn die Tatsachen über das Leben der Bienen«, so sagt er, »jemals ganz erfaßt sind, so muß den Beobachtungen höhere Glaubwürdigkeit zugestanden werden als den Theorien, und die Theorien dürfen Glaubwürdigkeit nur dann beanspruchen, wenn ihre Behauptungen mit den beobachteten Tatsachen übereinstimmen.«[13]

Doch trotz seines aufsehenerregenden Angriffs auf die griechische Vorliebe für Theoriebildung, gab Aristoteles seinen eigenen *idées fixes*, die kaum mit diesem Standpunkt harmonierten, ausreichend Raum. So taucht der Unbewegte Beweger hier ein weiteres Mal auf. Darüber hinaus gaben ihm seine Untersuchungen über die Anpassungsleistung und Evolution der Tiere ausreichend Gelegenheit, seine teleologischen Glaubenssätze, die darauf bestanden, daß alles auf ein Ziel hin ausgerichtet sei, zu illustrieren und anzuwenden. Vielleicht waren es gerade diese Naturerforschungen, die ihn davon überzeugten, daß Platon zu Recht seinen teleologischen Standpunkt vertreten hatte.

Das dreibändige Werk *Über die Seele* befaßt sich nicht allein mit der menschlichen Seele, sondern mit allen Stufen des Belebten, wobei die Seele als das innere Prinzip – nicht als etwas Immaterielles, wie Platon behauptete – gedeutet wird, als etwas, das mit dem Körper verbunden ist, ihn zusammenhält und mit Leben erfüllt. Doch steht die menschliche Seele über jener der Tiere und Pflanzen, da sie allein über die Kraft des Erkenntnisvermögens *(dianoetikon)* verfügt. Mit dieser Gabe ausgestattet, stellt die Seele einen geordneten Mikrokosmos dar, der den Makrokosmos des Universums widerspiegelt; doch wird nicht deutlich, inwiefern Seelen nach Aristoteles' Auffassung die Körper überleben, denn die platonische Vorstellung vom Jenseits scheint ihm nichts zu bedeuten. Nichtsdestoweniger stellt diese ausgefeilte und subtile Analyse der Seelenvermögen das letzte Stadium von Aristoteles' psychologischen Erwägungen dar, und kein Teil seiner Philosophie hat größeren Einfluß auf das spätere Denken ausgeübt.

Die aus zehn Büchern bestehende *Nikomachische Ethik*, das berühmteste Werk zur Morallehre, trägt ihren Namen nach Nikomachos, dem Sohn des Aristoteles; möglicherweise hat er die Vorlesungen seines Vaters in dieser Form herausgegeben. Ein Großteil des Werkes ist in einer fast populären Weise geschrieben und bemüht sich, die Philosophie mit den Erwartungen des gebildeten Publikums zu versöhnen – im behäbigen Stil eines Mannes mittleren Alters, wie manche heute sagen, während andere den Ton als erfrischend allgemeinverständlich schätzen.

Zutreffender wiedergegeben mit der Formulierung »Über den Charakter« (was *ethos* ursprünglich bedeutet), befaßt sich die *Nikomachische Ethik* mit einer »praktischen« Wissenschaft: Sie ist eine Untersuchung des Guten, das heißt: eine Untersuchung darüber, wie man gut sein könne, was als Ziel *(telos)* menschlichen Verhaltens gesehen wird. In Buch I wird dieses Ziel mit Glück oder Wohlbefinden *(eudaimonia)* gleichgesetzt und bestimmt als »eine Tätigkeit der Seele im Einklang mit der Vernunft«;[14] die folgenden fünf Bücher bestimmen die Eigenart einer solchen Tätigkeit. Vergnügen, Ehre und Reichtum werden als Grundlage der *eudaimonia* abgelehnt; zugleich wird der Absolutheitsanspruch von Platons moralischen Werten (die dieser zusammenfassend als vier, ausdrücklich genannte, abstrakte Tugenden beschrieben hatte) aufgegeben zugunsten einer wirklichkeitsnäheren und pragmatischeren Vielfalt. Denn Aristoteles legt Wert darauf, daß wir erst einmal mit dem beginnen, was wir vorfinden, und versuchen, Anlagen auszubilden, die bereits vorhanden sind. Da wir unser Leben nicht ausschließlich auf einer geistigen und verstandesmäßigen Grundlage führen, bleibt Raum nicht nur für jene Tugenden, die dem höchsten Ziel zugeordnet sind, sondern ebenso für Charaktereigenschaften wie Mut, Hochherzigkeit, Geduld, Höflichkeit und die Fähigkeit, die Wechselfälle des Schicksals zu ertragen.

Was die höherwertigen geistigen und verstandesmäßigen Tugenden anbelangt, so können sie – entsprechend verschiedenen Stufen geistiger Erhebung – in zwei Kategorien unterteilt werden. Die höhere dieser beiden Kategorien bildet die Weisheit *(sophia)*. Sie ist nur wenigen erreichbar und findet ihren höchsten Ausdruck in der *theoria* – häufig übersetzt als »Betrachtung« (Kontemplation), doch ist sie eher das glühende, unermüdliche Trachten nach philosophischer Wahrheit; sie ermöglicht dem Menschen gewissermaßen, »unsterblich zu sein«[15] (und gewährt ihm damit die reinste und erlesenste Form der Glückseligkeit).

Die zweite, niedrigere dieser hohen Kategorien von Tugend verkörpert sich in der *phronesis*, die Platon als transzendentale Anschauung dargestellt hatte, die aber – in der Lehre des Aristoteles – eine bloß alltägliche Fähigkeit bedeutet: das erworbene Vermögen, mit Voraussicht und Einsichtskraft zu handeln, das höchste Ziel, nach dem der Mensch normaler- und vernünftigerweise streben kann. Die restlichen Bücher der *Nikomachischen Ethik* behandeln in unzusammenhängender Form eine Vielzahl von Themen, so die Freundschaft und das Problem der Begierde; das letzte Buch enthält eine Lobrede auf die wissenschaftliche Forschung.

Die sieben Bücher der *Eudemischen Ethik* behandeln weitgehend dieselben Themen, jedoch mit anderen Schwerpunkten und anderen Tendenzen; vielleicht stellen sie eine frühere Ausgabe derselben Vorlesungsreihe dar, die von Eudemos, einem Schüler des Aristoteles, aufgezeichnet wurde. Diese Abhandlung wendet sich scharf gegen die paradoxale Auffassung des Sokrates, nach der »kein Mensch willentlich schlecht ist«, denn Tugend und Laster sind – so die bevorzugte Anschauung des Aristoteles – Dinge innerhalb unserer Gewalt; es liegt an uns, entweder das eine oder das andere zu wählen.

Sein ethischer Ansatz ist wieder einmal – wie zu erwarten – teleologisch: Er möchte herausfinden, zu welchem Zweck Menschen geschaffen sind – um so die Aufgaben zu entdecken, auf die hin die Natur sie planmäßig angelegt hat. Seine Vermutung, daß es trotz aller Verschiedenheit der Tugenden ein einzelnes, höchstes Ziel oder Gut geben müsse, war ein herkömmlicher Ansatz, doch bleibt er unbewiesen und ist der Kritik ausgesetzt. Aristoteles bestimmt »Kontemplation« als die höchste Lebensform, da sie die höchstmögliche Aktivität des rationalen Geistes darstelle. Aber anders als Platon schafft er – wie wir sahen – auch Raum für andere, eher alltägliche Qualitäten, die mit der Art und Weise in Verbindung stehen, wie Menschen ihr Leben tatsächlich führen. Doch scheint es etwas grotesk, wenn er versucht, die Persönlichkeit darzustellen, die solch nützliche Alltagstugenden am besten verkörpert, den »höherwertigen« oder »großherzigen« Menschen; dieser Mustermensch macht eher den Eindruck eines selbstgefälligen, aufgeblasenen Hohlkopfs.

Nach Aristoteles' Auffassung ist Vortrefflichkeit das Ergebnis der bewußten Wahl der rechten Mitte, des Mittelwegs. Die Griechen – anfällig fürs Extreme – zollten dieser Idee hohe Bewunderung: Wir entnehmen dies zu einem guten Teil ihrer Volksdichtung, ihren Tragödien und auch den Werken Platons. Die Lehre von der rechten Mitte wurde dementsprechend eine der bestbekannten Lehren des Aristoteles. Der Mensch soll einen Mittelweg zwischen den Gegensätzen extremen Verhaltens einzuschlagen suchen: etwa zwischen völliger Enthaltsamkeit und ausschweifendem Wohlleben. Obwohl sie logisch nur schwer zu begründen ist, enthält die Lehre des Aristoteles nicht, wie einige behauptet haben, lediglich ein Lobpreis der Mittelmäßigkeit, sondern vielmehr eine Mahnung – die vielleicht aus analogen medizinischen Überlegungen abgeleitet ist (s. Kap. 20) –, daß es an jedem einzelnen liege, die rechte Mischung und das rechte Verhältnis seiner Handlungsweisen zu finden, so wie es seinem (oder ihrem) Ich angemessen ist.[16]

Aristoteles übertrieb zwar die Bedeutung der Kontemplation, doch erkannte er das Leben in Gemeinschaft als praktisches Ideal: für ihn wie für Platon sind Ethik und Politik eins. Keine dieser beiden Künste oder Wissenschaften liefert für ihn die exakten Ergebnisse, die keine Ausnahme zulassen, so wie Platon angenommen hatte, doch beide zusammen ergeben eine einzige, ganzheitliche Anthropologie – da die Politik die zentrale Aufgabe der Menschheit darstellt, wie denn auch Platon richtig feststellt, daß die Menschen nur Teil der Gesellschaft seien, der sie angehören, während Aristoteles gar den Staat dem Individuum logisch vorausgehen läßt.

Wenn dieser Glaube an die zentrale Bedeutung der Politik und an den Vorrang des Staatlichen auch fragwürdig sein mag – in einigen Lagern findet er allerdings noch heute Zustimmung –, so dachte Aristoteles doch gründlicher über die politische Struktur der griechischen Gesellschaft nach als alle anderen vor ihm, und er schrieb ausgiebig zu diesem Thema. Seine *Politik* bleibt, obwohl sie in einer etwas unzusammenhängenden und ungeordneten Form auf uns gekommen ist, die breiteste und tiefgründigste Untersuchung über die politischen Verhältnisse des antiken Griechenlands.

Die Abhandlung nähert sich ihrem Thema vom Standpunkt der Polis her, die ihren Bürgern, wie Aristoteles behauptet, die größte Möglichkeit zur Entfaltung ihres Lebens gewährleistet. Diese werden – wie es bereits in Buch I geschieht – biologisch als *zoa politika*[17] bestimmt, als gesellige Wesen also, die an den Stadtstaat gebunden sind, soziale Geschöpfe, deren natürliches, höchstes Ziel *(telos)* darin besteht, in einer Polis zu leben. Die anschließende Erörterung der Sklaverei nimmt den Standpunkt ein, daß die Dienste der Sklaven für die Freien und diejenigen der Barbaren für die Griechen eine naturbestimmte Sache seien (vgl. Anhang V). Buch II liefert einen historischen Überblick über die Politik, untersucht eine Reihe von Verfassungsmodellen, besonders diejenigen Spartas, Kretas und Karthagos, und erörtert die

Leistung verschiedener Gesetzgeber. Hier gibt es Bezüge auf Platon, die in Buch III wiederkehren, in dem gesunde Verfassungen (wie Monarchie, Aristokratie und gemäßigte Demokratie) im Gegensatz zu entarteten und wenig wünschenswerten Typen vorgeführt werden (wie Tyrannei, Oligarchie – also die Herrschaft weniger, die nicht auf Grund von Verdiensten gewählt werden – und Radikaldemokratie oder Pöbelherrschaft).

Die Bücher IV–VI analysieren verschiedene Mängel, die das politische Leben beeinträchtigen können, und Möglichkeiten, diese zu beseitigen. Es gilt Aristoteles als ausgemacht, daß jeder Staat zwei Parteien in sich vereint, die ihrer wirtschaftlichen Lage nach unterschieden sind und ständig in offenem Kampf miteinander liegen. Die Bücher VII und VIII fahren damit fort, die Vorstellung vom besten Staat zu entfalten. Wie Platon betrachtet Aristoteles eine Erziehung unter staatlicher Kontrolle als das oberste Gebot– doch nur in einer Form, die, obgleich immer noch vorrangig ethisch orientiert, nichtsdestoweniger die Gefühle und den Körper des Individuums so gut wie seine geistigen und moralischen Kräfte ausbildet.

Weitere Untersuchungen über die Verfassungen von 158 griechischen Stadtstaaten sind uns verloren, mit Ausnahme des überwiegenden Teils der *Staatsverfassung der Athener*, die bei Ausgrabungen auf einem Papyrus entdeckt wurde. Obwohl sie ein wenig hastig aus Quellen unterschiedlicher Güte zusammengestellt worden ist, enthält diese Abhandlung einen nützlichen und prägnanten Bericht über das politische System Athens und seine frühere historische Entwicklung. Ob das Werk nun von Aristoteles stammt oder nicht – vielleicht wurden die Darstellungen der einzelnen *Verfassungen* auch in seinem Auftrag von seinen Schülern verfaßt –, so zeigt es doch deutlich den aristokratischen, antidemokratischen Zug, den er mit Platon teilt. Ironischerweise verdankte Athen, der führende demokratische Stadtstaat, einen Gutteil seines Ruhms zwei überzeugten antidemokratischen Schriftstellern, die ihr Denken in seiner Mitte glanzvoll entfalteten.

Trotz des revolutionären politischen Wandels, der durch Philippos II. und Alexander »den Großen« (vermutlich sein Schüler) herbeigeführt wurde, schloß sich Aristoteles, der selbst nur Metoike und kein athenischer Bürger war, der Auffassung von Platon und Demosthenes an, daß der Stadtstaat die natürliche, optimale Form einer autarken Gesellschaft darstelle. Zwar war die Polis zwangsläufig von geringer Größe, doch bot sie – obgleich die athenischen Importe dies scheinbar in Frage stellten – alles, was nötig war, um ihren Bürgern ein gutes Leben zu ermöglichen.

Ihre herrschende Klasse – beispielhafte Verkörperung der rechten Mitte – sollte um der inneren Festigkeit des Staates willen aus einer Aristokratie des Geistes und der Tugend bestehen und grundsätzlich die mittlere Klasse mit einschließen, also die Bürger, die einen zumindest bescheidenen Wohlstand genossen und nicht so unzufrieden waren, auf politischen Umsturz oder unkluge Abenteuer zu drängen. Das Bürgerrecht sollte auf eine noch kleinere Minderheit als die, welche im zeitgenössischen Athen tatsächlich dieses Privileg genoß, beschränkt sein; Landarbeiter, Handwerker und Ladeninhaber sollten nicht Bürger werden dürfen, da Handarbeit eine Person gemein *(banausos)* mache und ihr keine Zeit lasse, die Pflichten eines Bürgers wahrzunehmen, was Muße voraussetze.[18] Die Vorstellung vom »geborenen Sklaven« ist ein anderer reaktionärer Zug im Denken des Aristoteles – zumal in einer Zeit, da gegensätzliche Standpunkte in der Diskussion aufkamen und etwa Alexander die »Barbaren« großzügiger beurteilte –, doch milderte Aristoteles selbst die Strenge seiner Bestimmung dadurch ab, daß er forderte, kein Grieche solle einen anderen Griechen versklaven (s. Anhang V).

Seine dreibändige *Rhetorik* fällt unter die Kategorie seiner »produktionsbezogenen« Schriften, zielt sie doch auf die Hervorbringung von etwas, das der Mühe lohnt. Sie befaßt sich mit den Methoden der Überredung, die einem Rhetor zur Verfügung stehen, und mit der Frage, wie sie auf Regeln zurückgeführt werden können. Das erste ihrer drei Bücher untersucht die logischen Beweise und Argumente, wie sie sich aus der dialektischen Technik ergeben. Das zweite wendet sich den psychologischen und ethischen Faktoren zu, untersucht, auf welche Weise der Redner sich sein Publikum geneigt machen und wie er dessen Gefühle aufpeitschen kann. Das dritte Buch greift Themen auf wie stilistische Klarheit, angemessene Ausdrucksweise, korrekte Gliederung und Formen und Figuren der Rede.

Dieser letzte Teil erweckt den Anschein einer technischen Anleitung, doch stellt die Rhetorik insgesamt kein Handbuch über ihr Thema dar, sondern eine Analyse derjenigen Methoden, mit deren Hilfe Argumenten, die intellektueller Stichhaltigkeit entbehren (hier können wir an die Abhandlungen über logische Operationen anknüpfen), dennoch Überzeugungskraft verliehen werden kann; ein Redner – fügt Aristoteles mit nüchternem Pragmatismus hinzu – kann nicht dafür getadelt werden, daß er diesen Versuch unternimmt. Trotz einiger Inkonsequenzen ist diese Abhandlung mit ihren Kniffen und Ratschlägen die klarste und verständlichste ihrer Art und erlangte dementsprechend hohe Bedeutung für die vom Wort bestimmte Lebenswelt seiner athenischen Zeitgenossen – auch wenn sie heute überholt erscheinen mag.

Die *Poetik* ist ein Versuch über die Poesie. Obgleich eine »nachahmende« Kunst wie die anderen Künste auch (wiewohl mit eigener Erkenntnisrichtung), kann die Poesie – wie Aristoteles behauptet – als »philosophischer« gelten denn die Geschichte, da sie generelle Wahrheiten vermittelt, während die Geschichte auf den besonderen Fall bezogen bleibt; aus diesem Grund betrachtet er – im Gegensatz zu Platon – die Poesie nicht als ein in jedem Fall zu gefährliches Reizmittel, sondern erkennt, daß sie ebenso lehrreich und nützlich sein kann.

Ursprünglich handelte das vollständige Werk über Epos, Tragödie und Komödie, doch steht in der Form, wie es uns überliefert ist, die Tragödie im Mittelpunkt. Eine Untersuchung der Tragödie zeigt die Bestandteile eines Dramas auf: die erforderliche Einheit der Handlung (was bedeutet, daß diese sich um eine einzelne Aktion oder Erfahrung von einiger Bedeutung herum gruppieren sollte) und seinen Zweck, der bestimmt wird als »Reinigung der Empfindungen durch Mitleid und Furcht«[19] (oder besser: »Entsetzen und Schmerz«); ein Vorgang, der den Gefühlen des Publikums eine kathartische Abreaktion ermöglicht und ihm dadurch

Vergnügen bereitet. Weiterhin finden sich darin Anmerkungen über gewisse signifikante Merkmale von Tragödien, etwa den »Umschlag« (Peripetie) des Glücks, die »Wiedererkennung« *(anagnorisis)* und die mysteriöse, verhängnisvolle »Verblendung« *(hamartia)*, die große Männer wie den Oidipus des Sophokles ins Verderben stürzt (s. Kap. 17). Eine kurze Erörterung der epischen Dichtung und der Regeln, nach denen diese verfaßt sein sollte, ist ebenfalls auf uns gekommen sowie ein Teil, in dem epische und tragische Dichtung miteinander verglichen werden.

Trotz ihres fragmentarischen Charakters, trotz des Verdachts, daß Aristoteles seinem Temperament nach wenig geeignet sein mochte, Tragödie oder epische Dichtung wirklich zu würdigen, bleibt seine *Poetika* doch der früheste und wichtigste aller griechischen Beiträge zur Literaturkritik: er gab dieser eine eigenständige Sprache und schenkte ihr viele auf Dauer wertvolle Definitionen. In den folgenden Jahrhunderten gewann das Werk jedenfalls wachsende Geltung, erlangte hohe Berühmtheit und regte (vor allem nach seiner ersten eigenständigen Veröffentlichung im Jahr 1526) viele Ausgaben und Kommentare an; beherrschenden Einfluß übte es vor allem auf das französische klassische Drama des siebzehnten Jahrhunderts aus, beruhte das französische Theater doch auf der Lehre von den dramatischen Einheiten, die man in der Abhandlung des Aristoteles zu finden vermeinte, obwohl die einzige Einheit, die dort tatsächlich postuliert wird, die der Handlung ist.

Der Mann, der dieses gewaltige Werk schuf, war kahl und spindelbeinig, er hatte kleine Augen und einen sardonischen Gesichtsausdruck. Seine Vorliebe für elegante Kleidung, für Schmuck und geistreiche Gelage war bekannt. Es wäre schön, wenn einige der antiken Büsten, die vorgeblich Aristoteles abbilden, wirkliche Porträts darstellten. Doch obwohl die Griechen ihre Philosophen bevorzugt als Gattungswesen und unpersönlich darstellten (zumal die Künstler oft keine genaue Vorstellung von ihrem tatsächlichen Aussehen hatten), können wir aus einer oder zweien dieser Skulpturen möglicherweise die wirkliche Physiognomie des Aristoteles ermitteln. Darüber hinaus können wir – sei es auch nur durch Anstrengung unserer Phantasie – im Gesichtsausdruck dieser Köpfe einen nicht recht beschreibbaren Zug von Ironie und Traurigkeit wiederfinden, wie er auch in seinen Auffassungen und Gedankengängen enthalten ist.

Es ist für uns heute schwer verständlich, wenn Cicero vom funkelnden Stil und »goldenen Fluß«[20] seiner Prosa berichtet; solche Lobpreisungen verdienen seine uns überlieferten Abhandlungen wohl kaum. Deren Sprache zeichnet sich durch eine knappe und komplizierte Schärfe aus; sie stellt ein wirksames Vehikel für philosophische Argumentation und wissenschaftliche Beschreibung dar, doch ist sie trocken, formal und zeitweise pedantisch, so daß die Lektüre des Aristoteles durchaus Mühe bereitet. Die glänzenden, goldenen Essays, die Cicero noch bewunderte, sind verloren: diejenigen seiner Untersuchungen, die auf uns gekommen sind, scheinen – einmal abgesehen von wenigen ausgefeilten Passagen – zum überwiegenden Teil »esoterisch« gewesen zu sein, jedenfalls ungeschliffen und nicht überarbeitet, Schriften, die nicht zur allgemeinen Benutzung gedacht waren, sondern als Grundlagenliteratur für die Schüler des Lykeions.

Doch scheint das, was erhalten geblieben ist, den wichtigsten Teil des aristotelischen Werks darzustellen. Dessen riesige Spannweite könnte uns veranlassen, ihn als den Schöpfer eines ganzheitlichen, zusammenhängenden, umfassenden enzyklopädischen Systems zu sehen, und in der Tat wird er oft als Systematiker betrachtet. Aber obwohl er einen immensen Bereich des damals bestehenden Wissens in Systemform brachte, blieb er doch, zumindest im Herzen, ein prüfender, untersuchender, dialektisch denkender Entdecker und Forscher, der scharfsinnigen (wiewohl bisweilen fehlerhaften) Gebrauch von dem machte, was andere vor ihm geleistet hatten, beständig angetrieben von seiner eigenen, nie ermüdenden Fähigkeit, sich zu wundern. Denn Aristoteles war ein Mann, dessen grundsätzliche Leidenschaft für Wissenserwerb ihn mit intellektueller Bescheidenheit immer bereit sein ließ, wieder und wieder die Elemente einer Theorie zu überprüfen und dabei zu versuchen, sie – auf der Grundlage neugefundener Daten – besser zu fassen.

Der teleologische Ansatz, den er übernommen und entwickelt

hat, mag skurril scheinen, und die Lehren von den »Vier Ursachen« und vom »Unbewegten Beweger« mögen als zwei nicht ganz geglückte Versuche gelten, die Probleme der eigentlichen Natur und des Beweggrunds unseres Universums zu lösen; die Probleme, die Aristoteles hier anging, blieben bis heute ungelöst, daher gaben sie in der Folgezeit Anlaß zu Formen von spekulativem Fanatismus, die sich als weitaus schädlicher erwiesen als seine aufwendigen und feinsinnigen Überlegungen.

Wenn er auf den Boden der Tatsachen zurückkam, erhellte seine ionische Leidenschaft für die Erforschung natürlicher Erscheinungen – trotz unvermeidlicher Mängel, gemessen an modernen Standards – unzählige Gegenstände mit seiner ebenso starken wie geistvollen Leidenschaft für Ordnung, der er in unerschöpflichen Klassifikationen Ausdruck gab und die doch von einem nie nachlassenden Gespür für die Komplexität und Vielfalt der Natur und des menschlichen Wesens begleitet war. Eine seiner Lobpreisungen peinlich genauer persönlicher Beobachtung (von Bienen) habe ich bereits oben zitiert. Doch bemerkte Aristoteles, in etwas allgemeinerer Wendung, auch, daß »diejenigen, deren Schwäche für lange Erörterungen sie gegenüber den Tatsachen unaufmerksam gemacht habe, allzu bereit seien, aus wenigen Beobachtungen dogmatische Schlüsse zu ziehen«.[21]

Diese Hingabe an konkrete Fakten – die er selbst als wesentliche Grundlage gedanklicher Verallgemeinerung sah – bewirkte auf lange Sicht die Befreiung der Naturwissenschaften von der Herrschaft der Philosophie. Nichtsdestoweniger stützten sich die Philosophen der folgenden Zeit weitgehend auf Aristoteles, und es hat sich inzwischen gezeigt, daß die Stoiker und Epikureer seinem Werk viel mehr verdanken, als man bisher angenommen hatte. Aristotelische Elemente fanden auch Eingang in die folgenden Ausbildungen des Platonismus und beeinflußten so das frühchristliche Denken. Später beherrschten die lateinischen Übersetzungen von Aristoteles' Werken aus arabischen Quellen die Schriften der Scholastiker und die *Summa* des hl. Thomas von Aquin (ca. 1225–74). Noch später übernahm auch Francis Bacon (1561–1626) die Trennung und Unterscheidung nach Vier Ursachen von Aristoteles, und er ehrte ihn, indem er sein eigenes Werk *Novum Organum* nannte.

Tatsächlich war Aristoteles der Mann, der die wichtigen und bis heute gängigen Einteilungen der Philosophie begründete; während Platon wesentlichen Kategorien ihren Namen gab, fügte Aristoteles zahlreiche, detailliertere Definitionen hinzu. Von ihm haben Philosophen und Wissenschaftler Generation um Generation ihre philosophische Terminologie abgeleitet, die ins überkommene Vokabular gebildeter Männer und Frauen eingegangen ist, so daß wir seine Begriffe fortlaufend verwenden, oft ohne uns ihres Ursprungs bewußt zu sein.

Durch die Jahrhunderte hindurch galt Aristoteles als der große Gelehrte, der dem Geist um seiner selbst willen gedient habe; sein Nachruhm war dauerhafter als der jedes anderen Denkers. Obwohl es wenig Sinn hat zu versuchen, eine Rangfolge der erstaunlich zahlreichen Geistesgrößen des fünften und vierten Jahrhunderts v. Chr. zu erstellen, ist es doch unmöglich, irgendeinen zu finden, dessen Beitrag für die Menschheit deutlicher gewesen wäre als derjenige des Aristoteles.

10 Aristoteles, *Metaphysica*, VII, 2, 1028b; vgl. Speusippos, Fragment 33a.
11 Aristoteles, *Metaphysica*, VII, 1, 1026a.
12 Idem, *Analytica Posteriora*, 83a, 33.
13 Idem, *De generatione animalium*, III, 10, 760b.
14 Idem, *Ethica Nicomachia*, III, 1002a.
15 Ibid., X, 1177b, 33.
16 Ibid., II, 1106a–b.
17 Idem, *Politica*, 1, 2, 1253a.
18 Ibid., VII, 1328b, 37, 1329a.
19 Idem, *Poetica*, 9, 1452a.
20 Cicero, *Academica*, II, 119.
21 Aristoteles, *De generatione et corruptione*, 3160, 9.

# EPILOG

Auf den vorhergehenden Seiten haben wir versucht darzulegen, daß die großen Leistungen des klassischen Griechenlands im wesentlichen das Werk von weniger als vierzig herausragenden Männern waren. Die führenden Persönlichkeiten in den Stadtstaaten waren nämlich keineswegs nur Gallionsfiguren oder unbedeutende Rädchen im Getriebe, vielmehr wurden die entscheidenden Ereignisse und Entwicklungen von einem winzigen Bruchteil der Bevölkerung ins Werk gesetzt, der Spitze eines unsichtbaren Eisbergs. Gewiß, die Einflüsse von Umwelt, Erbe und fremden Kulturen, die auf ihre Gemeinschaften wirkten, betrafen sie ebensosehr wie ihre Mitbürger, so daß sie in diesem Sinne Repräsentanten der jeweiligen Gesellschaft waren, zu der sie gehörten. Aber nur diese wenigen Individuen formulierten die schöpferischen Antworten auf die Probleme der Gesellschaft, und sie gestalteten und reformierten ihre Umwelt nach ihren jeweils individuellen Vorstellungen und Wünschen.

Einer der wichtigsten Faktoren, der das Handeln der Griechen beeinflußte, war ihre mediterrane Umwelt. Dessen waren sich die Menschen des fünften Jahrhunderts auch durchaus bewußt. Sowohl Herodotos als auch der Verfasser der Abhandlung *Über die Umwelt* – welche man fälschlich dem Arzt Hippokrates zugeschrieben hat (s. Kap. 20) – glaubten, daß die Lebensstile von der umgebenden Natur geschaffen und ausgeformt würden, und sie wandten diese Theorie auf ihre eigene Kultur an.[1].

Es ist verführerisch, diese Lehre ohne jede Einschränkung zu übernehmen. Denn der Mittelmeerraum ist mit so vielen Vorzügen gesegnet, daß er als der naturgegebene Rahmen für eine der größten Kulturen der Menschheit erscheint. Moderne Geographen sind jedoch zu einer differenzierteren »Wahrscheinlichkeits«-Theorie gelangt. Bestimmte Eigenarten sind danach einer speziellen Region nicht *inhärent*, sondern die Region kann ihren Einwohnern *Hinweise* geben, wie ihre Probleme am besten gelöst werden könnten. Das bedeutet, daß jede Landschaft bestimmte Möglichkeiten anbietet, unter denen die Bewohner entsprechend ihren Wünschen, Begabungen und Launen ihre Auswahl treffen. Das Klima ist dabei natürlich ein besonders wichtiger Faktor, und der Verfasser von *Über die Umwelt* vertrat die Auffassung, daß der Wechsel der Jahreszeiten die menschlichen Aktivitäten beflügele[2] – was zutreffend ist, sofern er sich nicht zu kraß oder zu abrupt gestaltet; und das verhältnismäßig milde Mittelmeerklima spielte sicherlich eine bedeutende Rolle bei der Entstehung der Kultur dieser Region.

Das Mittelmeergebiet offeriert eine paradoxe Mischung aus natürlichem Reichtum und herber Armut, es bietet gleichzeitig Hindernisse, die überwunden werden müssen, und Anreize, um sie zu überwinden. Das Leben ist großartig, aber auch gefährdet; energische Anstrengungen sind erforderlich, um die Natur zu beherrschen und zu korrigieren und sie so zu einem Verbündeten zu machen. Solche Anstrengungen wurden in der Antike beharrlich unternommen; und das Meer machte es möglich, sie über das gesamte Mittelmeerbecken und darüber hinaus bis in die Propontis und in das Schwarzmeergebiet auszudehnen.

Ein weiteres wesentliches Merkmal der Region sind ihre Zugangsmöglichkeiten zum Nahen und Mittleren Osten, wo es schon seit Jahrtausenden blühende Gemeinwesen und Kulturen gegeben hatte. Die Schöpfer der griechischen Kultur verdankten den Leistungen dieser Völker außerordentlich viel. Aber zu Beginn des fünften Jahrhunderts – jener Epoche, mit der sich unser Werk beschäftigt – waren die kulturellen Einflüsse vollständig aufgenommen und verarbeitet, und obwohl die Beziehungen zu Persien auch weiterhin lebenswichtig blieben, waren die politischen, sozialen und kulturellen Ordnungen der Griechen voll entfaltet und entwickelten sich nach eigenen Gesetzen selbständig weiter.

Dieser Prozeß beruhte nun aber nicht etwa auf irgendeiner ethnischen Überlegenheit der Griechen. Einige der antiken Schriftsteller vertraten einen rassistischen Standpunkt, indem sie schlichtweg die Überzeugung äußerten, daß sie den »Barbaren«, vor allem den Persern, überlegen seien. Aber schon Isokrates (s. Kap. 32) hatte erkannt, daß der einzige Weg, das Griechentum zu definieren, über die Kultur führe, nicht über die Rasse,[3] und heute wissen wir, daß eine rassistische Betrachtung der Antike sinnlos ist, da ihre Rassen von Anfang an unentwirrbar vermischt waren. Daher ist die Schlußfolgerung unzulässig, daß die kulturellen Leistungen der Griechen in ihrer rassischen Zugehörigkeit begründet seien.

Worin lag aber dann der Grund für die außerordentlichen Errungenschaften der griechischen Kultur? Oder um es anders zu formulieren, es stellt sich jetzt die Frage, *warum ausgerechnet* die griechische Welt (ähnlich wie die italienische Renaissance, aber vielleicht noch reichhaltiger) eine solch unerhörte, nie dagewesene Vielzahl hervorragender Könner auf so vielen verschiedenen kulturellen Gebieten hervorbrachte, und zwar oft in einer Zeitspanne von nur wenigen Generationen. Die Antwort auf diese Frage ist nicht leicht zu finden. Wir können eine Übersicht über die vielfältigen Möglichkeiten geben, unter denen der griechische Genius auswählen konnte, um seiner Begabung Ausdruck zu verleihen. Aber die Schwierigkeit besteht darin zu erklären, weshalb es so viele waren, denen schicksalhafte, weltbewegende Auswahlentscheidungen gelangen – und weshalb diese fast zur gleichen Zeit lebten.

Offenbar hatten die Gemeinschaften, denen sie angehörten – durch eine Verkettung innerer Umstände – gerade das Entwicklungsstadium erreicht, in dem diese Auswahlentscheidungen getroffen werden konnten, in dem diese Gedanken gedacht und niedergeschrieben werden konnten und zwar von einer Handvoll Menschen, die fast zur gleichen Zeit lebten. Die Erklärung für diesen plötzlichen Ausbruch muß im Wesen der griechischen Polis liegen. Die Griechen liebten das Gespräch, und das mediterrane Klima (das ein Leben auf öffentlichen Plätzen ermöglichte) gab ausreichend Gelegenheit zur Unterredung – ebenso wie zum gemeinschaftlichen Ratschlagen und zur Planung von Bauwerken oder zur Konzeption anderer künstlerischer Meisterwerke. Die Griechen hatten die Muße, sich diesen Dingen zu widmen – was sie angemessen zu schätzen wußten –, weil sie Sklaven besaßen und für die körperliche Arbeit und die alltäglichen Verrichtungen weitere Kräfte einstellen konnten; und weil ihr Lebensstil so schlicht und einfach war, daß sie darauf nicht allzu viel von ihrer Zeit verwenden mußten. Hier liegt auch die notwendige Ergänzung zu der in diesem Buch aufgestellten Behauptung, daß das klassische Griechenland das Werk weniger herausragender Persönlichkeiten gewesen sei: ihre Leistungen sind nur denkbar, weil die Stadtstaaten, aus denen sie hervorgingen und die sie trugen, so verfaßt waren, wie wir es dargestellt haben.

Und selbst dann wird man kaum sagen können, daß die Polisverfassung für *alle* bedeutenden Persönlichkeiten dieser Epoche als hinreichende Erklärung dienen kann: vor allem nicht bei den Politikern. Philippos II. von Makedonien zum Beispiel gehörte nicht zu einem derartigen Staat, obwohl seine Bewunderung für Athen eine wichtige Rolle in seinem politischen Denken spielte. Wieweit der bosporanische König Leukon I. durch die Stadtkultur von Pantikapeion beeinflußt war, läßt sich kaum feststellen: aber die Stadtstaaten Syrakus, Akragas und Halikarnassos lieferten zumindest den Rahmen, innerhalb dessen ihre autokratischen Herrscher ihre Politik zu realisieren versuchten. Was die anderen bedeutsamen Gestalten der Epoche betrifft, so wurden sie alle mehr oder weniger von einer Polis getragen und geformt, auch wenn einige von ihnen ihrer Vaterstadt keinerlei patriotische Verehrung entgegenbrachten.

Bei der Diskussion dieser Frage wird die Polis allzu häufig implizit mit der Demokratie gleichgesetzt. Dabei wurden keineswegs alle bedeutenden griechischen Stadtstaaten in dieser Epoche demokratisch regiert: Eine Reihe der bedeutendsten Persönlichkeiten des klassischen Zeitalters gehörten Stadtstaaten an, die oligarchisch oder diktatorisch verfaßt waren. Nun gedieh die freie Rede, von der so viele kulturelle Errungenschaften abhingen, zwar am besten unter einem demokratischen System, aber sie wurde auch nicht immer vollständig unterdrückt, wenn andere Herrschaftssysteme eingeführt waren, ja manchmal gab es sogar in den Demokratien Beschränkungen dieser Freiheit. Es ließen sich in diesem Zusammenhang die Verfolgungen des Anaxagoras und des Protagoras als Beispiel anführen, ebenso wie die Angriffe auf Aristophanes (der ihnen erfolgreich Widerstand leistete) und die Angriffe auf Sokrates (dem das nicht gelang).

Alle diese Beispiele stammen aus Athen, und das hat zwei Gründe: Athen war von allen griechischen Demokratien die am weitesten entwickelte, und es ist darüber hinaus diejenige Demokratie, von der wir auf Grund der vielen erhaltenen literarischen Zeugnisse am meisten wissen. Das erscheint historisch gerechtfertigt, denn ein großer Teil der Schöpfer der klassischen Kultur stammte aus diesem außergewöhnlich fruchtbaren Staatswesen: beinahe die Hälfte der Namen in den vorhergehenden Kapiteln gehören Athenern, und manche werden der Meinung sein, daß noch mehr hätten genannt werden müssen. Themistokles war sich wohl bewußt, was er seiner Geburtsstadt verdankte, wie er einem Spötter von einer der kleinen Inseln zu verstehen gab.[4]

Aber was bedeutet eigentlich »Demokratie« im konkreten Einzelfall? Heutzutage bezeichnet der Begriff in verschiedenen Ländern sehr unterschiedliche Regierungssysteme, aber keine der verschiedenen modernen Bedeutungen entspricht dem Inhalt des Wortes in der Antike. Die antike Demokratie war gleichzeitig weiter und enger angelegt. Sie war weiter, weil sie – abgesehen von einigen föderativen Experimenten, die kaum Wurzeln schlugen (s. Kap. 29, 35) – nicht repräsentativ, sondern *direkt* war. Das heißt, die Bürger entsandten nicht wie heutzutage ihre gewählten Vertreter in ein Parlament oder Abgeordnetenhaus, damit diese für sie die öffentlichen Angelegenheiten regelten, sondern sie nahmen statt dessen selber direkt an dieser Tätigkeit teil – zumindest diejenigen, die Lust und Zeit dazu hatten – so wie Perikles es, laut Thukydides,[5] von ihnen erwartete. In den größeren Staatsgebilden unserer Zeit wäre das allerdings kaum durchführbar und würde auch sicher nicht den Wünschen der Mehrheit entsprechen.

Und dennoch war in einem anderen Sinne die griechische Demokratie enger als alles, was wir heute unter dem Begriff verstehen, denn sie schloß nicht nur die Frauen aus, die keine Regierungsämter innehatten, sondern sie überging auch wesentliche Kategorien von Einwohnern, die nicht dem Sklavenstande angehörten, – Metoiken und andere Arten von Personen, die man in etwa als Leibeigene bezeichnen könnte, vergleichbar etwa den spartanischen Heloten – und natürlich auch die Sklaven selbst (s. Anhang II–V). Die Demokratie war also nicht die Sache der Lebensgemeinschaft einer Polis, sondern lediglich diejenige der Einwohner mit vollem Bürgerrecht.

Hier müssen wir nun allerdings eine Unterscheidung zwischen dem politischen Bereich, in dem die Demokratie eines der konkurrierenden Systeme war, und der kulturellen Sphäre treffen, dem Feld der Literatur, Philosophie und Wissenschaft sowie der Künste. Auf dem Felde der Kultur lassen sich die herausragenden Leistungen der Griechen des fünften und vierten Jahrhunderts nicht leugnen. Ihre politische Leistungsbilanz ist dagegen fragwürdiger. Nicht nur war die Innenpolitik der Stadtstaaten häufig chaotisch (obwohl weniger politische Morde geschahen als heutzutage), sondern zahlreiche dieser Staaten, und nicht nur die autokratisch regierten wie Syrakus, sondern auch solche Demokratien wie Athen, gründeten ihre politische Macht und die Muße, die zur Schaffung von Kunst und Literatur notwendig war, auf die wirtschaftlichen Erträge, die sie einem gewaltsam unterworfenen Herrschaftsgebiet abpreßten. In der Antike macht die simple Unterscheidung zwischen Demokratien, die wir als unsere Freunde zu betrachten pflegen, und eroberungshungrigen, imperialistischen Staaten, die wir gewöhnlich als unsere Feinde ansehen, keinen Sinn, denn Athen als der bedeutendste griechische Staat war auf der Höhe seiner politischen Macht und seiner kulturellen Blüte nicht nur eine Demokratie, sondern eben auch eine imperialistische Demokratie.

Wenn dies jedoch ein Einwand gegen die athenische Demokratie ist, so betrifft er nur eine ethische, nicht eine praktische Frage – und bedeutet nicht, daß das athenische System auf Grund seines imperialistischen Charakters weniger gut funktioniert hätte. Man könnte im Gegenteil den Standpunkt vertreten, daß das System ohne die Einkünfte aus dem Reich überhaupt nicht funktioniert hätte – so wie es dem athenischen Staatsmann Eubulos manchmal vorgekommen sein muß, als er um die Mitte des vierten Jahrhunderts nach dem Wegfall der Reichssteuern verzweifelt versuchte, die Finanzen der Stadt wieder in Ordnung zu bringen. Es war also nicht der Imperialismus, der die direkte Demokratie Athens in ihrer Funktion behinderte; der Imperialismus war im Gegenteil ihr Lebenselement, und ihre Schwächen lagen ganz woanders, nämlich in den häufig schlechten und unsinnigen Entscheidungen der athenischen Regierung.

Es ist andererseits oft mit guten Gründen argumentiert worden, daß die Antidemokraten Platon und Aristoteles dem athenischen Regierungssystem übertrieben kritisch gegenübergestanden hätten. Dies System könne allein schon deswegen nicht so schlecht gewesen sein, weil es mit nur wenigen größeren Umwälzungen zweihundert Jahre überdauert habe. Vielleicht wäre es jedoch noch viel erfolgreicher gewesen, wenn nicht derart verhängnisvolle Entscheidungen getroffen worden wären. Nehmen wir nur den Peloponnesischen Krieg. Die athenische Volksversammlung war lächerlich überheblich, als sie für die Invasion Siziliens stimmte. Auch daß sie etwa zur gleichen Zeit den persischen Rebellen Amorges unterstützte, obwohl Sparta noch nicht besiegt war und Persien mit seinem Reichtum möglicherweise den Ausschlag geben konnte, muß als in höchstem Maße unsinnig bezeichnet werden. Schließlich war es selbstmörderisch, nach der Schlacht bei den Arginusen die überlebenden Strategen hinzurichten, denn nach ihrem Tode war kaum noch jemand übrig, der den Krieg weiterführen konnte (s. Kap. 16, 24).

Alle diese Fragen haben mit der Außenpolitik zu tun, d. h. sie betreffen Athens Beziehungen zu den anderen griechischen Stadtstaaten. Aber unser Vorwurf muß auf einen größeren geographischen Raum ausgeweitet werden. Nicht nur Athen beging Irrtümer dieser Art: Auch den anderen griechischen Poleis, den Stadtstaaten, unterliefen gravierende Fehler in der Außenpolitik. Vor allem war beständig ein Scheitern aller Bemühungen um Zusammenarbeit zwischen den einzelnen Staaten zu beobachten, so daß Platons eisige Bemerkung, wonach Krieg der natürliche Zustand der zwischenstaatlichen Beziehungen ist, in der Praxis der griechischen Welt durchaus zutreffend war.[6] Beinahe jeder Staat hatte allzu häufig Auseinandersetzungen mit seinen Nachbarn, so daß alle Vorschläge, den Panhellenismus der sportlichen und musikalischen Festspiele auf den politischen Bereich auszudehnen, rein theoretisch und hypothetisch blieben. Isokrates hoffte, derartige Vorstellungen auf einen antipersischen Kreuzzug lenken zu können, aber auch dieser Plan, ob er nun vernünftig war oder nicht, blieb graue Theorie – bedeutsam nur insofern, als er daran erinnerte, wie die Uneinigkeit zwischen den griechischen Stadtstaaten sie unter den beherrschenden Einfluß der Perser gebracht hatte, den Isokrates nun so gerne wieder abgeschüttelt hätte.

Diese zwischenstaatlichen Auseinandersetzungen haben die Schöpfer der klassischen griechischen Kultur weder unterdrükken noch behindern können. Im Gegenteil, die Rivalitäten, die daraus entstanden, spornten die Bemühungen jener Persönlichkeiten vermutlich nur noch weiter an. Im politischen Bereich jedoch haben die ewigen Streitigkeiten zur beherrschenden Stellung Philippos' II. geführt, d. h. zur völligen Zerstörung der Polis als einer selbständigen politischen Einheit.

Unter den Schöpfern der klassischen Kultur hatten wir schon mächtige Autokraten kennengelernt, z. B. Gelon und Hieron I., sowie Dionysios von Syrakus; aber sie hatten nur die Unabhängigkeit der Stadtstaaten im Westen unterdrückt. Jetzt jedoch unterwarf Philippos das Kernland der griechischen Welt einem ähnlichen Prozeß. Zwar würde es auch in der Zukunft noch unabhängig handelnde griechische Politiker geben, aber bisher waren solche Gestalten nicht nur Autokraten vom Schlage eines Dionysios gewesen, sondern viel häufiger Führer von oligarchisch oder demokratisch verfaßten Stadtstaaten. Von nun an sollten es aber fast ausschließlich Alleinherrscher sein, welche Staaten regierten, in denen es weder eine Oligarchie noch eine Demokratie gab.

Das bedeutete natürlich nicht, daß die griechische Kultur erstorben war; die Geschichte kennt keinen Stillstand, und die hellenistische Welt wartete bereits auf ihre Stunde. Außerdem sollten die Schöpfer dieser Welt nicht ausschließlich Politiker sein, sondern, wie auch schon früher, Schriftsteller, Philosophen und Künstler, darunter führende Vertreter ihrer jeweiligen Disziplin. Zu Ende gegangen war jedoch insgesamt die Ära der autonomen griechischen Polis und damit die Blüte jener Staatsform und ihrer außerordentlichen kulturellen Errungenschaften, mit denen sich dieses Buch zu befassen hatte.

1 Herodotos, IX, 122; Pseudo-Hippokrates, *Klima, Wasser und örtliche Verhältnisse (Über die Umwelt)*, 3ff.
2 Pseudo-Hippokrates, *Klima*, 24.
3 Isokrates, *Panegyrikos*, 50.
4 Herodotos, VIII, 125; Platon, *Der Staat*, I, 4, 329e.
5 Thukydides, II, 40.
6 Platon, *Die Gesetze*, I, 626a.

# ANHANG

# ANHANG I

# PYTHAGORAS UND SEINE GEFOLGSCHAFT

Auf Samos geboren, emigrierte Pythagoras um 521 nach Kroton in Südost-Italien. Wie in diesem Buch bereits dargestellt wurde, übten seine Lehrveranstaltungen einen ungeheuren Einfluß aus – besonders auf Platon (s. Kap. 31) –, obwohl es schwierig ist, seine Lehren aus den Thesen herauszufiltern, die ihm später durch Mitglieder seiner Schule und Biographen zugeschrieben wurden, da Pythagoras seine Arbeiten niemals niederschrieb. Doch es scheint, als habe er eine nicht völlig homogene Mischung aus Wissenschaft *(historia)*, aus mathematischer und musikalischer Theorie, aus guruhafter Lebensanleitung (vorgetragen in phantastischer Gewandung) und aus Religion bzw. Aberglauben zur Lehre erhoben.

Die Natur schien Pythagoras allein in Zahlenkategorien erklärbar, deren systematische Erforschung er einführte, entwickelte oder zumindest anregte. Seine Entdeckung der Zahlenverhältnisse, die den wichtigen Intervallen der Tonleiter zugrunde liegen, erhob als herausfordernde Erkenntnis die Mathematik zu universaler Bedeutung – vielleicht auf der Grundlage früherer babylonischer Spekulationen –, indem sie das Ganze der Natur als eine Angelegenheit zähl- und meßbarer Quantitäten betrachtete.

Pythagoras war aber auch einer der frühesten griechischen Denker, die – Hinweise von Anaximenes und Herakleitos aufnehmend – der menschlichen Seele (ethische) Bedeutung zumaßen und so eine Akzentverschiebung im Zentrum philosophischer Bemühungen vom Universum zum Menschen hin zum Programm erhoben: diese Richtung wurde dann durch Sokrates entscheidend vorangetrieben (s. Kap. 21). Innerhalb des menschlichen Seins betrachtete Pythagoras die Seele als das harmoniestiftende Prinzip.[1] Zugleich aber sah er sie – und hier können wir indische Einflüsse auf dem Umweg über Persien vermuten – als ein gefallenes und verunreinigtes Stück Göttlichkeit, das im Körper wie in einem Grab eingekerkert und zu einem Kreislauf von Reinkarnationen *(metempsychosis)* bestimmt ist, von dem es durch rituelle Reinigung zusammen mit asketischer Enthaltung und durch die Verehrung Apollons, des »Reinigers«, Befreiung finden kann. (Tatsächlich wird behauptet, Pythagoras habe die in Skythien und Thrakien unter dem Namen Orphismus verbreitete Idee der Bilokation übernommen, nach welcher die Seele sich zeitweilig vom Körper zu trennen vermag.) Diese erlösende Reinigung sollte die Seele in die Lage versetzen, in Einklang mit der Ordnung und den Maßverhältnissen des Universums zu gelangen. Auch behauptete er, daß der Mensch dieses Ziel durch reine Gedankenanstrengung erreichen könne.

Platon stellt es uns so dar, daß Pythagoras einen ganzen »Lebensstil«[2] gelehrt habe. Dieser wurde in Kroton von einer geheimen Gesellschaft vorgelebt – die schließlich die Regierung der Stadt übernahm; eine ähnliche Gemeinschaft erlangte zeitweise die Herrschaft in Rhegion und Tarent und noch in anderen Orten. In Kroton jedoch setzte in der Mitte des fünften Jahrhunderts die demokratische Partei das örtliche Zentrum der Gemeinde samt der sich darin befindlichen Mitglieder in Flammen und zwang Pythagoras, sich nach Metapontum zurückzuziehen, wo er starb.

Doch setzte sich der Niedergang des Pythagoreismus fort, und in Italien wurde der Bund fast völlig ausgelöscht. Allerdings wurde er von Überlebenden der Gemeinschaft erneuert, die nach Theben und Phlios geflüchtet waren. In der erstgenannten Stadt war der berühmte Philolaos von Kroton oder Tarent Mitglied der Bewegung, der die pythagoreische Lehre ins Gewand philosophischen Räsonnements kleidete und die astronomische Lehre der Schule entweder begründete oder weiterentwickelte.[3] Philolaos führte danach das Leben eines Wanderphilosophen und verbreitete die pythagoreische Lehre in Sizilien. Zum Zentrum des wiederbelebten Bundes wurde jedoch Tarent, vor allem unter der Herrschaft des Archytas, der Platon sehr verehrte und von diesem auch besucht wurde (s. Kap. 26).

Die Mitgliedschaft des Bundes, die Männern wie Frauen offenstand, bedingte strenge asketische Selbstzucht. Doch gab es unter den Mitgliedern zwei verschiedene Gruppierungen, die sich entweder mehr der Religion oder der Wissenschaft zuwandten: die letztgenannte Gruppe entfaltete sich unter der Führung des Archytas (und des Aristoxenos). Der Hippokratische Eid wurde vielleicht für eine pythagoreische Gemeinde formuliert (s. Kap. 20). Nach dem Jahre 300 war die pythagoreische Schule jedoch wieder von der Bühne verschwunden, um erst in Gestalt des Neupythagoreismus im Rom und Alexandrien des ersten Jahrhunderts vor Christus eine Wiederbelebung zu erfahren.

1 Porphyrios, *Das Leben des Pythagoras*, 19 (»unsterblich«), etc.
2 Platon, *Der Staat*, X, 600a–b.
3 Aristoteles, *De coelo*, B 13, 293a, 18; Aetios, II, 7, 7.

# ANHANG II

# DIE FRAUEN

Es waren selbstverständlich Frauen, welche die Schöpfer der Klassischen Zivilisation, die das Thema dieses Buches sind, zur Welt brachten – obwohl Apollon in den *Eumeniden* des Aischylos ihre Aufgabe als merkwürdig untätig beschrieb –, doch leisteten sie, abgesehen von ihrer physischen Rolle, ihren Beitrag zu der Zivilisation, von der wir handeln, in erster Linie in der Vorstellungswelt ihrer Männer. Sicherlich sind Verallgemeinerungen hier nicht einfach, da die meisten erhaltenen Zeugnisse aus Athen stammen und die Stellung der Frauen von einem griechischen Staat zum anderen beträchtlich differierte: in Athen etwa waren Frauen viel weniger frei als in Sparta oder Kreta.

Im öffentlichen Leben spielten die Frauen praktisch keine Rolle. Es gab sicherlich Ausnahmen, etwa wenn sie gar (zumindest an den Rändern der griechischen Welt) als Staatsoberhäupter in Erscheinung traten: so Pheretime von Kyrene im sechsten Jahrhundert vor Christus oder kurze Zeit später Thargelia, die Witwe des Antiochos von Thessalien, dann die beiden Artemisias von Halikarnassos – nicht zu reden von den Ehefrauen oder Müttern männlicher Herrscherfiguren in führenden Rollen wie Demarete in Syrakus und Olympias in Pella.

Doch besaßen die Frauen in den Stadtstaaten kein Bürgerrecht; sie übten keine Ämter aus, sie nahmen keinen offenen Anteil an politischen Aktivitäten – genauso wie in allen anderen Zivilisationen seit Anbeginn der Geschichte. Der Kontrolle über ihre eigenen persönlichen Angelegenheiten beraubt, standen griechische Frauen rechtlich unter der Vormundschaft eines Mannes und durften weder Eigentum haben, noch über wirtschaftliche Güter verfügen (in dieser Hinsicht war Sparta eine Ausnahme). Vormund der Frau war ihr Vater oder, wenn dieser nicht mehr lebte, der nächste männliche Verwandte ihres Geschlechts, nach ihrer Heirat der Ehemann; in allen Belangen einer solchen Ehe besaß sie dem Recht nach keine Geschäftsfähigkeit. Wenn sie keine Brüder hatte, wurde sie an die nächsten Verwandten väterlicherseits verheiratet, damit sie die Familie *(oikos)* zur nächsten Generation fortpflanze: denn dies war ihre Hauptaufgabe, und zu diesem Zweck wurde sie, oft mittels strenger Regelungen, rechtlich geschützt.

Obwohl das Bild, wie es sich darstellt, heute in einigen Punkten umstritten ist, führte die griechische Frau ein ziemlich zurückgezogenes Leben, hielt sich die meiste Zeit im Haus und dort in den Frauengemächern auf; wenn ihr Ehemann ein Gastmahl gab oder zu einem solchen ging, begleitete sie ihn nicht; für weibliche Gesellschaft, die seinem Unterhaltungsbedürfnis diente, sorgten »Gefährtinnen« *(heterai)*, Frauen ohne Bürgerrecht, die für diese Tätigkeit eigens importiert wurden und die oft kultiviert, aber angeblich auch von lockeren Sitten waren – die berühmteste von ihnen war übrigens Aspasia, die Mätresse des Perikles.

Die Literatur liefert uns eine lebhafte Anschauung dieser Verhältnisse. Obwohl Homeros' Frauen in den archaischen Zeiten eine bedeutsame Rolle im Hintergrund der Geschehnisse spielten – wenn sie auch keine Entscheidungsträgerinnen waren –, und wenngleich Sappho uns die zeitweise Existenz einer weiblichen Gemeinschaft auf Lesbos vor Augen führt, die sich intensiver emotionaler und praktischer Selbstbestimmung erfreute, die heftige, obsessive, bösartig antifeministische Mißgunst bei Hesiodos und Semonides von Amorgos belegt einen anderen, weit verbreiteten Stand der Dinge. Die griechische Männerwelt spürte eine nervöse Furcht vor Frauen und davor, wozu sie möglicherweise in der Lage sein könnten. Obwohl (oder vielleicht gerade weil) sie unerläßlich zur Fortpflanzung waren, schienen sie zugleich ein geheimnisvolles, gefährliches und unreines Element, und ihre Männer waren ängstlich darauf bedacht, daß sie nicht vom rechten Wege abwichen oder aus der ihnen einmal zugeteilten und ins häusliche Leben unverrückbar eingebauten Nische ausbrachen.

Genau das verbirgt sich sehr oft hinter der Rolle, die sie in griechischer Mythologie und Literatur spielen. Es waren nahezu ausschließlich Männer, welche diese Literatur verfaßten, und Xenophon zum Beispiel bietet in seinem *Oikonomikos* eine idealisierte Version des üblichen Bildes, nach dem Frauen streng ans Haus gebunden und ihren Ehemännern untergeben sein sollten. Platon mochte sie sich immerhin als Wächterinnen vorstellen, wenn sie dazu taugten, was nicht häufig sei; für Aristoteles waren sie unheilbar minderwertig.

Gelegentlich jedoch kommen auch liberalere Einstellungen zum Ausdruck. So erkannte Herodotos den Einfluß von Frauen in einer Vielzahl historischer Ereignisse und Lagen. Er war es auch, der auf neue Art mit dem Mythos der Amazonen umging. Diese mythischen Frauen, die eine so hervorragende Rolle in der klassischen Kunst spielen, standen für die Umkehrung der richtigen und angemessenen, herkömmlichen Ordnung, indem sie zugleich Frauen und Kriegerinnen waren. Aber Herodotos verheiratete sie an die Sarmaten, die nördlich des Tanais lebten, und ließ sie dort eine fiktive Gesellschaft bilden, in der die jeweils beiden Geschlechtern zugemessenen Aufgaben so festgelegt sind, daß keines das andere völlig beherrschen kann.[4]

Am bemerkenswertesten aber treten die Frauen in der klassischen griechischen Welt in ihren dramatischen Verkörperungen in Erscheinung. In jedem ihrer Stücke stellten Aischylos, Sophokles und Euripides Frauen von ganz unterschiedlichen Charaktereigenschaften und Geisteshaltungen auf die Bühne – Frauen, die Rollen ausfüllten, wie sie im zeitgenössischen Alltagsleben Athens oder Griechenlands niemals begegneten. Einige dieser Frauen sind von edler, heroischer Art, andere wiederum sind erschreckende, fluchbeladene Verbrecherinnen. Unter den letzteren wiederum sind viele vom rechten Weg abgewichen und bedrohen nun die von Männern festgelegte Ordnung und Regelmäßigkeit. Dies wird vor allem klar an der gleicherweise hervorragenden Rolle, die sie in der Alten Komödie des Aristophanes spielen: Nicht weniger als drei seiner uns überlieferten Stücke sind gerade auf eine solche Umkehrung der Verhältnisse hin angelegt, bei der die Frauen mit überraschenden Ergebnissen die Herrschaft übernehmen.

In ihrem Gefühl des Eingeschlossenseins von dieser unermeßlichen, verderblichen Frauenwelt, die bereit schien, ihre eigene zu erdrücken, ersannen die griechischen Männer-Gesellschaften ein Sicherheitsventil. Es gab eine Ausnahme vom Ausschluß der Frauen aus den öffentlichen Angelegenheiten – und das war der Bereich der Religion. Viele der wichtigen Gottheiten waren weiblich: In Athen war Athena die Patronin der Stadt. Es wurde den Frauen nicht nur gestattet, mehr als vierzig athenische Priesterämter zu besetzen, sondern sie erhielten darüber hinaus ihre eigenen Feiern und Riten: so die Thesmophorien zu Ehren der Demeter, in denen sie – mit ausgesprochener Betonung ihrer Fruchtbarkeit – eine tragende Rolle spielten (und sie waren es auch, die das Gewand für das Standbild der Athena bestickten, mit dem dieses bei den Panathenäen bekleidet wurde). Alle diese offiziell geheiligten weiblichen Mitwirkungen an der Religion bedeuteten eine Anerkennung der Tatsache, daß die Gottheiten – in scharfem Gegensatz zu den ›normalen‹, männlichen Regeln – ihre wilde und unzähmbare Seite hatten und daß die Frauen (analog zu den Mänaden des Dionysos) diejenigen waren, die diesem zerstörerischen Aspekt der göttlichen Welt zugleich huldigen und ihn durch offiziell gebilligte Feiern in konventionellen Bahnen halten sollten.

Doch änderten sich im ausgehenden fünften und während des folgenden Jahrhunderts die Einstellungen allmählich. Der Wechsel wird in der bildenden Kunst deutlich. Weibliche Figuren, *korai*, hatten schon früher zu den bevorzugten Werken der Bildhauerkunst gezählt. Aber, von sehr vereinzelten Ausnahmen (die flötenspielende *hetaira* auf dem Ludivisischen Thron, Anm. zu Kap. 9, ist eine davon) einmal abgesehen, waren sie bekleidet. Unbekleidete Mädchen jedoch erscheinen häufig auf Vasen des fünften Jahrhunderts, und dieses Interesse am nackten Frauenkörper verbreitete sich zunehmend. Zeuxis von Herakleia, der ein Gemälde der trojanischen Helena für Kroton plante, soll sich die ansässigen Mädchen haben vorführen lassen und unter den körperlichen Vorzügen von fünf von ihnen eine Auswahl getroffen haben, um so nach dem Leben zu arbeiten. Ebenso verfuhren die Bildhauer: Die Aphrodite von Knidos des Praxiteles hielt man für unerhört realistisch (und zwar so sehr, daß die Statue Anlaß zu Skandalgeschichten gab). Dieses wachsende Bedürfnis nach physischem Realismus im Abbilden des weiblichen Körpers war zugleich Symptom von etwas anderem: einem immer begierigeren Interesse an Weiblichkeit als solcher, das unterschiedlichen Ausdruck in der folgenden hellenistischen Epoche finden sollte.

Einer der Gründe dafür, warum solch ein Interesse sich nicht schon früher eingestellt hatte, lag darin, daß die Gesellschaften der griechischen Stadtstaaten, trotz gewisser Unterschiede, homosexuelle Neigungen in einem Ausmaß begünstigten, das selbst für unsere freizügige Zeit recht befremdlich wirkt. In einer Gesellschaft, deren Männer in Politik und Krieg, bei Leibesübungen und Gelagen ihre Zeit mit Angehörigen des eigenen Geschlechts verbrachten, mußten homosexuelle Einstellungen tiefer reichen als die Beziehung zu Frauen – die künstlerische Betonung des nackten männlichen Körpers, des *kouros*, bestätigt dies.

Tatsächlich fanden in Städten mit altmodischen ›heroischen‹ Strukturen wie Theben, Sparta, Elis und Thera männliche Beziehungen – nicht zwischen Gleichaltrigen, aber zwischen einem Liebhaber und seinem jüngeren Geliebten – ausdrückliche Anerkennung. Platon läßt Phaidros sagen, daß das beste Heer der Welt aus Paaren männlicher Liebhaber[5] bestehen würde, und im vierten Jahrhundert wurde genau eine solche Truppe aufgestellt, die thebanische Heilige Schar, welche entscheidend zum Sieg in der Schlacht von Leuktra beitrug. Obwohl die offizielle Einstellung zum homosexuellen Geschlechtsakt selbst wechselte, wurde eine ganze pädagogische Theorie auf solchen Beziehungen aufgebaut. In einer derartigen Atmosphäre konnten sich die praktische Lage und der Status der Frauen kaum zum Bessern hin entwickeln, wie sehr sie die Phantasie der dramatischen Dichter auch in ihren Bann schlugen.

4 Herodotos, IV, 113–116.
5 Platon, *Symposion*, 178c–179a.

# ANHANG III

# DIE METOIKEN

Metoiken (metoikoi, ›Leute, die mit anderen zusammenleben‹) waren in den griechischen Stadtstaaten ansässige Fremde (einschließlich freigelassener Sklaven). Wir finden sie in den meisten Staaten – mit Ausnahme Spartas –, doch waren sie in Athen, aus dem nahezu alle unsere Quellen stammen, besonders zahlreich und wichtig. Allerdings darf man wohl annehmen, daß sie eine bedeutende Rolle auch in anderen Hafenstädten spielten: etwa in Korinth, Milet und Syrakus.

Sie waren keine Bürger, doch nahmen sie eine anerkannte Stellung in der Gesellschaft ein, deutlich unterschieden von denjenigen Fremden, die sich nur besuchsweise in einer Stadt aufhielten. In Athen hatte Solon schon im frühen sechsten Jahrhundert v. Chr. diese Klasse der Metoiken gefördert, und in der Zeit der persischen Kriege hatte sich ihre Stellung voll ausgebildet. Perikles' Bürgergesetz, das die Bürgerschaft nur denjenigen zuerkannte, die väterlicher- wie mütterlicherseits von athenischen Bürgern abstammten, erhöhte ihre Zahl (und verringerte damit den Anteil der Vollbürger an der Gesamt-Bevölkerung).

In Athen waren Metoiken gezwungen, einen Bürger als Schutzherrn *(prostates)* zu haben; sie mußten in dem Demos, in dem sie wohnten, registriert sein, und sie hatten eine jährliche Kopfsteuer *(metoikion)* zu entrichten ebenso wie Beiträge zur Vermögenssteuer *(eisphora)* und anderen staatlichen Abgaben. Sie konnten auch zu gewissen Sonderabgaben (Zahlungen zugunsten öffentlicher Zwecke) herangezogen werden, und sie waren zum Kriegsdienst in Heer und Flotte verpflichtet. Metoiken konnten ohne besondere gesetzliche Erlaubnis keine Ehen mit Bürgern schließen, noch Häuser oder Landbesitz erwerben. Doch genossen sie den Schutz der Gerichte und zunehmend eine Reihe von Vorrechten. Eine beträchtliche Anzahl von Künstlern und Schriftstellern, deren Namen als Überschriften in diesem Buch figurieren, waren nicht Athener, wohnten jedoch in Athen als Metoiken; einige von ihnen erlangten später das Bürgerrecht. Doch ergab sich die hauptsächliche Beschäftigung der Metoiken aus ihrer fehlenden Berechtigung, Land zu erwerben: dies führte sie zu Industrie und Handel und hatte zur Folge, daß sie nicht nur Arbeiter wurden (die Seite an Seite mit Bürgern und Sklaven etwa am Erechtheion arbeiteten), sondern ebensogut Handwerker, Ladeninhaber, Händler und Seekaufleute.

So wurde Kephalos, der Vater des Redners Lysias, von Perikles veranlaßt, mit seiner Familie von Syrakus nach Athen überzusiedeln, wo seine Waffenmanufaktur, die er an seine Verwandten vererbte, das größte Industrieunternehmen darstellte, von dem wir Kenntnis haben. Xenophon besteht in seinen *Poroi* (Die Mittel) darauf, daß man die Zahl der Metoiken vermehren und sie als einen

Hauptfaktor des athenischen Wirtschaftslebens und als wichtige Einnahmequelle fördern müsse.

Ihren bedeutendsten Beitrag zur klassischen Zivilisation leisteten die Metoiken jedoch im Bankgewerbe. Dieses war, in noch unentwickelter Form, in früheren Zeiten in der Hand von Tempelpriestern gewesen; doch schon vor dem Jahre 500 v. Chr. ging das Geschäft in die Hände der Geldwechsler über, die ihre Wechseltische (*trapezai*, daher ihr Name *trapezitai*) anläßlich von Festlichkeiten auf dem Marktplatz aufstellten. Im vierten Jahrhundert wurden sie zu Bankiers, die mit Krediten, Pfandbriefen und Einlagen handelten, wobei sie diese Tätigkeit (um das hohe Risiko abzudecken) mit Manufaktur und Handel verbanden; Athen wurde wegen seiner Banken der führende Geldmarkt Griechenlands.

Der wohlhabendste unter den Metoiken-Bankiers und Manufakturbesitzern der Stadt war Pasion (gest. 370), ein früherer Sklave, dessen Aktivitäten – die typisch waren für ein Zeitalter, in dem großer Wert auf Professionalität gelegt wurde – uns aus Reden des Demosthenes und aus dem *Trapezitikos* des Isokrates bekannt sind. Pasion machte der Stadt verschiedene Geschenke, darunter tausend Bronzeschilder aus seiner Manufaktur; dem Feldherrn Timotheos (373/372) gab er zinsfreies Geld, um dessen Gunst zu erlangen. Er behauptete auch, daß seine Bank einem jungen Mann von der taurischen Chersonesos (am Kimmerischen Bosporos) große Darlehen bewilligt habe, obwohl der Jüngling leugnete, diese erhalten zu haben. Schließlich erlangte Pasion das athenische Bürgerrecht.

# ANHANG IV

# ZWISCHEN FREIEN UND SKLAVEN

»Zwischen Freien und Sklaven« – mit diesem Namen belegte Pollux (Teil I, Anm. 9) die große Kategorie eines gewissen Bevölkerungsanteils der griechischen Stadtstaaten, der zwar nicht das Bürgerrecht erlangte, sich aber über den Status der Sklaverei erhob, und den man etwas ungenau – und zugleich ein wenig anachronistisch – als »Leibeigene« bezeichnen könnte. Auch die Bezeichnung »Heloten« wird auf sie angewandt, da sie in Sparta so genannt wurden, während es annähernd vergleichbare Kategorien von Einwohnern – allerdings in verschiedenen Abstufungen von Unfreiheit und unter jeweils besonderen Namen – auch in Argos, in den Städten von Kreta und Thessalien, in Sikyon, Korinth, Megara, Herakleia, Pontika, Byzantion, Syrakus und am Kimmerischen Bosporos gab.

Das Heloten-System in Lakonien scheint sich entwickelt zu haben, als das dorische Sparta nach dem Zusammenbruch der mykenischen Zivilisation entstand. Es dehnte sich mit der spartanischen Eroberungspolitik westwärts über Messenien aus. Die unterworfenen Völker in dieser Gegend – überwiegend wahrscheinlich nichtdorischen Ursprungs – waren Teil des spartanischen Staates,[6] der sie an ihren Boden fesselte und einzelnen Bürgern (Spartiaten) zuwies, damit sie deren Güter bewirtschafteten. Die Herren dieser Heloten konnten diese weder freilassen noch verkaufen, aber sie besaßen das Recht, von ihnen einen Tribut zu erheben, der die Hälfte dessen darstellte, was sie mit ihrem Gut zu erwirtschaften vermochten. Indem sie diesen Tribut entrichteten, durften die Heloten den übrigen Teil für sich behalten; ihnen war innerhalb der Familie und sogar innerhalb eines eigenen gesellschaftlichen Gefüges erlaubt, Eigentum zu haben. Sie folgten ihren Herren auf Feldzügen und dienten in leichtbewaffneten Einheiten sowie als Ruderer.

Das Problem bestand jedoch nun darin, daß sie den Spartiaten an Zahl überlegen waren: vielleicht nicht im Verhältnis sieben zu eins, wie uns Herodotos berichtet, doch immerhin in beachtlichem Maße, so am offenkundigsten in Messenien; aber auch in Lakonien dürften sie zahlreicher gewesen sein als der Rest der nicht versklavten Bevölkerung, einschließlich nicht nur der Spartiaten, sondern ebenso der rechtsminderen »Umwohner« *(Perioiken)*.

Das bedeutete, daß die Aufgabe, die Heloten niederzuhalten und jeden Aufstandsversuch zu verhindern, Spartas Geschichte seit ihren Anfängen beherrschte (vom Ersten und Zweiten Messenischen Krieg des 8. und 7. Jahrhunderts an); diese Aufgabe war der vorrangige Grund für die harte, militärische Lebensführung der Spartiaten, die sich auf den endlosen Zwang zur Repression konzentrierte. Diese Repression wurde durch eine Geheimpolizei *(krypteia)* ins Werk gesetzt; die Ephoren erklärten den Heloten jedes Jahr, wenn sie ihr Amt antraten, feierlich den Krieg, so daß diese jederzeit getötet werden konnten, ohne daß dadurch irgendwelche religiösen Vorschriften berührt worden wären.

Während der ganzen Epoche machte sich diese angsterfüllte spartanische Hauptbeschäftigung in einer Reihe kritischer Situationen bemerkbar. Der Hauptgrund dafür, daß Pausanias, der Sieger von Plataiai, getötet wurde (469/466), bestand darin, daß man ihn – zu Recht oder Unrecht – verdächtigte, die Heloten zum Aufstand angestachelt zu haben. (Angeblich hatte er denen, die als Krieger gekämpft hatten, vor Plataiai das Bürgerrecht versprochen oder ihnen etwas dergleichen in Aussicht gestellt.) Dann brach ein ernsthafter Helotenaufstand, der Dritte Messenische Krieg, aus (ca. 465/464–461/460 oder Mitte der fünfziger Jahre), und die Spartaner schickten ihre athenischen Bundesgenossen in ihre Heimat zurück, da sie den Verdacht hegten, diese könnten mit den Aufständischen gemeinsame Sache machen. Auf diese Weise zerbrach die spartanische Freundschaft mit den Athenern.

Während des Peloponnesischen Krieges ließ ihre Niederlage bei Sphakteria (Pylos) in Messenien die Spartaner neue Aufstände befürchten – woraufhin sie zweitausend Heloten, die ihnen während des Krieges besonders gute Dienste geleistet hatten, zuerst »freiließen« und dann heimlich umbrachten, um mögliche Dissidentenführer zu liquidieren. Im Jahr 421 legten die Spartaner im Frieden des Nikias mit den Athenern vertraglich fest, daß ihre Verbündeten ihnen im Falle eines Heloten-Aufstands zur Hilfe eilen sollten.

Zu diesem kritischen Zeitpunkt – vielleicht ein wenig früher – hören wir zum ersten Mal von einer anderen Kategorie Spartaner, bekannt unter dem Namen der *neodamodeis*, Neu-Bürger, die aber, da sie ehemalige Heloten waren, noch keine politischen Rechte besaßen; viele von ihnen meldeten sich als Freiwillige zum Kriegsdienst, wurden nach Übersee geschickt oder für andere Expeditionen in die Ferne verwendet. Eine andere Unterschicht, die in Sparta entstand, waren die Niederen *(hypomeiones)*, die es versäumt hatten, den Beitrag für die gemeinsamen Mahlzeiten zu entrichten und auf diese Weise ihr spartanisches Bürgerrecht verloren hatten, sowie die *mothakes* oder *mothones*: entweder Söhne spartanischer Väter und helotischer Mütter oder aber die Söhne von Niederen.

Ein aufregender Vorfall ereignete sich im Jahr 397 in Sparta, als Kinadon, wahrscheinlich ein Niederer, ins Gefängnis geworfen wurde, weil er mit anderen Niederen, Heloten, *neodamodeis* und Perioiken einen Aufstand vorbereitet hatte; man richtete ihn mitsamt seinen Genossen hin.[7] Der Vorfall offenbarte die Befürchtungen der kleinen und schwindenden Anzahl Spartiaten, doch stellte er letztlich keine schwerwiegende praktische Gefahr dar, denn die Mehrheit der nichtprivilegierten Bevölkerungsteile blieb noch loyal, und Agesilaos II., der kurz zuvor König geworden war, fühlte sich sicher genug, nach Kleinasien aufzubrechen. Doch nahm er (unter einem Militärrat von dreißig Spartiaten) zweitausend *neodamodeis* mit; vielleicht wollte er sie damit bewußt aus dem Krisenherd entfernen.

Sparta verlor seine Heloten in Messenien, als Epameinondas von Theben dieses Land um 370 befreite, doch bestand das System weiterhin in Lakonien.

6 Strabon, VIII, 5, 4, 365.
7 Xenophon, *Hellenika*, III, 4–11.

# ANHANG V

# DIE SKLAVEN

Wie wir gesehen haben, waren die Griechen zu ihren Leistungen nur deshalb fähig, weil die Muße, die sie genossen, ihnen dies ermöglichte. Muße ohne Arbeitszwang stand daher in besonders hohem Ansehen,[8] und obwohl Platons und Aristoteles' Abneigung gegenüber physischer Arbeit niemals typisch war, wünschte ein Grieche doch, genügend zu besitzen, um davon ohne Arbeit leben zu können. Die Vorstellung von Arbeit als einer käuflichen marktgängigen Ware, die Idee von »Arbeit um der Arbeit willen«, war ihm unbekannt. Wenn man schon arbeiten mußte – so bemerkte Aristoteles –, ›sollte ein Freier doch nicht zum Nutzen eines anderen leben‹.[9]

Nichtsdestoweniger überwogen erst im fünften Jahrhundert die Sklaven zahlenmäßig die armen, freien und ungelernten Arbeiter. Alle früheren Staaten hatten – in verschiedenem Ausmaß – Sklaven gehalten, auch die Griechen, die von diesem Zeitpunkt an diese Einrichtung in einem bis dahin nicht gekannten Ausmaß entwickelten. Es ist aber richtig, daß Sklaven, obwohl sie eine wesentliche Funktion hatten, niemals mehr als ein Hilfselement der griechischen Wirtschaft darstellten; am Erechtheion zum Beispiel arbeiteten sie ebenso wie in kleinen spezialisierten Heimmanufakturen neben Bürgern und Metoiken (s. Anhang III). Doch wären die Griechen, trotz ihrer einfachen Lebensführung, ohne sie kaum ausgekommen.

Zahlenangaben sind sehr unsicher, doch dürften im Athen des fünften Jahrhunderts zwischen 60 000 und 100 000 Sklaven gelebt haben; dies wäre mehr als ein Viertel der Bevölkerung gewesen. Die meisten Sklaven waren Fremde, die man billig einkaufen konnte. Der Politiker und Feldherr Nikias besaß die außergewöhnliche Anzahl von etwa 1000. Unter den sechzehn Sklaven, die einem zeitgenössischen Metoiken, Kephisodoros von Piraios, gehörten, waren fünf aus Thrakien, je zwei aus Karien, Illyrien und Syrien und je einer aus Lydien, Kappadokien und Kolchis.[10]

Sklaven hatten oft wiederum selbst Sklaven zur Verfügung, und sie erhielten auch eine gewisse Ausbildung. Ein Stück von Pherekrates – berichtet uns Athenaios – hieß *Der Lehrer der Sklaven (Doulodidaskalos)*; Schulen für Sklaven gab es beispielsweise in Syrakus.[11] Nichtsdestoweniger gehörten sie ihren Herren, von denen sie in allen Belangen ihres Lebens abhingen, und wenn sie freigelassen wurden, so war dies ein reines Geschenk ihres Herrn. Der Rechtslage nach waren Sklaven nicht höherwertiger als seine Werkzeuge (abgesehen davon, daß sie ihm angst machen konnten). Es wäre töricht gewesen, sein eigenes Werkzeug zu beschädigen, und so wurden diese Sklaven manchmal, oder sogar oft, anständig behandelt; in der Komödie treten sie als zwar menschliche, doch etwas lächerliche Gestalten auf. Obwohl die skythischen Staatssklaven, die als athenische Polizei fungierten, zweifellos angemessen versorgt wurden, war die Behandlung derjenigen, die in den Silberminen des Laurion arbeiteten, beklagenswert.

Platon dachte, daß Sklaven zur Sklaverei geboren und eben deshalb am besten Sklaven seien, und auch Aristoteles vertrat eine Lehre, nach der Sklaverei eine natürliche Angelegenheit darstellte.

Andere wiederum, wie im vierten Jahrhundert der Rhetor und Sophist Alkidamas von Elaia in Aiolien, lehnten diese Auffassung in fortschrittlicherer Gesinnung ab (vor allem, insofern es um die Frage ging, ob Griechen andere Griechen versklaven dürften). Doch dauerte die Praxis der Sklavenhaltung fort; und die Leistungen der klassischen Zeit haben ihr viel zu verdanken.

8 Aristoteles, *Politica*, VIII, 2, 4, 1337b.
9 Ibid., *Rhetorik*, 1367a, 22.
10 Athenaios, VI, 262b; Aristoteles, *Politica*, I, 1255b, 22.
11 D. M. Lewis und R. Meiggs (Hrsg.), *A Selection of Greek Historical Inscriptions to the End of the Fifth Century BC*, 1988 (Nr. 79 in der Ausgabe von 1969).

# ANHANG VI

# ANTIKE AUTOREN

Diejenigen Schriftsteller, deren Werke nicht erhalten oder nur in Fragmenten überliefert sind, werden durch ein Sternchen gekennzeichnet.

## *Griechische Autoren*

AGATHON, aus Athen, spätes fünftes Jahrhundert v. Chr., Tragödiendichter.*

AISCHINES, aus Athen, ca. 397–322 v. Chr., Rhetor und Politiker.

AISCHYLOS, aus Eleusis, 525/524–456 v. Chr., Tragödiendichter (s. Kap. 7).

ALKMAION, aus Kroton, spätes fünftes Jahrhundert v. Chr., Naturwissenschaftler und Mediziner.*

ANAXAGORAS, aus Klazomenai, ca. 500– ca. 428 v. Chr., vorsokratischer Philosoph* (s. Kap. 8).

ANAXIMENES, aus Milet, bald nach 600–528/525 v. Chr., vorsokratischer Philosoph.*

ANDOKIDES, aus Athen, ca. 440– ca. 390 v. Chr., Rhetor, Kaufmann und Politiker.

ANTIOCHOS, aus Syrakus, fünftes Jahrhundert v. Chr., Historiker, der ein Werk zur Geschichte Siziliens und Italiens verfaßte.*

ANTIPHANES, aus Athen, frühes viertes Jahrhundert v. Chr., Dramatiker der Mittleren Komödie.*

ANTIPHON, aus Athen, spätes fünftes Jahrhundert v. Chr., Rhetor und oligarchischer Politiker.

ANTISTHENES, aus Athen, ca. 445–360 v. Chr., Begründer der kynischen Philosophie (vor Diogenes).*

ARCHELAOS, aus Athen, fünftes Jahrhundert v. Chr., vorsokratischer Philosoph.*

ARCHYTAS, aus Tarent, frühes viertes Jahrhundert v. Chr., Staatsmann, Mathematiker und pythagoreischer Philosoph* (s. Kap. 26).

ARISTOPHANES, aus Athen, 457/445 – bis kurz vor 385 v. Chr., Dramatiker der Alten Komödie (s. Kap. 19).

ARISTOTELES, aus Stageiros, 384–322 v. Chr., Philosoph und Naturwissenschaftler (s. Kap. 37).

ARRIANOS, aus Bithynia (im Nordwesten Kleinasiens), zweites Jahrhundert n. Chr., Historiker.

ATHENAIOS, aus Naukratis (Ägypten), ca. 200 n. Chr., Verfasser eines enzyklopädischen Symposions (»Lexikon in Form von Tischgesprächen« – der *Deipnosophistai*).

AUGUSTINUS, d. Hl., aus Thagaste, (Nordafrika), 354–430 n. Chr., Theologe.

BAKCHYLIDES, aus Iulis (auf Keos), ca. 524/521 (?) – nach 452 v. Chr., Chorlyriker.

DEMOKRITOS, aus Abdera, fünftes Jahrhundert v. Chr., Philosoph und Naturwissenschaftler (Atomist)* (s. Kap. 8).

DEMOSTHENES, aus Athen, 384–322 v. Chr., Rhetor und Staatsmann (s. Kap. 36).

DIODOROS VON SIZILIEN, aus Agyrion (Sizilien), erstes Jahrhundert

v. Chr., Verfasser einer Universalgeschichte.

DIOGENES, aus Sinope, ca. 400–325 v. Chr., Begründer der kynischen Philosophenschule (nach Antisthenes), vermutlich Verfasser von Dialogen und Tragödien.*

DIOGENES LAERTIOS, Geburtsort unbekannt, drittes Jahrhundert n. Chr. (?), Historiker und Verfasser von Philosophenbiographien.

DIONYSIOS I., aus Syrakus, ca. 430–367 v. Chr., Tyrann und Tragödiendichter* (s. Kap. 25).

EMPEDOKLES, aus Akragas, ca. 493 – ca. 433 v. Chr., vorsokratischer Philosoph und Dichter, Staatsmann, Rhetor, Mediziner, Wunderheiler (s. Kap. 8).*

EPHOROS, aus Kyme, ca. 405–330 v. Chr., Historiker und Schriftsteller.*

EPIKUROS, aus Samos, 341–270 v. Chr., Begründer der epikureischen Philosophenschule.

EUDOXOS, aus Knidos, ca. 390 – ca. 340 v. Chr., Mathematiker, Astronom und Geograph.*

EUKLEIDES, aus Megara, ca. 450–380 v. Chr., Begründer der megarischen Philosophenschule.*

EUPOLIS, aus Athen, spätes fünftes Jahrhundert v. Chr., Dramatiker der Alten Komödie.*

EURIPIDES, aus dem attischen Demos Phyle, ca. 485/480 – ca. 406 v. Chr., Tragiker (s. Kap. 18).

EUSEBIOS, aus Kaisareia in Palästina, ca. 260–340 n. Chr., Kirchenhistoriker und Biograph.

FAVORINUS, aus Arelate (Südgallien), frühes zweites Jahrhundert n. Chr., Rhetor und Popularphilosoph.

GALENOS, aus Pergamon (Mysia), 129–199 (?) n. Chr., Arzt und Verfasser medizinischer Schriften.

GORGIAS, aus Leontinoi, ca. 483–376 v. Chr., Sophist* (s. Kap. 12).

HEKATAIOS, aus Milet, ca. 500 v. Chr., Geograph, Historiker, Mythologe.*

HELLANIKOS, aus Lesbos, fünftes Jahrhundert v. Chr., Historiker, Mythologe.*

HERAKLEITOS, aus Ephesos, ca. 500 v. Chr., vorsokratischer Philosoph.

HERMEIAS, aus Methymna, Historiker.*

HERODOTOS, aus Halikarnassos, ca. 480 – ca. 425 v. Chr., Historiker (s. Kap. 13).

HESIODOS, aus Askera in Boiotien, achtes Jahrhundert v. Chr., epischer Dichter.

HIPPIAS, aus Elis, fünftes Jahrhundert v. Chr., Sophist* (s. Kap. 12).

HIPPOKRATES, aus Kos, fünftes Jahrhundert v. Chr., Mediziner* (s. Kap. 20).

HOMEROS, wurde vermutlich auf Chios geboren und lebte möglicherweise in Smyrna, achtes Jahrhundert v. Chr., epischer Dichter.

HYPEREIDES, aus Athen, 389–322 v. Chr., Rhetor und Politiker.

ION, aus Chios, fünftes Jahrhundert v. Chr., Verfasser von Gedichten, Tragödien, Lokalhistorien und Memoiren.*

ISAIOS, aus Athen oder Chalkis, ca. 420–350 v. Chr., Rhetor.

ISOKRATES, aus Athen, 436–338 v. Chr., Rhetoriker und Pädagoge (s. Kap. 32).

KALLISTHENES, aus Olynthos (Neffe des Aristoteles), starb 327 v. Chr., Historiker.

KORAX, aus Syrakus, fünftes Jahrhundert v. Chr., erster bekannter Rhetoriker.*

KRATINOS, aus Athen, spätes fünftes Jahrhundert v. Chr., Dramatiker der Alten Komödie.

KRITIAS, aus Athen, ca. 460–403 v. Chr., oligarchischer Politiker, Dichter und Tragiker.*

KTESIAS, aus Knidos, spätes fünftes Jahrhundert v. Chr., Mediziner am

persischen Hof, Historiker und Geograph.*
LEUKIPPOS, aus Milet (?), spätes fünftes Jahrhundert v. Chr., Philosoph und Satiriker.
LYKURGOS, aus Athen, ca. 390 – ca. 325/324 v. Chr., Staatsmann und Rhetor.
MANETHON, aus Heliopolis (Ägypten), frühes drittes Jahrhundert v. Chr., Historiker.*
MENANDROS, aus Athen, ca. 342–292 v. Chr., Dramatiker der Neuen Komödie.
PARMENIDES, aus Elea, sechstes bis fünftes vorchristliches Jahrhundert, vorsokratischer Philosoph und Dichter (s. Kap. 8).
PAUSANIAS, aus Magnesia nahe Sipylos (Lydia), zweites Jahrhundert n. Chr., Reiseschriftsteller.
PHEREKRATES, aus Athen, zweite Hälfte des fünften Jahrhunderts v. Chr., Dramatiker der Alten Komödie.
PHILISTOS, aus Syrakus, ca. 430–356 v. Chr., Politiker, Admiral und Verfasser einer Geschichte Siziliens.*
PHILOLAOS, aus Kroton oder Tarent, fünftes Jahrhundert v. Chr., pythagoreischer Philosoph.*
PHILOXENOS, aus Kythera, 436/435–380/379 v. Chr., Dichter am Hofe Dionysios' I. von Syrakus.*
PHRYNICHOS, aus Athen, sechstes bis fünftes vorchristliches Jahrhundert, Tragiker.
PINDAROS, aus Kynoskephalai (Boiotien), ca. 518 – ca. 438 v. Chr., Chorlyriker (s. Kap. 6).
PLATON, aus Athen, ca. 429–347 v. Chr., Philosoph (s. Kap. 31).
PLOTINOS, aus Lykopolis (Ägypten), 205–269/70 n. Chr., neuplatonischer Philosoph.
PLUTARCHOS, aus Chaironaia, vor 50 – nach 120 n. Chr., Philosoph und Biograph.
POLLUX, aus Naukratis (Ägypten), zweites Jahrhundert n. Chr., Gelehrter und Rhetoriker.
POLYKLEITOS, aus Argos, spätes fünftes Jahrhundert v. Chr., Bildhauer und Verfasser wissenschaftlicher Abhandlungen über die Bildhauerei (s. Kap. 14).
PRODIKOS, aus Iulis (auf Keos), spätes fünftes Jahrhundert v. Chr., Sophist.*
PROTAGORAS, aus Abdera, fünftes Jahrhundert v. Chr., Sophist* (s. Kap. 12).
SIMONIDES, aus Iulis (auf Keos), ca. 556–468 v. Chr., lyrischer und elegischer Dichter und Epigrammatiker.
SKYLAX, aus Karyanda (Karien), spätes sechstes Jahrhundert v. Chr., Seefahrer, Entdecker (im Dienste Dareios' I.) und Geograph.* (Erhalten ist das geographische Werk eines Pseudo-Skylax aus dem vierten Jahrhundert v. Chr.).
SOPHAINETOS, aus Stymphalos (Arkadien), ca. 400 v. Chr., Söldnerführer und Militärhistoriker.
SOPHOKLES, Athener aus dem Demos Kolonos, ca. 496–406 v. Chr., Tragiker (s. Kap. 17).
SOPHRON, aus Syrakus, fünftes Jahrhundert v. Chr., Verfasser von Mimen.*
SORANOS, aus Ephesos, frühes zweites Jahrhundert n. Chr., Arzt und Verfasser medizinischer Schriften.
SPEUSIPPOS, aus Athen, ca. 407–339 v. Chr., Philosoph und Platons Nachfolger als Leiter der Akademie.*
STRABON, aus Amaseia (Pontos), ca. 63 v. Chr. – mindestens 21 n. Chr., stoischer Historiker und Geograph.*
TEISIAS, aus Syrakus, fünftes Jahrhundert v. Chr., Rhetoriker.*
THEOPHRASTOS, aus Eresos (Lesbos), ca. 370–288/285 v. Chr., Philosoph, Zoologe, Psychologe und Aristoteles' Nachfolger als Leiter des Lykeion.
THEOPOMPOS, aus Chios, viertes Jahrhundert v. Chr., Historiker.

THESPIS, aus Athen, sechstes Jahrhundert v. Chr., erster bekannter Tragödiendichter.*

THRASYMACHOS, aus Chalkedon, spätes fünftes Jahrhundert v. Chr., Sophist und Rhetoriker.*

THUKYDIDES, aus Athen, ca. 460/455 – ca. 400 v. Chr., Historiker (s. Kap. 23).

XENARCHOS, aus Syrakus, spätes fünftes Jahrhundert v. Chr., Verfasser von Mimen.

XENOKRATES, aus Chalkedon, spätes viertes Jahrhundert v. Chr., Philosoph und Speusippos' Nachfolger als Leiter der Akademie.*

XENOPHANES, aus Kolophon, sechstes bis fünftes vorchristliches Jahrhundert, Verfasser historischer Gedichte* und vorsokratischer Philosoph.

XENOPHON, aus Erchia (Attika), ca. 428 – ca. 354 v. Chr., Stratege, Literat, Historiker (s. Kap. 30).

ZENON, aus Kition (Kypros), 335–263 v. Chr., Begründer der Stoa.

ZENON, aus Elea, fünftes Jahrhundert v. Chr., vorsokratischer (eleatischer) Philosoph.

## *Lateinische Autoren*

CICERO, geb. in Arpinum (Latium), 106–43 v. Chr., Staatsmann, Rhetor, Rhetoriker, Philosoph, Dichter, Verfasser von Briefsammlungen.

CLAUDIUS, geb. in Lugdunum (Lyon), 10 v. Chr. – 54 n. Chr., Kaiser und Historiker.*

NEPOS, geb. in Oberitalien, ca 99 – ca. 24 v. Chr., Historiker* und Biograph.

PETRONIUS, erstes nachchristliches Jahrhundert, Romancier und Dichter; vermutlich ist er identisch mit dem Petronius, den wir als Hofbeamten Neros kennen. (gestorben 66 n. Chr.)

PLAUTUS, geb. in Sarsina (Umbrien), drittes bis zweites Jahrhundert v. Chr., Komödiendichter.

PLINIUS d. Ä., geb. in Comum, (Como) (Oberitalien), 23/24–79 n. Chr., Offizier, Staatsbeamter, Historiker* und Fachschriftsteller. Verfasser der *Naturalis historia*.

POMPEIUS TROGUS, geb. in Vasio (Südgallien), spätes erstes Jahrhundert v. Chr., Universalhistoriker.*

QUINTILIANUS, geb. in Calagurris (Nordspanien), ca. 35 – ca. 100 n. Chr., Rhetoriklehrer und Kritiker.

TACITUS, geb. in Oberitalien oder Südgallien, ca. 56 – ca. 117 n. Chr., Historiker.

TERENTIUS, geb. in Nordafrika, frühes zweites Jahrhundert v. Chr., Komödiendichter.

VARRO, geb. in Reate (Latium), 116–27 v. Chr., Staatsbeamter und polyhistorischer Gelehrter.

# ERLÄUTERUNGEN

## *1. Miltiades: Der Sieger von Marathon*

*Persien:* Die Perser betrieben als erste bewußte Regionalplanung und systematischen Straßenbau.

*Der persische Einmarsch nach Marathon:* Die Perser behandelten das Eingreifen Athens in den Ionischen Aufstand als Rebellion, da die Stadt angeblich im Jahre 507 die persische Oberherrschaft anerkannt hatte.

*Sparta:* Möglicherweise gab es im Jahre 490 einen Aufstand der Messenier.

*Marathon:* Nach einer anderen Version waren es die Perser, die den Kampf begannen, und nicht die Griechen.

*Miltiades* hatte im Jahre 489 die Versammlung nicht davon in Kenntnis gesetzt, daß er Paros angreifen werde.

*Der Schiffsbau* war einer der ersten athenischen Industriezweige, der einen bemerkenswerten Aufschwung nahm; das gleiche gilt für den Bergbau.

*Artemision:* Zwei Stürme fügten der persischen Flotte großen Schaden zu, so daß sie danach keinen Ablenkungsangriff mehr riskieren konnte, z. B. gegen die Peloponnes.

*Troizen:* Ein athenischer »Erlaß« des Themistokles, der dort gefunden wurde, widerspricht dem Bild einer hastigen Evakuierung, aber es handelt sich dabei vermutlich um ein späteres und teilweise fiktives Dokument, das verschiedene getrennte Maßnahmen in irreführender Weise miteinander verbindet.

*Themistokles' Drohung* vor der Schlacht von Salamis, nach Siris gen Westen zu fliehen; die Namen seiner Töchter (Sybaris, Italia) lassen auf Verbindungen nach Italien schließen. Berichte über einen rätselhaften Spruch des Delphischen Orakels (»Verlasse dich auf hölzerne Wälle«) sind zweifelhaft, aber Delphi stand offensichtlich in diesem Kampf nicht auf der Seite der Griechen.

*Themistokles' Tod:* Berichte über einen reuevollen Selbstmord sind fragwürdig.

*Sein Individualismus:* Siehe die Charakterbeschreibung in Kapitel 14.

## *2. Themistokles: Der Sieger von Salamis*

*Aigina:* Der Krieg begann kurz vor 500 und dauerte mit Unterbrechungen bis 481.

*Der Ostrakismos* (»Scherbengericht«) bedeutete, daß der Schutz der Verfassung vor übermäßigem Machtstreben einzelner vom *Areopag* auf das Volk übertragen wurde. Es ist möglich, daß seit dem Jahr 487 Themistokles persönlich hinter einigen der Verbannungsurteile stand.

*Die Ermordung der persischen Gesandten (481):* Vermutlich wollte Themistokles einen nicht wieder gutzumachenden Rechtsbruch veranlassen.

*»Panhellenischer« Kongress (481):* Es handelte sich um ein Militärbündnis ohne zeitliche Begrenzung, das nicht auf Vertrag, sondern auf einem Eid basierte.

## *3. Pausanias: Der Sieger von Plataiai*

*Das spartanische System:* Aufteilung auf Speisesäle *(syssitia).*

*Plataiai:* Die mangelnde Motivation und die Unfähigkeit des attischen Kontingents waren eine schwere Belastung für Pausanias.

*Sein »Medismos«* (Perserfreundlichkeit; ca. 477): Es wurde ihm vorgeworfen, er habe sich Hoffnungen auf eine Heirat mit der Tochter des Megabates, des Neffen Dareios' I., gemacht, sowie auf den Oberbefehl über die persischen Truppen im Kampf gegen Griechenland.

## *4. Gelon und Hieron I.: Die Sieger von Himera und Kyme*

*Phoiniker:* die Bewohner einer Region, die sich etwa mit dem heutigen Libanon deckt, sie sprachen eine semitische Sprache. Indem sie die alte Tradition von Byblos fortsetzten, lösten Tyros und Sidon seit Beginn des zehnten Jahrhunderts v. Chr. Mykenai als führende See- und Handelsmacht des östlichen Mittelmeeres ab. Nach der Gründung des Persischen Reiches im sechsten Jahrhundert bildeten die Flotten dieser phoinikischen Stadtstaaten, die jeweils ihren eigenen Monarchen unterstanden, das Rückgrat der Seestreitkräfte des Großkönigs. Ihre Verbindungen zu ihren sizilischen und sardinischen Kolonien waren vermutlich nur lose. Da die Kolonisten auf diesen Inseln keine Landnahmen durchführten, sondern sich auf den Handel konzentrierten, unterhielten sie gute Beziehungen zu den Einwohnern des Hinterlandes.

*Hippokrates* folgte seinem Bruder Kleandros als Herrscher von Gela (ca. 498) und eroberte 494 Leontinoi (wo der erste sizilische Tyrann 615/609 an die Macht gelangt war).

*Karthago* (»Kart-Hadasht«, die Neue Stadt) war auf einer Halbinsel im Golf von Tunis gelegen und besaß einen weiträumigen Naturhafen, der später durch zwei künstlich angelegte Häfen ergänzt wurde. Es wurde 814 v. Chr. – manche bevorzugen ein Datum im achten Jahrhundert – von Siedlern aus Tyros gegründet. Nachdem es im siebten Jahrhundert seine Unabhängigkeit behauptet hatte, begann Karthago andere phoinikische Zentren im westlichen und östlichen Mittelmeer unter seine Kontrolle oder zumindest unter seinen Einfluß zu bringen. Lange Zeit hindurch scheinen seine Niederlassungen auf Sizilien eine eher defensive als aggressive Haltung gegenüber den griechischen Stadtstaaten der Insel eingenommen zu haben, bis sich Karthago dann im Jahre 480 zur Invasion entschloß.

*Syrakusanische Unterschicht:* Dazu zählten vor allem die Kyllyrioi, die eine Stellung ähnlich den spartanischen Heloten innehatten.

*Metall-Importe* waren für Karthago lebenswichtig, denn die Söldner verlangten ihren Lohn in Form von Gold und Silber.

*Himera:* Die Schlacht wurde von dem Dichter Simonides von Keos gefeiert. Die Kriegsgefangenen mußten die Tempel in Akragas bauen.

*Etruskische Stadtstaaten:* Tarquinii, Caere, Veji, Volei, Vetulonia (mit Populonium), Rusellae, Volaterrae, Clusium (und seine Gründungen Volsinii und Arretium).

*Kyme*, jenseits des nördlichen Endes des Golfes, der von ihm seinen Namen hat (die Bucht von Neapel), hatte sich aus einer euboiischen (chalkidischen) Handelsniederlassung zu einer Kolonie und später (ca. 730/725) zu einem unabhängigen Stadtstaat entwickelt. Bevor es in Gegensatz zu den Etruskern geriet, hatte es diese das Alphabet und möglicherweise auch den Wein- und Olivenanbau gelehrt.

*Aricia* in Latium, auf einem Ausläufer des Albanergebirges gelegen, war eine Stadt, deren Wurzeln in legendäre Vorzeit zurückreichten. Im siebten Jahrhundert übernahm es die Führung der latinischen Gemeinden, und nachdem es den Widerstand gegen den letzten König von Rom (Tarquinius Superbus) organisiert hatte, half es Aristodemos, den zweiten Einfall der Etrusker zurückzuschlagen (506/504).

*Die sizilischen Tyrannen:* Weder Namen noch Bilder von Gelon, Hieron I. oder Theron erscheinen auf den Münzen ihrer Städte, d. h. sie erhoben formalrechtlich nicht den Anspruch auf die Königswürde.

## *5. Kimon: Der Begründer der attischen Großmacht*

*Delischer Bund:* Wahrscheinlich waren Athen und die einzelnen Mitgliedsstaaten (es dürften im Jahre 458/457 um die 150 gewesen sein) bei Abstimmungen gleichberechtigt. Nachdem er zum ersten Mal die Tributzahlungen der Verbündeten festgelegt hat, verabschiedet sich Aristeides aus der Politik. Der Delische Bund führt zu ganz neuen Wirtschaftszweigen und damit zu neuen sozialen Schichten in Athen.

*Strafexpeditionen* gegen aufsässige »Bundesgenossen« hatten häufig die Einführung demokratischer Systeme in diesen Staaten zur Folge.

*Schlacht am Eurymedon (469/468 ?):* Kimon hatte stärkere, breitere Triremen mit durchgezogenem Oberdeck bauen lassen, die mehr Hopliten transportieren konnten.

*Ennea Hodoi* (ein Vorläufer von Amphipolis): gescheiterter athenischer Siedlungsversuch um 465.

*Bautätigkeit in Athen:* Es ist umstritten, ob die wichtigsten Baudenkmäler auf der Agora Kimon, Ephialtes oder Perikles zu verdanken sind.

*Die Reformen des Ephialtes:* Die neun Archonten verloren die Rechtsprechungsbefugnis in erster Instanz an die Gerichtshöfe *(dikasteria).*

*Die Spartaner* hatten sich schon gegen die athenische Unterdrückung von Thasos ausgesprochen, dem sie wegen der Folgen eines Erdbebens und wegen Aufständen im eigenen Land nicht zur Hilfe kommen konnten.

*Krieg von 460–445:* »Der Erste Peloponnesische Krieg«, vgl. Anm. zu Kap. 11.

## 6. Pindaros: Die alten Werte

*Simonides* soll Themistokles nahegestanden haben; vermutlich ist er der Erfinder der Chorlyrik als Kunstform; er schrieb für athenische Wettbewerbe wie sein Neffe Bakchylides.

*Die Sieger in den athletischen Wettkämpfen*, die in den 45 erhaltenen Oden Pindaros' besungen werden, umfaßten elf Bewohner Aiginas. Pferde und ihre Züchter werden geehrt, aber niemals ein Reiter oder Wagenlenker.

*Pindaros' Religion:* Er ist beeindruckt vom Glauben der Pythagoreer an ein Leben nach dem Tode, an die Heiligung und die Seelenwanderung (s. Anhang I).

*Pindaros' Dichtkunst verliert ihre Aktualität* zur Zeit des Komödiendichters Eupolis (dessen erstes Stück im Jahre 429).

## 7. Aischylos: Götter und Menschen

*Ursprünge der Tragödie:* Korinth, Sikyon, Megara: In Athen wurden rudimentäre tragische Stücke zunächst vor dem alten Dionysos-Tempel aufgeführt. Im frühen fünften Jahrhundert wurden die Tribünen unbrauchbar, und die Vorstellungen wurden ins Dionysos-Theater verlagert. Kurz nach 500 wurde der zweite Schauspieler eingeführt (ein dritter kam um 460 dazu).

*Satyrspiele* mit wilden Satyrn als Chor: amoralisch, humorvoll, rührend. Die Handlung spielte gewöhnlich auf dem platten Lande.

*Verlorene Tragödien:* Insgesamt kennen wir die Namen von etwa 150 Dramatikern, nur von dreien von ihnen sind uns Stücke erhalten (und auch da sind es nur 32 von den insgesamt etwa 300 Stücken, die sie geschrieben haben). Untersuchungen zu den vielen verlorenen Stücken sind zu sehr auf Vermutungen angewiesen, als daß wir uns hier damit beschäftigen wollen, dennoch können sie manchmal durchaus lohnend sein.

*Der Fall Milets:* ein Stück von Phrynichos (vielleicht identisch mit seinen *Phoinissen?*) – ein Vorläufer von Aischylos' *Persern*; vermutlich ca. 476, eher als ca.490.

*Die Orestie:* Die Tragödiendichter unterscheiden nicht sorgfältig zwischen Mykenai und Argos, sondern verwechseln sie.

## 8. Parmenides: Und drei Antworten

*Parmenides und andere:* Er verdankte Xenophanes die Idee eines philosophischen Gedichtes und war vermutlich ein Kritiker des Herakleitos. (Vgl. *Grant: The Rise of the Greeks*, 171 ff., 242 ff.

*Das Eine* wurde von Parmenides vielleicht mit dem Licht gleichgesetzt.

*Empedokles:* »Der Erfinder der Rhetorik« – so lehrte Gorgias. Als Staatsmann in Akragas soll er nach der Vertreibung des Tyrannen Thrasydaios (Therons Sohn) die Herrschaft der oligarchischen Tausend beseitigt und eine demokratische Verfassung entworfen haben. Er gilt auch als der Begründer der Medizinischen Schule Siziliens (welche die These von Liebe und Haß als eines physiologischen Gegensatzpaares aufstellte, wobei später diese Begriffe durch Gut und Böse ersetzt wurden).

*Verfolgung des Anaxagoras* aufgrund eines Erlasses des Diopeithes (433/432 oder 432/431; wahrscheinlich nicht um 450), wonach es unter Strafe gestellt war, gefährliche Lehren über die Himmelskörper zu verbreiten; Anaxagoras hatte gelehrt, daß die Sonne ein Feuerball von größerer Ausdehnung als diejenige der Peloponnesos sei. Anaxagoras soll nach Lampsakos geflohen sein und dort eine Schule gegründet haben.

*Der nous des Anaxagoras:* Der menschliche *nous* sollte im Staate regieren wie der *nous* das Weltall regiert, Platon und Aristoteles hingegen sahen in diesem universellen *nous* nur einen Deus ex machina, der ohne einen spezifischen Sinn und Zweck *(telos)* das Weltgetriebe in Gang halten sollte.

*Demokritos' Vielseitigkeit:* Seine *Fragmente* (die nicht alle authentisch sind) befassen sich vielfach mit ethischen und politischen Fragen, so wird beispielsweise eine Unterstützung der Armen durch die Reichen vorgeschlagen. Sein Ideal der *euthumie* (Glück durch maßvollen Genuß) bereitete der hellenistischen *ataraxia* (unerschütterlicher Gleichmut) den Boden (vgl. *Grant: Von Alexander bis Kleopatra*), und seine Untersuchungen zum Zufall (Schicksal) beeinflußten ebenfalls spätere Denker.

*Demokritos' Ruhm:* Sein Schüler Nausiphanes unterhielt eine Schule in Teos, das die Kolonie Abdera gegründet hatte. Aber »ich kam nach Athen«, sagt Demokritos, »und keiner kannte mich«. Platon verachtete seinen Materialismus; und seine Atomtheorie (von der die moderne Kernphysik nach Ziel und Methode sehr verschieden ist) führte in der Antike niemals zu weitergehenden wissenschaftlichen Forschungen. Aber Galilei und Descartes griffen seine geometrische Konzeption vom Universum auf, und die erste Publikation von Karl Marx befaßte sich mit Demokritos.

*Zenon* verteidigte Parmenides 1. gegen die Einwände, die im Namen des gesunden Menschenverstandes gegen seine Philosophie erhoben wurden und 2. gegen das konkurrierende, mathematisch begründete System der Pythagoreer (s. Anhang I).

*Melissos* war derjenige Verbreiter der Lehre des Parmenides, dem die Atomisten die größte Aufmerksamkeit schenkten, und er formte das Bild, das sich Platon und Aristoteles von dieser Lehre machten.

## *9. Der Meister von Olympia: Die frühklassische Tempelplastik*

*Aphaia*, aiginetische Göttin, die mit Diktyma und Britomartis gleichgesetzt wird und Ähnlichkeit mit Artemis aufweist.

*Die frühklassische* (sog. *Strenge*) *Plastik* wendet sich von der flächigen Darstellungsweise der archaischen Kunst zugunsten einer mehr dreidimensionalen Betrachtung ab.

*Die sog. Thronsitze in der Sammlung Ludovisi und in Boston* (ca. 475/450): Es handelt sich nicht um Tempelplastik im strengen Sinne, sondern die Friese bildeten möglicherweise die Einfassung einer heiligen Opfergrube der Persephone in Lokri (im Südosten Italiens); die Künstler stammten vielleicht aus der Region, können aber auch aus dem griechischen Mutterland oder dem griechischen Osten gekommen sein. Trotz bestehender Zweifel scheinen beide Thronsitze authentisch zu sein, der in Boston ist nicht so vollendet ausgeführt, bringt aber stärker die Dreidimensionalität zum Ausdruck.

## 10. Polygnotos: Die Revolution in der Malerei

*Das Grabmal des Theseus* in Athen (ca. 475, das dazu bestimmt war, seine angeblichen Gebeine aus Skyros aufzunehmen) enthielt Wandmalereien, die möglicherweise die Ausgestaltung des Westgiebels am Zeustempel in Olympia beeinflußten.

*»Besser als sie sind«:* so lautete der Kommentar d. Ä. Plinius zu Polygnotos' Darstellungsweise der Menschen – oder wollte er vielleicht sagen: »besser als wir«?

*Hersteller von Tongefäßen:* Sie prägen öfter ihre Signatur auf als die Maler. Handelt es sich dabei um die Fabrikanten oder um die jeweiligen Handwerker?

*Lekythoi* (Ölgefäße): vielfarbig, stehen der Wandmalerei wohl näher als der rotfigurigen Vasenmalerei; die Themen der aufgemalten Darstellungen erinnern an Grabreliefs. Schöne weißgrundige Gefäße (ca. 46) tragen die Signatur des Töpfers Sotades, der gleichzeitig der Maler gewesen sein könnte.

## 11. Perikles: Die imperialistische Demokratie

Strategenamt: Perikles wurde in militärischer Hinsicht als Stratege von Myronides und Tolmides weit übertroffen.

*Kimon:* Perikles hatte ihm früher recht nahegestanden.

*Piräus* wurde von dem berühmten Stadtplaner und politischen Theoretiker Hippodamos von Milet entworfen, der später auch die Pläne für Thurioi schuf.

*Der Krieg der Jahre 460–445:* auch unter dem Namen »Erster Peloponnesischer Krieg« bekannt.

*Athenische Überbeanspruchung der Kräfte:* Eine Inschrift aus dem Jahre 459 nennt »diejenigen, die im gleichen Jahr in Zypern, Ägypten, Phoinikien, Halieis, Aigina und Megara fielen«.

*Die Schlacht bei Oinophyta (457)* führte zur Auflösung des Boiotischen Bundes, und alle Mitgliedstaaten mit Ausnahme von Theben kamen zeitweilig unter athenische Oberherrschaft.

*Waffenstillstand für fünf Jahre* zwischen Athen und Sparta (451). Athen behielt vorläufig seine Gewinne in Zentralgriechenland, opferte jedoch das Bündnis mit Argos, welches seinerseits einen Friedensvertrag auf dreißig Jahre mit Sparta schloß.

*Kalliasfriede (449/448):* Kein persischer König wollte diesen zweiseitigen Vertrag offiziell unterstützen, aber die Satrapen konnten in ihren eigenen Herrschaftsbereichen getrennte Friedensverträge schließen.

*Kallias* war Kimons Schwager.

*Krise des athenischen Reiches:* Wahrscheinlich gingen im Jahre 448 keine Tributzahlungen ein, sie wurden aber im Jahre 447 wieder aufgenommen (die Tributlisten des Jahres 446 waren so numeriert, als ob es keine Unterbrechung gegeben hätte).

*Abfall von Samos (440/439):* Indem er die oligarchische Partei unterstützte und athenische Gefangene entgegennahm, hatte Pissuthnes, der wahrscheinlich ein Enkel oder Neffe Xerxes' I. war, den Kalliasfrieden offenbar verletzt – vielleicht ohne die besondere Einwilligung seines Königs.

*Amphipolis (437/436)* das an die Stelle der gescheiterten Siedlung aus der Zeit um 465 bei Ennea Hodoi (Neun Straßen) trat – beherrschte die einzig passierbare Furt über den Strymon-Fluß. Eine weitere Kolonie wurde um 440 und um 430 bei Brea, etwas weiter südwestlich, gegründet.

*Das Schwarze Meer:* Perikles gründete die Kolonie Amisos und siedelte Athener in Sinope an.

*Ereignisse, die zum Peloponnesischen Krieg führten.* Athens diskriminierende Erlasse gegen Megara (ca. 439/438?); Korkyra; Potidaia.

*Pest (430–427):* Die genaue Art der Seuche ist ungewiß: Fleckfieber, Beulenpest, Masern, Pocken, Typhus, Scharlach, Brand oder Grippe, die den Befall mit Staphylokokken ermöglichten?

*Belastungen* für die von Athen abhängigen Bundesgenossen: Das »Papyrus-Dekret« aus dem Jahre 450/449 veranlaßte die Verbringung von 5000 Talenten aus dem Schatzhaus des Bundes in das Schatzhaus der Athena. Die Kalliasdekrete (434?) und die Methonedekrete (430/429–424/423) versuchten, die Aegaeis zu einem Binnenmeer zu machen: das Klearchosdekret verlangte von den Verbündeten, athenische Gewichte, Maße und Silbermünzen zu verwenden. Die Berichterstattung über einen vergeblichen Versuch des Perikles, im Jahre 449/448 einen Panhellenischen Kongreß einzuberufen, stützt sich auf unzuverlässige Quellen.

*Vergütung:* Seit dem Ende des fünften Jahrhunderts wurde in Athen die Teilnahme an der Volksversammlung vergütet.

*Perikles' Bürgerrechtsregelung (451/450)* hätte Kimon das Bürgerrecht entzogen, wenn er nicht unmittelbar nach ihrer Verabschiedung gestorben wäre.

## *12. Protagoras: Die aufrührerischen Sophisten*

*Die höhere Erziehung* wurde von den Sophisten begründet: Aber einige der Schüler standen noch im Anfang des zweiten Lebensjahrzehnts.

*Physis – nomos:* Entweder ist *nomos* eine ungerechtfertigte Fessel für die *physis*, oder die *physis* ist gewalttätig und unberechenbar, und *nomos* der Weg zur Zivilisation.

*Politische Lehren* des Protagoras: Aristoxenos glaubte, daß Platons *Der Staat* fast ausschließlich auf Protagoras zurückginge, und man hat ihm (ungerechtfertigterweise?) die erste theoretische Grundlegung der Demokratie zugesprochen.

*Die Götter des Protagoras:* Im Zuge einer Neuinterpretation der Religion sah er in ihr eine anthropologische Gegebenheit, die ihm für die menschliche Zivilisation bedeutsam erschien.

*»Der Mensch ist das Maß«* lautete die Gegenposition zu Parmenides, der die Wirklichkeit der wahrnehmbaren Welt leugnete; die These konnte allerdings auch als Versuch gedeutet werden, den transzendental begründeten Herrschaftsanspruch der Aristokratie zu unterminieren.

*Antilogiae:* Protagoras schrieb auch über *Orthoepeia*, Stilkunde.

*Hippias* war der erste systematische Sammler früherer Lehrmeinungen *(Synagoge)* und der Begründer der wissenschaftlichen Chronologie.

*Gorgias* wurde anhand des ersten Lehrbuchs der Rhetorik unterwiesen, welches Korax und Tisias in den 460er verfaßt hatten. Er wurde auch von Empedokles, dem »Begründer der Rhetorik« unterrichtet, d. h. er lernte den Rhythmus der Prosa in Analogie zur Verskunst zu kontrollieren.

*Prodikos:* Ein in jüngerer Zeit entdeckter Papyrus schreibt ihm das Paradox zu, daß es unmöglich sei zu widersprechen – eine These, die vermutlich auf Protagoras zurückgeht.

*Thrasymachos:* Die Götter vernachlässigen die Gerechtigkeit, da sie sich um das Geschehen in dieser Welt nicht kümmern.

## *13. Herodotos: Die neue Kunst der Geschichtsschreibung*

*Vorformen der Geschichtsschreibung:* Historische Monographien, von denen einige zeitgenössische Ereignisse behandelten, hatte es schon im frühen fünften Jahrhundert gegeben; Persien war ein beliebtes Thema, und auch Lydien war Gegenstand der Darstellung. Skylax von Karyanda verfaßte um 480 eine Art Biographie, und in der nachfolgenden Zeit entwickelte Ion von Chios dieses Genre weiter, zusätzlich schrieb er auch Lokalhistorie.

*Herodotos und Athen:* Er kannte Protagoras, von dem er beeinflußt war (beide wurden von den Athenern 444/443 nach Thurioi entsandt). Herodotos' Betonung des *physis-nomos*-Konflikts weist auf seine Kontakte zu den Sophisten in Athen hin.

## *14. Die Entwicklung der Plastik bis zu dem Schöpfer der Riace-Figuren und zu Polykleitos: der nackte Männerkörper*

*Die Invasion Xerxes' I.* (480): Zerstörung der Denkmäler auf der Akropolis, woraufhin die Griechen deren Oberfläche mit den übriggebliebenen Trümmern einebneten.

*Der Delphische Wagenlenker:* Ein Sokkel, der die Signatur des Boioters Sotades trägt und in der Nähe gefunden wurde, scheint nicht zu der Figur zu gehören.

*Porträtdarstellungen:* Ein Kopf, von dem man fälschlicherweise glaubte, daß er Leonidas darstellte, gehörte vermutlich zu einer Figurengruppe des Giebelfeldes aus der Zeit um 480. Es gibt Münzbilder aus dem fünften Jahrhundert von den lykischen Monarchen Khäräi (stilisiert) und Päriklä (von vorn gesehen). Münze aus Abdera (Thrakien): Kopf des Münzstempelschneiders Pythagoras. Gemme (Skarabäus aus Jaspis, im Museum von Boston) von dem berühmten Meister Dexamenos: Porträt eines bärtigen Mannes (ca. 440/430).

*Myron:* Schüler des Bronzegießers Ageladas von Argos.

*Polykleitos:* Sein Konzept der *symmetria* war von der pythagoreischen Lehre beeinflußt, daß die Zahlen die höchste Wahrheit darstellen (s. Anhang I). Sein Diodumenos trägt reicheres und stärker modelliertes Haar als sein Doryphoros. Die Hera stammt wahrscheinlich ebenfalls von Polykleitos, obwohl seine Schaffensperiode dann länger gedauert haben müßte.

## *15. Iktinos und Pheidias: Der Parthenon*

*Athena Polias (Schirmherrin des Landes)* und *Parthenos* (ländliche Fruchtbarkeitsgöttin, kriegerische Jungfrau) waren ursprünglich zwei unterschiedliche Göttinnen, wurden aber im fünften Jahrhundert miteinander verschmolzen.

*Der Parthenon Tempel* wurde nicht zur Bekämpfung der Arbeitslosigkeit erbaut (wie dies Plutarchos behauptet). In der letzten Bauphase waren dort 86 Handwerker beschäftigt (24 athenische Bürger, 42 Metoiken und 20 Sklaven).

*Pentelischer Marmor:* feinkörnig, dick kristallisiert, glänzend, konnte mit dem Meißel zu scharfen, hinterschnittenen Kanten bearbeitet werden.

*Iktinos* bediente sich in Bassai aller drei Baustile: Sein korinthisches Kapitell auf einer freistehenden Säule ist eines der ersten seiner Art, die uns bekannt sind.

*Entasis:* drei Theorien: Kompensation, Übertreibung und Spannung (d. h. im Geiste des Betrachters zwischen dem, was man zu sehen erwartet, und dem, was man tatsächlich sieht). Ihr Fehlen läßt das Hephaistaion (Thesaion) im Viertel der Schmiede (ca. 449/448 – um 430) weniger kraftvoll und lebendig erscheinen.

*Athenische Festspiele:* Sie waren zahlreich und anregend; vor allem diejenigen an den sechs großen Festen.

*Athena Parthenos:* Ihr Standbild befand sich im Osthaus des Parthenon; das Westhaus enthielt die Schatzkammer.

*Propyläen:* Decken aus Marmorbalken und tiefliegenden Kassetten, in den Farben Gold und Blau.

*Erechtheion:* barg eine alte Statue der Athena Polias aus Olivenholz, die man anläßlich der Invasion von Xerxes I. (480) in Sicherheit gebracht hatte.

## *16. Hermokrates: Der Retter der Westgriechen*

*Die Syrakusanische Republik:* große Silbermünzen (Dekadrachmen, »Demareteia«) nicht aus der Zeit um 480, wie man vermutet hat, sondern vielleicht aus der Zeit um 455 (oder um 465 ?). Sophron, den Platon sehr bewunderte, schuf die literarische Form des Mimus.

*Petalismos:* fünfjähriges Exil, nicht zehnjähriges wie beim Ostrakismos.

*Leontinoi und Rhegion:* Die Verträge mit Athen wurden 433/432 erneuert.

*Nach der Konferenz von Gela (424):* Die athenischen Strategen Pythodoros und Sophokles (nicht der Tragödiendichter) werden in die Verbannung geschickt, Eurymedon wird mit einer Geldstrafe belegt.

*Kleon:* genannt »der Gerber«, weil er Gerbereibetriebe besaß. Er agierte als ein gerissener, grober, demagogischer Staatsmann in einer Volksversammlung, die durch die Evakuierung der attischen Landbezirke erheblich an Umfang gewonnen hatte.

*Mytilene:* Der athenischen Debatte über sein Schicksal ist eine der dramatischsten Darstellungen des Thukydides gewidmet: Nachsicht, sagt er, behielt gegenüber Kleons Wunsch nach brutalen Methoden die Oberhand (was allerdings durchaus nicht zutreffend ist).

*Sphakteria (Pylos):* Die Spartaner machten nun und auch später noch einmal ein Friedensangebot (s. Athen im Jahre 430), aber Kleon sorgte dafür, daß ihr Angebot abgelehnt wurde.

*Brasidas'* Expedition in den Norden, welcher die Gründung von Herakleia in Trachis vorausging (426).

*Athenische Koalition (421–418):* mit Argos, Elis, Mantineia. Ihr Begründer Hyperbolos wurde ostrakiert (417; wahrscheinlicher als 415). Er war der letzte Bürger, der nach diesem Gesetz verurteilt wurde, das als Waffe gegen übermäßigen persönlichen Ehrgeiz nun durch die *graphe paranomon* (Verfolgung wegen illegaler Gesetzesinitiativen) ersetzt wurde. Sein Ostrakismos kam durch eine zeitweilige Verständigung zwischen Nikias und Alkibiades zustande.

*Alkibiades (ca. 450–404):* Neffe des Perikles, Freund des Sokrates und Architekt der Koalition, die sich nach der Schlacht von Mantineia (418) auflöste. Er wurde im Jahre 415 aus Sizilien zurückgerufen unter dem Verdacht (welcher durch seinen sittenlosen Lebenswandel genährt wurde) erstens der Teilnahme am Hermenfrevel (Statuen des Gottes Hermes, die um Athen herum aufgestellt waren) und zweitens der Profanierung der Mysterien von Eleusis. Allerdings ist es gut möglich, daß seine Ankläger Oligarchen waren (einschließlich des Redners Andokides), die die Sizilische Expedition sabotieren wollten.

*Drei syrakusanische Strategen:* Hermokrates und Sikanos (die beide später abgelöst wurden) und Heraklides.

*Flotte* (und Demokratie) der Syrakusaner: Sie und die Athener waren »sich zu ähnlich« (so ein Sprecher bei Thukydides).

*Athenischer Rückzug von Syrakus:* Es gab hohe Verluste, weil Nikias wegen einer Mondfinsternis aus Aberglauben den Abzug verzögerte.

*Athenische Steuerreform (413):* Eine Exportsteuer in allen Häfen trat an die Stelle der Tributzahlungen der Verbündeten; dazu kam die *eisphora* (eine außerordentliche Besitzsteuer).

*Diokles* führte in Syrakus ein neues Rechtssystem ein und nahm den Strategen den Vorsitz in der Volksversammlung.

## *17. Sophokles: Leidende Helden und Heldinnen*

*Ruhm des Sophokles:* Er wurde sehr bewundert von Racine im Frankreich des 17. Jahrhunderts und von Lessing im Deutschland des 18. Jahrhunderts.

## *18. Euripides: Der dramatische Herausforderer*

*Erhaltene Tragödien:* Der *Rhesos* ist schlecht und sein Verfasser ungewiß, und die *Alkestis* ist zwar authentisch, aber nicht vollständig und unzweifelhaft ein tragisches Werk.

*Herakliden:* Ist unser Text das Rollenbuch eines Schauspielers?

*Bakchen:* Gab es ein früheres Meisterwerk des Aischylos zu diesem Thema?

*Sophisten:* Euripides hatte den Relativismus des Protagoras zur Kenntnis genommen.

*Atheismus* wird von einigen Figuren des Euripides zum Ausdruck gebracht, z. B. von Bellerophon und Sisyphos (in Fragmenten von Stücken, welche diese Namen tragen).

## *19. Aristophanes: Die Komödie des Protestes*

*Ursprünge der alten Komödie* gehen möglicherweise zurück auf das Korinth und Sikyon des siebten und sechsten Jahrhunderts (vgl. Tragödie, Kap. 18).

*Babylonier (426):* Aristophanes wurde von Kleon vor Gericht gebracht, weil er athenische Würdenträger vor Ausländern verleumdet habe. In demselben Stück hatte er die von Athen abhängigen Bundesgenossen als Sklaven des *demos* bezeichnet.

*Ekklesiazusen:* Hippodamos von Milet war einer der ersten gewesen, der einen idealen Staat und eine ideale Gesellschaft entworfen hatte.

*Mittlere Komödie:* Fast alle Werke sind verlorengegangen. Von mehr als 900 Stücken sind uns noch 580 Titel bekannt. Mythologische Burlesken und das Alltagsleben wurden dargestellt (womit der Weg für die Neue Komödie des Menandros gebahnt wurde), und bestimmte, feststehende soziale Typen wurden karikiert.

*Der Ruhm des Aristophanes in der Antike:* Er wurde von späteren Generationen als die reinste Verkörperung des alten Attika gepriesen.

## *20. Hippokrates: Der Arzt als Wissenschaftler*

*Alkmaion* vertrat die Auffassung von der Unsterblichkeit oder Ewigkeit der Seele (nach Aëtios) – als einer selbstbewußten Substanz, die sich in ständiger Bewegung befindet, womit er wahrscheinlich Platon zu einigen Passagen im *Phaidros* anregte.

*Die Medizin des frühen fünften Jahrhunderts* enthielt noch Elemente der Magie.

*Asklepiaden.* Hippokrates' Vater Herklides führte sein Geschlecht auf Herakles zurück. Um 420, nach der großen Pestseuche, führten einige Bürger, zu denen auch der Dramatiker Sophokles gehörte, die Verehrung des Asklepios in Athen ein; der Kult breitete sich im vierten Jahrhundert rasch aus.

*Der Einfluß der Sophisten* auf die Abhandlungen des Corpus Hippocraticum *Über die Kunst* und *Über den Atem* ist deutlich zu erkennen, obwohl sich die frühen Autoren ausdrücklich von den Sophisten und den Naturphilosophen distanzieren (auch wenn sie dem Herakleitos manches verdanken).

*Die Schulen von Kos und Knidos:* Die Anhänger von Kos waren der Auffassung, daß diejenigen von Knidos den augenblicklichen Empfindungen des Kranken und den körperlichen Symptomen der Krankheit zuviel Bedeutung beimaßen, während die Anhänger von Knidos die Schriften derjenigen von Kos für zu spekulativ hielten.

*Über die Ernährung:* gibt der Ernährung und der körperlichen Ertüchtigung den Vorzug vor dem Gebrauch von Medikamenten.

*Über die Alte Medizin:* geschrieben von einem Arzt, der traditionellen Lehren und Behandlungsmethoden anhängt, aber auch mit der zeitgenössischen Theorie (einschließlich induktiver Methoden) vertraut ist und über erhebliches dialektisches Talent verfügt.

*Prognostikon:* will erklären, wie der Arzt den Verlauf einer Krankheit voraussehen kann.

*Nachwirkungen:* Die Theorie der »vier Säfte« beherrschte unglücklicherweise die westliche Medizin zwei Jahrtausende lang. Die hippokratische Behandlungsmethode von Hüftleiden (sowie von Verrenkungen) wurde noch im 19. Jahrhundert wärmstens empfohlen.

## *21. Sokrates: Der ironische Fragende*

*Seele:* Sokrates ist als der erste Europäer bezeichnet worden, der in der Seele *(psyche)* nicht nur den »Lebensatem« sah, sondern die geistige und moralische Persönlichkeit. Ob er von Pythagoras (s. Anhang I) beeinflußt war, ist umstritten.

*»Niemand tut willentlich Unrecht«* – Diese Feststellung läßt sich nur auf der Grundlage des Glaubenssatzes treffen, daß jede freiwillige Handlung auf eine freiwillige Auswahlmöglichkeit zurückgeht und nicht auf einen Trieb oder Instinkt.

*Definition:* Sokrates bediente sich der induktiven Beweisführung (oder erfand diese sogar) und der Definition durch Verallgemeinerung.

*Lehrvortrag:* Er lehrte auf offener Straße oder in einer Art von Schule.

*Die wiederhergestellte demokratische Regierung* führte eine umfassende Sicherung und Neuaufzeichnung der Gesetze durch.

*Anytos:* Stratege 403/402–397/396; er tritt in Platons Dialog *Menon* auf, um Sokrates zu warnen.

*Meletos,* Sohn eines Tragödiendichters, war vermutlich nicht identisch mit jenem Meletos, der im Jahre 400/399 den Redner Andokides wegen Gottlosigkeit anklagte (s. Anm. zu Kap. 16 oben). Der Bericht, daß Meletos in der Folge von den Athenern zum Tode verurteilt wurde, ist zweifelhaft.

*Die sokratische Legende:* Sog. »Sokratische Gespräche« wurden nicht weniger als zwölf Autoren zugeschrieben; der erste war angeblich Sunon (der Flickschuster); das beste der Gespräche stammt vermutlich von Aischines von Sphettos. Sein Asketentum sprach besonders Antisthenes an, der gemeinsam mit Diogenes die kynische Philosophie begründete.

## *22. Zeuxis und Parrhasios: Eine neue Kunstrichtung*

*Die perspektivische Darstellung* wurde nur für den Hintergrund verwandt, nicht für die Figuren, die man im Vordergrund beließ.

*Der Meidias-Maler:* starke Linien, dunkle Kleidermuster, viel Weiß und Gelb.

*Niken (Siegesgöttinnen):* Eine Statue der Nike auf der Agora von Athen (ca. 420/400) ist geprägt durch expressionistische, nervöse, dekorative Abstraktion. Marmorne Grabreliefs, wie sie in der zweiten Hälfte des Jahrhunderts wieder aufkamen, sind sehr viel ruhiger gehalten, wie es ihrer Zweckbestimmung entspricht.

*Erechtheion:* Seine Friese (heute nur noch in Bruchstücken erhalten) sind von außergewöhnlicher Schönheit; ihr Hintergrund ist aus dunklem, eleusischem Stein, an dem weiße, selbständig gemeißelte Marmorfiguren befestigt sind. Die Friese des »Nereiden-Denkmals« aus Xanthos in Lykien (heute im British Museum) zeigen die Weiterentwicklung dieser Kunst im frühen vierten Jahrhundert.

## *23. Thukydides: Der Geschichtsschreiber des Peloponnesischen Krieges*

*Kluge Männer:* Thukydides lobte den extremistischen Oligarchen Antiphon für die außerordentlich kluge Rede, die er zu seiner Verteidigung hielt.

*Anleihen bei Hippokrates:* Thukydides verdankte ihm und seiner Schule die Begriffe der Ansteckung und der erworbenen Immunität. Auch sah er im allgemeinen, nach Art der Mediziner, die Geschichte als ein Lehrbuch der menschlichen Pathologie.

*Quellen:* Thukydides erwähnt grundsätzlich unter seinen Quellen keine Dokumente.

*Pentekontaëtie:* Ungeachtet seiner eigenen Schwächen auf diesem Gebiet wirft Thukydides dem Hellanikos von Lesbos Fehler in der Chronologie vor.

*Charakterskizzen:* Thukydides' unfaire Behandlung Kleons bildet eine Ausnahme von der Objektivität, mit der er ansonsten seine eigene Laufbahn darstellt, denn Kleon hat seine Verbannung veranlaßt.

*Reden:* Ihr Fehlen im letzten Buch (VIII) ist ein Grund für die Annahme, daß dieses unvollendet geblieben ist. Reden »so genau wie möglich« – sollte das heißen, so genau, wie er oder sein Informant sich erinnern konnten, oder so genau, wie sein literarisches Empfinden es ihm erlaubte?

*Perikles* wird von Thukydides als gemäßigt angesehen, aber seine letzte Rede, so wie sie der Historiker komponiert hat, läßt einen unverhüllt chauvinistischen Imperialismus zutage treten.

## *24. Lysandros: Der Bezwinger Athens*

*Dekeleia* beherrschte die Straße nach Euboia, so daß der Nachschub um Kap Sunion geleitet werden mußte.

*Der Friede von Epilykos* zwischen Athen und Persien (424/423; s. Kap. 23) wird jetzt durch das Bruchstück einer unlängst identifizierten Inschrift bestätigt.

*Pissuthnes* (der 441/439 den Aufstand von Samos gegen Athen unterstützt hatte) rebellierte gegen Dareios II. Ochos, wohl um 416 – wobei er die Griechen für sich zu gewinnen suchte –, wurde jedoch von Tissaphernes überwältigt, der daraufhin die Satrapie übernahm.

*Amorges:* Der Zeitpunkt der athenischen Unterstützung ist umstritten: 414 ? (oder nach der persischen Annäherung an Sparta im Jahre 412 ?).

*Die Vierhundert* unter Führung von Antiphon und Pisandros wurde von den Fünftausend unter der Leitung von Theramenes abgelöst (eigentlich 9000: Handwerker, wohlhabendere Händler und Landwirte). Die Niederlage von Syrakus hatte die unterste Klasse (der Ruderer: *thetes*) erheblich geschwächt, deren Angehörige sich überdies zum großen Teil außerhalb Athens aufhielten, so z. B. in Samos – was die 5000 oder 9000 zum Anlaß nahmen, sie von den öffentlichen Angelegenheiten auszuschließen.

*Kleophon*, der von seinen Gegnern der »vaterlose Lyrabaner« genannt wurde, aber in Wirklichkeit der Sohn eines Strategen war, verwaltete Athens Finanzen (410–406), starb aber selbst völlig mittellos.

*Kyros der Jüngere:* Lysandros hatte seine Ernennung gefördert, indem er für die Versetzung des Tissaphernes nach Karien sorgte. Anders als Pharnabazos, der Satrap von Daskyleion, wies Kyros jeden Gedanken an Verhandlungen mit Athen von sich. Ob allerdings Persiens Vertrag mit Sparta im Jahre 408/407 förmlich erneuert wurde, ist umstritten.

*Notion (406):* Alkibiades floh zunächst auf seine eigenen Burgen in Thrakien (Paktye und Bisanthe) und dann nach der oligarchischen Revolution in Athen zu Pharnabazos, der ihn auf Lysandros' Wunsch ermorden ließ.

*Arginusai (406):* Bei den sechs athenischen Strategen, die nach der Schlacht hingerichtet wurden, handelt es sich um Erasinides, Diomedon, Lysias (nicht der Redner gleichen Namens), Perikles (der Sohn des Staatsmannes), Aristokratos und Thrasyllos (den demokratischen Soldaten von Samos aus dem Jahre 411). Es ist möglich, daß Sparta nach der Schlacht ein neues Friedensangebot unterbreitete.

*Wiederherstellung der Demokratie* in Athen (403): Sparta vermittelte einen Kompromiß zwischen dem demokratischen Führer Thrasybulos und den gemäßigten Oligarchen.

## *25. Dionysios I.: Der Schöpfer eines neuen Reiches*

*Karthago* war durch Hermokrates' private Kriegszüge in Sizilien provoziert worden. Der karthagische Feldherr Mago (I.) gehörte zur mächtigen Familie der Magoniden: Dionysios' Karthagische Kriege werden gelegentlich auch anders gezählt (der Dritte als der Zweite und der Vierte als der Dritte).

*Söldner:* In der griechischen Welt waren in der ersten Hälfte des vierten Jahrhunderts niemals weniger als 25 000 Söldner im aktiven Dienst. Ursachen für das Aufblühen des Söldnerwesens waren Massenarmut, Exil, der Mangel an kolonialen Ausweichmöglichkeiten und der wachsende Bedarf an Berufssoldaten in einem Zeitalter militärischer Spezialisierung.

*Vierruderer:* Sie waren schwer genug, um als Linienschiffe zu dienen, dabei noch hinreichend leicht, um eine hohe Manövrierfähigkeit zu bewahren.

*Fünfruderer:* Sie wurden das Standardkriegsschiff der hellenistischen Staaten und der römischen Republik.

*Sparta:* Gewann im Jahre 403 Dionysios I. als treuen Bundesgenossen, der auch mithalf, Athen zur Annahme des Antalkidasfriedens (387) zu zwingen. Aber die erste athenische Inschrift, mit der Dionysios geehrt wird, geht auf das Jahr 394/393 zurück.

*Der Freikauf Hektors* (Tragödie von Dionysios I.) pries die Bedeutung von Gerechtigkeit und Eintracht; Dionysios' Stück erklärte die Tyrannei zur »Mutter der Ungerechtigkeit«!

*Satirische Darstellung Dionysios' I.* in den *Kyklopen* des Philoxenos von Kythera (gest. 380–379).

*Timaios:* Wird benutzt und gleichzeitig kritisiert von Diodoros von Sizilien (vor welchem bereits zehn Historiker über Dionysios I. geschrieben hatten).

*Propagandaschriftsteller* des Dionysios: Xernarchos (ein Verfasser von Mimen), Aristippos d. Ältere von Kyrene (Sokratiker und Rhetoriker), Hermeias aus Methymna (Hofhistoriker ?).

*Philistos und Theopompos* schufen die Art Geschichtsschreibung, die sich auf herausragende Persönlichkeiten konzentriert.

*Euainetos und Kimon:* Ihre herrlichen und viel imitierten silbernen Dekadrachmen (deren Erscheinungsjahr umstritten sind) zeigen die Kriegstrophäen aus dem besiegten athenischen Expeditionsheer und sind möglicherweise bei den Assinarischen Spielen verteilt worden, die dieses Ereignis feierten. Ihr Erscheinungsdatum liegt aber offensichtlich nicht vor der Regierungszeit Dionysios' I.

## *26. Archytas: Der Philosoph als Herrscher*

*Iapygier* hießen die verschiedenen Stämme auf dem Absatz des italischen Stiefels (den die Römer als Kalabrien bezeichneten, wobei dieser Begriff bei ihnen auch Apulien umfaßte). Die Messapier (vermutlich illyrischen Ursprungs) waren einer der führenden iapygischen Stämme.

*Tarentiner Töpferarbeiten:* Die apulische Schule begann ihre Produktion in Tarent ca. 430–420, wobei große Tongefäße mit umfangreichen Darstellungen angefertigt wurden. Der statuarische Stil des Sisyphos-Malers erinnert an den Parthenon und an Bassai. Gefäße aus der Zeit um 360–350 (fälschlicherweise »Gnathia« [Egnatia] nach der gleichnamigen Stadt genannt) spiegeln die perspektivische Architektur des Agatharchos von Samos wider.

*Volkstheater (Hilarodie):* Farcen, die als *phlyakes* bekannt waren, finden wir auf Tongefäßen aus dem vierten Jahrhundert, möglicherweise noch bevor das Genre eine eigene literarische Form annahm – wie es dann später in Unteritalien und Alexandrien geschah.

*Archytas* war möglicherweise der erste (vor Platon), der die Begriffe der arithmetischen und geometrischen Proportion in der politischen Theorie verwendet hat: die Antidemokraten bevorzugten die geometrische gegenüber der arithmetischen Proportion.

*Tarent im späteren vierten Jahrhundert:* 40 000 Terrakotta-Statuetten (Vorläufer der Tanagrafiguren, die aus

Athen kamen); Architekturplastik aus Kalkstein; Lysippos' mächtige Bronzestatuen des Zeus und des Herakles.

*Unterstützung aus dem Ausland* nach Archytas' Tod: Archidamos III. von Sparta (Gegenstand von Isokrates' *Archidamos*) wurde um 342 von Tarent zu Hilfe gerufen, um Lukanier und Bruttier abzuwehren (die von den Messapiern und anderen Iapygiern unterstützt wurden), er fiel jedoch 338. Daraufhin rief Tarent um 333 den Molosserkönig Alexandros I. ins Land, der 330 bei Pandosia fiel.

## *27. Leukon I.: Der Getreidehandel*

*Fischgründe:* Salzbecken sind in Tyritake gefunden worden und Pökelfässer in Myrmekion.

*Getreidekolonien am Schwarzen Meer:* fünf Gruppen: 1. Südküste (Kleinasien), 2. Miletische an der Nordküste (griechisch-skythische), 3. Tamanhalbinsel (griechisch-sindische), 4. Taurische Chersonesos (griechisch-taurische), 5. Bosporanische Gruppe (von Pantikapeion).

*Skythische Goldarbeiten* wurden in steinernen Grabkammern oder Tumuli (in griechischen Behältnissen) gefunden; griechische Goldschmiede des vierten Jahrhunderts stellten im ionischen oder attischen Stil Themen dar, die sich auf das skythische, sindische und maiotische Leben einschließlich der Religion bezogen.

*Pantikapaion:* war durch einen Graben geschützt, der den östlichen Vorsprung der taurischen Chersonesos vom Rest der Halbinsel abtrennte.

*Archaianaktiden:* Falls sie milesischen Ursprungs waren, sind sie eventuell von Hermonossa auf der Tamanhalbinsel gekommen; ihre Herrschaft könnte mit Unterstützung der Skythen begründet worden sein.

*Athenische Siedlungen* im fünften Jahrhundert: Athenaion (nahe bei Theodosia), Nymphaion (neben der milesischen Kolonie), Stratokleia (nahe bei Phanagoria, einer Kolonie von Teos).

*Sinder:* ein nordkaukasisches oder indoiranisches Volk mit der Hauptstadt Sindischer Hafen, die später in Gorgippia umbenannt wurde, nach dem Mitglied des Spartokidenhauses Gorgippos, dessen Tochter von Pairisades I. geehelicht wurde. Der Antikeitesfluß war auch unter dem Namen Hypanis bekannt; uns ist er heute unter dem Namen Bug vertraut.

*Theodosia:* ein ständig eisfreier Hafen (im Gegensatz zu Pantikapeion); wurde erstmals von Milet im sechsten Jahrhundert kolonisiert.

*Herakleia Pontika:* eine wichtige megarische Kolonie aus dem sechsten Jahrhundert, die ihre ursprünglich »demokratische« Regierung in eine Oligarchie umwandelte und die benachbarten Mariadyner zu »Leibeigenen« machte, deren Stellung in etwa derjenigen der spartanischen Heloten ähnelte.

*Athenischer Getreidebedarf:* Im vierten Jahrhundert war das Thema »Getreideeinfuhr« einmal im Monat ein fester Tagesordnungspunkt der athenischen Volksversammlung. Die einzig erkennbare athenische »Handelspolitik« bestand in der Einfuhr von Nahrungsmitteln und Rohstoffen von strategischer Bedeutung; es gab keine entsprechende Exportpolitik.

*Bosporanische Getreideanbaugebiete* von Spaios werden in Isokrates' *Trapezitikos* (um 390) behandelt.

*Stratonikos*, als er von Pairisades I. gebeten wurde zu bleiben, gab die Antwort: »Wie, du willst doch selber nicht hierbleiben, nicht wahr?« (Athenaios).

*Münzen aus Pantikapaion:* Kopf eines Silens oder Sartyros im Dreiviertelprofil; ein Meisterwerk, das beinahe an die Porträtkunst herankommt. Die Rückseite zeigt einen geflügelten, ziegenköpfigen Panther, eine Variante des Greifen, welcher der sagenhafte Wächter der golderzeugenden Regionen des Nordens war.

## *28. Maussollos und Pythios: Das Mausoleum*

*Artemisia II.*: Die Heirat zwischen Bruder und Schwester folgte wohl ägyptischen Vorbildern.

*Mausoleum:* nach einer alternativen Rekonstruktion hatte der Unterbau sechs und nicht drei Stufen.

*Pythios* war auch der Architekt des Tempels der Athena in Priene.

*Bryaxis* von Athen, der als einer der Bildhauer des Mausoleums genannt wird, ist möglicherweise nicht identisch mit dem namensgleichen Künstler, der später eine riesige Statue des Gottes Sarapis (Serapis) für Alexandrien schuf.

*Timotheos* arbeitete auch am Tempel des Asklepios in Epidauros.

*Leochares*, vermutlich ein Athener, fertigte eine Statue des Isokrates (diese Statue wurde von einem anderen Timotheos, einem Strategen, gestiftet) und eine weitere von Philippos II. und seiner Familie (nach der Schlacht von Chaironeia, 338).

*Amazonomachie:* Der Fries am Mausoleum war in der gleichen Weise angebracht wie derjenige am Nereïdenmonument (s. Anm. Kap. 22).

## *29. Epameinondas: Das Ende des politischen Weges*

*Spartanische Hilfe für Kyros d. Jüngeren:* ein spartanischer Nauarch, der mit seiner Flotte vor der Küste Kilikiens (im Südosten Kleinasiens) lag, ermöglichte es Kyros, die Küstenpässe zu umgehen und nach Syrien zu gelangen, obwohl Kyros' Beziehungen zu zwei Harmosten von Byzantion problematisch war.

*Korinthischer Krieg:* Er wurde dadurch ausgelöst, daß Sparta durch die mißlungene Verschwörung des Kinadon in seinen Grundfesten erschüttert war.

*Argos*, welches das größte Kontingent für den Korinthischen Krieg stellte, verleibte sich praktisch Korinth ein, nachdem die korinthischen Demokraten 120 Oligarchen vor Altären und in Tempeln niedergemetzelt hatten.

*Iphikrates* erlangte Ruhm als Befehlshaber leichtbewaffneter Streitkräfte, die eine Abteilung spartanischer Hopliten bei Lechaion besiegten (390); diese beweglichen Peltasten (von *pelté*, einem kleinen, leichten Schild aus Leder) waren die größte Neuerung bei den Söldnerheeren, die von einem neuen, professionellen Typ des Heerführers kommandiert wurden, welcher die Regeln der Kriegskunst einer gründlichen Überprüfung unterzog.

*Königsfriede,* benannt nach Artaxerxes II. Mnemon, der trotz seiner Schwäche 46 Jahre lang (404–358) über ein Reich herrschte, das bemerkenswerte Wiedererstarkungskräfte zeigte.

*Spartanische Einmischung* in Theben, Mantineia und Olynthos (382–379): Der Chalkidische Bund wurde unterdrückt.

*Iason von Pherai* (ca. 385–370), der von dem jüngsten Wachstum der Getreideexporte vom Golf von Pagasai profitiert hatte, war vermutlich der Sohn des örtlichen Machthabers Lykophron; als gewählter Herrscher *(tagos)* von Thessalien modernisierte er dessen Staatsapparat und dehnte seinen Einfluß auf das ganze nördliche Griechenland aus.

*Die Heilige Schar* bei Leuktra (371): eine thebanische Elitetruppe aus homosexuellen Paaren, die Gorgias ins Leben gerufen hatte.

*Parteienstreit* nach Leuktra: Im Jahre 370 knüppelten argivische Demokraten 1200 innenpolitische Gegner zu Tode.

*Vor Mantineia* (362): Epameinondas gelang es nicht, Sparta zu überrumpeln.

*Mantineia,* die zweite Schlacht unter diesem Namen, die erste hatte 418 stattgefunden.

*Nach Mantineia:* Persien konnte nicht eingreifen, weil es durch einen Satrapenaufstand gelähmt war. Im Jahre 364 hatte König Agesilaos II. von Sparta (gest. 360) den aufständischen Ariobarzanos, den früheren Satrapen von Daskyleion, unterstützt.

## *Kapitel 30: Xenophon: Der Gutsherr und Schriftsteller*

*Anabasis* zeigte (wie Alexander d. Gr. später anmerkte), daß ein kleines, diszipliniertes griechisches Heer das Persische Reich durchqueren konnte. Aber Xenophon war eigentlich propersisch gesonnen, und er sah sich selbst als Persienexperten, obwohl er naiv genug war, Kyros' Unternehmung als eine »lokale Strafexpediton« zu betrachten. Sein schärfster Kritiker war vermutlich sein Offizierskamerad Sophainetos von Stymphalos, der ebenfalls eine *Anabasis des Kyros* verfaßte.

*Agesilaos II.* spielte ein Vierteljahrhundert lang eine bedeutende Rolle in der griechischen Geschichte, aber er wurde überschätzt, vor allem von Xenophon; er hatte nämlich kein einheitliches Gesamtkonzept.

*Staatseinkünfte der Athener* ist eine volkswirtschaftliche Diagnose der athenischen Schwierigkeiten (oder vielmehr eine finanzwissenschaftliche Abhandlung mit politischer Zielsetzung), welche den Schwerpunkt auf den Mangel an gutausgerüsteten Schiffen legt – und auf die fehlende Opferbereitschaft der Reichen.

*Xenophons Sokrates:* Er bemüht sich zu zeigen, wie Kritias und Alkibiades, die zunächst durch Sokrates' Einfluß in Schranken gehalten wurden, sich schließlich von ihrem Meister lösten. Er selbst fand Sokrates' unbedingten Gehorsam gegenüber dem Staat allerdings nicht vorbildlich.

## *31. Platon: Die ewigen Wahrheiten*

*Epigramme*, die Platon zugeschrieben werden: Es scheint, daß er keines von ihnen verfaßt hat.

*Platon als Schüler von Sokrates:* Oder erfuhr er das meiste über ihn von seinen eigenen Brüdern und Onkeln?

*Eukleides von Megara,* war beim Tod des Sokrates anwesend, hielt die Gottheit für ein einheitlich Seiendes, das allerdings verschieden bezeichnet wird (als Gott, Weisheit, Geist). Die Megarische Schule, die er gründete, befaßte sich besonders mit logischen Paradoxa.

*Die Akademie* war vermutlich nach dem Vorbild der pythagoreischen Gemeinschaften in Unteritalien organisiert.

*Erinnerung (anamnesis)*, die in Form eines Mythos im Menon eingeführt wird, basiert auf dem Glauben an die Unsterblichkeit der Seele, den Platon »von Priestern und Dichtern vorgetragen bekommen hatte« (vgl. die Pythagoreer in Anhang I); auch von Orphikern, die im *Euthyphron* auftreten, und von dem Mediziner Alkmaion (vgl. Anm. zu Kap. 20).

*Der Staat* ging nach Aristoxenos weitgehend auf Protagoras zurück (s. Anm. zu Kap. 12).

*Der Philosoph auf dem Königsthron:* Entweder sollten die Könige Philosophen werden, oder die Philosophen Könige.

*Dichtung und Kunst:* Die Dichter führen die Menschen in die Irre, indem sie die Götter als würdelos und unmoralisch darstellen. Die bildende Kunst wendet sich an die untersten Seelenvermögen und ihre niedrigsten Empfindungen, indem sie das Geistige nachahmt und kunstvoll trivialisiert. Platon setzte großzügig die Dichtung und die bildenden Künste in eins und verwarf beide.

*Die Gesetze:* Sodomie und Ehebruch sollten den Bürgern verboten sein.

*Unsterblichkeit der Seele:* Der Glaube, daß Platon diese Lehre von Sokrates übernommen habe, ist schwer zu erhärten (vgl. aber Alkmaion, Anm. 2, Kap. 20).

*Mathematik:* Arithmetik und Geometrie: »Niemand soll hier eintreten, der nichts von Geometrie versteht« soll an Platons Haus gestanden haben; denn er war der Auffassung, daß es möglich sei, in Analogie zur Mathematik die ethische und politische Theorie mit einem gewissen Grad von Exaktheit, Ordnung, Zucht und Zielgerichtetheit zu entwickeln (vgl. Archytas, Anm. zu Kap. 26).

*Vernunftgemäßheit:* Platon glaubte zunehmend an die Herrschaft der (göttlichen) Vernunft im Staat und im Weltgeschehen.

*Ideen* finden schon im *Euthyphron* Erwähnung, werden aber noch nicht als transzendent gesehen. Sokrates »hatte sie nicht getrennt« (Aristoteles). Der Platonische Idealismus wurde durch den Neuplatonismus wiederbelebt (*Plotinos*, 205–269/270 n. Chr.); dieser entwickelte sich zur bedeutendsten Philosophie der Spätantike, beeinflußte stark den Hl. Augustinus (354–430 n. Chr.) und beherrschte das späte Mittelalter, bis er im 13. Jahrhundert durch die Philosophie des Aristoteles abgelöst wurde. Im 16. Jahrhundert führte die lateinische Übersetzung des Marsilio Ficino zu einer Wiederbelebung des Platonismus, wie an Lorenzo de Medicis eigenartiger platonischer Akademie in

Florenz deutlich wird. Die Platoniker aus Cambridge (17. Jahrhundert), die Neukantianer, die Existentialisten und die analytischen Philosophen entwikkelten alle ihre eigenen Interpretationen Platons.

*Logische Grenzen:* unfaire »sokratische« Argumente und Fangfragen; und Platon läßt es an der Unterscheidung zwischen unterschiedlichen Ideen fehlen.

*Platons ungeschriebene Lehren* werden von manchen als das (verlorene) Kernstück seiner Philosophie gewertet, andere schätzen sie weniger hoch ein. Sicherlich gab es freie, inoffizielle Debatten und Vorlesungen, die nicht alle in die Dialoge Eingang gefunden haben (oder auch nur die Zustimmung Platons finden, dessen griechische Redekultur die freie Erörterung von Meinungsverschiedenheiten förderte).

*Platons Autoritätsgläubigkeit,* in Verbindung mit seiner Bewunderung für die spartanische Disziplin und den (sagenhaften) spartanischen Staat des Lykurgos, scheint unvereinbar mit seinem und des Sokrates' freiem Philosophieren.

## *32. Isokrates: Der Erzieher der Griechen*

*Gorgias* begegnete Isokrates in Sizilien.

*Liturgien* waren öffentliche Zeremonien, deren Ausrichtung reichen athenischen Bürgern und Metoiken auferlegt wurde: Trierarchie (gelegentliche Unterhaltszahlung für ein Kriegsschiff), Choregie (Ausstattung und Einüben eines Chores für musikalische oder dramatische Aufführungen an Festtagen) etc.

*Stil des Isokrates:* Man warf ihm vor, daß er offenkundig versuchte, die Bedeutung der von ihm gewählten Themen hochzuspielen.

*Nikokles* (König um 374, aus dem Königshaus der Teukriden in Salamis auf Zypern) war ein Schüler des Isokrates. Dieser hält ihm in der Rede *An Nikokles* einen Vortrag über die Pflichten eines Königs, während in der Rede mit dem Titel *Nikokles* der Monarch zu seinen Untertanen spricht.

*Euagoras* (ca. 435–374), Nikokles' Vater, herrschte mit athenischer Hilfe über Zypern und kämpfte gegen die Perser (390–381). Isokrates' Lobrede auf den toten König wird zu einer rhetorischen Behandlung des Königtums im allgemeinen.

*Lobrede auf Philippos II.:* Isokrates hoffte, daß er die Schirmherrschaft über seine Schule übernehmen werde.

*Persienfeindlicher Panhellenismus:* Lysias' *Olympische Rede* (*Olympiakos*, 388) hatte in ähnlicher Weise argumentiert. Isokrates hoffte auf neue griechische Kolonien in den Satrapien des westlichen Kleinasiens.

*Panathenaikos:* Angriff auf Sparta, stand im Widerspruch zu seinem früheren Appell an König Archidamos III. (356), von dem ein Fragment erhalten ist. Isokrates gesteht freimütig einen gewissen Opportunismus ein, der zu solchen Auffassungsänderungen in seinen Werken führte.

## *33. Praxiteles: Die Humanisierung der Plastik*

*Aphrodite von Knidos:* Nach Plinius d. Ä. fertigte Praxiteles auch ein Standbild, das eine bekleidete Aphrodite zeigte und das die Einwohner von Kos als würdiger und züchtiger bevorzugten, so daß die unbekleidete Aphrodite nach Knidos verkauft wurde. Eine weitergehende Dreidimensionalität erreichte später Lysippos (s. *Grant: Von Alexander zu Kleopatra*). Die Kopien geben nicht die sinnlichen Effekte von Praxiteles' Oberflächenbehandlung wieder. Die »Leconfield Aphrodite« (ein Kopf befindet sich in Petworth) scheint ein Original von der Hand des Praxiteles zu sein.

## *34. Timoleon: Siziliens Blütezeit*

*Dion,* gebildet, hochmütig und kalt; seine Zielsetzungen bleiben umstritten, wobei er sie allerdings ohnehin nicht hat durchsetzen können.

*Dion und Platoniker:* Sein Freund Timonides stand in enger Verbindung mit Platons Neffen und Nachfolger Speusippos, und er selbst wurde im Jahre 357 von Platons Schüler Kallipos nach Sizilien begleitet (der sich erst seine Wertschätzung erworben hatte, ihn aber später ermordete).

*Dions Eroberung von Syrakus (357)* wurde durch Dionysios' II., Gouverneur von Herakleia Minoa unterstützt (der dabei das Wohlwollen der Karthager genoß). Der Historiker Philistos, dem es nicht gelungen war, ihn bei der Landung abzufangen, nahm sich nach einer Niederlage zur See das Leben.

*Timaios* ist Timoleon wohlgesonnen, denn dieser hatte bei seiner Beseitigung der Tyrannei Timaios' Vater Andromachos die Herrschaft über Tauromenion überlassen.

*Mago (I.)* nahm sich nach seiner Rückkehr von Sizilien in Karthago das Leben (ca. 343).

*Timoleon und Griechenland:* Er gewährte dem griechischen Bündnis gegen Philippos II. bei Chaironeia (338) keine Unterstützung.

*Münzwesen:* Sizilien wurde von korinthischen Münzen überschwemmt, was auf einen Zustrom von Siedlern aus korinthischem Gebiet hinweist. Timoleon selbst unternahm eine umfangreiche Münzprägung nach korinthischem Vorbild, wobei das Silber für die Münzen aus Tributzahlungen sowie aus der Beute der siegreichen Schlacht am Krimisos-Fluß (ca. 341) stammte.

*Timoleons Propaganda:* Wie Dionysios I. suchte er Vorteile aus der Furcht der Syrakusaner vor Karthago zu ziehen.

## *Kapitel 35: Philippos II.: Das Ende der griechischen Polis*

*Alexandros I.* von Makedonien (498–454) war ebenso unzuverlässig wie die Alenadai von Larissa (Thessalien), welche den Rückzug der Griechen aus Tempe angesichts der Invasion Xerxes' I. (480) veranlaßten; er bot sich als Vermittler an. Aber seine Einladungen griechischer Dichter an seinen Hof verhalfen ihm zu dem Ehrentitel eines Philhellenen (was allerdings implizit bedeutete, daß er selbst nicht zu den Griechen gezählt wurde).

*Perdikkas II.* (ca. 450–413) ließ reichlich Münzen prägen, um den Handel mit Athen zu fördern.

*Das Heer Philippos' II.*: Seine Phalanx, die möglicherweise auf Perdikkas III. (365/364–359) zurückgeht, bestand aus Fußsoldaten, den sog. »Gefährten«

*(pezerairoi)*, die möglicherweise auf Alexandros II. (369–368) oder noch frühere Zeiten zurückgehen; deren Eliteeinheit waren die *hypaspistai*, zu denen auch die Königliche Garde *(agema)* gehörte.

*Spezialeinheiten* waren die leichte Reiterei, die Peltasten, die Speerwerfer, Schleuderer und die Katapultschützen (eine Technik, die ihren Ausgang von den Katapulten Dionysios' I. genommen hatte und zuerst in Thessalien zur Reife gebracht worden war).

*Verwundungen Philippos' II.*: werden bei Demosthenes aufgezählt.

*Elfenbeinkopf:* Möglicherweise eine Kopie eines Gold- und Elfenbeinporträts Philippos' II. von der Hand des athenischen Bildhauers Leochares (s. Anm. zu Kap. 28). Die Miniaturkopie war zusammen mit anderen Köpfen, die Mitglieder der königlichen Familie darstellten, Teil eines hölzernen Ruhebetts.

*Amphipolis:* Obwohl Philippos die Stadt im Jahre 357 eroberte, hatte er noch ein Jahr zuvor die athenischen Rechte auf die Stadt anerkannt.

*Palast in Pella:* vielleicht der größte Palast im Mittelmeerraum, dessen Grundfläche sich über mindestens 60 702 Quadratmeter erstreckte. Er umfaßte zwei Gebäudekomplexe mit einer gemeinsamen Fassade und einem monumentalen zentralen Torweg, der von dorischen Säulen eingefaßt war. Nach einer abweichenden Lehrmeinung datiert der Palast aus der Zeit des Kassandros (316–297). Eine weitere große Residenz befand sich auf der Akropolis.

*Wandmalereien* (vermutlich aus der Zeit um 340) in dem »königlichen Grab« mit Tonnengewölbe: Löwen- und Bärenjagd durch Männer zu Fuß und zu Pferde. In der »kleinen Grabkammer«: Raub der Persephone durch Plutos.

*Hilferuf der Aleuadai* von Larissa an Philippos' II. war veranlaßt durch eine chaotische Situation in Thessalien, die durch den Zusammenbruch des autokratischen Regimes in Pherai im Jahre 352 verursacht war (sein Herrscher Alexandros, der Neffe Iasons, war sechs Jahre vorher ermordet worden).

*Philippos II.* im Jahre 352: Etwa um diese Zeit begann er, oligarchische Regierungen in den griechischen Stadtstaaten einzusetzen.

*Olynthos* ist derjenige Ort, wo zuerst umfangreiche Steinmosaike gefunden worden sind.

*Athenische Aufrufe* an Philippos II.: nicht nur von Isokrates (346), sondern auch von Platons Neffen und Nachfolger Speusippos (342), der die Ansprüche des Königs auf Amphipolis und die Chalkidike unterstützte.

*Der Boiotische Bund* wurde nach der Niederlage bei Chaironeia nach dem Prinzip der Gleichberechtigung neu begründet und wurde damit zum Vorläufer der hellenistischen Bündnissysteme (Achäischer Bund, Aitolischer Bund).

*Kreuzzug gegen Persien:* Einige Griechen, die die *Geschichte Persiens* des Ktesias und Xenophons *Anabasis* gelesen hatten, machten sich illusorische Vorstellungen von der angeblichen Schwäche Persiens.

*Polygamie Philippos' II.*: nach Satyros (der von Athenaios zitiert wird) gehörten zu seinen Frauen neben Olympias und Kleopatra: Andata (Illyrierin), Phila (Schwester von Derdas und Chachteas) und Meda (Tochter des thrakischen Königs Kothelos); außerdem hatten Nikesipolis (von Pherai) und Philima (von Larisa) Kinder von ihm und waren möglicherweise auch seine Frauen.

*Alexandros I.*, König der Molosser: konnte nicht gleichgültig bleiben, als Philippos sich nach Osten wandte.

*Alexander III.*, »der Große«: war ersichtlich für die Thronfolge bestimmt, auf die er durch eine Reihe von Ämtern und Kommandoposten vorbereitet worden war.

## *36. Demosthenes: Der konservative Redner*

*Verluste unter den athenischen Strategen* im »Bundesgenossenkrieg«; Chabrias getötet, Timotheos angeklagt und zu einer Geldstrafe verurteilt, Iphikrates angeklagt (aber freigesprochen).

*Eubulos:* der bedeutendste athenische Staatsmann 355–342. Solche Finanzexperten kamen jetzt in führende Positionen, weil die Strategen völlig zu Berufssoldaten geworden waren.

*Gerichtsverfahren:* Die Gerichtshöfe waren an Stelle der Volksversammlung zur eigentlich souveränen Macht im Athen des vierten Jahrhunderts geworden (Aristophon aus Azenia, einem attischen Demos, rühmte sich, in 75 Fällen freigesprochen worden zu sein, in denen er unter dem *graphe paranomon* angeklagt worden war (d. h. wegen des Einbringens ungesetzlicher Anträge in der Volksversammlung; s. Anm. zu Kap. 16).

*Isaios* (ca. 420–350), der ein Schüler des Isokrates gewesen sein soll, war berühmt für sein Talent, schwierige Fälle zu vertreten.

*Flotte:* Seit 362 gab es die zwangsweise Einberufung. Aber Athens auffallendstes Versagen in diesem Jahrhundert war seine Unfähigkeit, das Geld für die Flotten aufzubringen (die für den Schutz der Getreideversorgung notwendig waren).

*Aischines* (ca. 397 – ca. 322) war ungeachtet der Beschimpfungen durch Demosthenes eher ein athenischer Patriot als ein Freund der Makedonen, obwohl er ein Mitglied der Gesandtschaft war, die nach der Niederlage bei Chaironeia zu Verhandlungen mit Philippos II. zusammentraf.

*Flottenfinanzierung:* Die Steuern waren sehr niedrig, obwohl Antiphanes (ein Vertreter der Mittleren Komödie) sie als beschwerlich bezeichnete (an die Reichen wurde appelliert, Geld beizusteuern, da eine direkte Besteuerung als entehrend angesehen worden wäre).

*Chaironeia:* Die Kontingente der griechischen Streitmacht kamen aus Athen, Boiotien, Euboia, Achaia, Korinth, Megara, Leukas und Korkyra.

*Attisches Kriegswesen:* Die Ephebenschule wurde 336/335 auf Veranlassung des Epikrates gegründet, um den achtzehnjährigen Wehrpflichtigen eine militärische Ausbildung zu vermitteln.

*Über den Kranz* war offensichtlich eine Erwiderung auf Aischines' Rede *Gegen Ktesiphon*, den er angeklagt hatte, einen gesetzwidrigen Antrag in der Volksversammlung eingebracht zu haben, nämlich Demosthenes mit einem Kranz zu ehren (337).

*Angriffe auf Demosthenes:* Der Redner Hypereides, der ihn um 335 unterstützt hatte, war 324 einer seiner Ankläger.

*Verteidigung des Demosthenes:* durch den Redner Dermochares, seinen Neffen, der 280/279 einen Erlaß mit dem Inhalt durchsetzte, Demosthenes besonders zu ehren. Polyeuktos' Standbild des Demosthenes – eher eine Verherrlichung des »Letzten Patrioten« als ein Porträt – datiert aus dieser Zeit.

## *37. Aristoteles: Neue Horizonte des klassischen Wissens*

*Xenokrates* von Chalkedon (der später Leiter der Akademie war, 339–314) und Aristoteles' Neffe (?) Kallisthenes von Olynthos (ein Historiker, der zunächst Alexander d. Großen rühmte, aber dann von diesem zum Tode verurteilt wurde) begleiteten Aristoteles nach Assos; und Kallisthenes ging auch mit ihm an den makedonischen Hof.

*Aristoteles' Schriften:* Er war auch Mitverfasser vieler Schriften, die später ihm allein zugeschrieben wurden.

*Topoi:* feststehende Argumentationsmuster; die Dialektik wird als die Kunst der Diskussion in Frage und Antwort betrachtet.

*Aristoteles' logische Methode:* basierte auf dem Syllogismus, der eine allgemeine Feststellung trifft (erste Prämisse), einen speziellen Fall nennt, der in den Geltungsbereich der allgemeinen Aussage fällt (zweite Prämisse) und dann die Schlußfolgerung zieht (Beispiel: Alle Lebewesen sind sterblich: Alle Menschen sind Lebewesen: folglich sind alle Menschen sterblich).

*Ideen:* Eudoxos von Knidos (ca. 390–340), der berühmte Mathematiker (er soll bei Archytas Geometrie studiert haben) und Astronom, wollte die Ideen nur als in konkrete, materielle Gegenstände eingeschlossen sehen.

*Zielgerichtetheit* in der Natur: Obwohl Aristoteles grundsätzlich behauptet, daß »die Natur nichts ohne Zweck und Ziel tue« (so daß seine Ätiologie in *Über die Körperteile der Tiere* ein hohes Maß an Teleologie enthält), erkennt er dennoch an, daß einige Aspekte der Natur offensichtlich funktionslos seien, das heißt ohne eine erkennbare Zweckbestimmung.

*Kontemplation:* Aristoteles' Lob der philosophischen, vergeistigten Lebensweise forderte den scharfen Widerspruch der Anhänger des Isokrates mit ihrem rhetorischen Lehrprogramm heraus.

*Gemäßigte Demokratie:* Eine anständige Lebensweise erfordert, daß man auch in den öffentlichen Angelegenheiten mitreden darf – und daß man über ein ausreichendes Maß an Muße verfügt. »Die Masse«, die Aristoteles verachtete, verdiente sich ihren Lebensunterhalt als Landarbeiter, Handwerker oder Ladeninhaber.

*Tyrannis* (allerdings nicht die Wahltyrannis, *aisymneteia*) ist die entartete Form der Monarchie.

*Autarkie:* Aristoteles ist für Handel, aber nicht für verderbliche Außenwirtschaftsbeziehungen.

*Wohlstand:* Er setzt legitimen, notwendigen Erwerb in Gegensatz zu unnatürlicher Geldgier.

*Rhetorik*, eine »produktive« Aktivität, ist ein Teilgebiet der Dialektik (Überredung, Diskussion), obwohl ihre Grundlage nicht allgemeine Wahrheiten, sondern Wahrscheinlichkeiten und Symbole sind (vgl. die Erörterung in Platons *Phaidros*).

*Tragödie:* Reinigung, Abführung (im medizinischen Sinn?) der Emotionen. Werden sie veredelt? Oder wird der Zuschauer gebessert, indem er von ihrem Überfluß oder ihrem Vorhandensein befreit wird? – Oder fühlt er sich erleichtert durch die Gefühle, die beim Anschauen der Tragödie in ihm erweckt worden sind? Oder meint Aristoteles »Klärung«, d. h. die Gefühle werden durch das Schauspiel einsichtig gemacht?

*Unvollendete Werke:* Aber die *Tiergeschichte* ist eine ungewöhnlich ausgefeilte Arbeit.

*Arabische Übersetzungen:* vor allem die Übersetzungen des Avicenna von Bokhara (980–1037; der auch in seiner persischen Muttersprache schrieb) und des Averroes von Cordoba (1126–1198).

*Thomas von Aquin* (1225–1274): Sein Aristotelismus wurde zunächst als »unchristlich« verdächtigt und durch William von Ockham (1280–1349) heftig angegriffen. Aber dann trat der Aristotelismus seinen Siegeszug an, der bis ins fünfzehnte Jahrhundert währte, als die Platonische Akademie zu Florenz den Humanisten mehr zu bieten schien.

## *Anhang I: Pythagoras und seine Gefolgschaft*

*Orphik: The Rise of the Greeks, 303 ff.*

## *Anhang II: Die Frauen*

*Artemisia I.* (regierende Königin): Ihre Rolle in der Schlacht von Salamis wurde vielleicht von ihrem Enkel Herodotos übertrieben dargestellt.

*Thargelia* von Milet, vierzehn mal verheiratet, regierte dreißig Jahre lang den thessalischen Staat des Antiochos (ihres letzten Ehemannes) als seine Witwe, kämpfte 490 gegen Dareios I. und wurde von einem Argiver getötet.

*Frauen in der Politik:* In Thurioi ergriff eine Frau ausnahmsweise das Wort in der Volksversammlung.

*Spartanische Frauen:* In der Mitte des vierten Jahrhunderts sollen zwei Fünftel des spartanischen Landes im Besitz von Frauen gewesen sein.

*Aspasia:* Der Komödiendichter Hermippos bezichtigte sie der Gottlosigkeit und der Kuppelei; s. auch Anm. zu Anhang III.

*Platon über Frauen:* Er lehnte die Familie ab, da sie zu Streitigkeiten führe. In seiner Darstellung verstößt Sokrates brüsk seine Frau Xanthippe kurz vor seinem Tode.

*Herodotos:* In seiner *Geschichte* finden sich die Namen von 375 Frauen.

*Kunst:* Auf den Gemmen des fünften Jahrhunderts wurden nicht länger mythologische Helden dargestellt, sondern Szenen aus dem Alltagsleben der Frauen.

*Homosexualität* gewann an Ansehen durch den Tyrannenmord an Hipparchos, der von dem homosexuellen Paar Harmodios und Aristogeiton verübt wurde (514 v. Chr.). Das einzig bedeutsame Werk zu dem Thema, das wir kennen, ist die Rede *Gegen Timarchos* von Aischines.

## *Anhang III: Die Metoiken*

*Metoiken in den athenischen Streitkräften:* Im fünften Jahrhundert stellten sie 3000 Hopliten für das Feldheer und einen wesentlichen Teil der Ruderer für die Triremen. Ihr Beitrag wurde später von Isokrates gelobt, aber Xenophon wollte lieber Bürger für die Streitkräfte.

*Erechtheion:* In der letzten Bauphase waren 42 der insgesamt 86 Handwerker Metoiken.

*Lysias:* erwarb das Bürgerrecht, aber es wurde ihm wieder aberkannt.

*Aspasia:* stammte aus einer milesischen Familie.

*Bankdarlehen:* Aber im vierten Jahrhundert beteiligten sich die athenischen Bankiers kaum an Seehandelskrediten, und ihre Geldvergabe diente nicht in erster Linie kommerziellen Zwecken, obwohl sich die athenische Wirtschaft zu dieser Zeit schon deutlich von ihrer agrarischen Grundlage emanzipiert hatte und vorwiegend auf dem städtischen Import- und Exporthandel basierte.

*Pasion* trat die Nachfolge seiner ehemaligen Sklavenhalter Antisthenes und Archestratos an.

## *Anhang IV: Zwischen Freien und Sklaven*

*Mittelschichten (Heloten): klerotai, mnoitai* und *oikeis* auf Kreta, *penestai* in Thessalien, *korynephoroi* (Keulenträger) oder *katonakophoroi* (Weber von Schafswollmänteln) in Sikyon, *kuneai* (Träger von Hundefellmützen) in Korinth, *mariandyni* in Herakleia Pontika, *prounikoi* (Lastenträger) in Byzantion, *kyllyroi* in Syrakus.

*Heloten im Heer:* vor allem von unternehmungsfreudigen Strategen eingestellt (Kleomenes I., Pausanias, Brasidas, Lysandros; als Hopliten seit ca. 418 eingesetzt).

*Helotenaufstände:* War ein wirklicher oder drohender Aufstand für die Verspätung der Spartaner bei Marathon (490) verantwortlich?

*Neodamodeis* wurden im spartanischen Heer von ca. 370 an durch Söldner ersetzt.

*Heloten hörten auf zu existieren,* als viele von ihnen durch Kleomenes III. (235–219) und Nabis (207–192) freigelassen wurden.

## *Anhang V: Die Sklaven*

*Der Anteil der Sklaven* an der athenischen Bevölkerung wuchs, als Kimon nach der Schlacht die Märkte mit 20 000 Gefangenen überschwemmte.

*Sklaven waren wesentlich,* weil nur so Muße von der landwirtschaftlichen Subsistenzwirtschaft erreicht werden konnte, da die Überschüsse über das Lebensnotwendige nur gering waren; sie waren keine so sichere Anlageform wie Grundbesitz, aber sicherer (wenn auch nicht so ertragreich) als Seehandelsdarlehen. Das pseudo-aristotelische Werk über *Verwaltung von Grundbesitz* beschrieb sie als die beste und verwendbarste Form von Eigentum.

*Sklavenersatz:* Zwischen zwei Drittel und drei Viertel der Bevölkerung besaßen keine Sklaven.

*Thrakische Sklaven:* wurden oft von ihren Herren für den Export verkauft.

*Freilassung der Sklaven:* verhalf ihnen zum Status von Metoiken (Verpflichtungen gegenüber ihren ehemaligen Herren blieben bestehen).

*Furcht vor Sklaven:* Die Spartaner untersagten ihnen im Feldlager den Zugang zu Waffen (Xenophon).

*Skythische Sklaven:* Tanais war einer der Hauptsklavenmärkte.

*Sklaven in Laurion,* von denen die Thraker oder Paphlagonier die tüchtigsten waren, gehörten bürgerlichen oder metoikischen Unternehmern, die sie ersteigert hatten. Als die Spartaner Dekeleia befestigten (413), entwichen mehr als 20 000 Sklaven aus Attika, darunter viele aus Laurion.

# BIBLIOGRAPHIE

Diese Bibliographie beschränkt sich (bis auf wenige im Text angeführte Titel) auf leicht greifbare deutschsprachige Literatur zum Thema


M. Austin, P. Vidal-Naquet, *Gesellschaft und Wirtschaft im alten Griechenland*, München 1984.

E. Baier, *Griechische Geschichte*, Stuttgart ³1987.

H. Beister, *Untersuchungen zu der Zeit der thebanischen Hegemonie*, München 1970.

H. Bengtson, *Griechische Geschichte. Von den Anfängen bis in die römische Kaiserzeit*, München ⁵1977.

Ders., *Die Olympischen Spiele in der Antike*, München ³1984.

H. Berve, *Die Tyrannis bei den Griechen*, 2 Bde., München 1967.

J. Bleicken, *Die athenische Demokratie*, Paderborn 1986.

H. D. Blume, *Einführung in das antike Theaterwesen*, Darmstadt ²1984.

M. Clauss, *Sparta. Eine Einführung in seine Geschichte und Zivilisation*, München 1983.

J. K. Davies, *Das klassische Griechenland und die Demokratie*, München 1983.

L. DeCrescenzo, *Geschichte der griechischen Philosophie. Die Vorsokratiker*, Zürich 1985.

Ders., *Geschichte der griechischen Philosophie. Von Sokrates bis Plotin*, Zürich 1988.

V. Ehrenberg, *Aristophanes und das Volk von Athen*, Stuttgart 1968.

M. Errington, *Geschichte Makedoniens*, München 1986.

M. I. Finley, *Antike und moderne Demokratie*, Stuttgart 1980.

Ders., *Sklaverei in der Antike*, München 1981.

Ders., *Die Griechen. Eine Einführung in ihre Geschichte und Zivilisation*, München ²1983.

H. Flashar (Hg)., *Antike Medizin*, Darmstadt 1971.

W. Fuchs, *Die Skulptur der Griechen*, München ³1983.

*Griechen und Perser*, hrsg. v. H. Bengtson, Frankfurt ¹⁶1989.

H. J. Gehrke, *Stasis. Untersuchungen zu den inneren Kriegen in den griechischen Staaten des 4. und 5. Jahrhunderts v. Chr.*, München 1985.

M. Grant, *Von Alexander bis Kleopatra. Die hellenistische Welt*, Bergisch Gladbach 1984.

Ders., *The Rise of the Greeks*, London 1987.

Ders., *Mittelmeerkulturen in der Antike*, Bergisch Gladbach 1988.

Griechenland. *Lexikon der historischen Stätten. Von den Anfängen bis zur Gegenwart*, hrsg. v. S. Lauffer, München 1989.

M. H. Hansen, *Die athenische Volksversammlung im Zeitalter des Demosthenes*, Konstanz 1984.

H. Herter (Hg.), *Thukydides*, Darmstadt 1984.

K. Hildebrandt, *Frühe griechische Denker. Eine Einführung in die vorsokratische Philosophie*, Bonn 1968.

A. Holm, *Geschichte Siziliens im Altertum*, 2 Bde, Aalen 1979 (Neudruck der Ausgabe Leipzig 1874).
B. Holtzmann, *Die Kunst des alten Griechenland*, Freiburg 1989.
R. J. Hopper, *Handel und Industrie im klassischen Griechenland*, München 1985.
H. Knell, *Architektur der Griechen. Grundzüge*, Darmstadt 1988.
D. M. Lewis, R. Meiggs (Hg.), *A Selection of Greek Historical Inscriptions to the End of the Fifth Century BC*, Oxford 1988.
A. Lesky, *Die griechische Tragödie*, Stuttgart [5]1984.
H. I. Marrou, *Geschichte der Erziehung im klassischen Altertum*, München 1977.
W. Martini, *Die archaische Plastik der Griechen*. Darmstadt 1990.
Chr. Meier, *Die Entstehung des Politischen bei den Griechen*, Frankfurt/M. 1983.
Ders., *Die politische Kunst der griechischen Tragödie*, München 1988.
H. Meier-Welcker, *Himera und die Geschicke des griechischen Sizilien*, Boppard 1980.
W. Müri, *Der Arzt im Altertum*, München [5]1986.
D. Oppermann, *Außenpolitik und antike Demokratie. Anmerkungen zu ihrem Verhältnis in perikleischer Zeit*, Frankfurt 1985.
F. Quass, *Nomos und Psephisma. Untersuchungen zum griechischen Staatsrecht*, München 1971.
W. Schadewaldt, *Die Anfänge der Philosophie bei den Griechen. Die Vorsokratiker und ihre Voraussetzungen*, Frankfurt [4]1985.
U. Schindel (Hg.), *Demosthenes*, Darmstadt 1987.
W. Schuller, *Die Herrschaft der Athener im ersten attischen Seebund*, Berlin 1974.
Ders., *Frauen in der griechischen Geschichte*, Konstanz 1985.
J. P. Vernant, *Die Ursprünge des griechischen Denkens*, Frankfurt/M. 1982.
J. P. Vernant, C. Bérard, *Die Bilderwelt der Griechen*, Mainz 1985.
E. Vogt (Hg.), *Griechische Literatur*, Wiesbaden-Darmstadt 1981.
C. W. Weber, *Perikles. Das goldene Zeitalter von Athen*, München 1985.
G. Wirth (Hg.), *Perikles und seine Zeit*, Darmstadt 1979.
Ders., *Philipp II. Geschichte Makedoniens I*, Stuttgart 1985.
R. Wolf, *Griechisches Rechtsdenken*, 4 Bde., Frankfurt 1950/70.
B. Zimmermann, *Die griechische Tragödie*, München 1986.

# BILDNACHWEIS

1. Der »Poseidon-Tempel« in Poseidonia (Paestum) (Druck: Mansell Collection)
2. Der »Concordia-Tempel« in Akragas (Agrigent) (Druck: Archivi Alinari)
3. Die Propyläen, Torbau der athenischen Akropolis (Druck: Archivi Alinari)
4. Der Parthenon, der Tempel der jungfräulichen Athena auf der athenischen Akropolis (Druck: Archivi Alinari)
5. Tempel in der elymischen Stadt Segesta auf Sizilien (Druck: Archivi Alinari)
6. Der ionische Tempel der Athena Nike auf der athenischen Akropolis (Druck: Mansell Collection)
7. Korenhalle des Erechtheion auf der athenischen Akropolis (Druck: Mansell Collection)
8. Eine moderne Rekonstruktion des Mausoleums in Halikarnassos (Bodrum), (entworfen von Susan Bird, abgedruckt mit freundlicher Genehmigung des *British Museum*).
9. Herakles als Bogenschütze, vom Tempel von Aphaia, Aigina, *München, Glyptothek*
10. Euthydikos Kore, Athen, Akropolis Museum (Druck: Deutsches Archäologisches Institut, Athen)
11. Kopf des Blonden Jünglings, *Athen, Akropolis Museum* (Druck: Archivi Alinari)
12. Bronzener Wagenlenker, gestiftet von Polyzalos, *Delphi Museum* (Druck: Archivi Alinari)
13. Römische Kopien der Statuen der »Tyrannenmörder« Harmodios und Aristogeiton, von Kritios und Nesiotes, *Neapel, Museo Archeologico Nazionale* (Druck: Archivi Alinari)
14. Die Vorderseite des »Ludovisischen Throns«, die Aphrodite und zwei Nymphen zeigt. *Museo Nazionale Romano (Terme)*, (Druck: Mansell Collection)
15. Metope vom Zeus-Tempel in Olympia (Druck: Archivi Alinari)
16. Kopie eines Kopfes des Themistokles, *Ostia, Museo Ostiense* (Druck: Deutsches Archäologisches Institut, Rom)
17. Eine zurückgelehnte Götterfigur vom Ostgiebel des Zeus-Tempels in Olympia (Druck: Archivi Alinari)
18. Bronzestatue des Zeus, gefunden in einem Schiffswrack vor Artemision, *Athen, Nationalmuseum* (Druck: Mansell Collection)
19. Römische Kopie des Perikles-Kopfes von Kresilas, *British Museum* (Druck: Mansell Collection)
20. a. u. b. Bronzestatuen von Kriegern, die bei Riace gefunden wurden, *Reggio di Calabria, Museo Nazionale* (Druck: Archivi Alinari)
21. Moderne Rekonstruktion des bronzenen Diskuswerfers von Myron, *Museo Nazionale Romano (Terme)* (Druck: Mansell Collection)
22. Marmorkopie des Bronzenen Speerträgers von Polykleitos von Argos, *Neapel, Museo Archeolo-*

*gico Nazionale* (Druck: Mansell Collection)

23. Marmorkopie des bronzenen Diadumenos von Polykleitos. *Athen, Nationalmuseum* (Druck: Archivi Alinari)
24. Metope vom Parthenon, die einen Kampf zwischen Lapithen und Kentauren zeigt, *British Museum* (Druck: Mansell Collection)
25. Teil des Parthenonfrieses, der einen Umzug vom Fest der Großen Panathenäen zeigt, *British Museum* (Druck: Mansell Collection)
26. Göttinnen vom Ostgiebel des Parthenon. *British Museum* (Druck: Mansell Collection)
27. Die »Varvakion-Statuette«, eine römische Kopie der Athena Parthenos von Pheidias. *Athen, Nationalmuseum* (Druck: Archivi Alinari)
28. Römische Marmorkopie des Kopfes der Athena Lemnia von Pheidias, *Bologna, Museo Civico Archeologico* (Druck: Archivi Alinari)
29. Römische Kopie der Aphrodite von Knidos des Praxiteles, *Rom, Musei Vaticani* (Druck: Mansell Collection)
30. Praxiteles' Hermes mit dem Knaben Dionysos, *Olympia Museum* (Druck: Mansell Collection)
31. Römische Kopie einer Darstellung des Sokrates aus dem vierten Jahrhundert. *British Museum* (Druck: Mansell Collection)
32. Römische Kopie eines Kopfes des Aristoteles, *Oslo, Historisches Museum*, (Druck: Deutsches Archäologisches Institut, Rom)
33. Demosthenes von Polyeuktos, *Rom, Musei Vaticani* (Druck: Archivi Alinari)
34. Elfenbeinkopf Philippos' II. von Makedonien, *Thessaloniki Museum* (Druck: Staatliche griechische Tourismusorganisation)
35. Teil eines Frieses vom Mausoleum in Halikarnassos (Bodrum), *British Museum*

36a. Antike Kopie des Apoxyomenos des Lysippos, *Rom, Musei Vaticani* (Druck: Archivi Alinari)

36b. Moderne Rekonstruktion des Apoxyomenos des Lysippos, *Warschau, Muzeum Navadowe*

37. Rotfiguriger Ölkrug, der dem Midias-Maler zugeschrieben wird, *Ruvo di Puglia, Palazzo Jatta* (Druck: Deutsches Archäologisches Institut, Rom)
38. Rotfigurige apulische Amphore aus Taras. *Tarent, Museo Nazionale* (Druck: Deutsches Archäologisches Institut, Rom)
39. Athenisches Gastmahl von Duris, *Rom, Musei Vaticani* (Druck: Archivi Alinari)
40. Weißgrundiger Ölkrug von dem Achilles-Maler, *München, v. Schön-Sammlung* (Druck: Hirmer Verlag)
41. Rotfigurige Amphore, die dem Berlin-Maler zugeschrieben wird, *Würzburg, Martin von Wagner Museum*

42a. Skarabäus aus Jaspis von Dexamenos, *Boston, Fine Arts Museum* (Druck: Deutsches Archäologisches Institut)

42b. Chalzedon von Dexamenos, Herrin und Zofe, *Cambridge, Fitzwilliam Museum* (Photographie: Bob Wilkins)

43. Inschrift mit den Namen athenischer Gefallener, *British Museum*
44. Kollier aus Tarent, *British Museum*
45. Etruskischer Bronzehelm, *British Museum* (Druck: Archivi Alinari)

46a. und b. Silberne Tetradrachme mit dem Bildnis des Tissaphernes, *British Museum*

47a. Silberne Dekadrachme aus Syrakus, von Kimon signiert, *Siracusa, Museo Nazionale* (Druck: Archivi Alinari)

# EDITORISCHE NOTIZ

Die antiken Namen werden in der Regel in ihrer ursprünglichen Form geschrieben. Lediglich wenige, sehr gängige Namen werden in ihrer modernen Schreibweise verwendet, wie z. B. »Athen« statt »Athenai«. Ziel dieses Buches ist es, in die Welt der griechischen Antike einzuführen, ohne den Leser zu befremden. Daß hierbei ein anderer Herausgeber gelegentlich andere Entscheidungen gefällt hätte, ist wohl selbstverständlich.

# PERSONENREGISTER